한국적
작은
교회론

생명평화마당 엮음

공동대표: 박득훈 · 방인성 · 이정배 · 한경호
신학위원장: 이은선

대한기독교서회

한국적 작은교회론

2017년 10월 10일 초판 1쇄

엮은이/생명평화마당
펴낸이/서진한
펴낸곳/대한기독교서회
편집책임/편집2팀

등록/1967년 8월 26일 제1967-000002호
주소/서울시 강남구 테헤란로103길 14(삼성동)
전화/출판 553-0873~4, 영업 553-3343
팩스/출판 3453-1639, 영업 555-7721
e-mail/cls1890@chol.com
http://www.clsk.org
facebook.com/clskbooks

직영서점/기독교서회
종로5가 기독교회관, 전화 744-6733, 팩스 745-8064

책번호 2237
ISBN 978-89-511-1904-0 93230

The Christian Literature Society of Korea, Seoul
Printed in Korea

* 책값은 뒤표지에 있습니다.

발간사

종교개혁이 일어난 지 500년이 되는 2017년, "개혁교회는 항상 개혁되어야 한다."(Ecclesia reformata semper reformanda)라는 명제 앞에서 마음을 찢는 통회의 외침을 소개한다. 그것은 중세교회보다 더 타락하고 부패한 한국교회 앞에서 '탈성직·탈성장·탈성별'의 결단으로 '생명과 평화를 일구는 작은교회'를 지향하는 몸짓을 말한다. 사회적 해악으로 추락하고 있는 교회의 현실에서 '생명평화마당'의 신학자, 목회자, 활동가들이 눈물겨운 사투로 '한국적 작은교회'로의 길을 제시하고 있다.

우리는 지난 4년간 그리스도의 몸으로 표현되는 아름다운 작은교회공동체가 이 땅 곳곳에 숨겨져 있는 것을 보았다. 그들과 함께 모여 격려하고, 배우는 마당을 펼쳐 희망을 노래했다. 고통받는 수많은 교우는 위로를, 새로운 목회의 길을 가려는 사역자는 상상력을, 다양한 작은교회는 연합의 당연함과 절실함을 배웠다. 작은교회 한마당은 우리 사회의 신음에 같이 울며 교회는 왜, 어떻게 이 땅에 존재해야 하는가를 찾는 작업을 해왔다.

이 책에 담긴 글에는 교회란 무엇인가라는 고통에 찬 신학적·실천적 물음이 담겨져 있다. 한국교회의 부끄러움과 사회의 아픔을 껴안으며 회복하려는 따뜻한 품을 느낄 수 있다.

작은교회는 사람과 사람, 사람과 자연이 생명의 신비를 경험하며 나누는 공동체를 말한다. 평화가 위협받는 한반도의 현실에서 폭력이 아닌 작고 낮은 예수가 보여준 십자가의 용서와 화해를 실천하는 공동체를 말한다. 교권과 불의한 권력, 맘몬을 신으로 섬기는 탐욕에 저항하며 온갖 차별을 넘어 평등을 이루는 모두의 교회를 지향한다. 높고 웅장한 건물로 섬처럼 군림하지 않고 지역 속으로 들어가 전통과 문화를 존중하며 우리의 한과 흥이 어우러진 복음공동체가 작은교회인 것이다.

작은교회의 신앙고백은 하나님을 높은 곳에서 인간을 감시하시는 분이 아닌, 낮은 자리에서 우리를 섬기시는 예수의 모습에서 찾는다. 그분은 하늘 위에 계시면서 자신을 노출하지 않는 전지전능의 무서운 분이 아니라 약하고 가난한 이들과 친구가 되어 곁에 계시는 분이다. 작은 아이들을 안아주시고, 하나님 나라의 미래를 열어가는 포근한 어머니의 품을 가진 분이시다. 우리를 생명의 길로 인도하시기 위해 자신의 뜻을 꺾으시는 연약하지만 끈질긴 사랑의 하나님이시다. 차이와 다름을 보듬고 누구나 환영하는 열린 가족공동체가 작은교회이다. 생명은 작고 평화는 낮기 때문이다.

교회개혁은 하나님도 못한다는 우스갯소리로 표현되는 오만한 교계 지도자들과 교회는 심각한 사회 문제가 되었다. 몸은 21세기에 있지만 신학과 신앙은 타락한 중세에 머물러 있는 시대착오적인 모습이 곳곳에서 불거져 나오고 있다. 그러나 교회개혁은 포기할 수도, 멈출 수도 없다. 그것이 바로 교회의 사명이다. 한국교회가 살 길은 겨자씨와 누룩 같은 작은교회로 가는 길이다.

정성을 다해 글을 써주신 저자들의 용기에 경의를 표하며 책을 만들어주신 대한기독교서회에 깊은 감사를 드린다. 이 작은 글들을 통해 한반도 땅에 새로운 종교운동, 교회운동이 일어날 것을 굳게 믿고 기도한다.

생명평화마당 공동대표

박득훈, 방인성, 이정배, 한경호

생명과 평화의 『한국적 작은교회론』을 펴내며

1. 한국적 교회론의 맥락(理)을 밝힌다는 것의 의미

이 서문을 쓰기까지 많은 시간이 지났다. 〈생명평화마당〉(이하 생평마당)이 지난 2013년 9월 한국적 교회론을 탐색하기 위해서 첫 번째 심포지엄을 연 후 올해로 다섯 번째를 맞이하고 있다. 〈생평마당〉은 특히 지난 2016년 한 해 동안 2017년 맞이하는 종교개혁 500주년을 염두에 두면서 '한국적 작은교회론' 집필을 위한 교회론 세미나를 격주로 열었다. 김진호의 『시민 K 교회를 나가다』가 우리의 첫 텍스트였고, 윤정란의 『한국전쟁과 기독교』가 마지막 텍스트였다. 세미나에서는 목회자와 신학자, 평신도와 목사와 장로, 여신도와 남신도, 젊은 세대와 기성 세대가 모여서 밤늦게까지 토론을 이어나갔다. 이러한 가운데 2016년 6월부터 집필을 위한 첫 신학위원회 모임을 시작했고, 저자들을 모으고 편집위원회를 구성하고, 글이 어느 정도 진척되면서는 초안을 서로 검토하는 평가회를 세 차례 가졌다. 2017년 2월에는 서울 YMCA 강당에서 저술을 위한 후원의 밤을 열기도 했다.

이러한 모든 노력과 시도의 밑바닥에는 오늘날 큰 위기와 갈등 속에 놓여 있는 한국교회와 신학, 그리고 교회의 울타리를 넘어서 한국 사회의 전반적 삶, 아니 거기서도 더 나아가서 세계 인류 문명적 삶이 큰 전환과 위기 가운데 놓인 것을 보면서 어떻게 거기서 새로운 돌파구를 마련할 수 있을까를 묻는 절실한 물음이 있었다. 〈생평마당〉이–지금까지 주로 수도권에서–여러 형태로 새롭게 일어나는 작은 교회들을 묶어서 '작은교회 박람회'를 이어오는 동안 이 물음은 점점 더 커져갔다. 그래서 어느 시점엔가 더 이상 이 물음에 대면하는 일을 미룰 수 없겠다는 내적 요구가 일어났고, 그래서 우리는 저술의 이름을 '한국적 작은교회론'으로 부르고서 모이게 된 것이다.

오늘 우리 교회와 사회의 현실이 이렇게 된 데에 이론가들과 신학자들의 오류와 책임이 크다는 지적을 종종 받는다. 그래서 이 이론가들의 말과 글이 더 이상 권위로 받아들여지지 않고, 교회와 삶의 현장에서 진정성 있게 받아들여지지 않는다. 이러한 상황에서 우리가 모여서 다시 글을 쓰고 책을 내는 것이 과연 어떤 의미가 있을까? 하는 의문도 있었지만, 그래도 우리는 용기를 내기로 했다.

우리가 잘 아는 고전『중용』21장에 이런 말이 있다. "성실하고 진실하면 밝아지는 것을 본성이라 하고, 밝아짐으로써 더욱 성실해지는 것을 배움이라고 하니, 성실하고 진실하면 밝아지고, 밝아지면 더욱 성실해진다."(自誠明謂之性, 自明誠謂之敎, 誠則明矣 明則誠矣) 이 말을 오늘 우리 교회의 현실, 신학과 교회의 현장, 이론과 실천 등의 관계에 적용해 보면 많은 것을 시사해준다. 왜 오늘 한국교회의 현실이 이렇게 혼탁하게 되었는가? 그것은 우리 신앙적 실천이 진실되지 못하고 성실하지 못했기 때문이고, 그 실천이 진실된 모습으로 성실하게 이루어지지 못하니 거기서 참된 이론(신학)이 나올 수 없었고, 다시 이론이 없으니 교회의 현실이 방향을 잡지 못하고 우왕좌왕, 중구난방의 혼란 속에서 헤매게 되었다는 것이다. 이것은 이론과 실천의 하나 됨, 신학과 교회 현실의 불가분의 연결성, 실천 없이 이론이 생성되지 못하고, 다시 그 이론적 성찰의 밝힘 없이 우리 삶과 실천이 참된 모습으로 나아가지 못한다는 가르침이다. 이러한 상황에서 '한국적 교회론'을 집필한다는 것은 다시 힘을 내어 왜 오늘 한국교회가 이와 같은 현실과 처지에 놓이게 되었는지를 밝혀보는 일종의 '명'(明), '밝힘'의 작업이다. 그것은 오늘의 현실이 야기한 배경과 그 속에서 근거를 찾아내는 일이고, 그러한 근거의 '맥락'(理)에서 현실을 살피는 일이 될 것이다. 이는 또한 앞으로 우리의 실천이 어떠한 길을 가야 하는지를 알기 위한 작업이다. 진실된 이해와 성찰이 없으면 우리 삶과 실천이 진실하고 성실해질 수 없고, 그렇게 될 때 우리 신앙의 본모습은 한없이 가려지고, 우리는 더욱더 혼동과 혼탁 속에서 허우적거릴 것이기 때문이다.

2. 한국적 '작은교회' 운동의 세 원리와 성서적 근거

이렇게 지와 행, 이론과 실천, 신학과 교회 현실 등의 깊은 하나 됨과 '불이적'(不二的) 관계를 다시 새기면서 우리의 저술 작업도 여러 가지 새로운 방식을 취하고자 했다. 〈생평마당〉이 교회와 사회, 신학적 이론과 교회적 실천 등의 하나 됨에 대한 뚜렷한 의식을 갖고 다양한 구성원과 시각이 어우러져 태동된 것처럼 이 책의 집필자들도 〈생평마당〉과 거의 유사한 수준의 다양성과 에큐메니즘의 구현이 되도록 노력했다. 먼저 밝힌 대로 〈생평마당〉은 한국 사회와 교회의 현실에 대한 우환의식으로 출발 초기부터 '생명평화포럼'을 진행해왔고, 그에 이어서 '작은교회 박람회'와 '작은교회론 심포지엄'을[1] 열어왔다. 그렇게 현장과 신학을 연결시키려는 고민 속에서 우리는 일찍부터 세 가지 맥을 찾아내서 그것을 '탈성직·탈성별·탈성장'의 이름으로 불러왔다. 이번에 '한국적 작은교회론'을 저술하는 일은 이 구조와 틀과 맥의 내용을 더욱 풍성

---

1) '작은교회 박람회', '작은교회운동'을 벌여오는 〈생평마당〉은 이 운동과 사고에 대한 성찰을 더해가면서 '작은'이라는 단어가 단지 수와 량의 문제가 아니라는데 동의하며 '작은교회'를 하나의 고유명사로 쓰기로 했다. 그래서 보통의 형용사로 쓸 때는 '작은 교회' 사이에 띄어쓰기를 하지만 〈생평마당〉 운동으로서의 '작은교회'를 말할 때는 붙여 쓰기로 의견을 나누었다.

하고 구체적으로 채워넣는 일이고, 그래서 우리의 저술은 크게 세 부분으로 나누어졌다.

우리가 찾아낸 이러한 세 가지의 구조와 맥을 필자는 최근에 가장 오래된 성서 이야기 중 하나인 민수기에서도 읽어낼 수 있었다. 민수기는 이스라엘 백성들이 이집트의 오랜 종살이에서 나와서 가나안 땅으로 들어가기까지의 여정을 그린 글이다. 시대의 최강국 이집트의 혹독한 종살이로부터 백성들을 해방시키시려는 하나님은 모세를 세웠고, 그의 인도로 이스라엘 백성들은 가나안 땅으로 들어가기까지 이주의 삶을 살게 된다. 여기서 백성들은 그 과정의 지난함과 고단함을 견디지 못하고, 하나님을 원망하고 모세에게 온갖 불평을 쏟아놓으며 괴로워한다. 민수기 11장의 서술에 의하면, 이스라엘 백성들이 광야 생활에서 제일 못 견뎌한 것은 먹는 것과 관련되어 있다. 그들은 이집트에서는 비록 노예로 살면서 고통을 당했지만, "고기와 생선"을 먹을 수 있었고, "오이와 수박, 부추와 파, 마늘" 등을 먹을 수 있었다며 불평했다. 광야에서 끼니를 계속 '만나'로만 해결하는 삶이 이어지자 그들은 오히려 다시 이집트로 돌아가기를 원할 정도로 참을 수 없어하면서 모세를 공격했다. 견딜 수 없어진 모세는 하나님께 가서 항의한다. "어찌하여 주께서는 주의 종을 이렇게도 괴롭게 하십니까? 어찌하여 …이 모든 백성을 저에게 짊어지우십니까? …제가 그들을 낳기라도 했습니까? 어찌하여 저더러, … 마치 유모가 젖먹이를 품듯이, 그들을 품에 품고 가라고 하십니까? …제발 저를 죽이셔서, 제가 이 곤경을 당하지 않게 해주십시오."(민 11:11-15, 이하 표준새번역)

여기서 우리는 다시 한 번 확인 할 수 있다. 믿음의 일이란 바로 '탈'(脫)하는 일이라는 것을. 민수기는 그것을 '출(탈)애굽'의 이야기로 들려주고 있지만, 이와 함께 인간 존재와 삶의 핵심은 기름진 음식이나 맛있는 것에 달려 있지 않으며, 그것이 주가 될 때 그런 삶을 노예적 삶이라고 하고, 거기서부터 벗어나는 것이 인간규정이며 하나님이 추동하시는 일임을 보여준다. 우리는 이것을 21세기 한국적 상황에서 '탈성장'이라는 말로 표현하면서 오늘 한국교회와 인류의 삶이 온통 빠져 있는 물질적 자본주의의 노예 상태로부터 벗어나는 길로 표현하고자 했다. 한편 모세는 차라리 자기를 죽여 달라고까지 하면서 '내가 이 모든 백성을 잉태한 것도 아니고 낳은 것도 아닌데', '유모가 젖먹이를 품듯이 그들을 품에 품고 가라고 하시니'라는 말과 함께 하나님께 부르짖는다. 이 말은 누가 듣더라도 남성의 언어가 아닌 여성과 모성의 언어이다. 즉 하늘로부터 위임받은 '탈(출)'의 일은 여성적이고 모성적인 일의 지경에까지 내려가야 이룰 수 있는 일이라는 것을 밝히는 뜻이라고 할 수 있다. 여기서 우리는 오늘날 심각하게 여/성차별적이고 억압적인 현실을 보면서 소외된 여성(주의)적인 가치와 원리를 다시 회복하고 실행하기 위해 우리의 두 번째 표제어 '탈성별'이 매우 긴요함을 발견하게 되었다.

민수기 11장의 마지막 부분에 아주 인상적인 이야기가 나온다. 하나님이 모세의 항변에 응답하시어 모세와 더불어 짐을 나누어질 장로 일흔 명을 세우시고 그들에게도 '모세에게 내린 영을 내리셨다'는 이야기이다. 장막으로 나오라는 하나님의 명을 거역하고 진영에 남아 있던 다른 두 사람에게도 똑같은 영을 내려 그들도 '예언하게 되자' 그것을 막아달라고 청하는 여호수아에게 모세는 말한다. "네가 나를 두고 질투하느냐? 나는 오히려 주께서 주의 백성 모두에게 그의 영을 주셔서, 그들 모두가 예언자가 되었으면 좋겠다."(민 11:29-30) 이 말로써 우리가 알 수 있는 것은 참다운 지도자와 하나님의 사람은 모든 사람이 자신처럼 하나님의 영을 받기를 원하고, 하나님과 직접 교통하는 영의 사람들이 되기를 원한다는 것이다. 그러나 오늘 한국교회의 현실은 심한 교권주의와 성직자 중심주의로 하나님의 영을 독점하고 있고, 루터의 만인사제설은 단지 말일뿐 오히려 퇴행되어 있다. 우리의 세 번째 모토인 '탈성직'은 바로 민수기의 이야기가 가르쳐주는 대로 참된 성직과 권위와 교회의 역할이 무엇인지를 다시 밝히고자 하는 것이라고 할 수 있다. 이어지는 민수기 12장에는 모세에 대한 서술로 "땅 위에 사는 모든 사람 가운데서 가장 겸손한 사람이다"(민 12:3)라는 말이 나온다. 이는 참으로 놀라운 서술로서 오늘의 성직자, 그리스도인, 종교인과 참된 권위가 어떠해야 하는가를 잘 보여주는 말이다.

1) '탈성직'과 한국교회

이렇게 해서 성서의 가장 오래된 전통 이야기와도 잘 부합되는 '탈성장', '탈성별', '탈성직'의 정신에 따라 우리는 한국적 작은교회론의 저술을 크게 세 부분으로 나누어서 그 '탈'을 넘어서 어디로 '향'해야 하는지를 탐색하고자 했다. 거룩과 성직의 독점과 그 근본주의적 배타주의를 오늘 한국교회의 정황을 야기시킨 가장 핵심 요인으로 보았기 때문에 탈성직의 분과를 맨앞에 두고서 여섯 명의 저자가 함께했다. 처음 여는 글로써 주원규 목사의 "탈성직을 향한 한걸음: 대형교회의 해체와 재구성"은 오늘 한국교회 문제의 핵심을 '대형교회'(메가처치)에서 본다. 저자는 대형교회가 현금의 한국교회를 제도와 문화, 정서적인 면에서 전방위적으로 지배하고 있다고 지적하면서 대형교회가 지금 '해체'라는 '유령' 앞에 놓여 있다고 적시한다. 그러나 조금 더 자세히 살펴보면 오히려 진짜 유령은 대형교회 그 자체이다. 여기서 저자는 한국교회를 '유령화'시키는 대형교회를 떠받치는 두 가지 기둥이 목회자 1인의 카리스마에 근거한 '1인 목사체제'와 '성서무오주의', '문자중심주의'라고 파악한다. 저자는 생명과 평화 가치의 회복을 위한 만인존엄과 만인사제의 탈성직을 제안한다. 이 제안은 단지 탈성직 분과의 여는 글로써뿐 아니라 한국적 작은교회를 지향하는 우리의 근본 의식을 밝혀주는 것이다.

이어지는 최태관 박사의 "탈성직을 지향하는 사회적 몸으로서 교회"는 한국교회의 생명성을 회복하는 길로서의 탈성직의 메시지를 동서 교회사적으로 탐색하는 귀한 작업이다. 이 글에서는 특히 종교개혁 500주년을 맞이하여 루터의 탈성직으로의 처음 기여가 어떻게 이후 '감독교회'나 교역자 중심의 '교파 교회' 등으로 변질되었는가를 살펴본다. 저자는 이렇게 서구 교회가 성직중심주의를 탈피하지 못하는 근본 원인이 "기독교 절대성에 따른 기독교의 역사인식"에 있다고 파악한다. 그래서 그 대안으로 19세기의 슐라이어마허나 트뢸치가 지금까지의 "초자연적 절대성"에 대한 주장을 넘어서 절대성을 새롭게 해석하는 것을 부각시키고, 종교적 개인으로서 스스로가 하나님과 직접적으로 관여하는 인격적 절대성의 경험에 근거한 '평신도운동' 역사에서 교회의 갈 길을 찾는다. 특히 저자는 한국교회의 처음 시작이 평신도의 자발적인 참여로 이루어진 역사임을 강조하고, 평신도의 평등성을 바탕으로 시대와 사회의 문화 속에 기독교의 가치를 실현하는 "사회적 몸"으로서의 교회, 거기서 이웃 종교와 대화공동체를 형성하여 "새로운 종교 가치를 현실에서 …함께 유기체적으로 구현할 수 있는" "새로운 작은교회"를 한국교회가 나아갈 방향으로 밝힌다.

다음으로 박종선 장로의 글 "한국교회 장로제도의 문제점"은 성직 중에서도 장로의 역할을 조명하며 한국교회의 문제점을 부각시킨다. 평소 저술과는 거리가 있게 살아온 저자이지만 장로의 역할을 담당해온 실존적 경험을 바탕으로 성실한 지적 탐구와 성찰적 노력을 더하여 이번 저술을 완성하였다. 글쓰기와 신학하기라는 또 다른 배타(성직)의 영역을 흔들었다는 점만으로도 박 장로의 글은 의미가 있다고 생각한다. 저자는 한국교회 장로제도의 타락이 원래 초대 교회에서와는 다르게 그 직분을 목양직으로 보지 않고 관리하고 감독하는 행정직으로만 보는 '이원론적 성직주의', 즉 목사와 장로, 권사와 집사직 등을 계층적으로 차별화하고 위계화하는 서열계급화로부터 기인한다고 본다. 또한 저자는 "당회의 독단, 불명확한 장로 역할, 항존직에 대한 오해, 자격 측면" 등을 예로 들면서 오늘 한국교회의 장로제도가 "종교개혁 정신에도 미치지 못할 뿐만 아니라" 예수의 정신을 전혀 담을 수 없는 구조라고 비판한다. 이어서 저자는 교회 직분에 관계없이 교인 지위의 동등함을 선언하고 목사와 장로의 임기제를 적용하는 '탈성직화된 작은교회'를 교회 본질을 회복하는 길로 제시한다.

정경일 박사의 "세상 속 평신도의 '생활신학'"은 한국적 작은교회운동이 지향할 수 있는 참으로 적실한 대안이라고 할 수 있다. 함석헌 선생이나 김교신 선생의 '생각하는 백성이라야 산다.'는 통찰에 접목해서 저자는 "생각하는 평신도라야 산다."라는 핵심 제안으로 한국교회가 어떻게 성직주의 등의 깊은 병폐를 청산할 수 있을지를 밝힌다. 저자에 따르면 신학은 신학자만 하는 것이 아니라 모든 평신도가 담당해야 하는 "그리스도인으로서 사고하는 것"이다. 또한 "권위적 성직자와 순종적 평신도는 공모관계"라며 평신도 신학의 출발점은 그러한 내면화한 성직주의로부터 스스로를 해방시키는 일이라고 일갈한다. 하지만 저자는 성직주의의 탈피가 교회의 최종 목표가 되어서는 안 되고, 한국적 작은교회운동이 "구원의 장소는 교회가 아니라 세상이다."라는 것을 받아들이는 지점까지 나아가야 한다고 강조하며 광주학살이나 세월호, 촛불혁명 등을 겪은 오늘의 평신도들이 어떤 성찰과 책임 있는 행위로 스스로 담론의 주체자가 될 수 있겠는가를 강하게 묻는다.

최대광 박사의 "탈'성직-교회': 영성적 수행의 동역자를 향하여"는 평신도가 담론과 행위의 주체자로서 구체적으로 설 수 있는 길과 방식을 찾아간다. 저자는 오랜 기간 대형교회의 부목사로 재직하면서 오늘의 한국교회가 어떻게 골수까지 깊은 매너리즘과 자기폐쇄주의에 빠지게 되었는지를 알아챘다. 저자는 작년 촛불 집회의 '반대편'에 있었던 '태극기 부대'가 일종의 근본주의적 유사종교인 "애국교"의 형태로 나올 수 있는 한국적 종교문화의 토양에 주목한다. 그는 '성직'과 '교회'를 따로 분리해 생각하지 못하고 하나로 보는 극우적이고 근본주의적인 "성직-교회"가 그 표현이라고 지적하면서 이에 대한 대안으로 "수행적 영성"을 제안한다. 이는 각자의 내적 깨달음과 저항을 위한 참된 신비를 가능하게 해주는 신앙의 영성적 차원에 주목함으로써 단지 자신들의 보수주의와 소속감으로서의 교회가 아닌 '수행' 공동체로서 한국교회를 지향하는 것을 말한다.

이정배 교수는 "평신도도 종교의례의 주체이다"라는 제하의 글에서 "종교의 시대가 가고 영성의 시대가 온 것을 명심"해야 한다고 주장한다. "만인제사직-미완의 과제를 넘어서기 위하여"라는 여는 말에서도 확연히 드러나듯이 저자는 이 글에서 성직제도의 두뇌처라 할 수 있는 의례에서의 평등의 길을 찾아 나선다. 그는 특별히 성직자 그룹을 따로 두지 않는 유교와의 대화를 시도하고, 그를 통해서 조상제사와 하나님 예배를 상관 짓고, 의례를 담당할 수 있는 자격으로서 '신독'(愼獨)이라고 하는 자기 수행의 보편적 길을 제시한다. 이것은 개신교 종교개혁의 만인사제의 성취를 위한 구체적인 방안을 제안하려는 것이다. 저자는 "종교개혁 500년 이후 교회는 모두가 성직자이고 모두가 평신도로 머물러야 한다." 라고 일갈하면서 한국적 작은교회를 지향하는 탈성직의 물음을 마무리한다.

2) '탈성장'과 작은교회운동

한국교회의 탈성장에 대한 물음은 원래 맨 앞에서 다루어질 주제였다. 한국교회가 놓인 자리가 바로 21세기 세계 신자유주의 경제가 지배하는 지구장이고, 성직주의를 포함해서 한국교회의 많은 적폐가 바로 이 신자유주의 경제중심주의와 성장주의와 깊게 연관된 것을 보았기 때문이다. 탈성장 분과의 첫 번째 글인 박득훈 목사의 "가난한 교회, 저항하는 교회"는 이 관계 고리를 잘 밝혀준다. 그는 자본주의 뒤에 숨어서 은밀하게 교회로 들어온 "맘몬 숭배"를 한국교회를 망친 주범으로 들면서, 지금 그 대가를 톡톡히 치르고 있는 무한정한 개교회 성장주의를 그만두고 탈(脫)성장과 향(向)성숙을 향한 "가난한 교회, 저항하는 교회"로 전환할 것을 촉구한다. 가난한 교회는 우리가 흔히 생각하는 것처럼 "가난한 사람을 위한 교회"가 아니라 "가난한 사람들의 교회"이다. 그것은 이미 가난한 사람이거나 예수처럼 기꺼이 가난한 사람이 되어서 뚜렷한 저항의식과 주체의식을 가지고 자발적이고 주체적으로 '가난'과 '약함', '고난'의 길을 가는 것이다. 저자는 그 길이 '개교회 성장주의'를 내려놓은 것이고, 자본주의의 비복음성을 자각하고 거기에 분노하며 저항하면서 작은 교회의 길을 가는 것이라고 강조한다.

이어지는 김영철 목사의 글은 오늘의 작은교회운동을 1970-80년대의 민중교회 운동과의 연관성 속에서 살펴보는 의미 있는 시도이다. 저자는 "작은교회운동의 전거로서의 민중교회론"을 말하고, 오늘의 탈성장시대의 교회가 어떻게 대형교회의 신화를 넘어서 작은교회운동으로 향해야 하는지, 그리고 그동안 〈생평마당〉이 수행해온 작은교회 박람회와 교회론 심포지엄을 의미화하면서 이제 '세월호 이후'의 새로운 교회론의 탐색을 한국적 작은교회론 정립의 일로 제안한다. 저자는 특별히 '작은교회 아카데미'와 '작은교회운동을 위한 조직체'의 필요성을 강조하고, '마을 만들기'와 '협동조합적 교회' 등 "창조적인 새로운 모델"에 대한 탐색을 계속해야 한다고 강조한다.

오세욱 목사의 "풀뿌리 평화공동체 형성의 걸음"과 이원돈 목사의 "온 생명 마을교회를 말한다"는 이러한 제안에 대한 현실적인 응답이라고 할 수 있다. 오늘 시대의 대안으로서 작은교회를 일구는 것이 구체적으로 어떤 모습과 내용으로 채워질 수 있는지를 탐색하는 오 목사는 오늘 한국교회의 현실을 볼 때 더 이상 '성장이냐, 작은교회냐'를 선택할 수 있는 여지("선택의 사치")도 없이 "이미 충분히 작은" 교회인 것을 지적한다. 그리고 이제 관건은 어떻게 거기서 존엄과 생존을 지키고, 의미를 찾을 수 있겠는가 하는 것이다. 즉 그러한 상황의 교회로부터 목회자들이 진정으로 무엇을 바랄 수 있는지, 자신의 존재 가치조차 흔들리는 현실에서 어떻게 복음의 의미와 기쁨을 누릴 수 있는지의 물음인 것이다. 저자는 여기서 "복음의 공공성, 교회의 공공성"을 내세운다. 그러면서 정의평화를 위한 공공적 교회로서 '지역 인문학 공동체 일구기', '평화 서클'의 구성자와 촉진자 되기, 학교나 지역 등에서 갈등과 폭력을 완화시키고 조정하는 '정의평화 전문가' 등의 예를 제시한다. 동시에 저자는 그러한 지역에서의 사회적 풀뿌리 실천가로서의 역할이 혹시 일종의 "신자유주의적 종교시장에 뛰어드는 벤처기업가의 또 다른 모습은 아닐까?"라는 의구심을 드러낸다. 즉 그와 같은 다양한 세속의 일 가운데 교회와 영성, 종교의 참된 역할과 과제가 어디에 있는가의 질문이라고 할 수 있다.

이러한 질문은 예전 서구 계몽주의 시기의 유럽 사회에서 산업혁명기의 도래와 더불어 도덕적·정치적·경제적 파탄에 빠져 있던 농촌 마을을 살리기 위해서 페스탈로치가 한 깊은 고민을 생각나게 한다. 그는 마을을 살리는 일이 목사의 일인지, 아니면 새로운 산업을 들여오는 면방직업자의 일인지, 교회와 학교의 역할이 어떻게 다른지, 정치와 종교, 산업과 도덕, 학교와 교회 등이 어떻게 서로 관계해야 하는지 등에 대해서 심각하게 고민했다. 마을교회운동을 강조하는 이원돈 목사는 "온생명 마을교회를 말한다"에서 이와 유사한 고민을 드러낸다. 마을교회운동에 관한 책을 낼 정도로 이 분야에서 잘 알려져 있는 저자는 이 글에서 "탈성장시대의 새로운 교회 생태계에 대한 상상"을 강조하면서 특히 물리학자 장회익 교수의 '온생명' 개념에 주목하여 마을 전체가 '학습'과 '복지', 거기에 더해서 '문화'의 공동체로 전일적으로 거듭나는 일을 상상한다. 저자는 그것을 "온생명 마을공동체" 또는 "온생명 마을교회"로 부르지만 앞에서 지적한 신앙과 교회의 고유한 역할에 대한 고민으로부터 자유롭지는 않을 것 같다.

이진형 목사는 "작은교회 그리고 녹색교회"에서 기독교환경운동가로서 오랜 경험과 성찰을 바탕으로 "생태적 회심의 교회"로서의 작은교회 운동을 말한다. 그 운동의 원리로 그는 6가지의 '생태정의의 원리'를 밝히는데, 이는 앞의 '온생명' 의식과 많이 상통되면서 특히 지구 생태계가 상호연결된 생명의 상호의존적인 공동체라는 점을 뚜렷이 부각시킨다. 그는 작은교회운동이 단순히 대형교회의 문제와 폐해를 넘어서는 일에서 더 나아가야 하며 '작음'을 단순한 부족함이 아닌 "교회의 고유성"으로 여겨야 한다고 주장한다. 또한 작은교회가 '요람에서 무덤까지'의 완결적인 조직을 모두 담을 수는 없다는 것을 인정하고, 그러면서 "상시적이고 지속적인 협력"을 통해서 서로의 부족함을 채우는 "상호의존적인 연대와 협력"을 계속해 나가야 한다고 역설한다. 이것은 앞으로의 작은교회운동을 위해서 매우 중요한 깨우침이고, 그런 맥락에서 "작은 교회는… 반대로 큰 교회가 나아가야 할 완성된 모습의 교회이다."라는 선언은 매우 고무적으로 들린다.

이 상호의존적 연결의 원리를 '작은교회적으로' 제안하는 성찰이 이은경 박사의 "작은교회들의 작지만, 유쾌한 교육공동체"이다. 기독교교육 연구가로서 또한 작은교회의 목회자로서 저자는 오늘 작은교회운동에서 가장 취약한 부분으로 차세대를 위한 '신앙교육'을 꼽는다. 여기에서의 상호의존적 연대를 강조하기 때문이다. 나아가 어린이와 청소년들이 "종교교육을 받을 권리"가 있음을 숙지하면서 그러나 그것을 혼자서는 감당하지 못하는 작은교회들이 "작지만, 유쾌한 교육공동체-연합주일학교"를 운영할 수 있다고 주장한다. 그는 구체적인 프로그램으로 "1시간 학교, 숲 주일학교, 걷는 예배, 여행 주일학교" 등의 연합주일학교를 소개한다. 이와 함께 세계에서 국민들의 행복지수와 신뢰지수가 가장 높다고 하는 덴마크의 시민대학(폴케호이스콜레)과 여행시민학교이 목사로서 덴마크 교육의 아버지가 된 그룬트비에 의해서 시작된 것도 소개한다. 저자는 '연합주일학교'는 기존의 개교회 중심주의를 벗어나서 인간관계 네트워크를 통해 새로운 형태의 종교교육 모형을 추구하는 것이며, 작은교회들이 직면한 교육 부재와 한계를 극복하고자 하는 길이라고 설명한다.

3) '탈성별'과 한국교회의 미래

작은교회운동의 또 다른 모토는 '탈성별'이다. 탈성직과 탈성장과 함께 한국교회의 오랜 인습과 악행인 성차별과 남성중심주의를 넘어서기 위해서이다. 사실 지금까지 한국교회는 여성들의 희생과 헌신으로 유지·전개되어 왔다고 해도 과언이 아닐 것인데, 작은교회운동에서조차 이 가치가 소홀히 여겨지는 측면이 많다. 그것은 어쩌면 탈성별의 차원에서 한국교회가 변화되고 개혁되어야만 가장 근본적이고 포괄적인 개혁을 기대해볼 수 있다는 의미이기도 하다. 지금 한국 사회가 목도하고 있는 불의한 차별과 편가름으로 인한 공동체 해체의 수위는 참으로 위험한 지경인데, 그 중에서도 특히 성차별은 인종차별과 마찬가지로 인간을 단순히 하나의 '종'(種, species)으로 환원시키는 일이다. 그래서 혹자는 그러한 차별이야말로 "인간이 세상의 주인일지는 몰라도 창조주는 아니라는 사실을 망각한 이유로 인해 벌을 받게 될 것"이라고 일갈했다. 작은교회운동의 탈성별은 인간성 회복운동이며 특히 우리 모두가 창조주의 똑같은 피조물임을 겸허히 인정하는 일이고, 그래서 우리 중 누군가가 아니라 그 창조주가 만물의 척도이심을 받아들이는 일인 것이다.

탈성별 분과의 첫 번째 저자 김정숙 교수는 "작은교회 리더십: 권력과 젠더"에서 이 일을 분명하게 보여주었다. 저자는 먼저 "성차별적 성역인 한국교회"라는 표현을 쓰면서 하나님이 철저히 젠더화되었고, 특히 절대 권력의 남성과 가부장으로 이미지화되었다고 지적한다. 저자는 이러한 하나님 이해에 근거해서 "성차별적이고 지배적인 군주적 리더십"이 나타났음을 밝힌다. 이에 대한 대안을 탐색하는 길에서 주목하는 것이 하나님과 인간을 이해하는 데 있어서의 두 속성인 '의지'[主意主義]와 '지성'[主知主義]의 차원이다. 저자에 따르면 오늘 한국교회의 파행적 권력과 군주적 리더십은 하나님과 인간의 의지적 차원을 과도하게 강조한 데서 연원한다. 따라서 이 "극단적으로 분리된 주의주의와 주지주의의 대립적 입장"을 넘어서는 새로운 조화와 균형이 필요하다. 즉 하나님의 의지는 무제약적이지만 "사랑의 의지"이고, 의지는 결코 "방종한 독선"인 아닌 지성과 합리와 "항상 관계되는" 의지인 것이다. 저자는 창조주 하나님이 자기 스스로를 제한하여 역설이 된 사건인 예수의 성육신 사건으로부터 오늘 한국 대형교회가 보여주는 남성 편향적이고 지배자적인 권력과 리더십이 아닌 "타자지향적 리더십"으로의 전환의 길을 찾는다.

이어지는 정혜진 선생의 "차별을 넘어 평등과 일치로: 초기 기독교 신앙의 뿌리"는 교회사에서 이러한 본래적 성육신적 리더십이 군주적 차별 리더십으로 변형되는 데 결정적인 역할을 한 것으로 여겨지는 바울의 편지들을 새롭게 해석하려는 시도이다. 저자는 우리가 보통 알고 있는 신약성서에서의 대표적인 여/성차별적 언어(고전 14:34-35, 딤전 2:11-12, 고전 11:2-16)를 당시의 역사적 배경에 비추어서 성서비평적으로 꼼꼼히 검토한다. 특히 갈라디아서 3:26-28의 바울의 선포, "…유대 사람도 그리스 사람도 없으며, 종도 자유인도 없으며, 남자와 여자가 없습니다. 여러분 모두가 그리스도 예수 안에서 하나이기 때문입니다."를 예로 들면서 바울의 참 의미와 실천은 오히려 당시의 여러 민족적·인종적 차별과 노예제도, 성차별적 가부장주의를 급진적으로 무화시키려는 "대항이데올로기"(counter-ideology)에 있다고 밝힌다. 저자는 이러한 바울에 대한 복권을 한국의 여성신학자들뿐만 아니라 유대교 전통의 여성성서학자 피오렌자의 시각에 근거해서 수행한다. 이 작업을 통해 초기 기독교 운동에서의 차별과 배제를 뛰어넘으려는 평등과 일치를 향한 래디칼한 권력비판 담론이 오늘 우리 시대에는 양성평등을 넘어 성소수자 차별폐지 선언으로 확대되어야 한다고 해석한다.

이은선의 "性, 몸의 진실된 새 이름과 탈성별-한국적 여성기독론과 작은교회운동"은 작은교회운동에서의 탈성별의 원리를 바울을 넘어서 예수에게까지 확장해서 적용하려는 시도이다. 저자는 이러한 확장을 위해서는 기독교 전통 안에서만 머물러서는 안 됨을 말하고, 특히 동아시아

이웃 종교들의 구원론과 대화하면서 어떻게 역사적 예수 한 인물에게만 집중된 그리스도론을 넘어서 보다 보편적인 그리스도론, 한국적 여성기독론 등으로 나아갈 수 있는지를 검토한다. 여기서 한국 전통여성들의 자기희생적이고 자신을 내어놓으면서 생명을 낳고 살리는 '사기종인'(捨己從人)과 '생물(生物)여성영성'의 덕목이 귀중하게 다뤄진다. 저자는 이 덕목의 현재적 체현을 통해서 복수(複數, plural)의 십자가 사건과 부활 사건의 현현을 기대한다. 또한 한국교회가 작은교회운동을 통해서 진정으로 생명과 평화를 살아내는 집이 되기 위해서는 더 이상 교회 안에만 머물거나 '오직 예수로만'을 인습적으로 반복하거나 전통적인 영육이론적인 사고 속에 사로잡혀 있어서는 안 된다면서 그러한 자기폐쇄성과 경직을 가장 효과적으로 해체하는 길이 전통 기독론의 해체와 재구성에 있다고 본다.

이 책의 마지막 글인 안지성 목사의 "여성의 교회, 모두의 교회"는 참으로 여성주의적 글쓰기의 전형이다. 이 글은 "여성의 교회-섬김", "여성의 교회-다름을 받아들임", 또 "여성의 교회-약하고 상처받은 사람들의 교회" 등 세 이름과 내용으로 나뉜다. 이 구분과 정리가 앞선 탈성별 분과의 다른 글들뿐만 아니라 지금까지의 모든 한국적 작은교회론이 탐색해온 내용과 지향을 전체적으로 훌륭하게 집약시키는 결정이라고 생각한다. 저자는 '새터교회'라는 민중교회로 오랜 이름을 가지고 있는 공동체의 목사로서 '운전을 하고', '밥상을 차리고', '설거지를 하고' "소위 허드렛일"이라고 불리는 모든 일을 하면서 "나만 늘 허드렛일을 하게 되는 것 같아 은근히 부아가 났다."라고 고백한다. 거기서 얻어진 탈권위적이고 자기겸비적인 '섬김'으로서의 성직과 목회의 모습이야말로 앞으로 한국교회의 성직이 나아갈 방향을 제시해주는 것이라고 말하지 않을 수 없다. 두 번째 부분인 "다름을 받아들임"에서는 차별의 문제를 다룬다. 여기서 저자는 여느 대안 교회에서도 좀처럼 듣기 어려운 "이웃 종교 만나보기"를 언급한다. 그런데 그것이 어떤 이론적인 만남이 아닌 저자가 '직접 이웃종교의 예식에 참여해보고 수련의 방법을 경험하고 함께 대화를 나누면서' 얻어진 결론("이웃종교와의 만남은 내 신앙의 지진과도 같은 것")인 것이 매우 의미있게 다가온다. 세 번째 부분에서 저자는 "약하고 작은 것들에 대한 관심, 상처받기 쉬운 것들에 대한 연민"이 "교회가 그리고 여성목회가 놓치지 말아야 할 덕목"이라고 밝힌다. 저자는 여기서도 유난히 상처가 깊은 아이들이 많았던 지역아동센터에서 생활지도교사로 일했을 때가 "내 인생에서 가장 빛나던 시절"이었다고 고백한다. 나는 이것을 보면서 작은교회운동이 앞으로 나아갈 방향으로 이보다 더한 것이 있을 수 있겠는가 하는 마음이 들었다. 이렇게 저자는 한국적 작은교회론을 참으로 통합적이고 전일적으로 밝혀주면서 마지막으로 "아마 눈치챘겠지만 여성의 교회는 여성만을 위한 교회가 아니다. 여성과 남성이 여성성의 원리, 즉 복음의 원리 속에서 서로 진실되게 어울리며 살아가는 교회"라고 일갈한다. "여성의 교회는 모두의 교회"라는 것이 저자의 마지막 강조이다.

3. '한국적'이라는 것의 의미

이상이 모두 16명의 저자가 함께 탐색한 한국적 작은교회의 탈(脫)과 향(向)이다. 한국적 작은교회를 활성화시키는 일이야말로 오늘 교회의 위기와 사회의 해묵은 갈등과 폐단을 넘어설 수 있는 좋은 길이라는 의식과 의지로 수행한 결과물이다. 하지만 마무리를 하고 보니 여전히 많은 한계와 부족함이 보인다. 사실 우리가 그러한 부족함과 한계를 보완하고 보충할 요량으로 나름 마련한 것이 책의 마지막에 실린 '좌담회'였다. 누구보다도 큰 열정과 아이디어로 작은교회운동을 이끌고 있는 방인성 목사님, 이미 여러 모양의 작은교회를 실천적으로 실행해온 송병구 목사님, 최근 기독교장로회 여교역자회 회장으로 피선되었고 신학과 실천으로 작은교회운동에 열심이신 김성희 목사님과 더불어 집필자 세 사람과 사무국의 현창완 국장이 함께 모였다. 종교개혁 500주년을 맞는 한국교회의 상황, '작다'는 것의 의미, '한국적'이라는 것, 성례전의 물음, 앞으로 작은교회운동의 전망과 미래 등에 관해 긴 시간 이야기를 나누었다. 하지만 여기서는 오늘 참으로 심각하고 긴박하게 다가오는 한반도의 평화와 통일 문제는 심도 있게 다루지 못했다. 또한 '한국적인' 것이라는 의미에 대해서도 마찬가지다. 거기에는 여러 가지 이유가 있을 것이다. 그럼에도 필자는 이 글을 쓴 저자들의 면면이 보통 한 저술의 저자들로 모이기에는 그 다양함의 색깔이 매우 도드라진다는 점을 들어서 그러한 여러 차원의 다양함을 어떻게든 하나로 묶어내고 엮어내려는 시도 자체가 바로 '한국적인' 특성을 드러내는 것이 아닌가라는 말을 먼저 하고 싶다.

주지하듯이 우리가 처음 '한국적'이라는 형용사에 주목하고 시작한 것은 우리의 교회론이 더욱더 우리의 구체적 삶과 연결된 것이어야 한다는 의식의 표현이었다. 즉 한국이라는 이 땅에서 실현된 교회와 그리스도 신앙의 모습, 앞으로 이 땅위에서 펼쳐질 신앙과 공동체의 모습이 어떤 것이어야 하는가 등을 묻는 '신앙적 주체성'에 대한 의식이었다. 이는 진정으로 신앙적인 출애굽을 위한 것이었다. 그런 뜻에서 우리는 가능한 대로 과거 이 땅 위에서 성실하고 진실되게 신앙적 삶을 실천한 선배 민중의 영성가들을 돌아보고자 했고, 그보다 더 멀리는 이 땅에서의 전통 종교들의 '믿음'과 '진실'도 돌아보고자 했다. 하지만 이러한 탐색 중에 우리가 인식하게 된 또 하나의 새로운 진실은 세월호나 박근혜/최순실 사건 등을 겪은 대한민국 땅에서 특히 젊은 세대에게 '한국적'이라는 말은 결코 선한 말이 아니라는 것이었다. 이 글을 쓰는 필자를 포함해서 우리 선배들이 이해해온 것과는 달리 '한국적'이라는 말은 그들에게 더 이상 어떤 민족적 주체성을 의미하는 말도 아니고, 좋고 선한 본성적인 가치를 지향하는 말도 아닌, '헬조선'으로서의 한국, 그래서 어떻게든 떠나고 싶고 벗어나고 싶은 지독히도 자본주의적인 착취의 언어를 표상한다는 것이다. 그런 이야기를 젊은 세대로부터 듣고 토론하면서 우리의 고민은 깊어졌다. 과연 이 '한국적'이라는 단어를 어떻게 할 것이고, '한국적' 작은교회론의 지도를 어떻게 그려낼 수 있을지, 우리가 이 말을 계속 쓰는 것이 좋은지 등 우리의 시도가 더욱더 부담스러운 일로 다가온 것이다. 우리의 현실과 신앙적 출애굽이 얼마나 어렵고 지난한 길인가를 다시 한 번 지시해주는 현실이라고 생각한다.

4. 감사의 말

이제 지금까지의 모든 생각과 성찰을 뒤로 하고 마무리로 그동안 함께 수고하고 힘을 보태준 분들에 대한 감사의 말을 해야겠다. 우선 우리 저술 작업이 구체화될 수 있도록 추동하고 물심양면으로 도와주신 네 분의 공동 대표들(박득훈, 방인성, 이정배, 한경호)과 그동안 수없는 실행위원회의와 네 번의 작은교회 박람회를 치르면서 함께 고생한 여러 실행위원들, 또한 저술에 대한 부담에 더해서 팀장과 편집위원의 역할까지 맡아서 더 많은 회의와 수고를 감당해주신 편집위원들(오세훈, 정혜진, 최태관)께 감사드린다. 그리고 지난 해 1년여의 작은교회론 세미나를 위해서 장소를 배려해주신 분들과 세미나에 참석하고 발제의 수고를 감당해준 분들께도 감사드린다. 가장 가까이에서 이 과제를 마무리 할 수 있도록 함께 해준 현창완 국장과 남편 이정배 교수에게도 감사의 마음을 전한다. 사무실 일을 혼자 담당하며 어려운 살림 가운데서도 지금까지 꿋꿋이 지켜준 현 국장의 수고와 마음고생을 잊지 못할 것이다. 남편 이정배 교수는 모든 일에서 드러나게 혹은 드러나지 않게 함께 일을 담당했다. 덕분에 연결된 대한기독교서회는 이 땅의 작은교회운동을 지지하는 마음에서 매우 촉박한 일정과 여러 실질적인 어려움에도 불구하고 출판을 결정해주었다. 서진한 사장님 외 실무자들께 심심한 감사를 드린다.

이제 마무리하는 상황에서 우리 스스로에게 묻고 싶다. 오늘 우리의 작은교회운동과 그 교회론의 구성은 여전히 밖의 화려함과 양적성장을 따르는 현실 속에서 그와는 다른 길을 가는 힘든 일이 될 터인데, 과연 우리가 이 어려움을 진정으로 직시하고 있는가 하는 것이다. 그 길은 새로운 신앙적 주체성을 탄생시키려는 구도로서 기존에 놓여진 토대와 기반을 거부하는 길이다. 그리하여 힘들고 외로워지면 다시 옛것에 기대려는 유혹이 생길 것인데, 우리가 과연 그렇게 충분히 저항적이고 지속적일 수 있는가 하는 물음이다. 그러나 그러한 외로움과 단호한 몸짓에서만이 새로운 가치와 세계가 탄생된다는 사실을 우리는 또한 안다. 그리고 그 일을 혼자서는 감당하기 어렵지만 함께 힘을 합하면 지속할 수 있다는 것을 믿기에 그 길을 함께 가고자 하는 것이다. 오늘 큰 혼란과 혼동, 위기 속의 한반도에서 그렇게 해서 이루어지는 교회는 세계 교회도 그 개혁의 500주년을 기념하는 시점에서 우리로부터 기대하는 '한국적 그리스도의 교회'가 될 것이다.

혹자는 글쓰기란 '장딴지에서 기름을 빼어내는 일'과 같다고 했다. 이제 그 고단한 일을 함께 마친 모든 저자에게 심심한 감사를 드리고, 마무리의 기쁨을 같이 나누고자 한다. 2013년 9월 〈생평마당〉 제1회 작은교회 심포지엄을 열면서 한 다음의 말이 다시 생각난다.

> 거룩한 것에 대한 충성을 포기할 때, 우리는 우리의 존엄성을 잃게 된다. 우리의 존재는 사소한 것들로 전락한다. 우리는 목숨을 팔아 망각을 사며, 맹목을 추구하는 대가로 고통과 수고를 지불한다. 알지 못하는 것에 대해 우리가 갖고 있는 빼앗길 수 없는 몫에 관심을 기울일 때만 우리의 내면의 삶을 통합할 수 있다.(아브라함 헤셸, 『하느님을 찾는 사람』, 김준우 옮김, 한국기독교연구소, 80.)

이은선(생명평화마당 신학위원장, 세종대학교 교수)

차 례

C O N T E N T S

Part 3 탈성별

Part 1
탈성직

1장
탈성직을 향한 한걸음:
대형교회의 해체와 재구성

시작하는 말

바야흐로 하나의 유령이 한국교회를 변화시키고 있다. '해체'라는 유령이다.[1)]

종교개혁 500주년을 맞이해 종교개혁에 대해 이야기하는 움직임이 활발하다. 하지만 그 활발함이 우리 한국교회의 현실과 맞닿을 때마다 뼈아픈 죽비 소리로 다가오는 이유는 무엇일까? 이유는 자명하다. 오늘의 한국교회가 종교개혁이 말하는 본령과 너무나 동떨어진 가치선상 위에서 있기 때문이다. 2010년 이후 오늘의 한국교회, 그중에서도 전 세계에서 손에 꼽히는 규모와 위세를 자랑하는 대형교회들이 보여준 행태는 수치스러움을 넘어서서 황망한 살풍경으로 자리 잡은 지 오래다. 여의도순복음교회 조용기 목사의 배임, 횡령 혐의를 필두로 벌어진 일련의 세습, 성추문, 경제 범죄 등은 교회도 알고 세상도 다 아는 암담한 수치의 기억으로 남게 되었다. 한국 대형교회의 재앙적 현실은 이제 특수한 한 교회의 문제가 아닌 한국교회 전체의 문제가 되어버린 것이다.

---

1) 해체는 정서적·구성적·제도적 제의미에서의 범위를 뜻하며, 이 글에서는 특별히 개신교 내부에 일종의 보통명사처럼 자리잡은 대형교회를 해체한다는 의미로 사용하려고 한다.

이렇듯 상황의 위중함을 실감할 때, 본질을 찾고 구현하려고 한 자성의 움직임이 시대의 길목마다 이어져 왔다. 루터의 95개조 반박문으로 시작된 종교개혁의 외침 역시 위중한 작금의 현실, 그 황망함에 대한 인간 본연의 반성적 결과물이 아니던가. 하지만 종교개혁 500주년을 맞이한 한국교회는 해체라는 유령을 두려워하고 있다. 한국교회는 해체의 유령을 퇴치하기 위해 국가, 권력, 신성의 이름을 걸고 동맹을 맺고 있다. 뜻을 하나로 모아 악한 외부의 세력으로부터 교회를 지켜야 한다고 말한다. 필자는 묻는다. 한국교회가 필사의 노력을 기울이는 유령 퇴치 투쟁이 과연 신성한 것일까? 이 투쟁이 그들 말대로 교회 분열에 앞장서는 세속화된 무리를 내쫓는 참된 하나님의 뜻일까? 우리는 이제 이에 대한 답을 교회가 아닌 교회를 바라보는 세상에서 찾아야 한다.

오늘날 한국교회를 제도, 문화, 정서적으로 지배한 것은 바로 대형교회이다. 대형교회는 현재 독재와 전근대성, 종교적 선동주의로 점철된 문제아 집단으로 전락했다. 교회가 세상을 걱정하기보다 세상이 교회를 걱정하게 된 것이다. 이러한 문제를 극복하기 위해 우리의 시선은 위로부터의 교회를 벗어나야 한다. 양적 성장에 치중하는 기복신앙 교회, 교조주의에 사로잡힌 눈먼 자의 교회가 아닌 밑으로부터의 교회, 탈성장을 지향하는 생명과 평화를 바라보지 않을 수 없게 된 것이다. 그런 맥락에서 대형교회는 결국 한국교회의 치명적 죄악으로 자리하고 있음을 인정하지 않을 수 없다. 그렇기에 그 연장선상에서 종교개혁 500주년을 맞이해 반드시 짚고 넘어가야 할 부분은 바로 죄책고백을 하는 것이다. 오늘날 한국교회를 회생 불가능하게 만든 치명적 죄악인 대형교회를 티끌과 재 가운데 내어놓아야 하는 것이다.

그 내어놓음 가운데 해체를 논의하는 것이 시대적 요청이다. 그리고 해체를 이야기함에 있어 빼놓을 수 없는 과제가 있다. 바로 '탈성직'이다. 교조주의에서 비롯한 성직의 개념이 스스로를 종교권력의 중심에 놓아둔 탓에 이제는 종교라는 이름의 아편으로 전락하고 말았다. 탈성직은 이러한 한계인식에서 비롯한 필연적 요청이기에 대형교회 해체와 탈성직은 상호 별개로 생각할 사안일 수 없다. 이 글은 해체와 관련한 구체화된 전략 제시가 아니다. 전략을 제시하기에 앞서 선행해야 할 의미 나눔이다. 이 글은 '왜 해체인가?', '해체가 교회의 본질인 생명, 평화를 어떻게 지지할 수 있는가?', '해체와 탈성직은 어떻게 연결되는가?' 이 세 가지 질문에 대해 생각해보고자 한다.

1. 대형교회, 우리들의 일그러진 영웅

대형교회의 정확한 정의는 규모의 측면보다는 기능의 측면에서 조명되어야 한다. 기능의 측면에서 본 대형교회는 신의 이름을 담보로 인간이 일궈낸 노력의 결과, 이른바 신성노동의 놀라운 성과물이다.[2] 이 경우 현장에서 쏟아내는 사건의 연대, 사건들 속에서 발견되는 신학적 의미는 철저히 배제된다. 대신 현장의 자리를 차지하는 것은 신의 이름을 내세우지만 신에 대해서는 한마디도 하지 않는, 경전(canon)에 대한 왜곡된 적용뿐이다. 근본주의적 성서해석은 모든 해석의 중심에 성서를 놓으면서도 정작 아무것도 해석하지 않는 박제의 기념 행위에 헌신해왔다.

이렇듯 대형교회는 한국교회에서 하나님과 상관없는 신성을 담보로 한 인간 행위, 그 부질없는 욕동의 흉물로 전락했다. 주목할 점은 대형교회가 규모와 기능, 두 측면 모두 동반 상승하려는 기질을 보인다는 것이다. 이는 한국교회를 지탱하는 힘이 피플 파워(people power), 인적 자원에 의존해왔기 때문이다. 양적 성장의 태동 원리와 배경 자체가 규모의 논리에서 비롯되었음을 배제하지 않는다면, 인적 자원과 한국교회의 유착 관계는 아무리 강조해도 지나치지 않을 것이다. 결과적으로 대형교회는 한국교회가 습관적으로 의존해 온 인적 자원을 향한 애증의 축적물이

---

2) 신광은, 『메가처치 논박』 (부천: 정연, 2009), 85-87.

다. 인적 자원에 대한 한국교회의 지향이 성서 문자중심주의에 의해 철저히 은폐되고 왜곡된 채로 지속되어 온 것이다.

한국교회는 높은 윤리의식을 바탕으로 하나님의 권위와 성직의 당위를 강조했다. 그런데 이 높은 윤리의식이 유교적 가부장제와 권력지향적 탈속주의에 포섭될 경우 왜곡이 싹튼다. 고상한 종교의 언어로 성직과 하나님의 권위를 동일시함으로써 하나님의 위치에 카리스마 있는 종교 지도자를 올려놓는 것이다. 그에 따른 반응으로 많은 이들은 하나님 권위의 대리자인 성직자, 특히 목사를 하나님같이 섬길 것을 약속하며 목사의 권위에 절대적 힘을 불어넣는다. 목사에게 절대 충성하는 것이 바른 믿음으로 이해받는 것이다.

한국의 개신교는 두 얼굴을 보여주며 한반도 역사의 한 축을 감당해왔다. 하나의 얼굴은 가난한 자, 약한 자의 편에 선 얼굴이다. 한국교회는 부당한 권력의 폭압, 공의롭지 못한 탐욕을 경계하던 예수 정신을 적실히 구현했다. 하지만 또 하나의 얼굴이 한국교회를 지배한 사실을 부정해서는 안 된다. 하나님의 권위와 목사의 권위를 동일시한 교회는 민중이 가져온 보편 정의의 열망을 성직자에 대한 거짓 충성과 복종으로 둔갑시켜 세력을 키워온 것이다. 야속하게도 역사는 강자의 편에 서는 데 익숙하다. 정의와 민주, 인권을 이야기하는 교회는 점점 그 운신의 폭이 좁아졌고, 권력에 기생해 하나님의 이름을 빙자하여 세력을 키운 교회와 목회자는 한국교회의 주류를 자처했다. 이러한 토양에서 한국교회의 뿌리를 대형교회로 대표하고 나서는 일은 전혀 이상한 일이 아니다. 대형교회는 권력에 취한 한국교회의 일그러진 영웅으로 자리 잡았기 때문이다.

2. 한국교회를 지배한 진짜 유령, 대형교회

시작하는 말에서 밝힌 해체의 유령은 기실 유령이 아니다. 진정한 유령은 한국교회를 반세기 동안 지배해 온 대형교회의 망령이다. 견해의 차이는 있겠지만 한국교회를 오랫동안 지배해 온 주류는 대형교회이다. 한국교회 주류는 6·25한국전쟁 이후 계속되어 온 이념 대립, 냉전시대를 거치면서 로마서 13장의 가르침을 금과옥조 삼아 정치적 입장에 대해선 비겁한 침묵을 지속해왔다.[3] 침묵의 빈자리를 메운 건 경제성장과 하나님의 축복, 거기에 적당한 양념처럼 곁들인 교양 전달뿐이었다. 그 집중의 결과, 대형교회는 전무후무한 양적 성장을 이뤄냈다. 이렇게 성장과 기반 다지기를 구체화한 대형교회가 한국교회에서 차지하는 영향력은 과연 어느 정도일까? 비약이 허락된다면, 한국교회는 곧 대형교회라는 등식이 그대로 성립할 정도이다. 이제는 대형교회 없이 한국교회를 말한다는 것 자체가 모순이 되는 지경에 이른 것이다. 대형교회의 한국교회 지배 풍토는 단순히 교회 조직과 문화를 장악한 것만이 아니다. 한국의 개신교가 거의 유일하게 혁신을 이야기할 수 있는 가능태는 바로 성서 텍스트이다. 1500년대 발발한 종교개혁의 모토 역시 가톨릭 교권에 의해 유린당한 성서 텍스트의 온전한 해석이 아니었던가. 하지만 대형교회로 대표되는 한국교회는 성서 텍스트를 충분히 읽고 해석하려는 의지를 철저히 훼손해왔다.

대형교회가 성서 텍스트를 대하는 특징은 다분히 이중적이다. 대형교회는 성서 텍스트를 정확무오하며 절대 권위를 갖는 하나님의 유일한 의미 매체로 규정한다.[4] 그리고 이를 가르치고 주입하는 데 교회의 모든 역량을 집중한다. 그런데 여기에 모순이 있다. 대형교회의 생래적 태동 배경엔 권력과 힘에 대한 찬동과 숭배 의지가 작동하고 있기 때문이다. 그렇기에 대형교회가 성서 텍스트를 해석하는 해석학적 지평 역시 힘의 지배에 뿌리를 둔 해석과 적용에 치우칠 수밖에 없는 것이다. 권력과 힘의 역사는 무엇인가? 인간이 인간을 탄압하고, 한 계층이 다른 계층을 억압

---

3) 권연경, 『로마서 13장 다시읽기』 (서울: 뉴스앤조이, 2017), 14-36.
4) Gary E. Gilley, *This Little Church Went to Market: The Church in the Age of Entertainment* (Collegeville, Evangelical Press, 1995), 85-90.

함으로써 하부와 상부 계급화를 구분 짓는 위계 설정의 역사 아니던가. 권력과 힘의 범주에서 해석되는 성서 텍스트는 결코 생명과 평화를 이야기하지 못한다. 생명과 평화를 이야기하기 위해서는 힘의 균형, 권력지향의 포기, 평등한 공동체를 이야기해야 하기 때문이다. 이렇듯 대형교회는 성서해석에서부터 왜곡과 굴절의 역사 뿌리를 갖고 시작했다. 놀라운 모순은 이 굴절의 역사가 대형교회의 중심 가치 속에선 신의 승리와 축복으로 둔갑해서 선포된다는 점이다. 대형교회는 축복의 증거로 교회의 양적 증가와 규모의 비전을 제시했다. 그와 함께 몰아닥친 신자유주의의 광풍이 대형교회의 일그러진 욕망에 날개를 달아주었다. 무한경쟁과 배금만능주의가 한국교회 전체를 대형교회 이론으로 오염시킨 것이다.

이렇듯 오염된 교회의 탄생의 결정적 요인이 두 가지 있다. 하나는 카리스마에 의존한 '1인 목사 체제'이며 다른 하나는 성직자 권력 강화에 당위성을 부여해준 '성서적 권위주의', 혹은 '문자중심주의'이다. 1인 목사 체제와 문자중심주의, 이 둘은 밀접한 공생 관계를 맺고 있다.

1인 목사 체제란 무엇인가? 교회를 구성하는 조직의 힘, 그 근간이 목사 개인의 압도적 카리스마에 의해 지속되는 체제를 뜻한다. 이를 체제라고 명명하는 이유는 이것이 일종의 종교적 이념으로 환원 가능하기 때문이다. 힘의 체제를 장착한 종교는 늘 그렇듯 '우상숭배적 열광주의'를 동원했다. 특히 왕조 체제를 경험한 뒤, 근대화를 맛보기도 전에 독재의 망령에 포섭되어 버린 한반도의 역사 풍토는 우상숭배적 열광주의에 손쉽게 빠져드는 체질을 나타냈다. 강한 지도자, 강한 목사에 대한 향수를 자극하고 만족하는 데에는 1인 목사 체제가 안성맞춤이다. 이렇듯 1인 목사 체제는 우상숭배적 열광주의를 가장 유리하게 이끌어낼 수 있는 구조이다. 하지만 1인 목사 체제를 가능하게 한 종교 열광주의의 이면에는 이를 뒷받침하는 우상의 그늘이 존재하는 법이다.

현대 사회는 문명사회이다. 아무리 카리스마를 내세우는 지도자가 등장해도 그 지도자의 카리스마를 뒷받침해주는 배경이 존재하지 않는다면, 지도자의 수명은 오래 지속되지 않을 것이다. 1인 목사 체제 역시 마찬가지다. 아마도 문자무오설로 대표되는 성서적 권위주의가 그 자리를 받쳐주지 않았다면 1인 목사 체제는 존립 자체가 불가능했을 것이다. 하나님의 말씀이 1인 목사 체제를 뒷받침해주고, 그것이 바로 하나님의 뜻이라고 선전할 경우, 성서의 권위를 신뢰하는 많은 사람들은 1인 목사 체제를 받아들일 수밖에 없을 것이다.

이 경우 성서적 권위주의는 올바로 작동할 수 있는가? 성서가 최소한의 예언자적 소리를 낼 수 있는가? 그런 기대는 망상에 가깝다. 우상숭배적 열광주의를 찬양하는 1인 목사 체제 선동의 불쏘시개로 쓰이기를 자처한 성서는 단언컨대 성서가 아니다. 성서 본연의 가르침을 잃어버리고, 권력을 위해서 악용되는 선전도구일 뿐이다. 이렇듯 철저한 어용 텍스트로 전락한 성서를 무기 삼아 활동하는 1인 목사 체제가 대형교회를 이끌고 온 결정적 동력이라면, 작금의 사태에서 한마디 질문하지 않을 수 없다. "과연 대형교회는 교회인가?"라는 질문이다. 이에 대한 답은 자명하다. "아니다."이다. 대형교회는 교회가 아니다. 대형교회는 힘의 논리를 추종하는 이익집단이다.

3. 해체를 생각하다

이 시점에서 한국교회는 왜 해체를 생각해야 하는가? 해체가 한국교회의 생명과 평화를 위한 필요조건일 순 없다. 해체는 그 의미 자체에서 과정의 산물로 자리매김하기 때문이다. 그렇지만 과정적 의미로의 해체는 이 시대에 고려사항이 아니라 필수이다. 그것은 성서 텍스트에 등장하는 예언자적 외침과 뜻을 같이한다. 해체로의 눈 뜸은 본질적인 것에 대한 공의의 요청이다.[5]

---

5) 쉐일러 매튜스, 박현덕 옮김, 『예수운동과 혁명』(대전: 대장간, 1991), 45-50.

오늘날 한국교회를 질적·양적으로 지배해버린 세력화의 주범이 대형교회라는 사실이 명백해진 상황에서 요청되는 한 가지가 있다. 전범의 그늘을 청산하고, 미래를 향해 한걸음 내딛을 수 있는 징검다리 역할로서의 해방공간을 모색하는 것이다. 필자는 해체가 그러한 모색과 논의의 과정에서 최선은 될 수 없어도 차선의 대안은 될 수 있다고 생각한다. 이 경우 대안이 없는 아나키즘에 의존한 해체는 공허한 수사에 그칠 수 있다. 무엇보다 해체해야 할 목표설정이 명확해야 한다. 한국교회에서 해체되어야 할 대상은 무엇이며, 왜 해체해야 하는지에 대한 답이 분명해질 때 청산과 개혁, 이 두 가지 과제에 분명하게 눈 뜰 수 있다. 그런 의미에서 다시 묻는다. 해체는 '무엇', '누구', '어떻게'의 해체인가

첫째, '무엇을' 해체하는가? 이 질문에 대한 답은 명료하다. 대형교회 자체의 해체이다. 대형교회 해체에는 동시에 두 가지 방법이 추구된다. 대형교회의 태생적인 죄악은 성직 권력의 강화, 열광적 우상숭배, 고등종교의 샤먼화, 그리고 1인 독재 체제 망령의 부활이다.[6] 오늘날 대형교회는 앞서 밝혀진 죄악을 종교 영역에서 정치·사회 영역으로 확산시킨 주범으로 전락했다. 대형교회의 죄악을 멈춰 세우고 동시에 새로운 개혁의 물결을 본격화하기 위한 요청으로서의 대형교회 해체는 이제 시대적 당위가 되었다. 한국교회가 해체해야 할 그 무엇은 바로 교회 아닌 교회, 생명과 평화의 가능성을 가로막는 대형교회이다.

둘째, '누구'를 해체하는가? 대형교회가 해체의 대상이라면, 대형교회를 추동하게 하는 근원적 동력 역시 주목해야 한다. 대형교회 작동 원리는 1인 목사 체제와 카리스마적 목회 시스템에 있기 때문이다. 이처럼 대형교회를 떠받드는 강고한 축은 목사 무한 숭배와 1인 지배 체제의 견고화이다. 1인 지배 체제는 기독교가 이야기하는 야웨 하나님의 유일성과 결탁하면서 더 견고한 체제의 힘을 확보한다. 독재의 아이디어와 하나님

6) 신광은, 『메가처치 논박』, 135.

대리자로서의 성직이 결합되는 순간 대형교회의 양적·질적 성장의 목표 의식이 고착화한 것이다.

해체의 눈 뜸은 종교의 본질과 1인 목사 체제가 처음부터 불화할 수밖에 없다는 사실에 주목하는 것으로부터 시작한다. 또한 카리스마적 목회 시스템을 잠식한 성직과 하나님 권위의 동일성 전통을 파괴하는 것 역시 요구된다.

셋째, '어떻게' 해체하는가? 해체는 밑으로부터 일어난다. 기득권층은 상부계급의 위치에 자신의 자리를 설정하면서부터 해체와는 다른 길을 걷게 된다. 한 목소리를 내고 일사불란한 질서, 안정화를 이야기한다. 하지만 앞서 살펴보았듯 대형교회가 인간의 존엄을 치명적으로 훼손하는 독소임을 깨달았다면, 그 깨달음의 실천 동력으로 추진되는 해체가 광야에서 외치는 자의 소리임을 거부해선 안 된다. 그리고 그 외침의 시작은 하부계급, 가난한 자로부터 일어난다.[7]

하부계급에서 일어나는 해체는 단순한 계급 이동만을 의미하지 않는다. 상부계급을 전복시켜 새롭게 대두된 장에서 하부계급이던 이들이 지배권력을 차지하는 권력의 위치 이동을 뜻하는 것이 아니다. 밑으로부터의 해체는 권력 이동이 아니라 권력 그 자체의 해체이다. 이러한 권력행위 자체의 해체는 잠정적이며 지속적이어야 한다. 그런 맥락에서 밑으로부터의 해체는 목적 지향이 아니라, 항구적으로 지속되는 현재진행이다. 항구적 현재진행을 통해 해체는 종교적 시스템 안에 이식되어온 상부계급과 하부계급, 기득권층과 피기득권층으로 대표되는 갑을 관계를 뿌리부터 뒤흔든다. 또한 뒤흔듦의 파상적 움직임을 개혁의 동력으로 삼게 되는 효과를 도모한다. 이것이 바로 밑으로부터의 해체가 가져오는 개혁과 해체의 순기능이다.

---

7) 존 도미닉 크로산·조나단 리드, 김기철 옮김, 『예수의 역사』 (서울: 한국기독교연구소, 2010), 42-44.

4. 대형교회 해체와 재구성의 시작: 탈성직의 부름

대형교회 해체의 필연성을 논할 때 필연적으로 요청되는 덕목이 있다. 곧 탈성직의 부름이다. 대형교회를 한국 개신교의 축복의 보루로 간주하고, 교회 해체를 논의하는 것 자체를 성령 훼방으로 몰아붙이는 편향된 시선의 대부분은 성직과 하나님의 신성을 동일시하는 데에서 비롯된다. 이는 한국교회에 교묘하고 은밀하게 착종된 성직자 우선주의 전통과 무관하지 않다.

대형교회는 자신들의 존재 가치를 성서, 곧 하나님의 말씀에 둔다고 호소해왔다. 하지만 대형교회가 말하는 말씀의 절대권위는 설교자, 곧 목사의 권위와 동일시하려는 욕망에 포섭되어 있다고 해도 과언이 아니다. 시작 지점에서부터 첫 단추를 잘못 끼워 맞춘 욕망의 작동이 성직의 순수성과 신성의 악진화(惡進化)를 용납하고야 만 것이다.

그런데 이러한 악진화의 수용 과정이 현대 사회의 복잡한 구조와 뒤섞이면서 이제는 교회와 성직자가 희화화되는 양태를 나타내고 있다. 이제는 1인 카리스마로 유지 및 운영되는 한국교회가 사회로부터 독재 시대의 향수와 시대착오적 발언을 일삼는 골칫덩이로 취급받는다. 사회가 교회를 걱정해야 하는 시대가 온 것이다.

이는 교회가 타의에 의해 붕괴되는 불우한 징후이다. 그런데 문제는 안팎의 희화화를 통해 가속화되는 해체는 참된 교회 정신까지 함께 해체할 수 있다는 것이다. 다시 말해 대형교회는 악진화의 반복을 통해 사회와의 정상적 소통 창구를 스스로 폐쇄하면서 붕괴를 가속화한다. 이러한 붕괴는 참 교회 정신의 출현과 지속을 담보로 한 붕괴가 아닌, 무의미로 착종되는 소멸로서의 해체로 고착화할 위험성이 다분하다. 그런 맥락에서 우리의 모색은 세상의 웃음거리가 된 교회를 향한 자조와 비관에만 머물러선 안 된다. 그 모색은 필연성의 주체를, 참 생명 정신을 펼치는 생명의지의 몫으로 되돌리는 재주체화를 추진하는 것이어야 한다.

이러한 탈성직과 해체의 맥락을 성서적으로 조명해 보면 다음과 같다. 성서는 이미 그 형성 과정에서 해체를 이야기했는지도 모른다. 히브리 민족의 유목민적인 성향 그 안에 해체의 습성이 내재되어 있기 때문이다. 노마드 정신으로 대표되는 히브리 민족의 디아스포라 정신은 응집과 고정, 보수성보다는 그 태생부터가 좌표의 미설정이라는 주제로 집중된다. 신약성서에 등장하는 예수의 정신 역시 기득권층과 지배계급과의 투쟁에서 급진적인 언행을 전개함으로써 해체의 지속을 지지하고 있다. 예수의 투쟁 의식은 한 계급의 승리를 지지하기보다는 인간다움의 본질에 천착하는 모습을 보이기 때문이다.

또한 예수의 언행은 진영논리의 맥락에서 시작하기보단 근본의 모순에 천착하는 경향을 보인다. 시대마다 그 시대를 대표하는 진영논리가 존재하게 마련이다. 예수 시대에는 사두개파와 바리새파, 헤롯 당원과 열심당원들 간의 진영논리가 존재했다. 그와 동시에 식민지와 피식민지 정서 간의 복잡한 교차가 발생되는 경우가 빈번했다. 예수는 이러한 시대의 격랑 속에서 풍운아의 기질을 유감없이 발휘하며 진영논리 안팎을 뒤흔드는 언행을 지속했다. 이러한 예수의 언행을 담아내는 성서 기록자들이 보인 태도 역시 이와 무관하지 않다. 기록자들은 예수, 그 속에서 발아되는 혁명의 행태를 진영논리, 힘의 한 축에서 해명하려는 의지를 긍정하지 않았다. 오히려 힘의 붕괴와 그 붕괴의 과정에서 일어나는 자발적 생명 지평의 열림을 긍정했다는 것을 보게 된다. 그런 맥락에서 예수 언행으로 대표되는 성서, 특히 복음서는 인간 세상을 지배하는 힘의 핵심을 고발하는 데 집중해왔음을 부정할 수 없다.

또한 사회적 맥락에서 본 탈성직과 해체의 관계는 다음과 같다. 복음서에 등장하는 예수 언행의 핵심이 해체일진대, 한국 개신교를 대표하는 대형교회는 해체의 의지와는 전혀 상반된 길을 걷고 있다. 해체의 의지를 거부하면 할수록 대형교회는 스스로 붕괴하는 양태를 보이게 마련이다. 문제는 대형교회가 탄압의 도구로 돌변하여 사용하는 흐름을 보인다는 것이다. '추락하는 것은 날개가 없다.'라는 표현이 적절할까? 대형교회는 붕괴의 가속화 속에서 애써 붕괴의 필연을 부정하며 우리교회만은 죽을 수 없다는 결의로 교회와 사회적 관계에 치명적인 오점을 남기고 있다.

이러한 악순환이 시작된 이유는 무엇일까? 교회가 사회적 관계와 밀접하게 연결되어 있기 때문이다. 교회 구성원은 한 사회, 공동체의 일원이기도 하다. 붕괴 징후에 노출된 대형교회 구성원의 경우, 문제의 파급력은 사회 관계망에까지 빠르게 확산된다. 독재를 향수하는 방법, 전근대적 1인 목사 체제 유지를 위해 대형교회 구성원은 자신이 서 있는 삶의 자리에서 직·간접적으로 모순을 체화하게 된다. 성직과 하나님의 권위를 동일시하는 종교적 오만은 결코 그것이 정교분리의 원칙처럼 교회 안에만 자족하도록 내버려두지 않는다.

대형교회의 메시지는 '그리스도인은 세상의 빛과 소금이 되라'는 중얼거림 속에 담겨 있다. 그런데 1인 목사 체제의 강고한 진영논리에 갇혀버린 그들의 인식 구조에서 새어나오는 세상에서의 역할 속에 무엇을 기대하는가? 대형교회 시스템에서 길어 올린 전근대적 성직자 신봉, 1인 독재의 옹호만 되풀이되지 않겠는가? 이 경우 사회와의 불화는 가속화되고 사회는 사회 구성원으로서의 우리 이웃인 교회를 걱정스러운 시선으로 보게 될 것이다.

해체의 필연은 사회적 맥락에서도 마땅한 당위로 요청되기에 부족함이 없다. 진정 교회가 세상의 빛과 소금이 되길 원한다면, 대형교회의 발전적 해체를 촉구하는 것은 중차대한 시대적 과제가 될 것이다.

5. 대형교회 해체와 재구성을 통한 탈성직 가능성 모색

우리는 지금까지의 성찰을 통해 대형교회의 해체 필연성에 대해 논했다. 이러한 해체의 중심에는 1인 목사 체제가 자리잡고 있다. 실천적 맥락에서 볼 때, 1인 목사 체제의 해체는 그 대안으로 다인 목사 체제를 말해야 하는지에 대해 고민하게 한다. 하지만 해체의 당위성과 그 의미의 도반(道伴)에서 문제를 들여다보면, 이는 단순히 권력의 견제를 위한 의미로서의 1인 목사 체제 재정비로는 해결될 과제가 아님을 알게 된다. 더 근본적인 요청에 눈뜨게 하는데, 그 요청에 탈성직의 부름이 자리한다. 탈성직이란 무엇인가? 그것은 뜻 그대로 '성직에서 벗어나기'이다. 여기서 명명된 성직은 앞서 말한 대형교회와 대형화를 지향하는 한국 개신교의 그릇된 욕망이 낳은 직제로서의 성직으로 압축할 수 있다.

그렇다면 성직이란 어떤 의미인가? 또한 개신교의 본령이라 부르기에 손색이 없는 종교개혁의 근본적 가치는 무엇인가? 이 두 가지의 의미 성찰이 유의미한 울림을 가질 때, 탈성직과 대형교회 해체 사이에 근본적인 관계가 재구성될 수 있다.

종교개혁의 가치는 만인제사장설로, 모든 인간의 존엄과 성직의 동일시이다. 개혁의 필연은 인간 존엄을 향한 하나님의 보편적 사랑에 집중되기 때문이다. 여기에서의 보편성은 차별 없음으로 연결된다. 그리고 차별의 중심에 제사장 권력의 변용인 종교 권력이 있다는 사실은 자명하다. 사제 중심주의를 표방하는 가톨릭은 결국 하나님만이 성직자를 벌할 수 있다는 종교적 면죄를 가능케 함으로써 성직의 우월적 위치를 정당한 것으로 취급할 수 있도록 옹호했다.

종교개혁의 주요 가치 중 하나인 만인제사장설은 성직의 특권화에 대한 저항으로 대표되며, 이는 인간이 인간을 억압, 차별, 감시하는 통치 기제로 작동하는 모든 시도에 대한 전면적 저항으로 읽힌다. 이러한 만인제사장설의 논리가 타당성을 갖기 위해서는 종교개혁의 모토가 교회의 슬로건일 수밖에 없는 대형교회의 지향 속에서도 여일하게 작동되어야 한다. 물론 현재의 대형교회는 교회가 아닌 유사 교회에 불과하기에 이 모토가 작동될 수 있을지는 미지수이다. 그렇기에 붕괴 징후에 대한 불가피한 역설인 해체를 이 궤적에 함께 놓고 생각하는 것이 더욱 중요해진다.

해체의 과정에서 1인 목사 체제, 카리스마 중심주의, 피라미드적 계급 구조, 불통을 신성성의 다른 이름으로 둔갑시키는 기망의 종교성이 폭로된다. 이러한 폭로의 과정에서 만인제사장이라는 종교개혁의 슬로건이 소환되면 어떤 열림이 이루어질까? 답은 바로 탈성직의 당위에 눈 뜨는 것이다. 성직 개념의 해체는 풍운아 예수를 신앙의 대상으로 설정하는 기독교의 하향평준화를 가져올지도 모른다는 우려를 오히려 종식시킬 것이다. 성서적 맥락에서 규명된 예수의 언행이 이미 해체를 지향해왔기 때문이다. 성직이 인간을 차별하고 그 근원에 자리잡은 존엄을 훼손한다는 인식이 열릴 때, 성직은 그 스스로가 품고 있는 고질적인 특권의지를 해체할 것이다. 해체의 과정에서 바벨탑처럼 쌓아올린 종교의 계급주의도 동시에 허물어질 것이다.

해체를 통해 나타나는 건 탈성직의 부름뿐이다. 허위와 환각의 우상숭배로부터 해방되는 출애굽의 경험이 민중에게 해방을 선사한 주체가 1인 영도자 모세가 아니라 각자의 주체적 인식 발화에 있음을 뜻하듯, 탈성직의 나아감 역시 개인 주체의 눈 뜸과 직결되기 때문이다. 이때 개인 주체의 눈 뜸을 사적 인식의 열림으로만 받아들여서는 곤란하다. 개인 주체의 눈 뜸은 모든 이들의 평등성을 열망하는 참된 주체성 회복을 위한 재주체화의 과정으로 보아야 하기 때문이다.

맺는말

오늘의 시대는 생명과 평화에 대한 근본적 요청으로 채워져 있다. 21세기 한국 사회를 병들게 한 신자유주의와 뿌리부터 뒤틀린 가부장제로 인해서다. 치열한 경쟁과 알력 관계, 거기에 덧씌워진 복잡한 역사적 역학 관계까지 떠안게 된 동북아시아에서의 한반도는 숨 쉴 통로를 찾기 위해서라도 생명과 평화를 말하지 않을 수 없게 된 것이다. 그리고 생명과 평화를 말함에 있어 교회는 어느 순간부터 배제되고 소외되어왔다는 사실 또한 인정해야 할 것이다.

하지만 교회를 빼놓고선 생명과 평화를 이야기하기 어렵다. 한반도, 그 질곡의 근현대사에서 기독교가 함께해 온 시간의 무게는 그것이 부정적이든 긍정적이든 역사적으로 평가받지 않고선 이야기할 수 없기 때문이다. 그렇기에 우리는 기독교 안에 숨 쉬고 있는 생명과 평화의 맥락을 그것을 압제해오던 대형교회와 그 영향력으로부터의 해체와 재구성을 통해 모색하고자 했던 것이다.

그런 의미에서 다시 묻는다. '생명과 평화는 어디에서 오는가?' 예수 정신의 회복에 그 실마리가 있지 않을까. 그렇다면 예수 정신의 근본은 어디에 있는가? 예수는 그 시대 맥락에서 어떤 세력과 저항했는가? 예수는 인간의 존엄, 인간다움을 억압하는 모든 차별과 맞섰다. 예수는 우월한 위치를 당연한 것으로 생각하게 하는 허위와 위선, 권력지향주의와 투쟁했다.

세속 권력은 종교 권력을 소환하고, 종교 권력은 세속 권력 밑에 기생한다. 예수는 이 악순환을 악마의 카르텔이라 명명했다. 예수는 그 악마의 카르텔에 맞서 온몸으로 투쟁하다 십자가에 못박힌 시대의 희생양이다. 이러한 명제 앞에 선 것이 오늘의 교회요 종교개혁의 슬로건이라면, 오늘날 한국 개신교를 장악한 대형교회는 마땅히 하방(下方)되어야 할 시대의 요구임을 더 이상 외면해선 안 된다.

대형교회의 해체를 논하는 과정에서 부각되는 요구는 자연 탈성직에 눈 뜸이다. 더 이상 성직이라는 개념은 유효하지 않다. 성스럽다는 것은 종교와 세속을 구분하던 용어가 아니다. 해체의 과정에서 발현되는 담대하고도 유일한 원리는 인간의 존엄이기 때문이다.

그 존엄의 요청이 생명과 평화를 나타낸다. 그 존엄이 공동체의 궁극적 차별 철폐의 근간으로 자리한다. 존엄성의 회복, 그리고 지속을 위해 성직이라는 이름의 틀에서의 해체는 탈성직의 부름과 일치한다. 한국 개신교를 다시 세우고, 예수 정신의 참 구현을 위한 한 걸음으로 탈성직의 부름을 이야기하는 것은 더 이상 유령이 아닌 실제이다. 이는 생명, 평화의 가치를 살아 숨쉬게 하는 첫걸음이다.

참고문헌

권연경. 『로마서 13장 다시읽기』. 서울: 현암사, 2017.
신광은. 『메가처치 논박』. 서울: 정연, 2009.
존 도미닉 크로산 · 조나단 리드, 김기철 옮김. 『예수의 역사』. 서울: 한국기독교연구소, 2010.
쉐일러 매튜스, 박현덕 옮김. 『예수운동과 혁명』. 대전: 대장간, 1991.

Gary E. Gilley. *This Little Church Went to Market: The Church in the Age of Entertainment*. Collegeville, Evangelical Press, 1995.

주원규

성공회대학교 신학전문대학원에서 구약신학을 전공하였다.(Th. D.) 현재는 동서말씀교회 목사로서, 소설가로서 목회와 집필을 함께 하고 있다. 저서로는 『망루』, 『진보의 예수, 보수의 예수』가 있다.

2장
탈성직을 지향하는 사회적 몸으로서 교회

시작하는 말

올해는 종교개혁 500주년이 되는 해이다. 매해 종교개혁주간이 돌아오지만, 올해는 의미가 새롭다. 지난해 국정농단으로 인해 일어난 촛불집회로 박근혜 전 대통령이 탄핵당하고, 19대 대통령으로 문재인이 취임함으로써 새로운 시대에 대한 기대가 높아지고 있기 때문이다. 문재인 대통령은 취임 초기부터 권위에서 벗어나 소통 행보를 시작하고 국민의 자리로 내려옴으로, 그동안 정치로 인해 받았던 국민으로서의 스트레스에서 조금은 벗어난 느낌이 든다. 한국교회도 탈권위의 바람이 불기를 희망해본다.

종교개혁은 마르틴 루터가 가톨릭교회와 결별하게 된 역사적 사건이다. 그는 절대적인 교회 권위를 토대로 형성된 성직제도와 신앙체계를 더는 받아들이지 않고, 성직 중심주의로부터 해방을 요구했다. 예컨대 루터의 만인사제설에 따르면, 그리스도인은 누구나 성도의 교제에서 다른 그리스도인을 위해 사제가 될 수 있다. 중세 가톨릭교회가 성직제도를 토대로 평신도를 지배해왔다면, 루터는 그리스도 예수 안에서 모든 평신도가 동일하게 사제의 책임을 진다고 보았다. 하지만 종교개혁 이후 루터주의와 칼빈주의는 감독교회나 혹은 교역자 중심의 교회를 강조하였다.[1] 이 과정에서 성직 중심주의가 더욱 강화되었는데 이러한 현상은 곧 루터의 종교개혁 의미가 약화한 것이다.

다양한 교파 교회가 태동하고 분열하는 과정에서 꾸준하게 탈성직이 나타났다. 하지만 궁극적으로 성직 중심주의를 버리지는 못했다. 물론 교파 교회에 속한 사람들은 국가교회로부터 해방된 자유교회를 형성하는 과정에서 루터의 종교개혁을 정치적 자유를 발전시키는 계기로 인식했다. 또한 그들은 점진적으로 교회 중심주의에서 해방된 자율성의 문화를 형성하였다. 그러나 그들은 성직 중심주의를 버리지는 못하고 있다. 그 근본 원인은 무엇인가?

이 글은 성직 중심주의의 근본 원인을 기독교 절대성에 따른 기독교의 역사인식에서 찾고자 한다. 그리고 필자는 성직 중심주의를 지양하는 사회적 몸으로서 교회 이해를 제시한다. 첫째, 이 글은 탈성직의 근본전제로서 역사적인 평신도운동을 살핀다. 루터의 종교개혁은 평신도운동의 시작이자 성직 중심주의를 탈피하는 출발점이다. 둘째, 이 글은 한국 기독교 역사에 나타난 성직 중심주의의 흔적을 살핀다. 평신도운동으로서 기독교운동이 성직 중심주의로 전락한 한국 기독교에 대한 비판이다. 셋째, 이 글은 평신도의 평등성을 바탕으로 하는 사회적 몸으로서 교회 인식에 대해서 살핀다. 넷째, 이 글은 탈성직의 대안으로서 작은교회를 주장하고자 한다.

1. 탈성직의 근본 전제로서 평신도운동: 성직 중심주의 탈피

역사적으로 가톨릭교회는 성직 중심주의를 형성해왔다.[2] 성직 중심주

---

1) 이형기, "교회사를 통해서 본 교직자와 평신도,"「장신논단」3(1987), 122.
2) 1955년 출간된 로빈슨의『만인사제설』에 따르면 "신약성서에는 클레로스(목사)와 라오스(평신도)가 동시에 나오는데 이 두 단어는 같은 하나님의 백성을 의미하는 말이며, 다른 말

의는 절대화한 예수 그리스도의 교리를 중심으로 구조화한 가톨릭교회의 성직체계를 의미한다. 중세 가톨릭교회에서 루터의 종교개혁으로 이어지는 성직 중심주의의 근본 원인은 역사적 예수의 초자연성에 있다. 가톨릭교회는 성직 중심주의의 근거를 역사적 예수의 초자연성에 둠으로써 성직의 정당성을 부여해왔기 때문이다. 역사적 예수의 초자연성에 대한 인식은 원시기독교의 메시아 신앙과 바울의 신비주의에서 시작되었으며, 가톨릭교회는 역사적 예수를 신적인 존재로 절대화하였다. 또 그를 중심으로 교회의 성직체계를 구조화함으로써 그에 속하는 성직 계급에 대한 절대적 권위를 부여했다. 실제로 가톨릭교회는 역사적 예수를 하나님의 아들인 그리스도로 '고립'시키고, 그에게 초자연적 절대성을 부여함으로 하나님의 아들로서 숭배할 기반을 만들었다. 게다가 그 교회는 제의를 통해서 새로운 종교로 발전시킬 힘을 얻는다. 성직자들은 하나님의 아들로서 예수 그리스도의 초자연성을 교회에서 재현하고, 평신도들에게 종교적 영향을 미친다. 그러나 가톨릭교회는 예수 그리스도를 통해 평신도를 성직자에게 종속된 자로 만들었다.

가톨릭교회의 성직 중심주의에 저항하여 루터가 종교개혁을 시작한 이래로 개신교회는 탈성직을 추구해왔다. 하지만 개신교회는 성직 중심주의를 반복한다. 종교개혁 이후 그리스도인들은 끊임없이 성직의 권위에서 벗어났지만, 반복해서 성직제도를 만들어왔기 때문이다. 에리히 프롬은 이와 같은 성직 중심주의의 반복을 개인이 모성적 안정감으로 되돌아가려는 근친애의 고착에서 찾았다. 근친애의 고착에서 비롯된 안정감은 개인이 자신의 개성을 독립적으로 인식하지 못하고, 외형적인 권위에 의존하는 과정에서 느끼는 퇴행적 안정감을 뜻한다. 예컨대 프롬은 루터를 가톨릭교회의 외형적인 권위, 즉 성직제도에서 해방하는 데에는 성공

이 아니라고 한다." 핸드릭 크레머, 유동식 옮김, 『평신도 신학과 교회 갱신』 (서울: 평신도신학연구소, 1994), 61.

했으나 성직자 중심의 태도를 반복하는 권위적인 인간으로 이해한다. 루터는 자신의 고립감과 무력감을 극복하지 못하고 세속권력으로 도피하여 새로운 종교의 권력구조를 만들어내고, 자본축적을 그리스도인의 책임으로 정당화했기 때문이다. 그는 성직 수행에 대한 개인의 권리와 의무를 평신도에게 부여하는 데에는 성공했는지 모르지만, 새로운 권위주의의 형태를 만들어낸 인물이라는 것이다.[3] 결국 그는 권위적 태도를 지닌 종교권력자로 전락하였다.

그렇다면 왜 개신교회는 역사에서 성직 중심주의를 계속해서 반복하는가? 결국, 근대시대를 살았던 개인들의 실패를 뜻하는가? 그럼에도 불구하고 필자는 교회의 탈성직의 의미는 성직 중심주의에서 벗어나 평신도 중심의 교회로 지속해서 변혁해가는 과정에 있다고 생각한다. 크레머에 따르면, 루터는 성직자와 평신도의 직분 구별을 폐기했지만 교인들에 대한 설교를 성직자의 중요한 역할로 여겼다. 즉 그는 교인들의 신앙을 촉진할 수 있는 자격을 성직자에게 부여한 것이다.[4] 그는 평신도를 항상 신학자나 성직자가 양육하는 존재로 인식한 것이다. 결과적으로 루터의 종교개혁과 그 이후에 발생하는 새로운 부정적 권위의 문제들은 진정한 평신도 중심의 교회로 나아가는 과정에서 해결해야 하는 문제인 것이다.

근원적으로 종교개혁은 루터가 하나님 앞에서 종교의 자유를 깨닫고, 자신을 교회 권력에서 해방한 그리스도인으로 이해하는 역사의 사건이다. 그는 성직자의 특권의식을 공식적으로 비판하고, 예배와 성례전에 대한 평신도의 공적 참여와 공동수행에 대한 책임을 주장한다. 특히 복음전달과 이웃사랑에 대한 책임자로서 성직자는, 자유인으로서 혹은 섬기는 자로서 그리스도인의 정체성을 드러낸다. 성직자는 봉사를 함께 수행할 합력자를 요청하기 때문이다. 이는 중세교회의 배타적 성직관(聖職

3) 에리히 프롬, 이상두 옮김, 『자유에서의 도피』 (서울: 범우사, 1996), 87.
4) 핸드릭 크레머, 『평신도 신학과 교회 갱신』, 74.

觀)에 대한 비판이다. 이 과정에서 칭의의 원칙은 기독교 절대성의 근간이었던 교직체계를 붕괴시키고, 그리스도인들의 동등성을 강조하는 원리가 되었다. 칭의의 원칙은 그리스도인이 예수 그리스도의 고난과 죽음에서 비롯된 진정한 권위와 보이지 않는 영적인 힘을 소유한 하나님의 자녀가 되었음을 뜻한다. 따라서 칭의를 얻은 그리스도인은 세상의 어떠한 억압에도 갇힐 수 없다.

하지만 루터는 성직 중심주의를 극복하지는 못했다. 그는 모든 사람이 공동사제직에 참여해야 한다고 주장했지만, 안수받은 자의 성직을 구분하였다. 말씀과 성례전을 집행할 성직자를 구분하여 선택해야 한다고 주장했기 때문이다. 결과적으로 그는 교회의 객관적 체계에 성직을 제한함으로써 초자연성에 기반을 둔 기독교 절대성을 포기하지 못한 것이다. 단지 교역자 중심의 새로운 성직주의를 세웠을 뿐이다.

종파 운동으로서 재세례파의 추종자들은 실천적인 교회공동체를 조직하고 그에 따른 공동체의 원칙을 세운다. 그들은 교회의 전통적인 계시이해와 구속개념을 버렸고, 자신의 관심에 따른 다른 종교적 의미를 만들었다. 그들은 성직자와 평신도를 구분하지 않았고, 성령을 받은 모든 사람이 직임에 있어서 동등하다고 여겼다. 실제로 모라비아의 후터파, 네덜란드의 메노나이트파, 영국교회 독립교회파와 같은 분리주의자들은 종교를 신과 영혼 사이의 개인적인 관계라는 확신으로 전통적인 교회와 구분되는 교회를 설립했다. 그들도 성직자와 평신도를 구분하지는 않았으나, 각 교회에 속한 회중이 성직자를 뽑고 성직자의 치리를 받게 된다.[5] 전통교회가 지닌 성직의 권위에서 해방되었지만, 자신들의 성직 영역을 자발적으로 구성한 그들은 자발적인 참여와 평등한 회중을 중심으로 하는 공동체적 삶을 지향한다. 왜냐하면 공동체에 속한 형제들이 성직을 감당할 형제들을 선출하기 때문이다.

---

5) E. G. 제이, 주재용 옮김, 『교회론의 변천사』 (서울: 대한기독교서회, 2002), 248.

다른 한편, 개신교회는 종교적 자유와 자발적 참여로 다수의 교파 교회로 분화되었다. 교파 교회들은 만인사제설을 지향하면서도 새로운 방식으로 감독이나 목사, 집사가 중심이 되는 성직제도를 만들어냈기 때문에 교회 권력으로부터는 벗어났다. 하지만 역시 성직 중심주의는 극복하지 못했다. 영국 감리교회의 경우 속회 같은 작은 공동체를 교회의 핵심적인 조직으로 이해했지만, 말씀선포와 성례는 역시 목회자의 사역이 되었다.

근대세계는 교회중심적인 문화와 대립하고 인간의 자율성을 주장하기 시작한다. 자연인으로서 개인은 자신의 눈으로 보고, 자신의 감정을 느끼고, 자신의 이성 이외에 아무 권위에도 지배되지 않도록 하라는 루소의 말과 같이, 근대세계는 인간의 합리적 태도를 제시하려고 했다. 곧 모든 권위는 모든 인간이 지닌 이성의 검증 아래에서 인정될 수 있을 뿐이다. 게다가 역사비평방법과 역사적 사유방식이 발전함에 따라 근대학문과 근대신학은 학문의 실증성을 강조했기 때문에 근대 역사학의 발전은 역사성의 인식을 태동시켰고, 기독교의 초자연적 절대성(絶對性)을 붕괴시켰다. 예컨대 슐라이어마허는 기독교의 중심으로서 역사적 예수의 인격성을 증명하려고 하였다. 이와 같은 상황에서 그는 평신도의 사제직을 하나의 지향점으로 인식했다. 성직자와 평신도의 차이는 원래 본질적인 차이가 아니라, 특별한 사제직의 기능이 잘 구현될수록 성직자와 평신도 관계를 불필요한 것으로 인식했다.[6]

슐라이어마허의 신학을 잇는 문화개신교주의(文化改新敎主義)도 국가교회로부터 민족교회를 구분하고, 인격적 증언과 해명에 기반을 둔 계시론을 주장하기 시작했다. 트뢸치에 따르면, 평신도들이 자발적으로 참여하고 있는 교회가 곧 민족교회이다. 국가교회는 민족교회를 통제할 수 없고, 항상 평신도들의 자발적인 결사체로 인정해야 한다. 또한 민족교회들은 모든 시민을 포괄할 수 있는 영역이 되어야 한다.[7] 궁극적으로

6) 위의 책, 331.

민족교회는 항상 평신도를 바탕으로 하는 문화국가를 지향해야 한다. 민족교회의 시각에서 트뢸치는 자율성에 바탕을 둔 공동체적 삶을 강조함에 따라, 초자연성에 바탕을 둔 성직 중심주의로부터 해방을 주장하게 되었다. 왜냐하면 다양한 민족교회들이 그 정치적 영향력을 가짐에 따라 국가교회는 민족교회에 대한 정치적인 정당성을 갖지 못하기 때문이다. 결국, 트뢸치는 탈성직의 핵심을 국가교회로부터 민족교회의 해방에서 찾는다. 민족교회가 기독교의 초자연성에 붙들린 평신도들을 해방하고, 신과 직접 관계하는 평신도들을 개인의 자율성에 바탕을 둔 근대문화로 인도할 수 있다고 믿었다. 결국 민족교회에 대한 그의 인식은 평신도를 더는 성직에 종속된 존재가 아니라, 오히려 능동적인 주체로 인식하는 계기가 되었다. 이에 따라 트뢸치는 기독교의 절대성을 바탕으로 초자연주의를 극복하고, 그리스도인의 평등성 인식과 성직 중심주의 해체에 이바지하였다. 그러나 그가 주장하는 문화국가는 실현되지 못했다.

20세기에 나타난 미국 근본주의(根本主義)[8]는 유럽의 자유주의신학을 비판하고 배타적인 태도를 보였다. 예컨대, 근본주의자는 자유주의신학자의 성서적 역사비평이 진정한 복음을 왜곡하기 때문에 그들의 신학을 철저히 배격해야 한다고 주장한다. 근본주의자들은 순수한 신앙은 성서에서 비롯된 역사적 사실을 믿는 것에서 비롯된다고 믿었으므로 성서무

---

7) 에른스트 트뢸치, 이기호 옮김, 『기독교의 절대성』 (서울: 한들출판사, 2014), 219.

8) 폴 니터에 따르면, "근본주의적 기독교는 1910년에서 1915년 사이에 로스앤젤레스에 사는 두 명의 부유한 사업자가 대준 자금으로 『근본주의』라는 소책자 300만 부를 목사, 복음주의자, 주일학교 책임자들에게 무료로 배포하고 세례를 주면서 출발했다. 이는 기독교 신앙과 정체성의 기초를 파괴하던 근대성에 맞선 미국 프로테스탄트에 힘을 실어주었다. 근대성의 파괴력은 여러 형태로 일어났다. 새롭게 등장한 진화론은 성경의 정확성을 의심하였다. 독일에서 발흥한 성서에 대한 새로운 역사비평적 접근은 인문학과 하느님 말씀을 직접 듣고 해석하는 방식을 대신하게 되었다." 폴 니터, 유정원 옮김 『종교신학입문』 (왜관: 분도출판사, 2007), 45. 제임스 바에 따르면, "일반적으로 믿는 것과 다르게 근본주의의 핵심은 성서에 있는 것이 아니라 특이한 부류의 종교에 있다. 근본주의자들은 이런 종류의 종교는 성서의 권위를 수용하는 데 필수적으로 따르는 것이기 때문에 그것이 바로 그들의 것으로 생각하고 있다. 근본주의는 특별한 형태의 종교적 전통에 기반을 두어 이러한 전통을 수호할 방패로써 성서의 권위가 필요하다." 제임스 바, 장일선 옮김 『근본주의』 (서울: 대한기독교서회, 1984), 24.

오설과 축자영감설을 바탕으로 자신의 신앙을 철저하게 지키고자 했다. 그들의 신앙은 상당히 맹목적일 뿐만 아니라 자발적 태도에서 비롯된다. 따라서 자발적으로 성서적 세계관의 사실 여부를 의심하는 진화론적 세계관과 역사적 비평방법을 냉정하게 거부한다. 제임스 바에 따르면 개인적인 평신도 혹은 성직자로서 근본주의자들은 다양한 교파에 퍼져있으며, 성직 중심주의에 바탕을 둔 평신도운동이 아님에도 불구하고 서구 자유주의신학에 대한 자발적 저항에서 시작된 평신도운동이기에 의미가 있다.

실제로 성직 중심주의를 해체한 자발적 평신도운동으로 프리머스 형제단도 있다. 그들은 성직제도와 그를 위한 신학교육을 포기하고, 자신을 교회라고 표현하지도 않는다.[9] 왜냐하면 진정한 신도들은 어느 곳에 있든지 진정한 교회를 형성한다고 보았기 때문이다. 근본주의자들은 오히려 자신의 신념에 따라 자발적으로 자신의 신앙을 결정하고 기성 교단의 통제에서 벗어나려고 한다. 역사적으로 서구 개신교회는 지속해서 외형적 권위에서 벗어나려고 했으나, 그들은 자기중심성, 즉 이기주의와 자기도취로 인해 자신들이 만들어놓은 새로운 권위에 의존했다. 즉 근대적 개인은 자신의 종교적 자유를 가지고 하나님과의 독립적 관계를 형성하는 데 실패하였고, 국가주의나 자본주의와 같은 새로운 우상을 만들어냈다. 따라서 스스로 하나님과 관계하는 종교적 개인으로서 그리스도인의 주체성 인식, 이와 더불어 평등성을 바탕으로 새롭게 나타나는 진정한 의미의 탈성직은 부정적 권위에 대한 비판적 자세를 바탕으로 가능하다.

9) 제임스 바, 『근본주의』, 28.
10) 유동식, "한국의 종교와 기독교", 『선교학』 (서울: 한들출판사, 2009), 118.

2. 한국 기독교 역사에 나타난 자발적 신앙운동으로서의 평신도운동

한국교회는 어떤 방식으로 평신도의 자발성과 교역자의 평등성을 토대로 생명력이 있는 공동체를 구현해야 하는가? 이 질문에 답하기 위해 한국교회는 한국 기독교 역사에서 어떻게 평신도들이 자발적으로 참여해왔는지 살펴보아야 한다. 평신도들은 외래 종교로서 기독교를 자발적으로 받아들였다. 그러나 교회는 기독교를 한국사회에 뿌리내리는 과정에서 점차 평신도들을 교회의 중심적 위치에서 배제하고 교역자 중심의 성장제일주의를 지향해왔다. 평신도를 동등한 의미의 사제가 아니라 교회성장을 위한 일꾼이나 도구로 여겨왔다. 물론 한국교회가 토착화운동, 평신도교회의 자생운동, 한국적 기독교를 모색하는 과정에서 평신도의 자발성이 나타나도록 촉진했지만, 평신도는 항상 교역자들로부터 지도와 권면을 받았다. 따라서 한국교회는 평신도의 자발적인 신앙과 참여에서 시작하였음에도 성직 중심주의를 발전시켰다.

초기 한국 기독교 역사는 부조리한 사회 현실을 보게 된 한국인들이 선교사들의 지도로 자발적으로 그리스도인이 되었고, 적극적으로 신앙생활에 참여했음을 증언한다. 그러나 가톨릭교회는 평신도의 성직 수행을 반대했고, 조상 제사를 우상숭배라고 하여 거부하였다. 이에 대해 유동식은 한국인들은 기독교 신앙을 통해 자발적이고 창의적으로 활동하기 시작했기 때문에 가톨릭교회가 사제 중심의 성직을 가르치기보다, 만인사제설을 가르침으로써 평신도들이 자주적 신앙활동을 하게 했다고 주장한다. 가톨릭교회가 한국적 문화를 제대로 이해하지 못했기 때문에 평신도에게 복종을 강조하고, 제사에 대한 자발적 판단을 못하게 만들었다고 한다. 여기에 따라 가톨릭 신자인 윤지충과 권상연은 북경 주교의 가르침에 따라 제사를 폐지하고 위패를 불사름으로 가톨릭 박해를 일으킨다.[10] 이는 초기 가톨릭 신자들의 극단적 행위는 자발적이지만, 가톨릭교회의 외형적 권위를 내면적 권위로 받아들임으로써 나타난다.

이에 반해, 평신도 자생운동으로서 성서번역은 한국 선교에 대한 평신도의 자발적 참여를 보여준다. 평신도인 이응찬과 서상륜은 자발적으로 매킨타이어에게 세례를 받고, 한국 최초의 교회공동체를 형성하였다. 한글성서 번역 사업에도 참여하여 한국의 민중들에게 복음을 전하였다. "1884년 압록강 연안 계곡에 있는 28개의 한인촌에는 수세자 100명, 남자 세례 요청자 600명이 매일 가정예배를 드리고 하나님의 말씀을 읽는 수천 가정이 있었다. 우리는 한인 최초의 교회 설립과 흩어짐에서 성서 중심적 특징과 자발적 복음 수용과 전도라는 한국 초대교회의 전형을 발견하게 된다."[11] 초기 한국 개신교 역사에서 평신도 전도운동과 신앙운동은 서구 선교사를 중심으로 시작되고 발전한다.

한국교회는 점차적으로 선교사 중심의 교회에서 벗어나, 목사 안수를 받은 새로운 교역자 중심의 교회로 변한다. 그 교역자들은 한국인 평신도로서 목사 안수를 받은 이들이었다. 초기에 평신도들의 자발적인 참여에 따른 부흥운동이 나타났다면, 점차적으로 목사 안수를 받은 이들이 생겨나면서 교역자 부흥운동이 지배적이게 되었다. 1907년 1월 평양 장대현교회에서 시작된 대부흥운동은 세계에서 유례가 없는 평신도들의 자발적인 성령운동이다. 특이한 점은 평신도들이 한국 선교 초기에 선교사에게 의존하던 신앙 양태를 벗어나, 자발적으로 신앙운동을 발전시켰다는 점이다. 점차 한국교회는 유교를 중심으로 하는 사회질서를 붕괴하였고 한국사회의 중심적 공동체가 되기 시작했다. 특히 한국 그리스도인들이 국권 회복운동에 자발적으로 참여함에 따라, 선교사 중심의 교회에서 벗어나 한국인들 중심의 교회로 변화되었다. 실제로 그리스도인들은 을사조약 이후 국권 회복운동에 자발적으로 참여하였다. 평신도들이 자발적으로 사회개혁과 일제에 대한 저항운동을 일으킨 것이다.

---

11) 한국기독교역사연구소 편, 『한국 기독교의 역사』 1권(서울: 기독교문사, 1994), 154.

다른 한편, 교파 교회들이 생기기 시작하면서 교파 분열로 이어진다. 한국교회는 평신도의 공동체가 아니라, 회심하고 성령으로 변화된 교역자를 중심으로 하는 공동체가 된 것이다. 복음으로 회심하고 영적으로 거듭난 평신도는 자연스럽게 대중을 이끄는 지도자, 목회자가 되었기 때문이다. 이덕주에 따르면 길선주, 전덕기, 최병헌은 목사 안수를 받은 대표적인 평신도였다. 평신도가 신학교육을 받고 목회자가 된 것이다. 이와 같은 사실은 평신도에 대한 목회자의 주도적인 역할을 보여준다. 반면에 평신도는 항상 계몽이나 신앙에 대한 교육의 대상이 된다. 따라서 평신도는 언제나 외국인 선교사나 혹은 한국인 교역자 중심의 한국교회 교직 구조에 제약되었으나, 자발적으로 정치적 운동에 참여하였다. 예컨대, 1919년 평신도들은 교역자들과 함께 자발적으로 3·1운동에 참여한다. 특히 3·1운동이 성공한 이유는 교역자를 중심으로 하는 교회 조직이 있었기 때문이라고 한다.[12] 1940년대 일제의 신사참배에 한국교회가 굴복했을 때, 이에 반대하는 평신도들은 교역자와 서로 연대를 맺고 조직적 집단 저항을 벌였다.[13]

그럼에도 불구하고, 한국교회는 점차적으로 평신도를 교직에서 배제함으로 성직 중심주의를 강화하였다. 그 결과 평신도들은 교회 안에서 수동적인 존재로 전락하고 말았다. 특히 한국교회가 교파 교회들로 분열하면서 목회자들은 교단의 권력을 중심으로 성직 체계를 구현해왔고, 평신도들은 자신들을 교회의 주체로 인식하지 못했다. 그저 신앙교육이나 혹은 부흥운동의 대상으로 전락한 것이다. 무엇보다 1960년대에서 1990년대에 이르는 동안 한국교회가 성장하는 과정에서 목회자 중심의 성직 중심주의는 강화되었다. 평신도는 교회부흥을 위한 전도와 선교의 사명을 감당하는 일꾼인 반면, 교역자는 그들을 영적으로 지도하는 지도

---

12) 한국기독교역사연구소 편, 『한국 기독교의 역사』 2권(서울: 기독교문사, 1995), 35.
13) 위의 책, 333.

자로 이해되었다. 한국교회 혹은 한국신학이 형성되는 과정에서 평신도는 철저하게 주변부로 밀려났기 때문에 한국교회는 성직 중심주의에서 벗어날 수 없었다. 게다가 교회를 형성하는 주체는 철저하게 목회자나 신앙공동체를 이끄는 지도자들의 몫이었다.

한국에서도 서서히 평신도 중심의 소종파운동들이 생기기 시작했다. 최초의 소종파운동은 1911년 한국 최초의 자유교회를 설립한 최중진이다. 그는 선교사와의 마찰로 다른 교역자와 신자들과 합심하여 자유교회를 설립한다.[14] 그리고 1930년대에 신비주의적인 소종파교회가 등장한다. 이용도를 중심으로 하는 예수교회와 같은 경우이다. 그러나 그들은 목회자를 중심으로 하는 자유교회의 양상을 보이고 있으며, 교역자 중심의 교회를 만들었고, 평신도는 교회의 주변인으로 전락시켰다. 물론 평신도들은 교역자 중심의 집회에 자발적으로 참여하였으나 교역자의 영적 지도력이 강화되었기 때문에 교역자와 평신도들 사이의 관계는 평등하지 않았다.

그 즈음, 김교신의 성서조선을 중심으로 하는 무교회주의 운동과 최태용의 복음주의 운동이 일어났다. 성서조선 동인들의 '성서연구회'는 기성교회의 예배의식이나 조직을 초월한 새로운 공동체를 형성하였다. 그들은 교파 교회가 지닌 제도, 교리적 모순을 비판하였다.[15] 그러나 그 운동의 궁극적 목표는 교파 교회들이 항상 서구 의존적 교회였기 때문에 민족주의적 신앙의 확보에 있었다. 다른 한편 최태용은 생명적 신앙, 학문적 신학, 조선인 자신의 교회라는 분명한 목적의식을 가진 비교회주의 운동을 펼쳤다.[16] 그 운동들의 의의는 제도권 교회에 대한 저항이며, 개인으로서 한국적인 그리스도인의 정체성을 추구하는 데 있다. 따라서 전통적인 성직제도에서 해방된 비교회주의 운동의 성향을 보이고 있다. 그

14) 한국종교연구회, 『한국종교문화사 강의』 (서울: 청년사, 1998), 390.
15) 한국기독교역사연구소 편, 『한국 기독교의 역사』 2권, 204.
16) 위의 책, 207.

러나 다양한 신학운동에서 볼 수 있듯 박형룡, 김재준, 정경옥은 한국신학을 모색한 목회자였다. 더 나아가 보수주의 신학, 민중신학, 토착화 신학의 발전과정에서도 신학 주체는 목회자였고 평신도는 존재하지 않았다. 평신도는 항상 구원의 대상이요, 민중 해방이나 종교 해방의 대상이었다.

지금껏 한국교회는 목회자 중심의 교회 문화를 극복하지 못한 채, 평신도를 그리스도의 몸 된 교회의 주체와 신학의 자리에서 배제해왔다. 따라서 평신도들이 교회의 성직 중심주의를 벗어나 자신을 교회의 실질적 주체로서 인식하는 데 실패해왔고, 평신도 신학이나 평신도 중심의 교회는 요원한 것이 되었다. 왜냐하면 평신도들은 교역자에 기대어 신학적으로 혹은 신앙적으로 판단할 수 있는 힘을 잃었고, 근친애적 고착에 따른 부자유로 도피해왔다. 따라서 교회는 시대가 요구하고 요청하는 사회문제에 무관심하고 구원 중심의 내세주의로 도피하게 되었다. 결국 한국교회는 스스로 자본주의 옷을 입고 물신에 봉사하는 지경에 이르게 되었으나, 한국 기독교의 역사를 볼 때 평신도는 사회개혁과 변혁의 주체이자 복음선교의 주체였다. 교역자는 사회개혁과 변혁 혹은 복음선교의 주체를 표시하는 것이었지 평신도로부터 스스로를 구분하는 존재는 아니었다. 이와 같은 현실에 직면하여 교회는 평신도 신학과 교회개혁의 문제를 진지하게 고민해야 한다.

3. 한국적 교회론의 출발점, '사회적 몸'으로서의 교회

20세기 초, 다종교사회로 진입하면서 교회는 더 이상 이웃 종교에 대해 기독교를 절대종교라고 주장할 수 없게 되었다. 트뢸치는 기독교 절대성을 더 이상 초자연성이나 역사발전의 신앙에 근거해서 증명할 수 없고, 그리스도인으로서 자기 정체성을 기반으로 다양한 사회의 가치들을 구현하는 힘이라고 주장한다. 이와 같은 상황에서 근본주의자들은 자신만이 유일한 진리를 소유하고 있다고 믿기 때문에 상당히 배타적인 모습을 보인다. 이에 반해, 레너드 스위들러는 절대성 이후의 시대를 정적에서 동적으로, 중심–주변적 구조에서 다원적·상호적·관계적인 개념으로 전환된 시대로 보았다.[17)] 이와 같은 변화는 기독교가 더 이상 고립된 종교가 아니라, 관계적 종교임을 뜻한다.

기독교의 절대성이 붕괴함에 따라 '교회'는 상호 주체성의 공간이어야 한다. 교회는 더 이상 고립된 자아의 공간이 아니라, 동등한 그리스도인들이 함께 종교 가치를 구현하는 공간이고 다른 이웃 종교로부터 자신을 구분하고 자신의 종교적 정체성을 인식하는 곳이기 때문이다. 한 문화에서 형성된 종교의 정체성은 '우리의식'이다. 그리스도인은 상호 평등성을 토대로 교회공동체를 구현할 수 있기 때문에 '우리의식'은 전통적인 교회의 권위로부터 해방된 공동체 의식이고 탈권위의 자리이다. 또한 그리스도인은 권위로서 성직 개념을 이해하기보다, '우리의식'을 통해 상호 주체성이 지니고 있는 종교적 힘을 부각시킨다.

한국교회는 여전히 성직자 중심의 공간이고 초자연적 절대성이 작용하는 공간이므로 그 절대성을 해체하고, 상호 동등성을 토대로 개인의 다양한 종교 가치를 구현해야 하며, 다양성에서 일치를 경험하는 곳이어야 한다. 다시 말해 한국교회는 평신도가 유기체적으로 활동하고 그리스도의 몸을 이루는 사회적 몸이어야 한다. 사회적 몸으로서의 교회는 무엇인가?

사회적 몸으로서의 교회는 역사의식을 공유하는 평신도들의 공동체이다. 평신도들은 자신이 살아가는 삶의 현장으로서 역사와 문화를 이해하고, 교회공동체의 구심점으로서 예수 그리스도의 사건을 기억하고 새롭게 이해한다. 그 공동체 의식이 곧 '우리의식'이다. 트뢸치의 우리의식은

---

17) 레너드 스위들러, 이찬수·유정원 옮김, 『절대 그 이후』 (서울:이화여자대학교 출판부, 2003), 31.

기독교의 초기 역사에 존재하는 다양한 종교 가치들, 유대교의 예언자주의와 역사적 예수의 인격성을 공유한다. 또한 원시기독교, 가톨릭교회, 종교개혁, 구개신교주의, 근대 개신교주의에 이르는 비판과 변혁의 역사를 함께한다. 트뢸치는 새롭게 도래하는 문화의 힘에 따라 기독교 역사를 재구성하고 기독교의 현재적 의미를 부각시킨다. 이와 같이 그리스도인은 기독교의 역사를 이해하고, 다른 그리스도인과 함께 기독교에 대한 공동의식에 이른다. 역사적 예수의 인격성에 따라 실천적으로 행동하고, 다른 그리스도인과의 관계에서 상호 주체성의 공간으로서 교회를 형성한다. 사회적 몸으로서의 교회는 다양한 기독교 가치를 문화적으로 구현하고, 문화적 특성을 드러낸다.

사회적 몸으로서의 교회는 역사에서 전승된 역사적 예수와 그의 제의를 통해 사회에 대한 영향력을 드러내는 곳이기 때문에 기독교가 지닌 문화적 정체성의 역사적 근거를 인식하는 장소이다. 트뢸치는 사회에 대한 교회의 영향력을 '교회성'이라고 표현하였다. 한편으로 교회성은 역사적 예수의 인격성으로서 제의, 공동체, 생명력이 있는 신성과의 교제를 통해 드러난다. 사회에 대한 교회성의 인식에 따라 그리스도인들은 모든 권위의 근거가 예수 그리스도로부터 나온다는 사실을 인식한다. 왜냐하면 사회적 몸으로서의 교회는 그리스도로서 예수의 위치를 새롭게 구성하기 때문이다. 우리는 질문할 수 있다. 그리스도로서 예수가 우리를 위해서, 교회 공동체를 위해서 무슨 의미가 있는가? 그러나 전통적으로 지속된 교리적이고 학문적 대답들은 일시적이기 때문에 교회는 그곳에 붙들려 있을 수 없다. 오히려 교회는 전통적인 대답을 끊임없이 의심하고 비판하며, 새로운 의미성을 모색해야 한다. 현재에서 교의학과 근대의 학문성에 바탕을 둔 대답들은 그 의미성을 상실하기 때문이다.

초기 기독교와 같이 교회는 역사적 예수에 대한 신앙을 새롭게 규정함에 따라 자신의 교회성을 새롭게 규정할 수 있고, 지속적으로 자신의 실재를 확대한다. 또한 교회는 신을 중심으로 그리스도에 대한 전승을 생명력 있게 만들고 그와 관계하는 공동체를 성장시킬 과제가 있다. 여기서 그리스도는 교회의 교회성을 드러내는 역사적이고 문화적인 근거가 된다. 왜냐하면 역사적 예수의 인격성은 구원자의 절대적 유일성이 아니라 기독교의 예언자 전통과 유산들이 집약되고, 새로운 종교사의 흐름을 형성하고 신의 궁극적 사랑을 지향하는 중심이기 때문이다. 이 중심점을 토대로 교회는 기독교 신앙의 상징과 근원으로서 이해하고, 현재 상황에 따른 교회성을 드러낸다. 사회적 몸으로서의 교회는 그리스도 안에서 드러난 신을 내적 근간으로 이해하고, 역사적 예수를 따르는 실천적인 의미의 자기실현을 통해서 신의 자기계시를 유기체적으로 구체화한다. 이처럼 교회에서 그리스도인은 역사적 예수의 인격성과 그에 대한 제의를 통해서 기독교 문화의 특성을 이해하고 종교적 공동체를 역동적으로 현실화한다. 그 역사적 힘을 토대로 교회는 자신의 공동체적 가치를 발전시킬 수 있다.

사회적 몸으로서의 교회는 다양한 기독교 가치를 문화에 따라 다양하게 구현하고, 새롭게 창조하며, 종교문화의 특성을 드러내는 장소이다. 그리스도인은 종교의 자유를 토대로 자신의 문화가치를 새롭게 창조하고, 다양한 문화가치가 공존하는 상황에서 문화공동체를 구성한다. 트뢸치는 현재 교회를 유럽주의의 이념을 바탕으로 한 일시적 의미로 형성된 공동체로 이해한다. 사회적 몸으로서의 교회는 다양한 가치가 일시적이고 문화적인 특징들과 함께 공존하는 곳이다. 그리스도인들은 절대성을 둘러싼 다양한 종교 가치들의 싸움에서 계속해서 새로운 종교 가치를 만들어낸다. 물론 교회가 모든 역사와 문화의 힘을 포괄하는 궁극적인 목적이나 통일성을 제공할 수는 없지만, 다양한 가치와 접촉하며 관계하고 그에 따라 의미 있는 가치성을 통합적으로 제시해야 한다. 그곳에서 그리스도인들 각각의 상이한 힘이 서로 교차함에 따라 하나의 지향점인 신의 사랑이 드러난다. 이와 같이 트뢸치의 사회적 몸으로서의 교회는 상이한 종교 가치들이 충돌하고 공존하는 자리이지만, 상호인정과 타협을 통해 다양한 종교 가치가 수렴되는 하나의 지향점을 예감하는 자리이다.

사회적 몸으로서의 교회는 이웃 종교를 배제하는 자리가 아니라, 상호주체성의 관계에서 절대성이 공존하는 자리이다. 1924년 발표된 "세계종교들 아래에서 기독교의 위치"라는 논문에서 트뢸치는 종교 간 비교 연구를 통해서 세계종교 아래에서 기독교 위치에 대한 연구에 이르렀다. 이 연구는 기독교와 다른 종교들의 관계성을 규정하는 데에 초점이 맞추어져 있다. 그는 종교들 사이의 관계를 자신의 개별적 특징, 문화적 특성을 인식하는 근거로 이해하고, 상호인정과 타협을 바탕으로 하는 사회관계로 이해했다. 그 사회관계는 개인의 자유와 자발적 참여를 통해 형성된 종교적 자기이해의 토대이다. 실제로 트뢸치는 기독교 절대성을 기독교 문화의 특성으로 상대화하고, 기독교의 탈권위적 태도를 종교 간 관계 구조로 확대한다. 기독교는 더 이상 종교들의 중심 위치가 아니라, 신적 의지를 중심으로 형성된 세계종교들 중의 한 종교인 것이다. 실제로 기독교는 다른 종교처럼 고유한 특징을 가지고 있고 상호 관계를 통해 이웃 종교를 동등한 입장에서 바라볼 수 있다. 또 자신의 고유한 토대에서 이웃 종교들과 접촉할 수 있는 지점을 얻을 수 있다. 따라서 트뢸치의 세계종교는 다원적 상황에서 종교 간 사회적 몸을 구현하는 상호 주체성의 공간으로 이해할 수 있다. 그의 세계종교의 개념은 사회적 몸으로서 탈권위의 공간이 된다.

4. 한국교회의 대안으로서 평신도운동: 작은교회운동

한국교회는 어떻게 성직 중심주의를 극복할 것인가? 분명한 사실은 성직 중심주의를 토대로 하는 권위적 교회는 더 이상 교회의 본래 가치를 실현할 수 없다는 점이다. 또한 권위적 교회는 한국사회에 의미 있는 복음을 전할 수 없다. 따라서 성직 중심주의를 극복하기 위해서 평신도는 한국교회의 병폐 원인을 능동적으로 인식하고 비판하고 개혁해야 한다. 유럽 종교사와 한국 기독교 역사에 반복된 성직 중심주의의 병폐를 더는 반복하지 않기 위해서 한국교회는 스스로 예수 그리스도의 겸비의 자리로 내려와야 한다. 지금껏 '교회를 조직적으로 구성하고 평신도를 일꾼으로서 잘 관리해야 성장한다!'라는 맹목적 신앙이 성직자 중심의 선교와 성장을 지향해왔기 때문이다. 실제로 교회의 성장이 멎어가고 있는 이 때, 교회 성장을 지양하고 사회와 직접 접촉하고 밀접하게 관계함으로써 복음을 의미 있게 전달할 수 있는 작은교회가 하나의 대안으로 떠오르고 있다. 특히 자본주의 경제체제 아래 자본의 감옥에서 한국교회를 해방할 수 있는 가능성으로 작은교회가 유일하다. 왜냐하면 작은교회는 평신도운동으로서 살아 있는 유기체적 교회를 지향하고 성장을 지양하기 때문이다.

이정배는 작은교회의 의미를 세 가지 탈의-탈성직, 탈성장, 탈성별-방향에서 찾는다.[18] 특히 그는 탈성직을 항상 미완(未完)의 과제로 이해한다. 왜냐하면 교회 역사는 다양한 교회가 개혁 모토로 시작했음에도 불구하고 성장의 욕망에 갇힌 교회로 전락하고 개혁의 대상이 되어버린 교회 현실을 계속해서 증언하기 때문이다. 따라서 그는 성직자와 평신도가 더는 수직적 관계가 아니라, 평등한 관계에서 상호협력을 지향하는 가능성을 작은교회에서 찾고 있다.[19] 작은교회가 주장하는 것은 우선 평신도의 신앙의 자유를 인정하고, 그들을 종교권력으로부터 해방하는 일이다. 따라서 성직 중심주의에 저항하는 작은교회의 과제를 다음과 같이 적시할 수 있겠다.

첫째, 작은교회는 성직자에 대한 맹목적 신앙과 교회 중심적 집단주의에 대해 냉정하게 비판하고 저항해야 한다. 유동식은 한국교회 병폐의 원인을 무속신앙과 유교에서 비롯된 성직자에 대한 맹목적 신앙과 교회 중심의 집단주의에서 찾고 있다. 무당에 대한 맹목적 신앙은 성직자에

---

18) 이정배, "자본주의시대의 기독교 신학과 영성-작은교회운동의 신학적 성찰을 중심하여," 「신학연구」 64(2014), 130.
19) 위의 글.

대한 맹목적 신앙으로 변질되어 나타난다. 그 맹목적 신앙은 평신도가 자신의 주체성을 잃어버리고, 사회에 대한 책임을 자각하지 못하게 한다. 다른 한편, 유교의 가족주의나 집단주의는 그리스도인이 교회의 공공성이 아니라, 개인이나 집단의 사적인 이익에 따라 움직이도록 만들어왔다. 결과적으로 교회는 보수적인 권위집단이 됨으로써 평신도는 자신의 주체성과 자발성을 상실한 존재가 된다. 따라서 평신도도 항상 가족의 권위나 전통에 복종하는 것을 당연한 것으로 받아들인다.[20] 서구 기독교 역사나 한국 기독교 역사를 보면, 교회가 세상에 대해 권위적인 태도를 일관해왔고, '하나님의 은총'이라는 명분 아래 자신들의 권력을 남용해왔다. 또한, 교회가 국가권력과 결탁함으로써, 평신도들을 항상 의존적인 존재로 전락시켰다. 따라서 작은교회는 맹목적 신앙과 집단주의로부터 평신도들을 해방하기 위해 자기비판원리를 제시해야 한다. 이정배는 자기비판의 원리를 고독의 원리로 주장한다. "예수의 고독은 결코 닫힌 외로움이나 고립이 아니라 세상을 향해 열려져 있었다."[21] 그 고독은 근친애적 고착으로 얻은 근원적 안정감을 포기하고, 세계에 대해 저항하는 힘이 된다. "자신의 내면을 정직하게 성찰하지 못했기에 거짓된 사회와 국가체제에 대한 거룩한 분노를 잃었기 때문에 기독교가 저항의 영성을 잃었다"라는 이정배의 주장은 의미가 있다.[22] 따라서 작은교회는 교회권력의 구조화를 지양해야 한다.

둘째, 작은교회는 새로운 문화적이고 사회적인 가치를 구현할 수 있는 대안을 제시해야 한다. 또한 그 과제를 위해서 교회는 계속해서 저항을 감행해야 한다. 종교적 개인은 자신의 선택에 따라 종교적 가치를 실현할 수 있는 존재이다. 트뢸치가 주장하는 사회적 몸은 다양한 기독교적

---

20) 유동식, 『선교학』, 178-180.

21) 이정배, "자본주의시대의 기독교 신학과 영성-작은교회운동의 신학적 성찰을 중심하여," 118.

22) 위의 글, 119.

가치들이 공존하는 공간이다. 트뢸치는 교회형, 종파형, 신비주의가 공존하는 유럽 종교사에서 개신교의 역사적 의미를 다양성의 공간에서 찾았다. 그는 근대 개신교 역사에서 개신교회들이 종파형 신앙과 신비주의적 신앙을 개별적인 방식으로 계승하고 발전해왔다고 보았다. 종교개혁자들은 신앙의 가치를 회복하고 개인의 독특한 신앙의 체험을 인정하였으며, 그의 토대로 그리스도에 대한 자발적 헌신과 복종을 강조해왔다. 오히려 한국교회는 트뢸치가 제시한 종파형의 신앙에서 성직 중심주의를 극복할 수 있는 가능성을 찾을 수 있다. 왜냐하면 개신교는 지속해서 성직자들의 독직을 거부하고 그리스도에 대한 헌신과 복종을 강조함으로써 개인들의 권위의 의존성을 해체하였기 때문이다. 이는 지금 일어나고 있는 '작은교회운동'과 유비적인 특징을 보인다.

그러나 그들은 종교권력이나 세속권력에 대해서 저항하지 못했다. 이에 대해 새로운 문화적이고 사회적인 대안가치를 제시하기 위해 작은교회는 보이지 않는 권력에 저항해야 한다. 보이지 않는 권력은 계속해서 배제된 자들을 양산하기 때문이다. 그러므로 이정배는 국가사회주의의 히틀러에 저항한 본회퍼에게서 의미 있는 저항의 영성을 발견한다. 본회퍼의 타자를 위한 윤리는 항상 저항을 동반하기 때문이다.[23] 이는 보이지 않는 종교권력에 대한 보이는 교회의 저항이다. 그 저항을 토대로 본회퍼는 기독교를 트뢸치의 역사적 예수의 종교를 넘어서 사회적 실천으로 확대했다. 트뢸치가 궁극적인 목적으로 삼았던 바가 예수의 사회적 몸의 구현이었다. 그러나 트뢸치는 저항의 가치를 인식하지 못했기 때문에 계속해서 사회적 중재와 조정을 강조하였다. 이에 반해서 본회퍼는 이를 세계 안에 계시된 '예수 그리스도'의 현실성으로 확대한다. 그 현실성은 현실화되고 변혁되어 온 경험적 교회이다.

그리스도는 현실화된 교회이고, 말씀을 통해서 그리스도 안에 이미 현

---

23) 위의 글, 120

실화된 교회가 시대와 공간에서 변혁해 온 것은 그리스도의 영으로서 항상 현실화된 교회 자체의 정신이다.[24] 그 안에서 세계 안에 존재해 온 예수의 저항적 가치가 분명해지고, 특히 그 계시의 현실성은 타자에 대해 명확해진다. 저항하는 교회의 실재가 곧 타자를 위해서 존재하는 그리스도의 현실성이기 때문이다. 한국교회도 다양한 신앙의 형태를 구현해왔다. 이덕주는 초기 한국교회 토착신학운동에서 다양한 신학운동의 양태를 소개하고 있다. 길선주의 계몽주의적 성령신학, 최병헌의 종교신학, 전덕기의 정치신학이다.[25] 이 세 가지 신학의 중요한 특징은 기독교 신앙의 절대적 가치를 인정하고 자신의 독특한 신앙 경험에서 한국신학의 가능성을 모색했다는 점이다. 그들은 정치사회적 상황을 개혁하고 한국교회를 국가구원의 전초기지로 만들려는 공동지향점을 가지고 있었다.

다른 한편, 선교사들에 의해 유입된 보수주의적 신학체계를 거부하고 독립하여 한국적 기독교를 모색한 이용도는 한국의 상황에서 한국적 신비주의를 시도했다. 이러한 한국교회의 토착신학운동은 선교사 중심의 권위적 구조를 탈피하여 주체적 신앙의 유형을 제시하고자 했다. 그러나 저항의 영성을 상실한 한국교회는 성직 중심주의를 바탕으로 교회 성장만을 추구할 수밖에 없었고, 평신도들도 저항의 영성을 지니지 못했다. 따라서 작은교회는 항상 저항의 영성을 토대로 성직 중심주의를 극복할 수 있다. 이정배는 탈성장을 지향하는 작은교회에서 다양한 카리스마 공동체의 가능성을 발견하고 있다. 이는 평신도들이 전통적 교회성장을 지향하는 목회 가치에서 벗어나 대형교회에 과감히 저항하며 새로운 종교 가치를 창조하는 길을 모색할 수 있음을 강조한다.[26] 따라서 현재 상황에서 평신도들이 신앙 체험을 바탕으로 하는 다양한 종교 가치들을 인정

---

24) Ernst Lange, "Kirche für die Andere," *Kirche für die Welt* (München: Kaiser, 1981), 25.
25) 이덕주, 『한국 토착교회 형성사 연구』 (서울: 한국기독교역사연구소, 2001), 265.
26) 이정배, "자본주의시대의 기독교 신학과 영성-작은교회운동의 신학적 성찰을 중심하여," 150.

하고 수용해야 한다. 작은교회운동은 그 대안이 될 수 있다.

셋째, 한국교회는 이웃 종교와의 관계에서 새로운 대화공동체를 형성할 수 있다. 한국 역사에서 이미 기독교는 이웃 종교와 다양한 관계를 형성해왔다. 한국 최초의 종교신학자인 최병헌부터 윤성범, 변선환에 이르는 토착화 신학은 이미 전통 기독교의 배타적 절대성의 구조와 권위적 구조를 벗어나 종교 간 평등성을 바탕으로 하는 새로운 관계를 형성해왔다. 다른 한편, 민중신학도 정치사회적인 측면에서 민주화를 향하는 정치적 대화를 수행해왔다. 이 과정에서 종교 간 대화는 정치적이고 문화적 혹은 사회적 가치들이 구현되는 장소로 자리매김하였고, 한국사회의 지속적인 변혁 가능성이 싹트는 장소가 되었다.

유동식은 종교 간 대화의 목적을 인격 회복과 인격적 공동사회의 형성에서 찾았다. 그는 모든 종교가 절대성을 바탕으로 하는 진리관(眞理觀)을 가지고 있어서, 기독교의 진리를 무조건 수용할 수 없다는 현실적인 진단 때문에 한국교회의 선교과제를 이웃 종교들이 종교 간 공동 목적에 함께 참여할 수 있도록 돕는 데 있다고 보았다. 따라서 그는 이웃 종교들이 사회의 공동과제를 수행하는 과정에서 상대방의 진리를 경청하고 수용할 수 있다는 가능성을 가지고, 기독교의 복음이 그리스도인과 이웃 종교인을 통합하는 궁극적인 힘이 될 수 있도록 해야 한다고 주장한다.[27]

틸리히와 같이 유동식은 설명이나 개종이 아니라, 공동 목적을 추구하는 과정에서 새로운 존재로 변화시키는 궁극적 힘을 함께 느낄 수 있는 종교 간 대화를 제안하고 있다. 이 과정에서 작은교회가 종교 간 대화의 거점이 될 수 있다. 예를 들어, 그 교회는 한국 기독교 역사에서 나타난 역사적 공동체의 흔적을 살핌으로 의미 있는 종교 가치들을 재발견할 수 있다. 또한 그 교회는 기존의 한국교회가 지닌 문제들을 개혁하고 변혁

---

27) 유동식, "복음의 입장에서 본 한국 종교의 위치와 의미", 『선교학』 (서울: 한들출판사, 2009), 185.

할 수 있는 힘을 제시할 수 있다. 게다가 작은교회는 새로운 종교 가치들을 현실에서 발견하고, 다른 이웃 종교와 함께 유기체적으로 구현할 수 있는 힘을 모색할 수 있다. 그러기 위해 작은교회는 기독교의 배타적 절대성을 지양하고 상호 주체성을 발현하는 공공성의 공간으로 자리매김해야 한다. 특히 작은교회는 교역자 중심의 교회를 탈피하여, 교인들이 주체적이고 자발적으로 참여하는 공간이 되어야 한다.

맺는말

지금까지 탈성직의 문제로서 성직 중심주의 극복과 그 대안으로서 사회적 몸인 작은교회의 가능성에 대해서 살펴보았다. 칼 구스타프 융에 따르면 "도그마라는 울타리가 무너지고 그 의식이 그 권위를 잃어버리자마자, 인간은 곧 기독교는 물론 그 밖의 이교를 막론하고 모든 종교적 체험의 절대적인 핵심을 이루고 있는 도그마나 의식의 비호와 안내를 받지 못하고, 스스로의 내적 체험에 직면하게 되었다."[28] 이와 같은 상황에서 한국교회도 더 이상 성장 국면으로 나아가지 못하는 한계상황에 직면하고 있다. 『신학이 변해야 교회가 산다』의 저자 필립 클레이튼은 그 대안으로 기독교에 대한 자신의 신학적 목소리를 찾을 것을 권면하고 있다. 자신의 신학적 목소리를 찾는다는 것은 개인의 차원에서 신학적 진술을 이해하고 전하는 것을 의미한다.[29] 이는 다른 종교적 이웃에 대한 개방과 교제 그리고 연대로 나아가는 것을 뜻한다. 그리스도인이 다른 이웃과 만나는 최초의 자리, 그곳이 작은교회의 출발점이요, 탈성직의 자리이다.

이념 간의 갈등이 사라진 시대에 우리는 기독교 전통과 성서적 전통을

28) 칼 구스타프 융, 이은봉 옮김, 『심리학과 종교』 (서울: 도서출판 창, 1996), 42.
29) 필립 클레이튼, 이세형 옮김, 『신학이 살아야 교회가 산다』 (서울, 신앙과지성사, 2012), 134.

현시대에 맞게 재해석하고, 구체적으로 나의 신학적 진술과 우리의 진술로 확대해야 하는 과제가 있음을 깨달아야 한다. 더 이상 기독교 진리의 배타성을 주장할 수 없는 시대에 우리는 기독교의 진리성을 더는 교리가 아니라, 한국사회의 개혁과 변혁을 통해서 기독교의 실천적 가치로 드러내는 곳에서 찾을 수 있다. 그곳의 시작이 바른 작은교회운동일 것이다. 지금 한국사회에서 나타나는 작은교회운동은 대형교회 중심의 한국 기독교를 넘어서, 유기체적으로 관계하고 새로운 작은교회를 만듦으로써 한국교회가 직면한 자기중심주의, 권위주의, 배타주의를 극복하는 데 크게 기여할 것이다. 지금까지 기독교 역사는 우리에게 성직자의 교만과 종교적 권력에 대한 욕망의 위험성을 지속적으로 보여주고 있기 때문에 막상 작은교회를 곧 성직 중심주의의 대안으로 확언하기는 어렵다. 따라서 그리스도인은 예수 그리스도의 겸손의 가치와 불의에 대한 저항의 가치, 자기검열과 자기비판의 가치를 잃어서는 안 될 것이다. 그것이 작은교회의 강한 생명력이 될 것이기 때문이다.

참고문헌

유동식. 『선교학』. 서울: 한들출판사, 2009.
이덕주. 『한국 토착교회 형성사 연구』. 서울: 한국기독교역사연구소, 2001.
이정배. "자본주의시대의 기독교 신학과 영성—작은 교회 운동의 신학적 성찰을 중심하여." 「신학연구」 64, 2014.
이형기. "교회사를 통해서 본 교직자와 평신도." 「장신논단」 3. 113–144.
한국기독교역사연구소 편. 『한국 기독교의 역사』 1권. 서울: 기독교문사, 1994.
한국기독교역사연구소 편. 『한국 기독교의 역사』 2권. 서울: 기독교문사, 1995.
한국종교연구회. 『한국종교문화사 강의』. 서울: 청년사, 1998.

레너드 스위들러. 이찬수 · 유정원 옮김. 『절대 그 이후』. 서울: 이화여자대학교 출판부, 2003.
에른스트 트뢸치. 이기호 옮김. "기독교 절대성." 『기독교의 절대성』. 서울: 한들출판사, 2014.
에리히 프롬. 이상두 옮김. 『자유에서의 도피』. 서울: 범우사, 1996.
에릭 G. 제이. 주재용 옮김. 『교회론의 변천사』. 서울: 대한기독교서회, 2002.
제임스 바. 장인선 옮김. 『근본주의』. 서울: 대한기독교서회, 1984.
칼 구스타프 융. 이은봉 옮김. 『심리학과 종교』. 서울: 도서출판 창, 1996.
폴 니터. 유정원 옮김. 『종교신학입문』. 왜관: 분도출판사, 2007.

필립 클레이튼. 이세형 옮김. 『신학이 살아야 교회가 산다』. 서울: 신앙과지성사, 2012.
핸드릭 크레머. 유동식 옮김. 『평신도 신학과 교회 갱신』. 서울: 평신도신학연구소, 1994.

Ernst Lange "Kirche für die Andere," *Kirche für die Welt*. München: Kaiser, 1981.

최태관

감리교신학대학교 신학과와 동대학원(석사)에서 공부하였다. 그리고 독일로 유학하여 요한네스 구텐베르크 마인츠대학교 신학부에서 공부하였다.(Dr. Theol.) 현재는 기독교대한감리회 서울연회 성동 광진지방 한우리교회에서 부목사로 섬기며, 감리교신학대학교, 남서울대학교에 출강하여 학생들을 가르치고 있다.

3장

한국교회 장로제도의 문제점

시작하는 말

올해는 종교개혁 500주년이 되는 해이다. 우리나라가 기독교를 처음 접한 것은 임진왜란과 정유재란(1594-1598) 때이고, 1885년에 미북장로교 소속 호러스 언더우드와 북감리교 소속 헨리 아펜젤러가 선교사로 들어오면서 개신교 선교가 본격화하였다.[1] 지난 100여 년간 한국교회(이하 개신교를 나타낸다.)는 경제성장과 더불어 눈부신 성장을 했다. 1945년에 38만 2,800명이던 교인이 1955년에 100만 482명, 1965년에 225만 5,193명으로 10년마다 약 2배씩 증가하였다. 그리고 1967년에 289만 9,108명, 1979년에 598만 6,609명으로 이 기간에도 역시 약 2배의 증가가 있었다. 1980년대에도 부흥하여 거의 2배(1990년, 1,142만 7,485명)에 가까운 증가를 보였다.[2] 세계적으로 유례가 없는 이러한 증가가 1990년대에 들어오면서 둔화현상을 보이다가 2000년대에 들어 감소하는 추세를 나타내고 있다.

한국교회가 현재의 감소 추세를 지속할 경우 2060년경이면 이단을 제

1) 배덕만, 『교회사의 숲』 (대전: 대장간, 2015), 62-63.
2) 이만열,"[포럼] 한국교회 성장과 그 둔화 현상의 교회사적 고찰" 「교갱뉴스」(1997. 6. 19.) http://www.churchr.or.kr/news/articleView.html?idxno=2836

외한 순수 개신교 인구는 300만 명대로 감소되며, 주일학교의 경우 2045년경에 30-40만 명대로 추락할 가능성이 매우 큰 것으로 예측하기도 한다.[3]

기독교윤리실천운동에서 "2017년 한국교회의 사회적 신뢰도 여론조사" 결과를 발표했는데, 한국교회의 전반적 신뢰를 묻는 질문에서 긍정 응답이 20.2%, 부정 응답이 51.2%로 국민 과반이 개신교를 불신한다고 응답했다. 가장 신뢰하는 종교는 가톨릭으로 32.9% 지지를 얻었으며, 불교가 22.1%, 개신교는 18.9%로 최하위를 기록했다. 사회봉사를 가장 많이 하는 종교가 개신교라는 답변이 있음에도 불구하고 이와 같은 결과가 나온 것이다. 최근 10년 동안 가톨릭과 불교는 신자가 증가하고 있지만 개신교는 하락하고 있다는 점도 이 같은 사회적 신뢰도와 연관이 있다고 생각해볼 수 있다.

교회정치 형태는 크게 감독제, 회중제 및 장로제로 분류할 수 있다. 장로제도는 성경적 교회를 회복하려는 종교개혁자들의 이념에서 탄생하였다. 목사와 장로로 구성된 협의회가 교회를 다스리는 정치 형태가 '장로제도'(Presbyterianism)이다. 감독제 교회의 대표적인 로마가톨릭교회에서 성직자만이 교직에 임명될 수 있었던 것과 비교하면 혁명적인 제도였다. 성직자로 구분된 소수에 의한 임의적 결정이 아닌, 평신도가 참여한 집단적 협의와 합의를 통해 교회의 본질을 회복하고 지켜가고자 하는 종교개혁 정신으로 만들어진 것이다. 한국교회는 약 70%가 장로교회이다.[4] 그만큼 장로제도가 한국교회의 모습을 결정하는 데 결정적인 역할을 한다고 볼 수 있다. 그렇다면 '개독교'라는 조롱을 당하고 있는 지금의 한국교회 현실에서 장로제도가 어떤 역할을 하고 있고 어떤 책임이 있는가를 짚고 넘어가는 것은 불가피한 일일 것이다. 목사와 장로로 구성된 당회가 교회의 모든 중요한 일들에 대하여 결정하는 역할을 해왔기 때문이다.

---

3) 최윤식, 『2020 2040 한국교회 미래지도』(서울: 생명의말씀사, 2013), 41-42.
4) 오덕교, 『장로교회사』(수원: 합동신학교 출판부, 1995), 253.

세월호 참사를 통해 알 수 있듯이 세월호를 운영한 기업이나 이를 통제 관리하는 국가 시스템의 많은 구성 요소 중에 어느 한 곳에서만이라도 제 기능을 발휘했다면, 이 같은 어처구니없는 참사는 발생하지 않았을 것이다. 한국교회도 교회 시스템과 관련된 구성 요소들 중 어느 한 곳에서만이라도 제 역할을 수행할 수 있다면, 세월호와 같이 침몰되지 않을 수 있으리라는 희망을 가지고 장로제도의 문제점에 대하여 생각해보고 개선방안을 논하고자 한다. 촛불 시민혁명으로 불의한 정권이 교체되고 새로운 한국을 만들어가고자 하는 이때에, 교회가 스스로 변화되어 사회개혁에 앞장서지는 못해도 보조는 맞출 수 있어야 희망의 불씨를 지켜갈 수 있을 것이다.

이 글은 한국교회 장로제도를 종교개혁 정신에 비추어 살펴보고 종교개혁을 완성해나가기 위한 개선방안을 도출하여 교회의 본질을 회복하는 데 도움이 되고자 하는 마음으로 썼다. 그런 마음과는 달리 턱없이 부족할 수밖에 없는 글임을 고백한다. 그러나 바위를 뚫는 물 한 방울의 역할이 될 수 있기를 바라는 심정으로 이 글을 쓴다. 또한 알게 모르게 곳곳에서 교회 본연의 모습을 지키며 하나님 나라를 성취해가고 있는 교회도 많이 있다. 이 글은 그렇지 못한 교회, 특히 한국 사회에 부정적인 영향을 미치고 있는 대형교회와 대형교회가 되고자 하는 작은교회를 염두에 두고 쓴 글임을 밝혀둔다.

1. 한국교회의 주요 문제점

한국 사회는 35년의 일제강점기, 제2차 세계대전 후 미국과 구소련에 의한 남북분단, 동족상잔의 6·25전쟁을 겪었고 지금까지 지구상의 유일한 분단국가로 남아 있다. 경제적으로는 선진국 문턱에 이르렀으나 최근 10여 년 동안 민주주의가 후퇴하였고, 양극화의 심화, 희망을 포기한 젊은 세대, 인구 절벽 등으로 특징되는 '헬조선' 사회가 되었다. 외적으로는 글로벌 저성장, 주변 강대국들의 패권 다툼, 남북간의 갈등 고조와 통일의 요원함, 그리고 4차 산업혁명의 거대한 파고가 저성장 덫에 걸린 한국의 미래를 불안하게 하고 있다. 이 시대가 만들어낸 '헬조선'과 '개독교'라는 신조어는 그리스도인으로서 참담함을 느끼게 하며 강한 책임감으로 다가온다.

한국교회의 장로제도 문제점을 살펴보기에 앞서 오늘날 한국교회가 직면하고 있는 주요 문제점에 대하여 살펴보고 지금의 장로제도와의 관계를 생각해보고자 한다.

기적이라 불릴 정도로 눈부신 성장을 해온 한국교회가 왜 이같이 날개도 없이 추락하게 된 것인가? 1990년대에는 교회 대형화에 따른 정체성 약화와 목회자 영성 상실, 기복신앙, 율법주의적 죽은 믿음 등이 성장 정체의 주요 요인으로 설명되었다. 2000년대에 들어와서는 대형교회의 세습과 불투명한 재정 문제, 교권의 절대화, 총회 선거부정, 목회자의 성추문, 타종교 혐오 등으로 세상이 경악할 만한 뉴스를 생산했다. 최근에는 교단 헌법에서조차 금지된 세습 규정을 피하기 위해 편법으로 세습을 강행한 대형교회가 있다. 명백히 교단 헌법을 위반한 세습임에도 불구하고 노회에서는 이 문제를 안건으로 다루지도 못하고 있다. 이는 대형교회의 힘과 교단의 영향력 상실을 보여주는 단적인 예라고 할 수 있다. 한국교회가 이렇게 처참하게 추락하게 된 주요 원인을 다음과 같이 요약할 수 있다.

첫째, 제왕적 사제주의를 꼽을 수 있다. 입술로는 교회의 머리는 예수 그리스도라고 하지만 실제로는 하나님보다 높은 곳에 목사가 있다. 목사를 잘 받들어야 복을 받고 좋은 신앙인이 될 수 있다고 가르친다. 교인들에게 맹목적 순종을 강요하며 교인을 우민화해온 결과 하나님의 말씀에 견주어 건전한 비판을 하지 못하게 만들었다. 목사가 수십, 수백 억 원을 배임, 횡령하고 유죄판결을 받아도 문제가 안 된다. 교회문제를 교회 안에서 올바르게 해결하지 못하는 교회정치의 부재도 문제이지만, 세상 법정에서조차 유죄를 인정한 범죄도 교회 안에서는 문제가 안 되는 것이다. 오히려 목사가 세상으로부터 핍박을 당하고 있다고 항변한다. 교회에서 상습 성추행이 입증되어도 설교권 2개월로 문제가 없어지고, 다른 곳에서 교회를 다시 시작하면 된다. 상회 기관은 엄격한 윤리 기준에 따른 치리는커녕 면죄부를 주는 역할을 하고 있다. 일반 시민들의 윤리 수준에 턱없이 모자라는 교회의 윤리 수준을 세상 사람들이 어떻게 이해할 수 있을까.

교회 세습 문제도 마찬가지다. 교계에서는 물론 세상 사람들조차 세습은 비성경적이고 비윤리적이라고 비난하지만 해당 교회 교인들은 교회 문제에 간섭하지 말라고 한다. 이와 같이 목회의 전문성을 악용하여 교인을 우민화하고 초법적 지위에 오른 목사는 대형교회로 성공한 목사는 될 수 있겠지만 중개자 없는 하나님 나라를 선언한 예수 그리스도와는 관계없음이 분명하다. 다른 한편으로는 최형묵 목사가 지적한 것과 같이 목사의 권력이 장로나 교회의 영향력 있는 사람에게로 옮겨진 형태이다. 이 또한 목사의 제왕적 사제주의 못지않은 폐해를 낳고 있기에 경각심을 가져야 한다.

둘째, 개교회 성장주의이다. 세상의 모든 교회는 그리스도의 몸을 이루는 지체들이다.(엡 1:23) 하지만 교회는 교인쟁탈전을 벌이고 있는 중이다. 그리스도의 몸을 이루기 위해 존재하기보다 개교회의 성장을 위해 존재하는 것처럼 보인다. 이 세상에는 두 가지 교회가 있는데 하나는 대형교회이고, 또 하나는 대형교회를 지향하는 작은교회가 있다고 한다.[5] 주일 교인수송용 대형버스의 모습이 낯설지 않은 지는 오래이다. 심지어 교회에 나오면 현금을 쥐어주기까지 한다고 한다. 초대형교회는 새신자의 80-90%가 수평 이동하는 교인 때문이다.[6] 이렇게 최고의 목표가 성장

5) 신광은,『메가처치 논박』(부천: 도서출판 정연, 2009), 80.
6) 최윤식·최현식,『한국교회 미래지도 2』(서울: 생명의말씀사, 2015), 51.

이다 보니 앞에서 언급한 것과 같이 목사가 아무리 큰 잘못을 해도 교회만 성장시키면 모든 것이 용서된다.

한국교회의 80%가 미자립교회이다. 교회가 시장 자본주의 논리에 함몰되어 무한성장만을 추구하고 주변의 작은교회를 돌아보지 않는다면 그리스도의 몸을 이루는 교회의 본질을 잃어버린 것이다.

셋째, 맘몬 숭배이다. 박득훈 목사에 의하면 오늘날 한국교회에는 자본주의가 깊숙이 침투되어 있다고 한다. 하나님 나라의 가치와 정신보다는 개인적 부의 축적을 삶의 궁극적 목적이자 최고의 가치로 삼는 자본주의 가치와 정신에 더 지배를 당하고 있다는 것이다. 그리하여 성경을 뒤트는 해석이 나오고 기복신앙에 빠지게 되었다. 교회는 값싼 은혜와 죽은 믿음에 안주하고, 개교회 성장주의와 맞물려 교회를 강도의 소굴로 만든 것이다. 급기야 교회의 이익을 지키기 위해 잘못된 정치 참여를 하게 되었고, 지금과 같은 불의한 사회구조를 더욱 견고하게 만드는 역할을 하고 있다는 지적이다.[7]

넷째, 사회개혁의 책임 방기이다. 교회는 하나님을 사랑하고 이웃을 사랑하라는 가장 큰 계명을 이루어야 한다.(막12:30-31) 이웃 사랑은 사회적 책임을 포함한다. 가난한 사람에 대한 사랑과 구제를 강조하면서 경제문제의 구조적 문제를 피해가는 것은 교회의 자기기만이라고 지적했다.[8] 한국교회는 해방이 되면서 분단과 한국전쟁, 군사독재 시대를 거치는 오랜 기간 동안 반공 이데올로기에 사로잡혀 있던 영향에서 벗어나지 못하고 있다. 태극기집회에 어김없이 등장하는 대형 십자가와 같이 여전히 정치경제권력의 시녀 역할을 하는 수구 보수적 행태를 지속하고 있기 때문에 젊은 세대로부터 외면을 당하고 있는 것이다. 이미 1974년 로잔언약에서 교회의 사회적 책임을 명시하면서 전도와 사회참여를 서로 상반된 것

---

7) 박득훈, 『돈에서 해방된 교회』 (서울: 포이에마, 2014), 74-174.
8) 위의 책, 238-346.

으로 여겼던 것을 후회한다고 했다. 한국교회가 가장 많은 사회봉사를 하면서도 사회로부터 신뢰를 받지 못하는 것은 교회의 부패와 더불어 불평등의 근원을 외면하는 사회적 책임을 방기해왔기 때문이다.

다섯째, 교회정치의 부재이다. 교회가 교단 헌법을 어겨도 어찌할 수가 없으며, 목사가 범죄를 저질러도 징계하지 못하고, 사회법의 기준에도 미치지 못하는 징계를 함으로 교회를 불의한 패거리 집단으로 인식하게 만든다. 종교개혁의 산물로 만들어진 오늘날의 장로제도가 중세 가톨릭교회보다 더한 교권 또는 성직을 강화하는 모습을 보이고 있다. 대부분의 한국교회가 장로제도를 채택하고 있음에도 종교개혁의 근본정신이 구현되지 못하고 있는 것이다. 교회정치는 복음의 순수성을 지키고 교회의 인적·물적 모든 자원을 하나님 나라를 성취하기 위해 올바르게 운영되도록 하는 데 매우 중요한 역할을 한다는 점을 생각할 때, 교회정치 회복이 한국교회의 많은 문제점을 해결하기 위한 매우 중요한 요소임을 깨닫게 된다.

앞에서 언급한 문제점들은 개별적인 것들이 아니라 상호 연결되어 영향을 주고받는다. 문제해결의 핵심을 탈성직을 위한 교회정치의 회복이라는 관점에서 장로제도의 현황과 문제점을 분석하고 개선방안을 찾고자 한다.

2. 한국교회 주요 교단의 장로제도

한국교회 주요 교단(감리교, 성결교, 예장고신, 예장통합, 예장합동, 예장개혁, 기장) 헌법에서는 율법 시대에 교회를 관리하는 장로가 있었던 것과 같이 복음 시대에도 목사와 협력하여 교회를 치리하는 자를 세웠다는 점을 장로직의 기원으로 두고 있다.

각 교단 홈페이지에 게시된 헌법에서 정의하고 있는 장로의 자격을 요약, 정리하면 다음과 같다.

- 신앙이 돈독하고 전도할 능력과 열심이 있어야 한다.(감리교)
- 특정 직분(집사, 안수집사, 권사)을 일정기간 역임해야 한다.(감리교, 성결교)
- 본 교회 출석 기간 기준을 충족해야 한다.(예장고신, 예장통합, 예장합동, 예장개혁, 기장)
- 나이의 기준을 충족해야 한다.(35세 이상 등. 감리교, 성결교, 예장고신, 예장통합, 예장합동, 예장개혁)
- 가족이 교인이어야 한다.(감리교, 성결교)
- 추천위원회 및 당회의 인정이 있어야 한다.(감리교)
- 생업이 정당해야 한다.(성결교)
- 주일을 성수하고 십일조 의무를 이행해야 한다.(성결교)
- 남자여야 한다.(성결교, 예장고신, 예장합동, 예장개혁)
- 상당한 식견과 통솔의 능력이 있어야 한다.(예장통합, 예장합동, 예장개혁, 기장)
- 디모데전서 3:1-7에 해당해야 한다.(예장합동, 예장개혁, 기장)

대부분 교단의 장로 선출 방식은 투표로 하며 투표의 3분의 2를 얻어야 선임이 된다. 임기는 만 70세 또는 종신제이다. 일부 교단은 "교인의 과반수가 시무를 원하지 않으면 당회의 결의로 권고사임하게 한다."(기장)라는 조항을 명시하고 있으나, 대부분의 교단에서는 재신임이나 교인의 요구에 따라 사임하도록 하는 조항이 없다.

주요 교단이 정의한 장로의 역할을 요약 및 정리하면 다음과 같다.

- 목사를 도와 예배, 성례, 그 밖의 행사 집행을 보좌한다.(감리교)
- 목회에 필요한 제반 사항을 돕는다.(임원활동 지도, 심방 보고 등. 감리교, 예장고신, 예장개혁)
- 교인들을 심방하며 신앙을 지도한다.(감리교, 성결교, 예장고신, 예장

합동, 예장개혁)

- 교회의 재정 유지에 적극 참여한다.(감리교)
- 담임자가 부재하거나 유고 시 직무를 대행할 수 있다.(감리교, 성결교)
- 당회 및 상위 기관의 회원이 된다.(감리교)
- 교인의 대표이다.(성결교, 예장합동, 예장개혁, 기장)
- 목사와 협동하여 행정과 권징을 치리하는 치리회원이다.(성결교, 예장고신, 예장통합, 예장합동, 예장개혁, 기장)
- 목사와 같은 권한으로 회무를 처리한다.(성결교)
- 사회에 대하여도 성직이니 미신자에게 전도하며 우환질고와 낙심중에 있는 자를 찾아 권면한다.(성결교)
- 교인의 영적 상태를 살피고 언약의 자녀들을 양육하는 일을 한다.(성결교, 예장고신, 예장통합, 예장합동, 예장개혁, 기장)
- 교인을 보살피고 위하여 기도하고 전도하는 일을 한다.(예장고신, 예장합동, 예장개혁, 기장)

이상에서 보는 것과 같이, 장로의 자격은 남자이며(예장통합, 기장, 감리교는 예외) 특정 직분을 일정 기간 역임해야 하고 주일성수와 십일조를 잘 해야 하며 상당한 식견과 통솔력이 있어야 하는 것으로 되어 있다. 장로의 역할은 목사를 도와 예배, 성례 및 치리를 보좌하는 역할과 심방하고 교인을 보살피는 역할 중심으로 정의되어 있다.

3. 한국교회 장로제도의 문제점

앞서 지적한 한국교회의 문제점과 관련하여 주로 언급되는 장로제도의 주요 문제점을 다음과 같이 정리할 수 있다.

당회의 독단

장로제도를 채택하고 있는 교회에서는 당회를 중심으로 교회의 모든 운영과 실질적인 정책을 결정한다. 교인들의 지식 수준과 민주적 의식은 상당한 수준까지 올라와 있지만 교회정치에서는 배제되어 왔다. 교회의 의사결정 방식은 교인의 의사를 충분히 반영하기보다는, 당회 독단적으로 이루어지는 경향이 두드러지므로 교인들로 하여금 교회 정치에 무관심하게 만들고 적극적인 역할을 하지 못하게 만든다. 또한 당회의 권한은 막강한 데 비해 그 권한을 견제할 장치가 없는 것도 문제이다. 주요 교단의 장로 역할에서 보는 것과 같이 장로는 목사를 보좌하는 역할로 명시하고 있으므로 목사에 대한 합리적 비판을 원천적으로 차단한다. 또한 영향력 있는 장로에 의해 그 반대의 상황이 만들어지기도 한다. 장로는 교인 의사를 파악하고 대변하도록 하고 있으나 현실적으로는 불가능하다.

오늘날 한국교회의 당회는 제왕적 사제주의를 더욱 강화하는 역할을 하고 있다고 볼 수 있다. 당회가 교회의 영적 문제뿐만 아니라 운영에 대한 모든 영역에서 중심적 역할을 해왔다면 오늘날 당면하고 있는 교회 문제에 대한 대부분의 책임이 당회에 있다는 비판은 타당하다고 할 수 있다.

불명확한 장로 역할

최근 우리는 '목사 주도적 교회이다.' 또는 '장로 주도적 교회이다.' 하는 말을 흔히 듣는다. 이는 무엇을 말하는가? 바로 장로회 제도의 협의회성이 깨지고, 그 기능이 제대로 작동하지 않고 있다는 것이다. 교회에서 목사의 역할은 설교, 성례전 집례, 심방 및 상담으로 비교적 명확히 인식되고 있으나, 주요 교단의 장로 역할에서 보는 것과 같이 장로 역할은 그렇지 못하다. 정주채 목사는 장로직에 대한 잘못된 인식은 장로직을 목양직으로 보지 않고 교회를 관리하고 감독하는 행정직으로 보는 것이라고 비판한다. 장로들에게 목양에 협력하거나 목양을 할 수 있는 장을 마련해주지 않기 때문에, 장로의 직무는 당회에 참석하는 일과 예배 때 대표기도를 하는 정도로 아주 축소되어 있다고 지적한다.[9] 이 또한 이원론적 성직주의 인식에 기인한 장로의 역할 제한으로 볼 수 있다. 장로 역할에 대한 올바른 정의 미비와 잘못된 인식은 견제와 협력의 균형을 유지하기보다, 불필요한 주도권 다툼이나 갈등을 유발시키는 원인이 된다고 할 수 있다.

장로 직분에 대한 교인 의식 문제

교회의 모든 직분은 평등하며 봉사를 위한 직분이라고 말하지만 명예와 지위로 생각하는 경우가 많다. 장로는 대체적으로 오랫동안 교회를 출석해왔고 나이도 많은 편인 데다 교회를 좌지우지할 수 있을 만큼 권한이 크다 보니, 장로를 목사보다는 아래이고 일반 교인보다는 몇 단계 높은 계급으로 여기기도 한다. 주요 교단 장로의 자격에서 보는 것과 같이 대부분의 교회에서 장로가 되기 위해서는 집사, 안수집사 직분을 거쳐야 할 뿐 아니라 유교문화의 서열의식 영향으로 목회자와 평신도의 관계 또는 교회 안의 직분을 위계 서열로 받아들이는 경향이 강하다. 또한 체면 문화의 영향으로 감투를 중시하여 직책이나 직분을 호칭으로 사용하는 경향을 나타낸다. 그러다 보니 비슷한 연령대에 있는 사람이 장로 직분을 받지 못한 경우 상대적 열등감 또는 박탈감을 느끼게 되고, 심한 경우 교회를 떠나게 된다. 이와 같은 잘못된 인식은 교회 안에서 계급 서열화를 조성하고 공동체의 건강성을 유지하는 데 큰 장애가 되고 있다.

---

9) 정주채, "전통적 장로직무의 문제점과 개혁을 위한 노력," (바른교회아카데미 세미나, 2011년 1월).

항존직에 대한 오해

대부분의 한국교회는 목사와 장로는 한 번 위임되면 특별한 일이 없는 한 정년 70세까지 맡는 것이 관례이다. 정년이 다할 때까지 임기를 보장하는 것은 목사나 장로의 전횡을 부추기고 매너리즘에 빠지게 하는 요소가 된다는 지적은 역사적으로 증명된 부분이기도 하다.

칼뱅이 장로제도를 만들 때 목사직, 장로직, 집사직, 교사직은 항존직이라고 하였다. 여기서 항존직의 의미는 교회에서 이 직분은 일상적으로 존재해야 한다는 의미이지, 한 번 직분을 받으면 영원히 지속해야 한다는 의미가 아니다. 칼뱅의 제네바교회에서는 장로의 임기를 1년으로 하였고 매년 임기 말에 재임 여부를 심사하여 역할에 문제가 없는 경우에 재임하는 것으로 했다. 종교개혁 이후 대부분의 개혁교회들은 장로의 임기를 두었으며, 임기가 끝나면 평신도로 돌아오도록 했다. 네덜란드 개혁교회와 미국 개혁교회는 장로의 임기를 2년으로 하되, 매년 이들의 반 정도는 대체하도록 했다. 프랑스 위그노 개혁교회는 장로직을 평생직이 아니라고 못박았으며, 스코틀랜드와 영국 개혁교회도 매년 선거를 했다. 그 이유는 그러한 직책을 오래 행사할 경우에 그들이 교회의 자유를 남용할 것이라고 명시했다.[10] 시대와 상황이 바뀌면서 장로제도에도 변동이 있었지만 종교개혁으로 시작된 많은 개혁교회들은 지금도 그 정신을 유지해오고 있다.

장로의 자격 문제

김진호(제3시대그리스도교연구소 연구실장)는 한국 대형교회에서 장로가 되기 위해서는 인맥·학연·지연·재력 등 파워엘리트로서의 요소를

---

10) 이형기, 『장로교의 장로직과 직제론』 (서울: 한국장로교출판사, 1998), 15-70.

다 갖춰야 한다고 했다. 교회 활동에 헌신해야 하고 재정기여도(헌금)도 높아야 한다. 이것은 한때 '고소영'이라는 용어가 유행했던 것과 같이, 개인은 욕망을 달성하기 위한 관계 형성 수단으로 교회 직분을 활용했고, 교회는 다양한 분야 엘리트의 유입으로 성장주의 욕망을 달성하고자 하는 이해관계가 결합된 모습을 보여주는 것이다. 성서(딤전 3:1-7)에서 가르쳐주는 장로의 자격과는 아무런 관계가 없다. 또한 일부 교단에서는 여성의 장로직을 금지하고 있다. 이는 시대착오적이며 비성서적(갈 3:28, 롬 16:1)이다. 대부분의 교회에서 여성의 손길이 닿지 않으면 교회가 움직이지 못할 정도로 여성의 역할이 매우 크다. 그럼에도 불구하고 여성의 장로직을 금하는 것은 성차별이다.

이와 같이 종교개혁의 결과로 탄생한 장로제도는 이 땅에서 한국적 장로제도로 변질되어 이원론적 성직주의를 강화하는 역할을 하여 교회가 그 맛을 잃어버리도록 하였다. 그리고 마침내 길거리에 버려져 짓밟히는 상황에까지 이르게 하였다.

4. 장로제도의 개선방안

종교개혁 이후 교회는 시대의 변화와 주어진 환경에서 그 정체성과 사역에 합당한 정치제도를 성경적 원리에 근거해 발전시켜 왔다. 교단에 따라 차이가 있지만 각 교단의 정치제도는 성경적 원리와 교단 신학의 결과물이고 목회적 요청에 응답한 역사적 결과물이라 할 수 있다.

칼뱅은『기독교강요』에서 교회의 입법권을 논의하면서, 교회의 질서를 유지하기 위한 법의 필요성을 역설하면서도 교회법을 절대화하는 것을 경계하였다. 또한 교회의 '행정 배열'은 양심을 구속하는 강제력은 없다고 인정했다. 교회의 '외적인 일에 질서를 부여하는 방법'은 절대적인 것이 아니라 하나님의 자녀를 위해 유용한 것일 뿐이라고 말했다. 〈세례·성찬·교회 직무〉(BEM) 문서에서도 신약성서에는 단일 형태의 직제가 아닌 장소와 시대에 따라 다양한 형태의 직분이 있었음을 설명하고 있다. 따라서 직제는 온전한 그리스도의 몸을 이루고 그리스도의 장성한 분량에 이르기까지 발전해야 함을 알 수 있다.

'작은교회'가 한국교회의 희망임을 자각하게 된 이 시점에서 작은교회 정신에 걸맞는 교회정치제도를 수립해야 한다. 개선된 교회정치의 핵심은 탈성직화된 직제에 있을 것이다. 루터에 의해 성서가 사제의 손에서 교인의 손으로 넘겨졌다면, 이제는 설교권과 성례전도 교인과 공유되는, 직제에 대한 인식 변화가 이루어져야 한다. 한순간에 모든 것을 바꿀 수는 없겠지만 한국교회 정치의 근간을 이루는 장로제도에 대한 개선은 시급한 일이다. 좋은 전통은 계승 발전시키고 잘못된 부분은 과감한 개혁을 통해 교회 본질을 회복하고, 나아가 더욱 발전적으로 교회정치제도를 만들어 종교개혁의 정신이 더욱 완성되도록 해야 한다.

"2. 한국교회 주요 교단의 장로제도"에서 정리한 현황을 토대로 "3. 한국교회 장로제도의 문제점"에서 언급한 문제점에 대한 개선안을 도출하기 위해 장로의 역할, 자격 및 임기에 대한 개선안을 제시하고자 한다.

장로의 역할 측면

종교개혁 500주년이 되는 오늘날 한국교회는 여전히 종교개혁 정신에 미치지 못하는 장로제도를 유지하고 있는 것으로 보인다. 모든 하나님의 백성들은 예수께서 회복하신 왕 같은 제사장 직분을 성취할 수 있도록 끊임없이 갈구하고 노력해야 한다. 주요 교단에서 정의한 장로 역할과 1982년 BEM 문서에서 언급한 내용을 토대로 장로제도의 개선사항을 다음과 같이 제시하고자 한다.

첫째, "목사를 도와" 또는 "보좌하여"와 같은 문구는 목사와 장로의 관계가 협력적 동등한 관계가 아닌 종속적 관계임을 나타낸다. 이와 같은 인식은 유교적 가치관과 결합하여 목사의 말을 순종적으로 받들어야 한다는 의식을 형성한다. 목사와 장로의 관계에서와 같이 집사는 장로를 보좌하는 직분으로 인식하게 하고 자연스럽게 교회 안에서 계층적 위계 질서를 만들게 된다. 목사는 '가르치는' 장로이고, 장로는 '다스리는 장로'로서 상하관계가 아닌 목양의 협력관계임을 분명히 해야 한다. 사안에 따라 장로는 목사를 비판하고 견제할 수 있어야 건강한 교회를 이룰 수 있다.(관련된 장로제도의 문제점: 1) 당회의 독단, 2) 불명확한 장로 역할, 3) 장로 직분에 대한 교인 의식 문제)

둘째, "재정유지에 적극 참여한다."라는 항목은 장로는 부자여야 함을 은연중에 나타낸다. 대부분의 교회에서는 사회적으로 성공한 사람이 장로를 해야 하는 것으로 잘못 인식하고 있다. 장로나 권사로 임직하게 되면 일정 금액을 헌금하도록 직간접적으로 요구받는 것이 현실이다. 그러다 보니 형편이 안 되는 사람은 천거 자체를 거부하거나 임직을 포기하는 경우도 있다. 심지어는 재정을 확충하기 위해 장로나 권사를 임명하는 경우도 있다. 교회 직분을 이용하여 장사를 하는 것이다. 교회가 성장만 하면 모든 것이 용서되는 개교회 성장주의와 맞물려 헌금 역량이 강조되고, 장로의 자질에도 문제가 발생하는 것은 당연한 일일 것이다. 이처럼 장로는 헌금을 많이 하여 교회에 대해 잘못된 주인의식이 생기고, 목사와의 주도권 다툼이 생길 수밖에 없다. 교회 문제의 91%가 장로와 관련되어 있다는 교인들의 설문은 이 점을 명확히 보여준다고 하겠다.[11] 성전 개혁을 위해 채찍을 휘두르는 예수의 모습이 그려진다. 교회를 안정적으로 운영하기 위한 재정적 부담은 교인 누구에게나 있다. 장로가 되려면 헌금을 많이 해야 한다는 식의 내용은 비성서적이다.(관련된 장로제도의 문제점: 2) 불명확한 장로 역할, 5) 장로의 자격 문제)

---

11) 이정석, "한국교회의 장로 임기제와 장로직의 발달과정," http://hyanglin.or.kr/documents/presbyterianism1.html

셋째, "교인의 대표"로 명시된 사항은 자칫 장로가 교회의 주인인 것으로 오해할 수 있다. 교회의 주인으로서 자기 뜻대로 하려는 욕구가 강해진다. 당연히 많은 갈등을 유발하게 된다. 장로제도에 대한 교인들의 충분한 이해가 없고, 장로의 역할 또한 명확하지 않은 상태에서 교인 대표에 대한 오해는 필연적이라 할 수 있다. 모든 직분은 하나님이 세우셨으므로 장로만이 교인의 대표라고 할 수도 없고, 예수가 보여준 것과 같이 섬기는 종일 뿐이다. 폐쇄적인 의사결정기구(당회, 운영위원회 등)를 운영하는 교회에서는 교인의 의사를 파악하여 교회 정책결정회의에서 교인의 뜻을 대변하는 역할의 필요성이 있지만 비현실적이다. 하지만 작은교회를 지향하는 건강한 교회에서는 열린 의사결정기구를 운영하고 있고, 오늘날과 같이 발달된 정보통신 시대에서 장로의 대의적 역할은 의미가 없다. (관련된 장로제도의 문제점: 2) 불명확한 장로 역할, 3) 장로 직분에 대한 교인 의식 문제)

넷째, "성직"이라고 표현된 부분은 종교개혁 정신인 '만인제사장'주의에 어긋나며, 여전히 성직과 비성직의 이분법적 인식을 나타낸다. 종교개혁이 일어난 지 500년이 되는 지금도 성직 개념에서 벗어나지 못하고 있음을 보여준다. 장로 직분의 성직 개념은 제왕적 사제주의와 연결되어 있다. 장로가 성직이면 목사는 오죽하랴. 예수의 핏값으로 이룬 왕 같은 제사장(벧전 2:9)의 직분을 여전히 받아들이지 못하고 있는 것이다. 교회의 직분은 명예가 아니라 낮아짐이요 섬김이라는 것을 알아야 한다. 모든 직분은 평등하며 역할이 다를 뿐이다. 다만, 다른 사람을 나보다 더 낫게 여기라는 예수의 말씀을 따라 존중해야 하는 것이다. (관련된 장로제도의 문제점: 3) 장로 직분에 대한 교인 의식 문제)

다섯째, 장로는 말씀과 성례전의 목회적 사역자로서 역할을 해야 하므로, 예배에서 설교를 해야 하고 성례전의 보조자가 아닌 집행자로서 역할을 해야 한다. 이미 일부 교회에서는 목사와 함께 평신도가 설교를 시행하고 있다. 장로로 하여금 설교할 수 있는 역량을 갖추도록 훈련해야 하고, 교인들도 설교에 참여하도록 하는 것이 바람직하다.

일반적으로 장로는 한 번 임직되면 정년 때까지 체계적인 교육이 없는 실정이다. 하지만 설교를 하게 되면 성경공부를 해야 하므로 신학의 깊이를 키울 수 있다. 장로의 신학적 역량 미비는 목사 의존적 신앙에 안주하게 되고, 목사의 전횡이나 비윤리적 행동에도 성서에 기반을 둔 올바른 비판을 할 수 없도록 만드는 원인을 제공했다고 할 수 있다. 루터가 95개 조항을 비텐베르크성 교회 문에 붙일 수 있었던 것은 올바른 신학이 있었기 때문이다.(관련된 장로제도의 문제점: 1) 당회의 독단, 2) 불명확한 장로 역할, 3) 장로 직분에 대한 교인 의식 문제, 5) 장로의 자격 문제)

여섯째, 그리스도인의 삶과 직분을 위해 교인을 세우는 일을 해야 한다. 교인이 죄의 유혹에 빠지지 않도록 도우며, 빠졌을 때 권면하고 회복할 수 있도록 돕는 역할을 해야 한다. 오늘날에는 사생활보호 때문에 교회에서 권면하는 역할이 매우 약화되었으나 깊은 관계 형성을 통해 자연스럽게 권면이 이루어질 수 있도록 해야 한다. 신앙생활에 관한 것뿐만 아니라 직장이나 사업상의 문제에 대하여 상담하거나 권면하는 일은 장로에게 적합할 것이다. 또한 교인의 은사를 개발하여 그리스도의 몸을 세우는 일에 참여할 수 있도록 도울 수 있어야 한다.(관련된 장로제도의 문제점: 2) 불명확한 장로 역할, 3) 장로 직분에 대한 교인 의식 문제)

일곱째, 교회의 제도를 발전시키는 역할이다. 기본적으로는 교리를 감독하고, 신앙의 정통성을 수호하며, 선한 질서를 유지하는 역할이다. 또한 교회의 참다운 모습(비전)에 대하여 구상을 하고 이를 성취하기 위한 규범과 조직을 설계하는 일이다. 나아가서 한국교회와 사회가 직면한 정치, 경제, 사회, 환경 등의 문제에 대한 신학적 성찰 결과물을 교인들과 공유하고 교인의 삶과 교회 운영에 반영되도록 해야 한다. 이와 같은 일을 효과적으로 수행하기 위해 원활한 소통과 모든 의사결정 과정에 전 교인이 참여할 수 있도록 제도화해야 한다. 세계 최고의 인터넷망을 구축하고 있고 첨단 IT 기술을 보유하고 있는 환경을 활용하여 전 교인이 참여하는 의사결정 시스템을 만들 수 있다.(관련된 장로제도의 문제점: 1) 당회의 독단, 2) 불명확한 장로 역할, 3) 장로 직분에 대한 교인 의식 문제, 4) 항존직에 대한 오해, 5) 장로의 자격 문제)

장로의 자격 측면

장로의 역할이 명확해지면 자연스럽게 자격에 대해서도 명확해질 수 있다. 주요 교단의 장로 자격과 관련하여 개선할 사항은 다음과 같다.

첫째, 특정 직분(집사, 안수집사, 권사 등)을 일정 기간 준수하도록 명시된 점이다. 이것은 집사, 안수집사, 권사 위에 장로가 있음을 나타내는 직분의 서열계급화를 의미한다. 모든 직분은 평등하고 역할만 다를 뿐이므로 이 항목은 불필요하다.(관련된 장로제도의 문제점: 3) 장로 직분에 대한 교인 의식 문제, 5) 장로의 자격 문제)

둘째, 나이에 대한 기준도 불필요하다. 30대인 사람이 한 국가의 최고 지도자가 되는 시대이다. 나이 제한 때문에 개인의 역량을 발휘할 수 있는 기회를 박탈해서는 안 된다. 직분은 역할일 뿐 명예가 아님을 기억해야 한다. 지금은 4차산업혁명의 시대라고 한다. 앞으로 세계가 어떻게 변할지 예측하기 어려운 시대이다. 이와 같이 빠르게 변화하는 시대를 신속하게 대응할 수 있는 계층은 젊은 세대일 것이다. 나이에 얽매이지 않고 은사에 따라 직분을 맡길 수 있어야 한다.(관련된 장로제도의 문제점: 3) 장로 직분에 대한 교인 의식 문제, 5) 장로의 자격 문제)

셋째, 주일성수와 십일조 의무 이행과 관련된 사항이다. 디모데전서 3장 1절에서 7절까지의 본문은 장로의 자격과는 아무런 관련이 없다. 오히려 율법주의적 외적 표지 추구 신앙을 부추기고, 십일조를 강조하여 신앙의 척도를 돈으로 평가하게 만든다. 나아가서는 하나님의 복주심을 수입의 크기로 인식하게 하고, 결국 맘몬을 섬기도록 한다. 한국교회의 자본주의화와 성장주의와 맞물려 있다.(관련된 장로제도의 문제점: 3) 장

로 직분에 대한 교인 의식 문제, 5) 장로의 자격 문제)

넷째, 장로를 남자만이 할 수 있도록 한 항목이다. 초대교회에서도 남녀 구분 없이 직분을 받았다.(갈 3:28, 롬 16:1) BEM 문서에서도 남자나 여자나 주님을 섬기기 위해 기여할 수 있는 것들을 찾아야만 한다고 기록되어 있다. 또한 교회도 남자와 마찬가지로 여자에 의해 수행되어야 할 직분을 발견해야만 한다고 했다. 이것은 교회의 책무이다. 교회는 어떠한 차별에 대하여도 저항해야 한다. 모든 사람은 하나님의 형상을 닮게 창조된 존귀한 존재이기 때문이다.(관련된 장로제도의 문제점: 5) 장로의 자격 문제)

장로의 임기 측면

한국교회 주요 교단의 장로 임기는 만 70세 또는 종신제로 되어 있다. 이것은 칼뱅이 장로제도를 수립할 때 언급한 항존직에 대한 오해에서 비롯되었다.

칼뱅이 제네바교회에서 장로제도를 만들 때 장로의 임기를 1년으로 정하고 매년 말에 심사를 통해 재임 여부를 결정했다. 이것은 생업이 있는 장로가 생업에 지장을 주지 않고 그 역할을 충실히 할 수 있도록 하기 위함이며, 로마가톨릭에서와 같이 직분이 권력화하는 것을 방지하기 위함이었다. 이후 대부분의 개혁교회는 이 정신을 살려 임기를 두었고, 연속해서 장기간 장로의 직분을 수행하지 못하게 하였다. 이와 같은 개혁교회의 전통을 살려 장로의 임기는 3년을 넘지 않도록 하는 것이 필요하며, 임기를 마치면 연속해서 할 수 없도록 하고 1년은 안식년을 갖도록 하는 것이 바람직하다. 재신임은 1회에 한하여 허용하는 것이 좋다. 이와 같이 반드시 임기를 두도록 하고, 교회 인적 자원의 여건에 따라 조정하도록 한다. 목사의 경우도 제왕적 사제주의화한 한국교회의 상황적 요인을 고려할 때 임기를 두는 것이 바람직하다. 다만 장로와 달리 전임 목사인 경우를 고려하여 임기와 재신임 횟수를 달리할 필요가 있다. (관련된 장로제도의 문제점: 1) 당회의 독단, 2) 불명확한 장로 역할, 3) 장로 직분에 대한 교인 의식 문제, 4) 항존직에 대한 오해)

맺는 말

한국교회는 위기를 맞고 있다고 한다. 그렇게 된 주요 원인은 제왕적 사제주의, 개교회 성장주의, 맘몬 숭배, 사회개혁의 책임 방기와 교회정치의 부재로 요약될 수 있다. 한국교회는 70%가 장로교회이고, 당회와 같은 의사결정기구에서 교회의 모든 운영과 실질적인 주요 정책을 결정하기 때문에 오늘날 한국교회 문제에 대하여 장로제도의 책임은 크다고 할 수 있다. 이 같은 문제의식에서 한국교회 주요 교단의 장로제도에 대하여 살펴보았고, 장로제도의 문제점으로는 당회의 독단, 불명확한 장로 역할, 장로 직분에 대한 교인 의식 문제, 항존직에 대한 오해와 장로의 자격 문제로 정리할 수 있다.

한국교회 장로제도는 종교개혁 정신에도 미치지 못할 뿐만 아니라 예수의 피 값으로 이룬 왕 같은 제사장 신분을 담을 수 없는 구조임을 알 수 있다. 교회의 전통은 기독교의 역사이므로 존중받아야 한다. 그러나 역사의 교훈을 무시하거나 현재에 안주하려고 해서는 안 된다. 개신교는 예수의 저항 정신을 이어받은 저항의 종교이며, 예수 그리스도의 장성한 분량에 이르기까지 끊임없는 노력을 경주해야 하는 것이다. 그래서 주요 교단의 장로제도를 토대로 종교개혁 정신을 회복하고 1982년 BEM문서를 반영하여 최소한의 발전적 장로제도 개선안을 장로 역할, 자격 및 임기 관점에서 제시하였다. 비록 장로제도라 하지는 않더라도 교회의 리더십은 어떤 형태로든 존재하게 마련이다. 장로제도 개선방안에서 언급한 내용의 정신은 공통적으로 적용될 수 있을 것이다.

"생명평화마당"에서 주최하는 작은교회 한마당에 참여하는 70여 교회들 중 많은 교회들은 민주적 교회 운영을 위한 정관을 가지고 있으며, 직분에 관계없이 교인 지위의 동등함을 선언하고 목사와 장로의 임기제를 적용하고 있다. 또한 정의평화를 위한 기독인연대에 가입한 20여 교회는 평신도 설교와 평신도 강단 교류를 수년째 실시하고 있다. 곳곳에서 알게 모르게 교회 본질을 회복하고 건강한 교회를 이루기 위해 노력하는 교회는 한국교회에 희망이 있음을 알게 한다.

종교개혁 500주년을 맞이하여 위기에 빠진 한국교회를 살리는 방법은 교회의 본질을 회복하는 길밖에 없으며, 그것은 탈성직화한 작은교회를 지향하며 가난한 교회, 맘몬이 지배하는 세상에 저항하는 정신을 담는 교회정치제도를 이룸으로 기여할 수 있다고 믿는다.

참고문헌

박득훈. 『돈에서 해방된 교회』. 서울: 포이에마, 2014.

배덕만. 『교회사의 숲』. 대전: 도서출판 대장간, 2015.

신광은. 『메가처치 논박』. 부천: 도서출판 정연, 2009.

오덕교. 『장로교회사』. 수원: 합동신학교 출판부, 1995.

이만열. "[포럼] 한국교회 성장과 그 둔화 현상의 교회사적 고찰." 「교갱뉴스」(1997. 6. 19.) http://www.churchr.or.kr/news/articleView.html?idxno=2836

이정석. "한국교회의 장로 임기제와 장로직의 발달과정." http://hyanglin.or.kr/documents/presbyterianism1.html

이형기. 『장로교의 장로직과 직제론』. 서울: 한국장로교출판사, 1998.

정주채. "전통적 장로직무의 문제점과 개혁을 위한 노력." 바른교회아카데미 세미나, 2011년 1월.

최윤식. 『2020 2040 한국교회 미래지도』. 서울: 생명의말씀사, 2013.

최윤식 · 최현식. 『한국교회 미래지도 2』. 서울: 생명의말씀사, 2015.

박종선

한양대학교 기계공학과와 성균관대학교 경영대학원 경영학과를 졸업하고, 아주대학교 대학원 시스템공학과 박사과정을 수료하였다. 지금은 에스앤에스이앤지(주) 대표이며, 새맘교회 장로이다.

4장
세상 속 평신도의 '생활신학'

시작하는 말: "생각하는 평신도라야 산다"

나는 신학자이다. 꽤 오랫동안 정규 신학 훈련과정을 거쳤고 여러 교회에서 전도사로 활동한 경험도 있다. 하지만 나는 평신도이다. 어쩌다 보니 기회를 놓쳐 목사안수를 받지 않았다. 처음 만난 이에게 나를 신학자로 소개하면 십중팔구 "아, 네, '목사님'이시군요."라고 반응한다. 내가 친절하고 상세하게 나는 목사가 아니라 평신도라고 설명하면 의아해하다가 "목… 박사님" 하고 어색하게 부른다. 그러고는 한참 뒤에 다시 만나면 내가 평신도라는 사실을 잊고 또 "목사님"이라고 부르는 이들이 많다. 신학은 평신도가 아니라 성직자가 하는 것이라는 통념이 그렇게 질기다.

나는 평신도 공동체인 새길교회에 참여하고 있다. 새길교회는 "모든 신자가 사제"라는 종교개혁 정신에 따라 평신도들이 1987년에 세운 공동체이다. 중간에 목회자에게 일정한 역할을 맡긴 적도 있지만 평신도 중심성을 포기한 적은 없다. 그동안 평신도 교회답게 교회의 조직, 운영, 활동을 평신도들이 주체적으로 맡아왔다. 그뿐만 아니라 제도교회에서 평신도는 할 수 없고 해서도 안 된다고 여겨져 온 말씀증거(설교)는 물론이고 성례전 또한 평신도 중심으로 실천하고 있다. 어떤 의미에서 새길교회에는 '평신도'가 없다. 모두가 하느님의 '사제'이기 때문이다.

그런 평신도 공동체인 새길교회에서도 교인들이 쉽게 넘어서지 못하는 영역이 하나 있다. 바로 '신학'이다. 다른 것은 몰라도 신학은 평신도가 할 수 있는 게 아니라고 믿는 것이다. 그래서 올해 창립 30주년을 맞은 새길교회는 '평신도의 신학'을 화두로 붙들고 한창 씨름 중이다. 그 핵심은 평신도도 신학을 할 수 있고 해야 한다는 것, 평신도도 신학자라는 것이다. "모든 신자가 사제"라는 종교개혁 사상을 철저화하려는 평신도들의 교회이니 그런 생각을 당연한 것으로 여기며 동의하는 교인들이 많지만, 의외로 부담스러워하는 이들도 꽤 있다. 그런 이들은 다음과 같이 말한다. "그래도 신학은 전문적인 신학교육을 받은 이들이 해야 하지 않나요?" 처음엔 겸손의 말이려니 했다. 그런데 지나면서 보니 꼭 그런 것 같지는 않다. 평신도 신학의 필요성에 대해 교인들과 더 깊이 토론하면서 알게 된 것은, 그런 반응에는 신학에 대한 두려움만이 아니라 실망감과 반감도 섞여 있다는 사실이다. 말하자면 "제가 감히 어떻게요?"보다는 "내가 왜 그걸?"의 어감에 더 가까운 것이다. 하기야 신학이 아무리 어렵다고 해도 그것이 좋은 것이고 꼭 필요한 것이라면, 평신도가 신학을 마다할 이유가 없을 것이다. 어쩌면 평신도가 신학을 기피하는 진짜 이유는 신학이 어렵거나 두렵기 때문이 아니라 매력이 없기 때문이 아닐까? 평신도가 신학을 해야 한다는 주장은 개혁적이기는 하지만 매혹적이지는 않다.

13세기의 도미니크회 수사 토마스 아퀴나스는 "신학은 모든 학문의 여왕"이라고 했다. 그의 영향을 받은 중세 기독교 교회는 "철학은 신학의 하녀"라는 생각을 당연시했다. 미안하지만 다 옛날 옛적 이야기일 뿐이다. 오늘날 신학은 더 이상 '학문의 여왕'이 아니라 하나의 분과 학문일 뿐이다. 게다가 신학은 여러 학문 사이에서 주목받지도, 동경의 대상이 되지도 못한다. 그러니 대학입시를 앞둔 청소년들의 희망학과 목록에서 신학의 이름을 보는 것은 무척 드문 일이다. 이처럼 신학에 대한 사회적 관심이 줄어들면서 일부 신학교는 지원자 미달 사태를 겪고 있다. 사회의 탈종교화 추세에 따라 해가 갈수록 신학과는 더 비인기학과가 될 전망이다. 신학의 사회적 위기가 이미 시작된 것이다.

그런데 사실 신학의 더 큰 위기는 교회 내부에서 진행 중이다. 사회만이 아니라 교회에서도 신학의 존재감이 점점 더 약해지고 있다. 목회자 중에는 자신이 신학교에서 배운 신학이 교회현장에서 아무런 소용이 없다는 말을 스스럼없이 하는 이들이 많다. 이른바 '성공한' 목회자들은 후배 목사나 목사후보생에게 목회현장에서는 아무짝에도 쓸데없는 신학을 붙들고 씨름하는 대신, 성서 많이 읽고 기도에 힘써야 목회에 성공하고 교회도 성장시킬 수 있다고 충고한다. 이처럼 여러 해 동안 신학을 전공한 목회자조차 신학을 소홀히 여기는 마당이니, 평신도에게 신학을 권장할 까닭이 없다. 대신 목회자가 가르쳐주는 것을 의심 없이 믿고 따르라고 강요한다.

사실 평신도들도 자신의 삶에서 신학이 그다지 필요하다고 여기지 않는다. 설령 신학의 필요성을 자각한다고 해도, 평신도인 자기가 직접 신학을 해야 할 이유를 찾지 못한다. 신학을 하는 것이 어렵기도 하지만, 자신이 나서서 해야 할 만큼 절실하지도 않기 때문이다. 그래서 신학은 평신도인 자기 대신 전문적 목회자가 대신 해주면 된다고 편하게 생각한다. 문제는 평신도만큼 목회자도 신학의 필요를 별로 느끼지 않는다는 것이다. 이런 반지성주의적 교회 풍토에서 생겨난 것이 의심하지 않는 신앙, 즉 이른바 '묻지 마 신앙'이다.

이처럼 많은 이들에게, 심지어 그리스도인들에게도 신학은 별 매력이 없음에도 평신도가 신학을 해야 하는 이유는 무엇일까? 그것은 오늘의 한국교회를 하나의 '사회문제'로 만들고 있는 대표적인 폐단–성차별, 성장주의, 성직주의 등–이 바른 신학의 부재 혹은 잘못된 신학의 과잉으로 인해 발생하기 때문이다. 물론 그런 현실을 초래하고 강요한 성직자의 책임이 가장 클 것이다. 하지만 성직자의 잘못된 신학에 의문과 물음을 제기하지 않고 맹목적 신앙으로 화답하며 협력한 평신도의 책임도 결코 적지 않다. 함석헌은 "생각하는 백성이라야 산다."라고 했다. 마찬가지로, 교회의 중심인 평신도가 깨어 비판적으로 신학하고 신앙하며 행동할 때 교회가 살고 사회가 살 것이다. "생각하는 평신도라야 산다."

1. 성직주의의 우리에 갇혀

앤서니 드 멜로의 우화 하나를 소개하겠다. 한 사람이 높은 산 독수리 둥지에 있던 알을 마을로 가져와 암탉 둥지에 넣었다. 얼마 후 병아리들과 함께 깨어난 새끼 독수리는 병아리처럼 자라 닭처럼 살았다. 그러던 어느 날 그 독수리는 하늘 위를 위엄 있게 나는 새를 보고 곁에 있던 암탉에게 물었다. "저 새는 뭐죠?" 암탉이 답했다. "새들의 왕인 독수리야. 그는 하늘에서 살고 우리는 땅에서 살지. 우리와 너무 달라. 올려다보지도 마." 닭 우리 안의 독수리는 두 번 다시 하늘을 올려다보지 않았고 닭으로 살다 닭으로 죽었다.

닭이 된 독수리 이야기는 평신도의 현실을 연상시킨다. 제도교회에는 두 계급이 있다. 하나는 성직자 계급이고, 다른 하나는 평신도 계급이다. "제왕적 목회자/성직자"라는 말이 있을 정도로 한국교회의 성직자는 평신도 위에 왕처럼 군림한다. 이러한 위계적 차별은, 성직자의 삶은 거룩한 것이고 평신도의 삶은 덜 거룩하거나 세속적인 것이라는 성직주의에 의해 정당화되고 있다.

성직자와 평신도 사이의 불평등과 차별은 어제오늘의 일이 아니다. 아주 오래된, 그래서 원래부터 그랬던 것처럼 자연스러워져 버린 일이다. 너무 자연스럽고 익숙해서 성직주의를 해결해야 할 '문제'로 생각하지도 않게 되었다. 하지만 성직주의는 예수의 하느님 나라 운동과 초대교회가 제도화하면서 형성된 역사적 산물에 불과하다.

어떤 의미에서 탈성직주의는 전통에 대한 도전이면서 동시에 전통의 복원이기도 하다. 왜냐하면 기독교 전통의 역사적 기원인 예수의 하느님 나라 운동은 '탈성직적'이었기 때문이다. 예수는 성직자가 아니었다. 굳이 교회 전통의 성직자/평신도 이분법을 적용한다면 예수는 평신도에 더 가까웠다. 게다가 그는 잠잠하고 순종적인 평신도가 아니었다. 예수는 당시의 성전권력을 쥐고 있던 사두개파 사제들과 격돌했고 서기관, 바리새인 같은 종교 지식인들과도 갈등했다.

오순절 사건 이후 형성된 초대교회 또한 아직 성직주의에 물들지 않았다. 물론 초대교회 공동체는 '사도'의 특별한 권위를 인정했고 '장로'나 '집사' 같은 교직도 있었지만, 그것을 이유로 그리스도인들 사이에 수직적·위계적 차별을 두지는 않았다. 복음 선교 사역에서도 사도, 교직자, 평신도가 수평적으로 협력했다. 평신도의 기여 역시 커서, 예수 그리스도의 복음을 세계로 전파한 초대교회 그리스도인은 대부분 상인, 선원, 군인, 여행자, 노예 등과 같은 평신도들이었다.

이처럼 기독교 전통의 기원에는 성직주의가 부재했다. 더 엄밀히 말하면 초대교회에는 성직자도 평신도도 없었다. 실제로 신약성서에는 '평신도'라는 용어가 없다. 영어 'laity'(평신도)의 그리스어 어원인 '라오스'(λαος)가 성서에 나오기는 하지만, 그 뜻은 성직자와 신분상으로 구별된 '평신도'가 아니라 넓은 의미의 '백성' 혹은 '사람들'이다. 따라서 초대교회의 모든(!) 그리스도인은 평등하게 "왕 같은 제사장"이며 "하느님의 소유가 된 백성"이었던 것이다.(벧전 2:9)

여기에서 한 가지 주목해야 할 것은 '성직자'를 뜻하는 영어 'clergy'의 그리스어 어원인 '클레로스'(κλήρος)도 평신도와 위계적으로 대조되는 의미가 아니었다는 사실이다. 클레로스는 그리스어로 '민회'(民會)를 뜻하는 '에클레시아'(εκκλησια)의 행정직인데, 흥미롭게도 이 클레로스라는 단어의 뜻 중 하나가 '제비뽑기'이다. 그리스 사람들은 행정직을 제비뽑기를 통해 선출했던 것이다. 다시 말해, 기본적인 자격을 갖춘 시민이면 누구나 클레로스가 될 수 있었던 것이다.

이를 교회의 맥락에 적용해보면 성직자는 특별히 구별된 거룩한 사람이 아니라, 신앙과 삶에서 기본적인 자질과 덕목을 갖춘 그리스도인이라면 누구나 민주적으로 선출될 수 있는 사람이라고 볼 수 있다. 초대 그리스도인들이 자신들의 새로운 공동체를 표현하는 용어로서 그리스 문화권에서 오랫동안 통용되어 오던 '에클레시아'를 의도적으로 채택한 것을 보면, 교회 내 역할 분담에 있어 그리스 민주주의를 참고하고 수용하고자 했음을 추측할 수 있다. 실제로 초대교회 사도들은 가리옷 사람 유다의 배반과 죽음 이후 요셉과 마티아가 새 사도 후보자로 추천되었을 때, 둘 중 제비뽑기로 마티아를 사도로 정했다.(행 1:26, 공동번역) 그러므로 사도 및 교직자와 평신도를 구분하는 경우에도 그 기준은 위계적이기보다는 민주적이고 평등했던 것이다.

평등의 역사는 짧았다. '콘스탄티누스 이후'의 기독교는 자신의 탈성직주의적 기원을 배반하며 성직주의를 제도화하고 내면화했다. 성직자와 구분되는 의미의 평신도라는 표현은 3세기를 지나면서부터 교회 안에 나타나기 시작했다. 그 후 가톨릭교회는 '사도전승'의 계승자인 교황을 정점으로 하는 중앙집권적 성직주의를 통해 근대 초기까지 유럽 사회를 지배했다. 이 신정통치적 시기에 성직자는 교회만이 아니라 사회에서도 지배계급이었고, 평신도는 성직자의 절대적 권위에 복종하는 '신민'이었다.

근대 종교개혁은 그런 위계적 성직주의에 대한 평신도의 항의(protest)였고, 그 항의로부터 개신교(Protestantism)가 형성되었다. 가톨릭교회에 만연한 성직주의와 그로 인한 부패에 반발한 마르틴 루터는 세례를 받고 믿음을 고백하기만 하면 그리스도인들 사이에는 그 어떤 차이나 차별도 있을 수 없다고 주장했다. 그 주장에서 개신교 신앙과 신학의 핵심인 "모든 신자는 사제"라는 탈성직주의적 사상이 탄생했다.

하지만 성직주의에 대한 개신교의 항의는 너무 짧았다. 탈성직주의적 관점에서 보면 개신교의 역사 또한 자기배반의 역사이다. 심지어 "모든 신자는 사제"라는 탈성직주의적 주장을 가장 먼저 부인한 이들은 루터 자신과 종교개혁자들이었다. 그 이유는 종교개혁에 대한 민중의 열광적 지지가 오히려 종교개혁자들에게 두려움을 느끼게 했기 때문이다. "모든 신자는 사제"라는 종교적 평등사상이 종교를 이용해 불평등을 정당화하고 있던 기존 사회체제에 대한 민중의 정치적 저항을 불러일으켰던 것이다. 기존 권력의 박해를 피하기 위해서라도 새로운 권력과 손잡을 필요가 있었던 종교개혁자들은 종교적 자유의 불꽃이 정치적 자유의 불길로 번지는 것을 두려워했다. 그 결과 종교개혁 당대에 이미 개신교의 '재성직화'가 시작된 것이다.

종교개혁 이후 개신교 교회 안의 재성직화는 '성서해석'과 '성사(聖事) 집례' 두 영역에서 두드러지게 나타났다. 종교개혁 초기에 루터는 라틴어 성서를 독일어로 번역함으로, 라틴어를 아는 소수 성직자나 지식인만이 아니라 독일어를 사용하는 보통 사람들도 성서를 직접 읽을 수 있는 기회를 제공했다. 또한 해석의 권한에 대해서도 교황에게 최종적 권위를 부여하는 로마가톨릭교회의 관행에 반기를 들고 "성서의 해석자는 성서"라고 주장했다. 이는 그리스도인이라면 누구나 평등하게 성서를 읽고 해석할 수 있도록 만든 일종의 '종교적 민주화'였다고 해도 좋을 것이다. 하지만 누구나 성서를 읽고 해석하게 되면서 그동안 억눌렸던 민중의 종교적 상상력이 봉인 해제되었고, 그것이 새로운 세상에 대한 혁명적 열망으로 폭발했다. 이를 감당할 수 없었던 루터는 곧 성서해석의 권한을 전문적 신학교육을 받은 신학자나 성직자에게만 부여했다. 성서해석은 다시 소수 종교전문가들의 손으로 들어간 것이다.

한편 기독교의 성직주의는 전통적 성사제도와 밀접한 관련이 있다. 가톨릭교회는 사제만이 집례할 수 있는 '일곱 성사'를 제도화했다. 그것은 세례성사, 성체(성만찬)성사, 견진성사, 고해성사, 병자성사, 성품성사, 혼인성사이다. 이는 대부분의 그리스도인이 태어나면서부터 죽을 때까지 겪는 중요한 통과의례들이다. 그 중요성 때문에 일곱 성사를 집례할 수 있는 성직자의 위계적 권위가 더욱 제도화된 것이다. 그런 점에서 종교개혁자들이 가톨릭교회의 성사제도에 반기를 든 것은 분명히 개혁적이었다.

그런데 개신교는 가톨릭교회에서 사제가 독점했던 일곱 성사 중 '세례'와 '성만찬' 두 가지만 성사로 인정했다. 여기에서 의도하지 않았던 문제가 발생했다. 세례와 만찬의 집례를 성직자만이 맡을 수 있게 인정함으로써 오히려 성직자에게 권력이 더 집중된 것이다. 게다가 개신교 성직자의 '설교권'이 거의 성사 수준으로 인식되고, '축복권'과 '축도권'처럼 특정한 기도도 성직자의 권한으로 여기게 되면서 개신교 목사의 위계적 성직주의는 더 강화되었다. 탈성직주의가 오히려 더 집중된 성직주의를 낳은 것이다. 이는 "모든 신자가 사제"라는 종교개혁 정신의 자기부정이다.

결국 퇴행적 재성직화 과정을 통해 종교개혁의 창공에서 제도종교의 우리로 다시 끌려 내려온 개신교 평신도는 성직자에게 복종할 것을 강요당했다. '신부'에서 '목사'로 종교권력의 주체만 바뀌었을 뿐 평신도의 열등한 지위는 개혁 이전이나 이후나 근본적으로 달라진 것이 없다. 탈권위 시대인 21세기에도 지속되고 있는 가톨릭의 '신부 중심' 성직주의와 개신교의 '목사 중심' 성직주의는 외모만 다른 이란성 쌍둥이라고 할 수 있다. 이처럼 성직주의가 제복만 바꿔 입어가며 계속 지배하고 있는 교회에서 평신도는 다시 하늘로 자유롭게 비상하는 독수리가 될 수 있을까? 이를 위해서 먼저 부수어야 할 관념의 우리가 있다. 바로 '전문가주의'이다.

'전문가주의'란 신학교에서 전문 신학 교육을 받은 신학자나 목회자만이 신학을 할 수 있다고 여기는 것이다. 전문가인 성직자가 평신도를 위해 성서를 해석해주고 교리를 설명해주고 신앙과 삶을 지도해준다. 평신도는 전문가가 생산하여 '넓고 얕은 지식'이나 '연성(軟性) 콘텐츠(soft contents)'로 가공해서 공급해주는 신학을 수동적으로 소비할 뿐이다. 이러한 신학의 생산과 소비가 성직자와 평신도의 상호신뢰에 기초한 것이라면 바람직한 역할 분담일 수도 있겠지만, 문제는 그것이 평신도에 대한 성직자의 불신과 평신도 스스로의 자기불신에 기초해 있다는 것이다.

우선 성직자는 신학은 아무나 하는 것이 아니라며 평신도의 지성을 불신한다. 평신도 역시 성직자만이 신학을 할 수 있는 것이라며 자신의 지적 능력을 불신한다. 그리고 신학은 너무 복잡하고 추상적이어서 이해하기도 어렵고 삶에 직접 적용할 수도 없다고 여긴다. 결국 신학의 '쓸모'를 불신하게 되는 것이다. 실제로 신학교에서 가르치는 신학의 주제들은 대부분 교회와 사회에서 평신도가 직면하는 구체적 문제들과 무관한 추상적이고 관념적인 교리들이다. 예를 들면 신학교에서 중요하게 다루는 그리스도의 신성과 인성, 로고스의 성육신, 삼위일체, 필리오케(Filioque, "그리고 아들로부터"), 죄의 은총, 대속, 이신칭의(以信稱義) 등과 같은 교리적 주제들은 평신도의 실존적 신앙과 일상생활에서는 중심이 되는 주제가 아니다.

평신도가 신학을 포기하거나 관심을 갖지 않는 또 한 가지 이유는 신학을 전문가에게 맡기고 의존하는 것이 쉽고 편안하기 때문이다. 삶과 죽음의 문제, 고통과 구원의 문제, 신앙과 생활의 문제 등을 스스로 생각하는 것은 평신도에게 어렵고 부담스러운 일이다. 그래서 성직자가 대신 생각해주고 답을 가르쳐주고 해야 할 일까지도 정해 알려주기를, 평신도는 바란다. 결국 권위적 성직자와 순종적 평신도는 공모 관계인 셈이다.

오늘의 평신도는 쇠렌 키르케고르가 "자유의 현기증"이라고 한 불안보다는 편안한 부자유를 욕망한다. 그래서 사회적으로는 자유롭게 사유하며 행동하는 근대적, 탈근대적 시민(市民)이면서도 종교적으로는 성직자에게 굴종적인 전근대적 신민(臣民)으로 살아가려고 한다. 그저 '목자'가 제공해주는 꼴을 수동적으로 받아먹는 '양'으로 사는 것에 만족하는 것이다. 그런 평신도의 자기부정적 현상에 대해 '목자'인 유진 피터슨조차 탄식한다.

신앙이라는 모험을 감행한 사람들 대부분은 평신도이다. 그런데 왜 평신도들은 신앙 문제에 관해 꼭 공인된 전문가들–성직자들–의 지배 밑으로만 들어가려고 하는지 모를 노릇이다.[1)]

그는 전문가의 허세에 겁을 집어먹고 "가련한 소비자 신세로 전락한" 평신도는 "종교적으로든 세상적으로든 온갖 착취와 농락의 대상이 될 뿐"이라고 경고한다.[2)] 그렇게 성직주의를 내면화한 평신도는 스스로를 속박한다.

그러므로 평신도 신학의 출발점은 평신도 스스로 자신을 해방시키는 것이다. 헨리 나우웬 신부는 "참된 해방은 각자의 은사를 타인에게 줄 수 없도록 하는 속박으로부터 자유로워지게 하는 것"이라고 말한다. 그는 또한 남에게 줄 수 있는 무언가가 자신에게 있다고 믿을 때 비로소 영적으로 독립적인 성인이 될 수 있다고 한다.[3)] 누구에게나, 따라서 평신도에게도 타인과 나눌 종교적 경험과 지혜가 있다. 모든 평신도는 이미 자신의 신학을 갖고 있는 신학자인 것이다. 그러므로 평신도에게 필요한 것은 자신의 신학을 타인과 나눌 수 없게 속박하는 전문가주의의 편안한 우리를 박차고, 불안하고 불편하지만 자유로운 삶이 있는 창공으로 날아오르는 용기이다.

2. 신학: 그리스도인으로서 사고하는 것

신학은 '아무나' 하는 게 아니라는 성직주의적·전문가주의적 통념을 극복하려면 먼저 신학의 정의부터 바꿔야 한다. 신학은 전문적 신학교육을 받아야만 다룰 수 있는 특수한 학문이 아니라 그리스도인이 교회와

---

1) 유진 피터슨, 이종태 옮김, 『다윗: 현실에 뿌리박은 영성』(서울: 한국기독학생회 출판부, 2009), 40.
2) 같은 책.
3) Henri J. M. Nouwen, *Gracias! A Latin American Journal* (San Francisco: Harper & Row, 1983), 16.

사회에서 구체적으로 경험하는 문제들을 '그리스도인으로서' 사고하는 것이다. 그런 의미에서 존 캅은 신학을 "중요 문제들에 관한 의도적인 기독교적 사고"[4]로 정의한다. 보통의 이해 능력과 사고 능력을 갖고 있는 그리스도인이라면 '누구나' 신학적으로 사고할 수 있다는 것이다. 일찍이 존 웨슬리는 신학의 네 자원으로 '성서', '전통', '이성', '경험'을 제시한 바 있다. 그 네 가지 자원은 성직자와 평신도 모두 사용할 수 있는 것이다. 웨슬리가 평신도들을 설교자로 세워 활동하도록 지원할 수 있었던 이유도 여기에 있을 것이다.

새길교회의 평신도 신학자인 정대현은 왜 전문적 신학교육을 받지 않은 평신도도 신학자일 수 있는지를 다음과 같이 설명한다.

> 낫 놓고 기역 자도 모르는 사람도 예수를 믿어 구원(자유, 해방)에 이릅니다. 그의 '구원'과 그의 '구원 이야기'는 구분됩니다. 그의 '구원 이야기'는 자체 충족적인 체계성을 갖는다는 점에서 하나의 신학이고 그는 신학자가 됩니다.[5]

정대현의 이런 주장은 종교개혁의 태동에 큰 영향을 미쳤던 인문주의자 데시데리위스 에라스무스의 통찰을 연상시킨다.

> 매우 소수만이 지식인이 될 수 있다. 하지만 모든 사람이 그리스도인이 될 수 있고, 경건한 삶을 살 수 있다. 여기에 더 대담하게 한 가지를 추가하자면, 모든 사람이 신학자가 될 수 있다.[6]

---

4) 존 캅, 김종순 역, 『건강한 기독교를 위한 평신도 신학』 (서울: 성서연구사, 1996), 27.
5) 새길교회 평신도신학팀, "구원 이야기의 평신도 신학성" (2016), http://www.saegilchurch.or.kr/sermon/612558 (접속일: 2017. 7. 18.)
6) John C. Olin, ed., *Christian Humanism and the Reformation: Selected Writings of Erasmus* (New York: Fordam University Press, 1987), 104.

21세기인 지금 들어도 대담하고 급진적인 이 생각은 지금으로부터 '500여 년'(!) 전에 나온 것이다.

물론 신학교에서 생산하는 전문 신학이 무의미하고 불필요하다는 것은 아니다. 정대현도 평신도의 구원 이야기인 신학은 자체 충족적이므로 전문신학자의 지식을 필요로 하지 않지만, 평신도의 신학을 구조화하고 연결하고 선명성을 확장하기 위해 전문신학자의 도움을 받을 수 있음을 배제하지 않는다.[7] 아우렐리우스 아우구스티누스, 토마스 아퀴나스, 마르틴 루터, 칼 바르트, 루돌프 불트만, 디트리히 본회퍼, 파울 틸리히, 라인홀드 니버, 구스타보 구티에레즈, 로즈마리 래드포드 류터, 메리 데일리, 존 힉, 라이몬 파니카, 폴 니터, 김교신, 유영모, 함석헌, 서남동, 안병무 등 위대한 기독교 사상가들의 신학은 복잡하고 복합적인 세계에서 평신도들이 그리스도인으로서 사유하며 삶의 방향을 찾는 데 도움을 주는 지적 '내비게이터'이다.

그런데 여기에서 중요한 것은 '삶'이다. 위에서 언급한 신학자들의 신학이 시대를 넘어 오늘의 우리에게 여전히 큰 울림과 깨달음을 주는 것은 그들의 신학이 그들의 당대 삶에 굳건히 뿌리내린 사유이며 실천이었기 때문이다. 삶과 유리된 신학, 생활과 무관한 신학은 학문을 위한 학문일 뿐이다. 김재준은 믿음은 "신앙생활"이 아니라 "생활신앙"이며 그 믿음을 정돈한 것이 "생활신학"이라고 했다.[8] 평신도에게 필요한 것은 신학을 전문 직업으로 삼는 '신학생활'이 아니라 그리스도인으로서 믿고 사고하며 행동하는 '생활신학'이다. 평신도 신학은 생활신학이며 평신도는 생활신학자인 것이다. 그렇다면 생활신학자인 평신도가 하는 신학의 특징은 어떤 것인가?

---

7) 새길교회 평신도신학팀, 앞의 글.
8) 김희헌 편저, 『하나님만 믿고 모험하라: 장공 김재준 목사 어록집』 (서울: 너의오월, 2013), 67.

3. 평신도 생활신학의 방향, 방법, 그리고 목표

존 캅은 "평신도들이 신학적 과제를 감당하지 않는다면… 전통적인 교회(교단)들 그 어디에서도 희망을 발견하기 힘들다."라고 한다.[9] 그것은 세상 속에서 살아가는 평신도들이 오늘의 사회 현실이 제기하는 신학의 쟁점들을 붙들고 씨름할 때 교회의 신학과 신앙을 갱신할 수 있기 때문이다. 이는 오늘날처럼 사회적·공동체적 차원의 성찰이 부족한 시대에 더욱 절실한 과제이다.

한국 사회에서 파국적 재난과 사회문제가 계속 반복되는 이유는 문제의 근본 원인을 철저하게 성찰하지 않기 때문이다. 다양한 커뮤니케이션 매체와 SNS가 발달하면서 온갖 사태에 대한 빠른 반응(reaction)은 지나치다 싶을 정도로 넘쳐나지만, 그런 반응의 홍수가 오히려 사태에 대한 근원적 성찰(reflection)을 방해하기도 한다. 특히 비판적 성찰의 전통적 주체였던 대학과 언론이 신자유주의의 파도에 휩쓸려 비판적 성찰 능력을 상실하고, 시민사회도 사회적 의제를 주도하는 힘을 잃으면서, 사회문제는 더 악화되고 있다. 이와 같은 상황에서 한국교회는 사회의 대안적 성찰공동체가 될 수 있는 기본적 조건을 아직 갖추고 있는 몇 안 되는 조직 중 하나이다.

우선 대부분의 한국 그리스도인들은 '주일성수'(主日聖守)라는 표현을 할 정도로 예배 참석에 열심이다. 그리고 고도로 정신을 집중하여 설교자의 메시지를 들으면서 신앙의 가치를 집단적으로 공유한다. 만약 그리스도인들이 정기 주일예배와 활동에서 사회문제를 공동체적으로 성찰한다면, 그래서 신앙인들이 성찰의 시민이 된다면, 교회는 사회변화의 중요한 주체가 될 수 있을 것이다. 그리고 그 과정에서 평신도의 역할이 더욱 중요해질 것이다. 왜냐하면 사회문제를 분석하고 성찰하는 데는 종교

---

9) 존 캅, 앞의 책, 7.

인인 성직자보다 사회인인 평신도가 더 '전문가'이기 때문이다.

요약하면, 신학은 시대의 표징을 신앙에 비추어 읽고 응답하고 참여하는 그리스도인의 사유이다. 그리스도인으로서 사유한다는 것은 신학적으로 사유한다는 말과 같다. 그런 성찰적·실천적 사유로서의 평신도 신학은 그 방향과 방법과 목표에서 전통적 전문가 신학과는 다른 세 가지 강조점을 지닌다.

첫째, 평신도 신학의 방향은 '아래로부터'이다. 신영복은 감옥에서 수감 생활 중이던 어느 날, 함께 징역살이를 하고 있던 한 노인 목수가 집을 그리는 순서를 보고 큰 충격을 받는다. 지식인인 자신은 집을 늘 지붕부터 그리기 시작하는데, '일하는 사람'인 그 목수는 주춧돌부터 그린 다음 기둥과 들보와 서까래와 지붕을 그렸기 때문이다. 그때 신영복은 그의 "서가(書架)가 한꺼번에 무너지는 낭패감"을 느꼈다고 고백한다.[10)]

전문가 신학, 제도권 신학의 순서도 저 높은 하늘 위의 하느님에 대해 생각하는 천상적 관념부터 시작한다. 그리고 대부분의 신학은 땅으로 내려오지 않는다. 말하자면, 지붕만 그리다 마는 것이다. 반면, 세상 속에서 '일하는 사람'인 평신도의 신학은 아래로부터 시작한다. 즉 그들이 살아가면서 '지금 여기'에서 겪는 지상의, 일상의 삶의 문제를 그리스도인으로서 사고하는 것에서 신학을 시작하는 것이다. 따라서 평신도 신학의 주제도 앞에서 나열한 추상적 교리들이 아니라 삶 속에서 구체적으로 경험하는 '모든 것'이다. 이는 평신도의 신학을 역설적으로 가장 철저하게 신(神)학적이게 한다. 하느님은 모든 것 가운데 계시고 모든 것을 통해 일하시기 때문이다.

둘째, 평신도 신학의 방법은 '서로 주체적'이다. 김상봉은 서양의 '홀로 주체성'과 한국의 '서로 주체성'을 구분한다. 그에 따르면, 전자는 유아론(唯我論)의 성격을 띠고 후자는 관계론(關係論)의 성격을 띤다. 홀로 주체

---

10) 신영복, 『나무야 나무야』 (서울: 돌베개, 1996), 90.

는 나르시스처럼 자기만을 바라보는 자기의식을 통해 존재하는 반면 서로 주체는 '너'와 '나'의 소통의 만남을 통해 구성된다. 네가 있어 내가 있고, 내가 있어 네가 있는 것이 서로 주체의 구성 방식인 것이다.[11] 이런 서로 주체성에 근거한 평신도 신학의 방법론적 특징은 전문 신학자가 비전문 평신도를 일방적으로 가르치는 수직적 상하관계가 아닌 평신도들이 서로 가르치며 배우는 수평적 대등관계를 지향하는 것이다.

이러한 서로 주체성이 중요한 이유는 평신도의 신학도 개인의 특수한 구원 경험의 권위를 나르시스적으로 절대화할 경우 또 하나의 홀로 주체성에 빠질 수 있기 때문이다. 서로 주체성의 공동체적 방법은 그런 위험을 줄여준다. 공동체의 개인은 자신의 삶 속에서 경험한 구원과 해방의 특수한 이야기인 신학을 나누고, 공동체는 그런 서로의 신학을 경청하고 공감하고 해석하면서 보편적인 구원의 이야기, 즉 공동체의 신학을 만들어가는 것이다. 이 과정에서 개인의 신학은 깊어지고 공동체의 신학은 풍요로워진다. 이야기의 의미와 목적은 공동체와 나누는 것이다. 서로 주체적 이야기로서의 신학은 홀로 하는 것이 아니라 함께 하는 것이다.

셋째, 평신도 신학의 목적은 '세상을 변화시키는 것'이다. 많은 이들이 "신학은 교회를 위한 학문"이라고 한다. 맞는 말이다. 하지만 그 말을 신학은 교회 안에서만 통용되고 교회만을 위해 필요한 '내부용' 학문이라는 뜻으로 이해해서는 안 된다. 교회의 목적은 세상으로부터 도피하거나 분리되는 것이 아니라 세상을 하느님 나라로 변화시키는 것이다. 다시 말해, 교회는 지상에서 실현되는 하느님 나라이며 기존사회의 대조사회 혹은 대안사회인 것이다. 신학의 목적도 교회의 목적과 같다. 신학은 하느님 나라 운동을 위한 실천적 사고여야 한다.

이처럼 신학의 목적이 세상을 변화시키는 것이라면, 주일 하루 동안 교회에 전념하는 성직자나 신학교 울타리 안에서 신학을 생활로 삼는 전

---

11) 김상봉, 『서로 주체성의 이념: 철학의 혁신을 위한 서론』 (서울: 길, 2007) 참조.

문 신학자보다 '주일 이후' 세상 한복판에서, 즉 가정과 일터와 마을과 사회에서 그리스도인으로서 생활하는 평신도에게 신학이 더 필요할 것이다. 평신도는 구체적 삶 속에서 경험하는 다양한 문제들을 주체적으로 성찰하며 해결하는 '세상 속 생활신학자'이다. 그런 평신도의 신학은 '주일 하루만을 위한 신학'이 아니라 '주일 이후를 위한 신학', 즉 모든 날을 위한 신학이다.

"모든 신자는 사제"라는 종교개혁 사상도 세상 속의 평신도가 신학을 해야 하고 할 수 있다는 생각의 중요한 한 근거로 재해석되어야 한다. 이 사상에 따르면 평신도가 세상을 변화시키기 위해 하는 모든 일이 성직이며 모든 활동이 성사이다. 그러므로 세상 속에서 일하며 세상을 변화시키는 '사제'로서의 평신도는 "교회 밖에 구원 없다."(Extra ecclesiam nulla salus)라는 교회주의적 진술을, 에드워드 스킬러벡스가 말한 "세상 밖에 구원 없다."(Extra mundum nulla salus)라는 하느님 나라 운동의 진술로 교체한다. 평신도의 신학은 교회가 아니라 세상을 위해 있는 것이다.

평신도 신학의 이와 같은 세 가지 특징에 비추어보면 평신도가 신학을 할 것인가, 말 것인가는 선택사항이 아니다. 그리스도인은 누구나—성직자도 평신도도—이미 자신의 신학을 하고 있기 때문이다. 중요한 것은 '어떤' 신학을 하느냐의 문제일 뿐이다. 그것이 전문가/성직자 신학이든 평신도 신학이든, 시대의 징조를 깨어 분별하고 역사에 책임 있게 참여하지 않는 신학은 세상을 변혁할 수 없다. 세상을 변혁하는 능력을 잃은 신학은 짠 맛을 잃은 소금과 같아 아무짝에도 소용이 없을 것이다. "짠 맛을 잃은 소금은 아무데도 쓸 데가 없으므로, 바깥에 내버려서 사람들이 짓밟을 뿐이다."(마 5:13b, 새번역)

평신도가 신앙과 신학과 생활의 주체가 되어 교회 내에서 '탈성직'을 실현하는 것은 중요한 과제이지만, 성직주의의 폐지를 교회의 최종 목표로 삼아서는 안 된다. '성직자 권력'만큼이나 '평신도 권력'도 교회의 질곡일 수 있기 때문이다. 우리가 결코 잊어서는 안 될 것은 예수와 갈등했던 바리새파도 당시 유대교의 대표적 '평신도운동'이었다는 사실이다. 그러므로 평신도 신학이 추구하는 탈성직의 가치는 반드시 '탈성장', '탈성별'과 같은 해방적 가치와 더불어 추구해야 한다. 그리고 대안적 가치들을 안전하고 안락한 교회 안이 아니라 가난하고 연약한 이들이 고통받으며 살고 있는 사회에서 구현해야 한다. 구원의 장소는 교회가 아니라 세상이다.

맺는말: 「성서조선」으로부터

> 간.절.함.이..보.내.온..신.호
> 우리의 시간은 이어져 있다.
> – 드라마 〈시그널〉의 포스터 문구

한국 기독교의 역사에는 피터슨이 말한 "신앙이라는 모험을 감행한" 위대한 평신도가 많다. 한국 가톨릭은 이벽, 이승훈, 정약용, 정약전, 정약종, 권일신과 같은 평신도들의 자발적 탐구와 수용을 통해 시작되었다. 그들은 사제 중심 성직주의가 지배하던 가톨릭교회의 일원이 되었으면서도, 한동안 사제 없는 자치 교회를 만들어 직접 운영했고 신앙공동체의 미사와 성사도 집례했다.

가톨릭보다 100여 년 늦게 시작한 한국 개신교도 마찬가지였다. '쪽복음'을 들고 전국 방방곡곡을 누빈 '권서인'(勸書人)과 '전도부인'은 대부분 평신도 전도자들이었다. 개신교 평신도들은 전통적 종교와 정치의 운이 다했던 불안과 혼란의 시대에 새로운 종교, 새로운 문명을 애타게 갈망하던 민중의 삶 속에 그리스도의 복음을 전하고 육화시켰다. 그 후에도 한국 개신교의 창조적 사상가들인 유영모, 함석헌, 김교신, 권정생, 민중신학자 안병무, 현영학, 민족운동가 안창호, 이승훈, 조만식, 노동운동가 전태일 등이 모두 평신도였다.

가톨릭 200년, 개신교 100년의 짧은 역사에도 불구하고 세상 속에서 창조적이고 변혁적인 그리스도인으로서 사고하고 실천하는 평신도들이 이처럼 많이 출현한 까닭은 무엇이었을까? 그것은 함석헌의 통찰처럼 한국의 역사가 "고난의 역사"이고 그 고난을 가장 직접적으로 겪으며 자기 초월을 실현한 그리스도인들이 바로 평신도들이기 때문이다.

1927년 7월 일본 제국주의 치하에서 고통받던 시대, 김교신과 함석헌 등 여섯 명의 평신도 그리스도인들이 월간지 『성서조선』을 창간한다. 후에 김교신의 일인(一人) 잡지로 계속 제작되고 배포되던 『성서조선』은 1942년 "조와"(弔蛙)라는 저항적 은유의 글이 문제되어 조선총독부에 의해 강제 폐간되고 김교신과 함께 독자들까지 구속된다. 그만큼 평신도 신앙과 신학운동의 역사적 모범이었던 『성서조선』의 평신도들은 〈창간사〉에서 교회가 아닌 세상 속으로 들어가겠다며 사자후를 토해낸다.

> 『성서조선』아, 너는 소위 기독교 신자보다는 조선의 혼을 가진 조선 사람에게 가라. 시골로 가라, 산골로 가라, 거기에서 나무꾼 한 사람을 위로함을 너의 사명으로 삼으라. '성서조선'아, 네가 만일 그처럼 인내력을 가졌거든 너의 창간 일자 이후에 출생하는 조선인을 기다려 면담하라. 서로 담론하라. 한 세기 후에 동지가 생긴들 무엇을 한탄하겠는가.

"한 세기"가 지나간다. 90년 전 평신도 신학자들이 만든 『성서조선』이 오늘의 우리에게 신호를 보낸다. "거.기..누.구..없.소.?" 훗날 한국전쟁과 군부독재와 광주학살과 신자유주의와 세월호 참사로 이어지는 고난의 역사 속에서, 자신들처럼 책임 있는 그리스도인으로서 사고하며 행동하는 후배 평신도 "동지"들과의 "담론"을 간절히 바라며 보내는 신호이다. 그 신호에 오늘의 평신도는 어떻게 응답할 것인가?

참고문헌

김상봉. 『서로 주체성의 이념: 철학의 혁신을 위한 서론』. 서울: 길, 2007.
김희헌 편저. 『하나님만 믿고 모험하라: 장공 김재준 목사 어록집』. 서울: 너의 오월, 2013.
새길교회 평신도신학팀. "구원 이야기의 평신도 신학성" (2016). http://www.saegilchurch.or.kr/sermon/612558
신영복. 『나무야 나무야』. 서울: 돌베개, 1996.

유진 피터슨. 이종태 옮김. 『다윗: 현실에 뿌리박은 영성』. 서울: 한국기독학생회 출판부, 2009.
존 캅. 김종순 옮김. 『건강한 기독교를 위한 평신도 신학』. 서울: 성서연구사, 1996.

Henri J. M. Nouwen. Gracias! A Latin American Journal. San Francisco: Harper & Row, 1983.
John C. Olin, ed., *Christian Humanism and the Reformation: Selected Writings of Erasmus*. New York: Fordam University Press, 1987.

정경일

평신도 신학자인 정경일 박사는 새길기독사회문화원 원장과 한국민중신학회 총무로 섬기며 평신도 신학운동을 펼치고 있다. 그의 저작으로는 공저로 *Terrorism, Religion, and Global Peace*, 『순례』, 『내게 찾아온 은총』, 『사회적 영성』, 『남겨진 자들의 신학』, 『고통의 시대 자비를 생각한다』 등이 있고, 공역서로 『붓다 없이 나는 그리스도인일 수 없었다』가 있다. 또한 주요 논문으로는 "Just-Peace: A Buddhist-Christian Path to Liberation", "Liberating Zen: A Christian Experience", "사랑, 지혜를 만나다: 어느 그리스도인의 참여불교 탐구", "램프는 다르지만 그 빛은 같다: 정의를 위한 그리스도인과 무슬림의 협력", "'종교 이후'의 사회적 영성" 등이 있다.

5장
탈'성직-교회': 영성적 수행의 동역자를 향하여

시작하는 말: 루터의 종교개혁-탈교황, 탈면죄부

약 500년 전, 루터가 비텐베르크 대성당에 면죄부에 대한 95개의 반박문을 내건 것이 시발점이 된 종교개혁운동은, 교황의 권력에 대한 거부와 나아가 교회 조직에 대한 거부로 확산되는 새로운 운동이었다. 루터 이전에도 교회 문에 반박문을 걸었던 운동이나, 가톨릭의 개혁을 촉구하는 개혁자들의 운동과 죽음이 있었지만, 루터가 한 운동을 '종교개혁'이라고 한 이유는 '베드로 성전 건축을 위해 교황이 발행한 면죄부를 거부하는 운동'이었기 때문이다. 면죄부는 베드로 성전을 위해서만 발행된 것이 아니었다. 테르툴리아누스의 『겸손에 관하여』에서는, 면죄부가 간통자들의 죄를 면죄하는 것에 관해서 강력하게 성토하고 있다. "교황 막시무스, 곧 주교들의 주교는 칙령을 발표하고 있다. '나는 간음과 간통의 죄에 대한 회개를 면제해준다.' 오 칙령이여, 이 글 안에는 하나님께서 하셨다는 것이 포함되어 있지 않다. 그리고 누가 그 권리를 그대에게 주었는가? 예수께서 결혼하신 교회와 엄청나게 멀리 떨어져 있는 선언인 것이다."[1)]

1) Tertullian, *On Modesty*, Ch. 1.

이 면죄부에 관해 개신교인들은 이해하지 못하는 부분이 있을 것이다. 이것은 죄 용서에 관한 다른 문화 때문이다. 개신교인들은 회개기도를 하지만 가톨릭에서는 신부에게 고해성사를 하고, 신부는 회개의 대가로 노동이나 선행을 권면하기 때문이다. 가톨릭교회 면죄부도 성만찬의 용서의 선언만으로 완전한 죄의 용서가 일어나지 않고, 일단의 '고행'이나 '선행'이 첨가되어야 한다는 생각에서 출발한 것이었다. 면죄부는 용서받기 위한 이 고행이나 선행을 완화해주는 역할을 했다. 또한 고해성사를 받지 않고, 성만찬에만 참여한 사람은 '연옥'에 가서 그 죄를 받게 된다고 믿었다. 후에 루터가 선행에 의해서 구원받지 못하고 은총을 주장했던 것도 이런 문화 안에서 이루어진 것이다.

베드로 성전을 지을 때, 교회의 문화는 면죄부가 고행과 선행을 일정 부분 면제해주는 것에 그친 것이 아니라, 연옥에 있는 선조들의 영혼들을 구원해 주고, 자신과 가족들의 구원을 약속하는 것으로 확대 해석되었다. 면죄부와 교황권에 대한 문제제기가 바로 이 운동을 거부하는 것에서 시작되어, 루터의 95개조 반박문으로 연결된 것이다. 루터의 95개 반박문 중 1-8항목에 다음과 같이 쓰여 있다.

1. 우리 주 예수 그리스도께서 "회개하라"(마 4:17)라고 하셨을 때, 이는 신자의 삶 전체가 회개하는 삶이어야 함을 말씀하신 것이다.
2. 이 말씀이 고해성사, 즉 사제에 의해 집도되는 고백과 속죄로 이해되어서는 안 된다.
3. 하지만 이것이 단지 내적 회개만을 의미하는 것은 아니다. 그러한 내적 회개(inner repeutance)는 육신의 다양한 외적 수행을 수반하지 않는 한 무가치한 것이다.
4. 죄에 대한 벌은 자기 자신을 미워하여도, 즉 참된 내적 회개를 하여도 우리가 하나님 나라에 들어갈 때까지 계속된다.
5. 교황은 자기의 권위나 교회법의 권위에 부여된 것을 제외하고는 어

떠한 벌도 가감할 수 없다.

6. 교황은 하나님이 용서하셨음을 선언하신 것과 자신의 판결에 위임된 죄를 제외하고는 어떠한 죄도 용서할 수 없다. 교황의 권한을 넘는 죄는 교황의 용서로 사하여지지 않는다.
7. 하나님은 인간이 겸손해져서 그의 대목인 사제들에게 복종하지 않는 한 누구의 죄도 사하지 아니하신다.
8. 속죄의 법은 단지 살아 있는 사람에게만 부과되는 것이다. 그 법에 따라 죽은 자의 죄가 사하여질 수는 없다.

루터는 반박문 제1항에 회개는 신자의 삶 전체여야 하고, 제2항에 회개를 사제에 의해 집도되는 고백과 속죄가 아니라고 못을 박았다. 루터 역시 죄의 회개는 외적 수행이 없이는 무가치하다고 하였으며, 교황은 죄를 사하는 능력이 없다고 하였다.

'베드로 성전 건축을 위해 교황이 발행한 면죄부를 거부하는 운동'이 종교개혁의 시발점이 되어, 교황의 권위에 대한 비판과 '사제가 집도하는 고백과 속죄'의 거부는 결국 교회조직에 대한 거부로 발전되었다. 수도사 루터의 "하나님과 인간의 단독자적 만남과 자기 수행의 영성운동을 향한 프로젝트"였던 것이다. 루터는 제3항에서, "내적 회개는 육신의 다양한 외적 수행을 수반하지 않는 한 무가치한 것"이라고 하였다. 내적으로 하나님과 대면하며, 습관과 관성에 의해 만들어진 몸을 되돌리는 수행이 영성에 선행해야 한다는 것이다. 사실 이 영성운동은 신화적 이야기가 중심이 된 낭만주의적 세계관에서 벗어나, 합리적 세계관 안에 살고 있는 우리에게 필요한 영성인 것이다.

이 글은 "탈'성직-교회' 영성적 수행의 동역자를 향하여"이다. 영적 수행이 '종교'의 위치에 들어가기 위해 과연 '성직'이 필요한가라는 문제제기를 하고 있지만, 실은 종교에서 루터가 제시한 개인적 영성이 가능한가를 탐구하는 글이기도 하다.

루터의 적통임을 표방했던 일본의 무교회주의자 우치무라 간조는, 성직과 성례를 거부하는 성서읽기를 통한 내적 변화와 성도의 삶이 진정한 예수의 제자 된 삶이라고 하였다. 그가 가지고 있던 양명학적 배경 아래, 성서연구는 마음 곧 양지(良知)를 닦는 치양지(致良知)였던 것이다. 천명(天命)이 각자에게 성(性)으로 내려와 솔성(率性)하여 수도(修道)하는 교(敎)를 통해 천명(天命)과 합일되는 삶을 사는 유학의 기본정신과 같이, 양명학은 교(敎)를 통한 치양지(致良知)를 통해 천명의 길로 나아가려 하였다. 이와 같이, 그의 글 "성서의 연구"에서는 마음을 닦아 하나님의 뜻에 따라 살려는 삶이 무교회의 기본정신이라는 것이다. 그러나 우치무라 간조의 사후, '무교회주의'가 교리화한 또 다른 '집단'으로 변형되었다. 루터가 표방한 탈교황과 면죄부에 대한 비판과 그의 탈교회적 생각을 끝까지 추구하다 보면 결국 무교회주의적 영성운동까지 확산될 수 있지만, 두 사람 이상 모인 집단은 그 집단을 결속하기 위한 최소한의 규칙 곧 제도와 법이 만들어진다. 이렇게 되면 하나님과의 개인적인 만남인 영성은 뒷전으로 밀려나고 제도와 법, 여기서 만들어진 문화가 중심이 되고 영성은 사라진다. 그리고 제도와 문화의 집단에 의해 만들어진 종교의 감정적 센티멘털리즘(창조영성을 체계화한 매튜 폭스는 이성을 배제한 감정적 신앙을 센티멘털리즘이라고 했다. 후에 논의할 켄 윌버의 신화-멤버십도 이와 같은 맥락에서 이해할 수 있을 것이다.)이 신앙의 위치에 들어서서 영성을 대체하게 되는 것이다.

특별히 한국의 경우, 미국의 번영신학이 한국의 기복적 종교문화와 결합되었고, 여기에 축자영감설과 정치적 극우주의가 결합된 근본주의가 한국교회의 주류문화로 형성되어 있다. 물론 법과 제도는 이 문화를 지탱하기 위해 움직이고 있으며, 영성은 집단적 문화 안에서의 감정적 센티멘털리즘으로 지속되고 있는 것이다. 이 글은 이런 문화 안에서 성직을 교회와 떨어뜨려 이해하지 않고 '성직-교회'라는 구조로 이해했다. 왜냐하면 현재의 교회문화가 현재의 성직자를 만들고, 역시 현재의 성직자가 현재의 교회문화를 만들기 때문이다.

이 글은 오늘날 한국의 성직-교회가 어떻게 발생되는지 지난 겨울 우리나라를 뜨겁게 달군 촛불집회의 '반대편'에 서 있던 '태극기 집회'를 통해 분석해볼 것이다. 이를 통해, 부정적인 한국적 문화인 극우적이며 근본주의적 성직-교회를 보는 눈을 얻어낼 것이다. 그리고 이 글은 한국이라는 상황에서 발생되는 성직-교회의 종교현상에 대한 대안으로 '수행적 영성'을 소개할 것이다. 현대의 이성을 비판하며 넘어서려 했던 포스트모더니즘도 탈이성의 세계를 구체적으로 제시할 수 없어 결국은 이성 이전의 신화와 주술로 회귀하는 퇴행을 보여주고 있다. 이 글도 성직-교회를 넘어선 영성을 주장하지만, 아직 이것이 구체적으로 어떤 것인지 명확히 밝히고 있지 못하다. 하지만 이 글은 '수행을 통한 동역자'를 목표로 삼아 성직과 성직-교회를 넘어서는 대안적 가능성에 대해 논의하고자 한다.

1. 한국교회의 위기: 2017년 생겨난 애국교를 바라보며

2017년 대한민국의 새 대통령은 촛불혁명으로 세워졌다. 2016년 말부터 시작된 최순실의 국정논단 사건을 시작으로 국민들은 분노하기 시작했고, 이것이 당시 대통령의 무능과 그가 보여주었던 불통과 권위주의에 대한 반감과 만나서 수백만의 시위로 확대됐다. 촛불에 참여한 국민들의 내면을 이해하기 위한 다양한 연구와 글들이 나오고 있는데, 그중 하나는 '상식'이 통하는 사회였다. 상식의 저편에 권력과 부를 쥐고 나라를 뒤흔든 '비상식' 세력이 있었고, 이들은 비상식에 선을 대고, 자신들의 영달만을 추구하고 있었던 것이다. 또한 세월호 사건에서 정부의 무능함이 드러났는데도, 엉뚱하게도 해경의 해체와 사이비 교주의 죽음으로 이 사건을 무마하려고 하였다.

현대의 신화일 수 있겠지만 가정과 학교에서 배웠던, '노력한 사람이 잘되는 세상', '착한 사람이 성공하는 세상'이 어쩌면 모든 사람이 공유하는 '순수'일 수 있다. 이것이 한국의 정치적 현실이며 이것을 잉태한 한국 사회의 집단문화에서 어떤 식으로 굴절되는지 목도할 수 있었다. 당시 촛불에 참여했던 사람들은 곧 비상식이 상식과 순수를 굴절시킨다는 것을 공유하고 있었다. 사회의 평범한 사람들이 공유하는 이성과 윤리체계를 상식이라고 한다면, 이에 미치지 못하는 행위를 박 전 대통령을 비롯한 정부의 관료들이 보여주었기 때문이다. 평범한 시민들은 양심 때문에 혹은 불이익을 당하지 않기 위해 법을 지키며 불편하게 살아가고 있는데, 관료들은 불이익을 당하지 않을 힘을 가지고 있고, 불편한 양심을 완화할 다양한 논리를 가지고 있다. 어느 정도라면 넘어가겠는데 국가의 주요 정책이 최순실의 이익을 위해 결정됐고, 그 집단은 법과 상식 위에 있었다는 것이 분노를 만들어냈던 것이다. 촛불의 전체적 이슈를 하나로 환원시킨다면, "상식을 지키자."라는 것이다. 많은 사람들이 공유하는 이성적·윤리적 정치행위를 하고, 우리도 그런 삶을 살자는 주장일 것이다.

그런데 이런 물결의 반대편에 서울역에서 출발하여 시청 앞에 자리를 잡았던 태극기 집회가 있었다. 이 집회의 기본적 구성원은 극우적 성향의 당시 여권 지지자였다. 대통령 선거 약 한 달 전에 나왔던 잡지 「시사인」 498호에는 이들의 모임을 더욱 구체적으로 '애국교'라고 칭하며 종교사회학적 분석을 하였다. 이곳에 참여한 사람들의 나이와 비합리성을 대부분 지적하고 있으나, 이들은 어디에 속았다기보다 '애국이라는 자긍심'[2]에 의해 움직인다고 분석하고 있다. 촛불이 상식의 외침이었다면, 이들은 대단히 비상식적인데 이런 비상식이 태동한 이유가 애국심이라는 자긍심에서 나왔다는 것이다. 「시사인」의 분석에 의하면, 애국이라는 단어는 이 집회에 참여하는 사람들이 빈번히 사용하는 말이었다. 애국은

---

2) "태극기집회의 비결: 애국의 삼각형," 「시사인」 498호, 2017년 4월 3일.

총 4만 3064회 쓰여서 등장 빈도로는 6위이다. 하지만 연결축 지수로는 2위로 오르는데, 10만 3825회 쓰이는 '태극기' 말고는 애국보다 연결축 지수가 높은 키워드가 없다."(「시사인」) 곧 많은 빈도수로 사용됐다고 하더라도, 애국이라는 말을 전제로 해서 생성된 단어라는 것이다. 결국 애국이라는 것이 사용되는 모든 단어의 배경이자 담론이며, 이에 의해 태극기 집회가 성립됐다는 것을 알 수 있다. 「시사인」은 이 애국을 신앙체계, 곧 '믿음'이라고 이해하고 있으며, 이에 관해 뒤르켐이 도식화했던 종교의 구조를 소개하고 있다.(「시사인」)

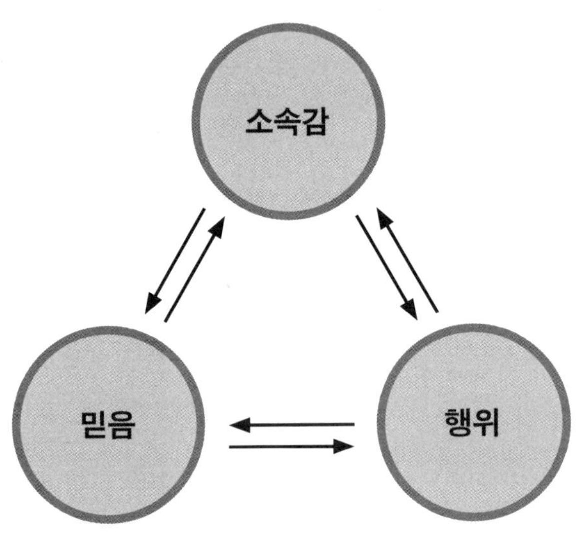

무신론자였던 뒤르켐은 종교를 결속체계, 일종의 조직이라고 보았다. 이 조직이 구성하는 결합형식이 위의 세 가지 곧 믿음, 소속감, 행위이다. 그는 이 믿음의 심층과 표층에 대해서는 관심이 없다. 어떤 믿음이라 하더라도, 행위와 소속감이 있으면 믿음은 그 집단 안에서 '참'으로 성립된다는 말이다. 그는 "종교란 성스로운 사물들, 즉 구분되고 금지된 사물들과 관련된 믿음과 의례가 결합된 체계이다. 이러한 믿음과 의례가 교회라고 불리우는 단일한 도덕적 공동체 안으로, 그것을 신봉하는 모든 사람들을 통합시킨다."라고 말한다.[3] 그의 말에 따르면, 종교적 믿음은 황당하기 그지 없으나 의례와 자신이 소속된 공동체가 모두 그렇게 믿는다면, 자연스럽게 그 믿음이 생겨난다는 것이다. 이러한 현상을 한국교회에 적용해 본다면, 성서의 말씀에 기록되어 있는 신화를 있는 그대로 곧 '과학적'으로 믿는 사람들이 모여 있고, 이것이 예배와 의식을 통해 주장된다면 사람들은 이를 '사실'로 믿는다는 것이다. 그래서 홍해도 실제로 갈라졌고, 동정녀 탄생으로 태어난 예수가 성교에 의해서 태어난 우리를 구원하실 수 있는 역사상 유일한 분이라고 믿는다. 그러나 이것은 믿는 것이 아니라 믿는다고 스스로를 세뇌하는 것이 아닐까? 「시사인」은 뒤르켐의 구조를 '애국교'에 대입하면서 다음과 같이 말하고 있다. "'애국'은 '대한민국'이라는 믿음의 대상, '국민'이라는 소속감, '태극기' 집회라는 집단행동으로 구성된 일련의 덩어리다. 뒤르켐의 삼각형과 정확히 대응한다."(「시사인」) 곧 태극기 집회는 예배이고, 대한민국은 자신의 소속감이며, 애국은 이들의 믿음이다. 그런데 이들의 믿음을 구성하는 신학인 '자유민주주의'에 대해서 사람들은 '담론절벽'을 경험한다는 것이다.

> 담론절벽을 가장 잘 보여주는 키워드는 '자유민주주의'이다. 이 풍성한 가치와 토론거리를 담은 키워드는, 태극기 세력의 담론 지도에서 놀랍도록 앙상해진다. '자유민주주의'는 그저 '수호'해야 할 '체제'이다. 내용은 관심사가 아니다. 분석을 총괄한 김학준 아르스프락시아 미디어분석팀장은 "지도에서 자유민주주의는 텅 빈 단어이다. 이 단어가 등장하는 순간 담론은 어김없이 절벽으로 떨어진다. 애국은 대한민국, 대한민국은 자유민주주의, 그리고 끝이다."라고 말했다. 이것은 믿음체계의 전형적인 특징이다. 믿음이

---

3) 에밀 뒤르켐, 노치준·민혜숙 옮김, 『종교생활의 원초적 형태』 (서울: 민영사, 1992), 81.

란 토론의 대상이 아니므로, 정의상 담론절벽일 수밖에 없다.(「시사인」)

「시사인」과 분석팀이 조사한 바에 따르면, 집회에 참여하는 사람들은 자유민주주의라는 말을 강력하게 하긴 하는데 이에 관한 정의와 분석과 토론이 전무하다는 것이다. 「시사인」은 자유민주주의가 담론 절벽을 만들어낸다고 하면서 이를 '믿음체계'의 전형적 특징이라고 결론 짓는다. 믿음은 토론의 대상이 될 수 없기 때문에 더 이상 말을 덧붙일 수 없는 신성한 영역이라는 말이다. 그래서 담론절벽이 생겨났다고 분석한다. 그런데 「시사인」은 자유민주주의가 뒤르켐의 종교 구조 안에서 믿음의 영역에 서 있는 것이 아닌 애국이 믿음의 위치에 있다고 했다. 곧 애국이 모든 담론의 결합체계이고, 애국이라는 추상적 믿음이 집회라는 예식과 태극기 부대라는 집단을 통해 만들어지고, 강화된다고 했다. 필자는 자유민주주의에서 더 이상 담론이 구성되지 않는다는 것을 이들의 신학, 곧 이념이나 사상에 대한 토론과 이해가 전무하다는 것으로 본다. 이에 대해 「시사인」이 하는 분석을 귀기울여 들을 만하다.

이 텅 빈 믿음체계는 지탱할 버팀목을 찾아 외부의 적을 불러낸다. 적의 위협을 통해서만 텅 빈 믿음체계를 정당화할 수 있다. 동심원 아래쪽으로 뻗어나가는 큰 줄기 두 개가 있다. '언론'과 '북한'이다. 자유민주주의 체제를 수호해야 하는 이유는 그 내재적 가치가 아니라, '북한'의 '김정은'이 언제나 '남한'을 붕괴시킬 기회를 살피고 있기 때문이다.(「시사인」)

말을 바꾸면, 자유민주주의라는 애국교의 신학은 그 자체로 풍부한 이론 위에 서 있는 것이 아니라, 언제나 외부의 '적'을 등장시키면서 성립될 뿐이라는 것이다. 내부의 멤버십을 강화시키며, 토론보다 성토와 분노가 섞인 행위 곧 집회를 열면서 이를 강화시키고 있는 것이다. 곧 이들을 끌고가는 양식은 합리적 토론이 아니다. 애국교는 이분법인 '극단적인 차이의 종교'(religion of heighteneddifference)[4]이다. 그리고 「시사인」은 이들이 "기독교적 고난 서사를 탄핵에 대입해서 이해"했다고 말한다. 즉, 이 말은 집회에 참여한 사람의 절대다수가 누구인지를 암시하는 말이다.

실제로 그렇다. 이미 한국교회는 미국의 번영신학과 기복주의가 결합되어 교회의 성장주의와 개인의 성공을 절대시하는 집단이며, 신학은 근본주의 외에는 보이지 않는다고 했다. 이에 관한 연구는 이미 많이 나와 있고, 필자 역시『종교의 근본주의』라는 공동저서 중 "기독교 근본주의의 정의와 미국과 한국의 기독교 근본주의"에서 한국 근본주의에 관해서 비판적으로 글을 쓴 적도 있다. 근본주의에 관해 주목해야 할 것은, "그들(보수주의자들)이 사회·정치학적 운동에 관여할 경우(때때로 아주 강력한 민족주의적 믿음을 가지고 있을 때)에 해당한다."[5]는 것이다. 보수주의가 슬로건을 걸고 거리로 나올 때, 예를 들면 반공의 이슈를 가지고 성서의 구절을 근거로 거리로 나오거나, 온라인이나 오프라인에서 여론을 형성하기 위해 적극적인 행동을 보일 때, 이를 보수주의가 아닌 근본주의라고 할 수 있으며 여기에 참여하거나 지지하는 사람을 근본주의자라고 할 수 있는 것이다.

본래 근본주의는 자유주의적 분위기에 저항하여 20세기 초반 프린스턴 신학교에서 발행한 팸플릿, 「근본: 진리를 향한 증언 」(The Fundamentals: A Testimony to the Truth)에서 처음 등장한 말이다. 과학의 발전, 현대주의의 등장과 다원적 문화의 확장, 자유주의신학이 활발히 논의되던 시대적 정신에 반발하면서, 팸플릿은 양보할 수 없는 5가지의 기독교 교리를 내세웠다. 이는 '성서무오설, 그리스도의 신성과 죄인을 위해 십

---

4) Linda Woodhead and Paul Heelas, *Religion in Modern Times* (London: Blackwell Publishers, 2000), 224.

5) Steve Bruce, *Fundamentalism* (MA: Blackwell, 2000), 264.

자가에서 죽으심, 예수의 부활과 승천 그리고 심판을 위한 재림, 사탄과 비그리스도인들의 멸망, 예수를 믿는 자들의 부활과 하늘나라에서 하나님과 영원히 사는 것'이다.

애국교의 신학인 자유민주주의가 연구에 따른 담론에 의한 것이 아니라, 그 추상적 개념에 대한 '반대'를 설정할 때 마침내 강화되는 것이듯, 근본주의 역시 이들의 5가지 근본에 대해 누군가 비판하거나 이를 거부하면 '적'으로 설정되고 공개적으로 성토하는 운동을 하는 것이다. 사실 애국교의 자유민주주의 신학과 기독교 근본주의자들이 주장하는 5가지 근본도 신학적·철학적 성찰의 대상이고, 오늘날에는 과학적·심리학적 연구 대상이 되어 풍부한 담론이 생성될 수 있을 것이다. 근본주의자들이 그렇게 가지 못하는 이유는, 이 영역이 이성적 연구와 토론의 대상이 아니기 때문이다. 켄 윌버에 의하면 이들을 정체화하는 '신화-멤버십' 구조 때문이다. 「시사인」에서 밝혔듯이, 자유민주주의는 토론의 대상이 될 수 없는 신성한 것이라 할 수 있겠지만 더 근본적인 이유는 애국교와 기독교 근본주의 자체가 신화의식에 기대고 있는 낭만주의이기 때문이다.

'신화-멤버십'이라는 켄 윌버의 말은, 낭만적·신화적 시각이 주류를 이룬 상태에서 만들어진 세계관 곧 과학적 합리주의 이전 단계의 세계관을 말한다.[6] 이 신화적 세계관은 원시인들의 신화적 우주관에만 등장하는 것이 아니라, 근대에도 지속적으로 펼쳐지고 있다. 헤겔이 독일민족주의에 대해 신화적 해석을 가했던 것과 같이, 지금도 신화-멤버십적 세계관은 죽지 않고 계속되고 있다. 과정철학자들이 인간을 '복합적'이라 했던 것처럼 켄 윌버에 의하면, 인간의 의식 진화는 과거의 단절이 아닌, 과거의 것을 품고 앞으로 나아가기 때문에 동물적인 육체적 세계관이 현대의 합리적 세계관 안에도 지속되듯, 신화-멤버십 구조도 역시 지속되고 있는 것이다.(진화는 단절이 아니라 품고 앞으로 나아가는 것이다. 의식진화와

---

6) 켄 윌버, 조옥경·윤상일 옮김, 『에덴을 넘어』(서울: 한언, 2009), 264.

같이 뇌 역시 파충류 뇌인 소뇌를 품고 있지 않은가?) 그렇기 때문에 원시적인 도시문화 안에서 자신들을 이해했던 신화적 세계관은 한국의 시조는 단군이라고 하면서 스스로를 신격화하는 국가신화에서 아직까지 계속되는 것이다.

그렇다면 합리적 세계보다 신화적 언어와 세계관을 사용하는 멤버십이 다수가 된 교회 곧 합리적 세계 안에 신화적으로 게토화된 교회에서 근본주의자들은 자신들의 신화적 믿음을 정당화하고, 이와 무관하게 살아가는 '교회 밖'의 합리적 사람과 문화를 증오하거나 비판한다. 이것이 오늘날 교회라는 집단의 문화가 되어버린 것이다. 잠시 생겨났다 사라진 광화문광장의 애국교 역시 전형적인 신화-멤버십의 세계관이 지배하는 의식에서 발생한 것이며, 이와 상당한 유사점을 가진 한국 기독교 역시 신화적 세계관의 지배 안에 있다고 말할 수 있다.

애국이라는 것에 관해 「시사인」은 태극기 집회에 참여한 사람들이 정치를 모르는 무지의 늙은이들이라는 담론을 뒤엎으면서 다음과 같이 결론을 짓고 있다.

> 태극기 담론이 뒤르켐의 삼각형을 구현하는 시민 종교라는 가설은, 이들이 대책 없는 광신자 그룹이라는 의미가 아니다. 오히려 반대이다. 자유민주주의에서 난데없이 끝나는 담론절벽, 태극기라는 상징, 광장의 탄핵 반대파라는 소속감, 북한이라는 주적 등 삼각형을 채우는 내용은 노인 세대가 퇴장할 때 함께 퇴장할 가능성이 높다. 하지만 시민 종교 자체는 보편적 현상이다. 어느 세대든 삼각형 안의 내용만 달리 채워가며 얼마든지 되풀이할 수 있다.
>
> 예를 들어보자. '시장주의교'라면, 시장의 효율에 대한 토론 없는 믿음과, 그를 수호하는 온·오프라인의 참여행동과, 특정 이론가를 시장주의의 상징으로 공유하는 소속감과, '정부 개입을 지지하는 바보'라는 주적을 조합해 시민 종교를 구축할 수 있다. '민주

주의교'라면, 우리 편만 민주주의 가치에 충실하다는 믿음과, 우리 편이 아닌 정치인을 공격하는 온·오프라인의 참여행동과, 특정 정치인을 민주주의의 상징으로 공유하는 소속감과, 정치적 반대파에 반(反)민주주의 낙인을 찍어 만든 주적을 조합해 시민종교를 구축할 수 있다.

이렇게 해서 태극기로 뒤덮였던 광장은 노인 세대 특유의 이슈인 동시에(소외와 빈곤과 정보 격차와 레드 콤플렉스는 여전히 중요하다.) 노인 세대만의 문제를 넘어서는 질문을 던진다. 이 세대가 퇴장하면 세대 특유의 상징과 콘텐츠는 사라진다 해도, 시민 종교를 엔진 삼는 정치적 동원은 언제든 반복될 수 있다.(「시사인」)

수긍이 가는 말이지만, 「시사인」 스스로도 "자유민주주의에서 난데없이 끝나는 담론절벽, 태극기라는 상징, 광장의 탄핵 반대파라는 소속감, 북한이라는 주적 등 삼각형을 채우는 내용은 노인 세대가 퇴장할 때 함께 퇴장할 가능성이 높다."라고 인정하였다. 담론절벽 혹은 신학적 논리나 합리적 토론과 상식이 모자랄 때, 종교는 더 이상 현대 사회에서 지속하지 못한다는 것을 이번 애국교 사건이 정확히 보여주고 있다. 이건 단기간에 생겼다가 사라진 애국교만의 문제가 아니라, 앞으로 우리가 지켜보아야 할 기독교의 끝 곧 미래에 있을 탈기독교의 세계이다.

이미 인간의 의식은 신화-멤버십이 중심이 된 세상에서, 합리적 의식이 중심이 된 세상으로 빠르게 진화되어간다. 켄 윌버는 합리의식을 넘어 정묘와 합일의식까지 다양하게 그 단계를 설정하고 있다. "아버지와 나는 하나"라고 했던 예수와 같이 이미 오래전 합일의식단계에 도달한 성인도 존재하지만 지금 세상의 절대 다수가 신화적 세계관에서 합리적 세계관으로 진입해 들어가고 있다. 물론 과거의 신화의식의 잔존이 모여 국가나 스포츠, 연예인들 가운데서 신화를 만들어가고 있지만 말이다. 애국교의 문제는 단지 시민 종교의 한 현상으로 끝이 나지 않는다. 기독교 안에서 이를 읽을 때 믿음을 지탱할 신학의 합리적인 방향 없이 교회는 신화 안에서 게토화되고 이는 합리성이 중심이 된 세상에서 더 이상 생존할 수 없게 된다.

성직과 종교는 떼려야 뗄 수 없는 구조이다. 필자도 교회 담임목사 자리가 생겨서 인터뷰를 한 적이 여러 번 있는데 하나같이 제일 먼저 묻는 질문은 "어떻게 이 교회를 부흥시키겠는가?"였다. 한마디로 "멤버를 늘리는 방법과 생각이 있는가?"이다. 위에서 말한 바와 같이 신화적 세계관 안에서 살고 있는 사람들이 다수인 교회에서 교인을 늘린다는 것은, 목사 역시 그 세계관이 마음에 들지 않음에도 불구하고 그 세계관 안에 살아야 한다는 것을 말한다. 만일 켄 윌버의 의식진화에 관한 생각과 신화적 세계에서 상대적으로 약한 합리적 성서해석과 교회 운영은 당연히 신앙이 없는 교회 밖 이야기가 된다. 성직이 현 교회의 문화를 만들었다고 할 수 있겠지만 교회 역시 그에 맞는 성직자를 받고 있기 때문에 교회가 성직을 만들어간다고 할 수 있을 것이다. 성직과 교회는 분리된 것이 아니라 성직-교회라는 관계로 이해해야 한다. 그래서 성직을 이해할 때는 교회의 문화를 이해해야 하고, 교회의 문화를 이해할 때는 성직을 이해해야 한다. 성직-교회라는 한국의 현 구조 안에서는 루터가 꿈꾸던 '하나님과 인간의 단독자적 만남과 나아가 자기 수행의 영성운동을 향한 프로젝트'는 성립될 수 없을 것이다.

다음에는 합리성이 중심이 된 이 사회에서 교회 곧 종교와는 다른 영성의 의미가 무엇인지 살펴볼 것이다. 그리고 어떻게 영성이 종교의 대안이 될 수 있으며 또한 종교와 영성이 비록 다르더라도 종교가 영성을 형성하는 역할은 어떤 것인지 살펴볼 것이다.

2. 성직-교회에서 영성으로

서강대 종교학과 교수였다가 일찍 퇴직하여 강화도에서 심도학사라는 영성원을 이끌고 있는 길희성은 신문의 기고와 칼럼을 모은 책『길은 달라도 같은 산을 오른다』에서 다음과 같이 쓰고 있다.

> 우리나라 신자들은 대체로 종교생활은 무척 열심인데 정작 영성은 찾아보기 어렵다는 인상을 준다. 오히려 신앙이 아주 '좋고' 신앙생활에 열성인 사람일수록 영성과는 거리가 멀고 아집, 독선, 편견 같은 것으로 가득 차 있는 경우를 흔히 본다. '신앙'이 좋다는 사람이나 종교생활에 열심인 사람 하면 왠지 피하고 싶은 마음이 드는 것은 나만의 특이한 경우일까?
>
> 남의 이야기를 들으려 하지 않고 입에 거품을 물고 얼굴에는 독기마저 품은 듯 열심히 자기 이야기만 하려는 신자들을 우리는 주변에서 심심치 않게 만날 수 있다. 여하튼 영성은 고사하고 일반적 상식과 도덕성에도 못 미치는 신자들로 넘쳐나는 것이 우리나라 종교계의 현실이다.[7]

논의의 시각으로 재해석해 보면, 전합리적 신화-멤버십의 영역 안에서 조직에 충성을 다하는 사람들이 한국의 종교인, 특히 그리스도인일 것이다. 그렇다면 그의 글의 제목인 "종교에서 영성으로"와 같이 자신의 멤버십에만 충성하고 타자를 인정하지 않고 저주하는 종교 혹은 종교인이 아닌 영성 혹은 영성인은 어떤 모습일까? 그는 영성에 관해서 다음과 같이 말하고 있다.

> 종교와 영성의 차이는 무엇일까? 종교는 우선 집단적 현상인 반면에 영성은 주로 개인적이다. '나 홀로 종교'란 있을 수 없다. 종교는 집단적이기 때문에 조직과 제도를 필요로 하며, 조직과 제도를

---

7) 길희성,『길은 달라도 같은 산을 오른다』(서울: 휴, 2013), 189.

필요로 하기 때문에 지도자와 전문가를 필요로 한다. 종교도 집단이고 체제인 이상 타집단으로부터 자기를 차별화하고 자기만의 정체성을 정립하고 유지해야 한다. 그러기 위해서는 조직과 제도를 갖추고 신자들을 관리해야 하며 사상과 교리를 확립할 필요가 있다. 이런 점에서 종교는 필연적으로 울타리를 만들고 배타성을 띨 수밖에 없다.

새로운 종교운동을 시작한 카리스마 넘치는 창시자들은 기성종교에 대해 비판적이고 개혁적이며 사상과 행동에서 자유롭고 유연하지만, 추종자들이 늘고 다음 세대로 넘어가면서 각종 규율이 생기고, 제도와 체제가 강화된다. 어쩌면 종교는 성공이 곧 실패라고까지 말할 수 있을 정도로, 초기에 지녔던 순수성과 자유로움과 창조성은 사라지고 신도들을 관리하고 체제를 유지하기 위해 자유를 규제하면서 점차 억압적 기제로 작용하게 된다.(길희성, 189)

이 글은 대단히 명확하기 때문에 따로 설명을 붙일 필요가 없다. 종교개혁자들의 교회 역시 이와 같은 길을 걸어갔고, 한국에서는 특히 신학적인 면에서 개신교가 더 보수성을 띠고 있기 때문이다. 길희성은 이런 '집단적' 종교에 대해서 영성은 '개인적'이라고 말하고 있다. 개인의 고독과 침묵 속에 스스로의 에고를 성찰하여 이를 넘어서려는 영성은 "일차적으로 다수성보다는 단일성, 차별성보다는 무차별성을 선호하며 일체의 상과 관념이 발붙일 곳 없는 적막한 세계 곧 무상, 무념, 무주, 무아라는 부정의 세계를 선호한다."(길희성, 196)라고 하였다. 이유는 상(相)과 염(念)과 주(主)와 아(我)는 있는 그대로의 현존을 벗어나려고 하다 에고 곧 가짜 나가 만들어낸 허망한 것이기 때문이다. 이들을 벗어난다는 것은 현실을 거부하겠다는 것이 아니다. 토머스 머튼이 "홀로 있는·것은 분리가 아니다."(길희성, 196)라고 했듯이 홀로 있는 이유는 삶에 붙은 저 가짜들을 제거하기 위해서이다. 그래서 길희성은 다음과 같이 말하며 영성에 대한 오해를 불식시키고 있다.

> 영성은 많은 사람이 오해하듯이 결코 세계 도피가 아니다. 영성이 피하고자 하는 것은 세계 자체가 아니라 거기에 집착하며 사는 자기 자신이다. 영성이 혐오하는 것은 인생 자체가 아니라 이기적 욕망의 늪에서 헤어나지 못하는 자신의 추한 모스비다. 영성의 대가들은 우리가 좁다란 이기적 자아에 매여 있는 한 진정한 행복을 모르며 어디서 무엇을 하든 매사에 걸려 넘어진다고 말한다. 삭발입산을 해도 소용없고 교회나 수도원을 찾아도 소용없다. 그러나 자기를 놓아버린 자, 자기로부터 해방된 사람은 자기도 얻고 세상도 얻는다고 말한다. 임제선사가 말하는 대로 그야말로 '처하는 곳마다 주인 노릇하면서 있는 곳마다 참되다.'는 수처작주입처개진(隨處作主立處皆眞)의 경지이다.(길희성, 197)

이런 영성에 대한 오해를 풀면서 길희성은 "개인의 발견과 더불어 주체적 인간이 출현하는 근대세계로 들어오면서 종교는 인간의 주체성과 자유를 억압하는 체제라는 의식이 보편화하기 시작했다. 그에 따라 현대인들이 종교를 외면하기 시작했다. 하지만 종교는 외면당할지언정 인간의 영성이 사라지거나 무시되는 일은 없다."(길희성, 202)라고 하면서 지금은 종교가 외면당하지만, 영성이 다가오는 "절호의 기회"(길희성, 202)라고 하였다. 곧 현재의 성직-교회의 시대가 저물고 영성의 시대가 시작될 수도 있다는 것이다.

종교학을 전공하여 종교체험에 관심을 두고, 그리스도인이면서 대승불교를 주로 연구하였던 저자답게, 영성을 신비주의의 영역 안에서 개인적 '깨달음'에 두고, "우연적 특성을 지닌 표피적 자아, 끊임없이 경쟁하고 갈등하는 차별적 자아가 아니라, 무차별적 자아, 순수한 자아, 보편적 자아, 초월적 자아 …우주적 자아이며 하느님과 하나 되는 신적 자아"(길희성, 205)를 찾아 더 이상 피상적으로 살지 않고 참다운 주체로 살아가려는 것이 영성이라고 하였다. 길희성은 종교와 영성이 서로 적대적인 것 같지만 사실은 동반자라고 하였다. 왜냐하면 "영성은 언제나 특정 종교의 테두리 내에서 형성되고 자란다. 종교의 영향을 받지 않은 '순수한' 영성이란 실제로 존재하지 않는다. 아무리 위대한 영성가라 해도 그가 태어나 살고 있는 종교와 문화와 언어의 영향을 받게 마련이다."(길희성, 205-206)라고 하면서 "13세기 초 프란체스코 성인이 창설한 수도회도 결국 부유해짐에 따라 초창기 성인의 정신으로 되돌아가서 철저하게 청빈을 지키려는 파와, 수도회의 부는 '소유'하는 것이 아니라 '사용'할 뿐이라면서 스스로를 합리화하는 파로 양분되었다."(길희성, 206)라고 했다.

종교는 개인의 영성을 함양하는 데 도움을 주는 것이어야 한다. 당위적으로는 맞지만 위에서 언급한 한국의 성직-종교를 보면서 그리고 개인적인 경험으로 볼 때, 길희성의 바람은 가능하지 않다고 말할 수 있다. 길희성은 이 글의 결론부에서 영성에서 추구하는 참 인간 혹은 무위진인에 대해서 다음과 같이 쓰고 있다.

> 마이스터 에크하르트가 '참 인간'이라 부르고 임제선사가 무위진인(無位眞人)이라고 부르는 참사람이 사는 모습은 어떨까?
>
> 욕심이 없으니 다툴 일이 없고, 소유하지 않으니 잃을 것이 없으며, 잃을 것이 없으니 두려울 것도 없다. 성과 속, 진과 속 어디에도 걸릴 것이 없으며 언제나 자유롭다. 성직자들처럼 유별난 복장을 하지 않으며 특별히 근엄하게 행동하거나 이상한 말투로 말하지도 않는다. 상식을 무시하지 않으며 권위로 자신을 포장하지도 않는다. 겸손하나 비굴하지 않으며 목에 힘주는 일이 없고 궂은 일도 마다하지 않는 사람, 물처럼 부드럽고 낮은 곳에 처하기를 좋아하는 사람, 우는 사람과 함께 울고 기뻐하는 사람과 함께 기뻐하

되 슬픔과 기쁨에 흔들리지 않는 사람, 많은 것을 알지만 아무것도 모르는 사람, 모든 것을 누리지만 소유하지는 않는 사람, 자기를 버림으로써 온 세상을 차지한 사람, 이런 사람이 영성을 사랑하는 자들이 흠모하는 참사람의 모습일 것이다.(길희성, 206-207)

대단히 아름다운 불이적(不二的) 세계 곧 깨달음의 세계를 표현하고 있다. 이 길은 영성 곧 수행을 통해 자아를 넘어서 전체(하나님)와 하나 된 사람의 경지이다. 켄 윌버 같은 시각으로 보면, 합리의 영역에서 낭만적 신화주의로 퇴행하여 합리성을 거부하는 사람이 아니라, 합리성까지 감싸안고 올라서서 합일 수준으로 진화한 사람의 모습인 것이다. 결국 성직-교회는 이런 사람을 길러내야 함에도 불구하고, 성직-교회의 집단적 법칙이 영성을 소외한 것이다. 특히 성직-교회는 합리주의적 세계관을 막고 있는 신화의식의 벽에 갇혀 있다. 또한 근본주의는 신화의식을 기반으로 세상을 거부하고 있다. 신화의식에 기대고 있는 성직-교회와 근본주의가 개인주의화하고 점점 더 영성을 추구하는 사회적 흐름에 적응할 수 있을까? 불가능하다. 이미 의식이 성장되어 있기 때문이다.

그러나 길희성이 나름의 열정과 깊이를 가지고 설명함에도 불구하고, 여전히 영성은 개인성찰적인 탈속세주의라는 인상을 끝내 지울 수 없다. 왜냐하면 길희성의 글 속에는 '참여'보다는 '내려놓음'이라는 부정적 의미에서 세속과 거리를 두는 개인주의적 성향이 있기 때문이다. 당장 속세의 '구조' 때문에 괴로워하는 사람들의 삶에 구체적인 응답보다는 '인내'와 '비움'만을 강조하기 때문이다. 이에 개신교의 '저항의식'과 영적 삶을 하나로 통합하기 위한 삶을 살았던 독일의 신학자 도로테 죌레를 소개하면서 이 글을 마친다.

3. 저항으로의 영성

도로테 죌레의 책『침묵의 외침』(*Silent Cry*)은 역시 우리나라에서도 출간됐는데,『신비와 저항』이 원제이다. 신비에는 Silent가 대입될 것이고, 저항에는 Cry 곧 외침이 대입될 것이다. 그의 또 다른 책인『단지 예스와 아멘이 아니라』(*Not Just Yes and Amen*)에서 도로테 죌레는 기도에 대해서 다음과 같이 정의를 내리고 있다. "기도란 저항이다. 기도하는 사람은 '이것이 맞다, 그대로 되어야 한다'라고 말하는 것이 아니다. 기도하는 사람은, 그것이 맞지만, 그렇게 되면 안 된다고 말하는 사람이다."[8]이에 관해 낸시 호킨스는 다음과 같이 해설하고 있다. "저항의 영성을 나누는 것은 도전을 주고 변화시키며 우리를 괴롭히는 기도를 통해, 의도적으로 하나님과의 관계로 진입해 들어가는 것이다. 또한 우리뿐만이 아니라, 전 세계 형제자매들에게 적용되는 복음서의 해방의 메시지를 의도적으로 듣는 것이기도 하다."[9] 그냥 그렇다고 인정하는 것은 기도가 아니다. 정의를 거스르는 것에 "아니다."라고 말하며 해방을 선언하는 복음서를 다시 읽고, 하나님과 새로운 관계를 갖는 것이다.

페미니스트였던 죌레는 성서의 언어가 대부분 가부장적 언어이고, 봉건적 언어임을 주목한다. 신화적 언어로 구성된 성서의 언어를 다시 꺼내 우리의 언어로 재구성하지 않고는 성서 언어는 가부장적 신화-멤버십의 언어에 그치며 우리 자신의 영적 언어가 되지 않을 것이기 때문이다. 그러나 성서 안에서 요한복음 17:22, "내게 주신 영광을 내가 그들에게 주었사오니 이는 우리가 하나가 된 것 같이 그들도 하나가 되게 하려 함이니이다"에 주목하면서 죌레는 "여기에서는 주와 종, 말씀과 듣기, 평화와 노예와 같은 이원론적 언어가 절제되었고, '안에', '하나'와 같은 단

---

8) DorotheeSoelle, *Not Just Yes and Amen* (Philadelphia: Fortress Press, 1985), 40.
9) Nancy Hawkins, "Dorothee Soelle: Radical Christian, Mystic in Our Midst.," *The Way*(july 2005), 89.

어가 반복됨으로써 비제국적, 무정부주의적 언어가 나타나게 되었다."[10] 라고 하였다. 그리고 이를 신비주의적 언어와 결합하고 있다. 곧 신비주의의 언어는 교회라는 가부장적이며 친권력적 집단에서 은총을 내려주는 멀리 계신 하나님 혹은 분리된 하나님이 아니라 신랑과 신부, 사랑, 존재의 근원, 원천 등과 같이 사용하면서 인간과 하나님이 분리되지 않은 근원이며 친밀한 존재임을 체험적으로 드러내기 때문이다. 그녀는 페미니스트적 시각에서 접근한 신비주의에서 마이스터 에크하르트의 "왜라는 질문 없이"를 만나면서 신비주의적 페미니스트 또는 신비주의적인 래디컬 그리스도인이라는 정체를 찾아내게 된다.

> 우리가 그 안에 살아야 하고 삶을 이어가는 이 "이유 불문"이라는 것은 무엇을 의미하는가? 그것은 모든 목적, 계산, 무엇을 위한 무엇, 무엇을 위하여 다른 것, 삶에 관여하는 모든 지배적 형태가 없는 것이다. 존재와 행위, 느낌과 행위 사이에 우리가 분열되는 곳에서 우리는 "왜라는 질문 없이"로 살아가는 것이 아니라, 낭비와 성공, 계산되는 우연성과 이용 혹은 결과적으로 이해되지 않는 두려움을 고려하는 것이다. 이것은 최고로 기계화된 세계에 대한 관점을 갖고 근거 없는 존재를 금하는 거대하게 성장된 목적에 부합된 합리성을 말한다. (『신비와 저항』, 103)

도로테 죌레의 시각에서 볼 때, 합리적 세계관에 나아가지 못하고 이에 퇴행하는 사람을 집단화하는 신화-멤버십의 낭만주의적 세계관 안에 있는 한국의 성직-교회가 아니라, 극도로 합리화된 현대사회, 안에서 온갖 망상과 번뇌로 자기를 괴롭히는 기계화된 개인에게 에크하르트의 '이유불문' 곧 왜라는 이유 없이 산다는 것은 현대사회에 대한 저항이며, "아

---

10) 도로테 죌레, 『신비와 저항』 (서울: 이화여자대학교 출판부, 2007), 108.

니요."라는 기도이다. 이것은 이유 없이 그냥 산다는 것이 아니다. 지금 이자리, 에크하르트의 말을 빌려 말하자면 '지금이 곧 하나님'(Isness is God)인 것이다. 바로 지금 이 자리가 견성(見性)의 자리인데, 범인들은 '생각'이라는 망상 속에서 지금 이 자리를 끊임없이 벗어나면서 스스로 괴로워한다. "장미는 이유를 모른다/장미는 피기 때문에 핀다/장미는 자신에 관심 없고/누가 자기를 보는지 묻지도 않는다."[11] 우리는 장미와 같이 우리의 현존은 왜 태어났는지 모르고 산다. 그냥 태어났기 때문에 산다. 매 순간 심장을 통해 피가 돌고, 숨이 나를 지탱하는데도 그 이유도 없고, 저절로 그리 된다. 모든 피조물, 발견된 입자 중 가장 작은 쿼크에서 그 끝을 알 수 없고 단지 추측만 할 수 있는 이 거대한 우주에 이르기까지, 모두가 이유 없이 그냥 그대로 여여히 산다. 그냥 거기 있고, 그 안과 밖에 우리의 인식을 넘어선 충만함이 뒤덮고 있다. 이용도 목사의 말과 같이 "신비는 모든 사람앞에 있는것이다. 그러나 누구든지 보지 못하는-그것이 신비다." 모든 사람 앞에 있는 것, 그의 말로 표현하면 예수의 생명은 모두에게 이미 있는 것이다.

바로 이 신비성을 젤레는 루터와 다른 길을 간 토마스 뮌처를 통해 찾아낸다.

> 뮌처는 하나님 준비의 첫 번 단계를 "경이로움"이라고 불렀는데 그것은 영원한 말씀으로 시작하고 인간적 마음으로 오는 놀라움과 경이로움을 의미하였다. "그것이 하나님의 말씀인지 아닌지 하는 이러한 경이로움은 6세나 7세되는 아이에게 일어나는 것이다.(뮌처, 1967, 69) 그것은 "어린 시절의 감정으로 나온 것"이고, 그 직접성에서 플라톤이 철학의 시작이라고 말하는 경이로움에

---

11) Maria Bohm, *Angelus Silesius, 'CherubingscherWandersman,'* A Modern Reading with Selected Translation (New York: Peter Lang, 1997), 104.

가까이 하는 것이다… 뮌처는 모든 피조물을 재산으로 취하고, 물에 있는 물고기, 공기 중에 있는 새, 땅 위에 있는 식물 모든 것이 그들의 것이어야 하는" 지배자들과 귀족들의 "도둑질과 강도질, 이자놀이"의 정체를 벗긴다. 창조에서 모든 인간들에게 선사된 것과 이용되게 된 것은 개인적인 재산이 되었다.(『신비와 저항』, 139-140)

젤레가 뮌처를 통해 '경이로움'을 읽게 된 이유는 매튜 폭스를 통한 창조영성 때문이었다. 우리 모두에게 하나님께서 주시는 것을 귀족과 부자들이 홀로 독점하려는 시도와 이로 인해 생태계가 신음하고 있는 현실을 통해 "창조의 신비적 영성은 추측컨대 더욱 우리를 지배하고 있는 힘과 폭력들에 인도되는 어두운 밤 속으로 더욱 깊이 들어가는 것이었다. 그것은 오늘 죽음의 십자가에서 그의 형제, 자매들과 함께 고문당하는 나사렛의 가난한 사람뿐 아니라, 우리의 어머니인 땅 자체이다."(『신비와 저항』, 149)

폭스의 말과 같이 그리고 이를 받아들인 젤레의 말과 같이, 우리 모두는 신비주의자로 혹은 앞서 길희성의 말을 들자면 영성가로 부름을 받았다. 우리는 성직-교회의 멤버십을 채워나가며 성직자의 어깨를 교만의 들썩임으로 채우기 위해 부름을 받은 것이 아니다. 성직자의 이상한 옷과 평범한 말들을 이상한 억양과 귀에 거슬리는 고함으로 시간을 때우기 위해 교회에 앉아있는 것도 아니다. 이제는 이런 성직-교회의 신화-멤버십의 시대는 저물고 있다. 그리고 신비가 혹은 영성가인 우리는 젤레가 나눈 에크하르트 혹은 무위진인의 신비 혹은 견성의 체험 속에서 소유의 독점과 폭압을 극복해나가야 할 것이다. 작은교회에서 성직자가 아닌, 무위진인 혹은 참 인간이 되기 위한 학생 대 학생의 만남과 기도와 독서와 토론을 통해 신화-멤버십의 퇴행적 집단이 아닌, 초인격의 영성으로 정의의 길로 들어서야 할 것이다. 이로써 그 누구도 근원되신 하나님의 운동과 말씀 곧 다바르로부터 벗어나지 않으니, 영성은 지배세력과 국가와 권력에 대한 '저항'이 되는 것이다.

맺는말

한국 개신교의 위기는 이들이 가지고 있는 신화적 세계관-이들은 섭리적 세계라고 하지만-에 있다. 그리고 하나님의 '섭리'를 성직자가 자의적으로 해석하고, 이런 '신화-자의적 해석'이 '신실한' 성도들을 통해서 재구성된다는 데 있다. 그래서 이 글은 탈성직을 표방함에도 교회의 문화가 성직자를 만들고, 성직자가 교회를 만드는 결합에 주목했다. 그래서 성직과 교회를 분리시키지 않은 성직-교회의 결합어를 사용하였다. 최근 성직-교회에서는 치과에서 충치치료를 해서 씌웠던 아말감이 금으로 바뀌었다는 기괴한 이야기가 사실인 양 간증과 성회로 벌어지고 있다. 마찬가지로 이런 전합리적 신화가 현대에도 보인다. 현대의 신화, 곧 인생역전이나 욕망을 불러일으키는 아파트, 자동차, 신체 등의 기표(signifier)를 신화적 기의(signified)가 하나님의 축복과 연결되는 친자본주의적 성향으로도 보인다. 이 글은 이런 신화적 믿음을 뒤르켐의 종교이해를 통해 비판적으로 접근했고, 켄 윌버를 통해 이 신화적 세계를 넘어선 이성의 끝에 또 다른 영역인 신비주의 곧 영성이 있음을 밝혔다. 이런 신화적 종교가 지배하는 한국의 성직-교회에 대한 대안으로 종교의 반대편에 서 있는 영성을 제안하였다. 그저 무비판적으로 사용하고 있는 '영성'이라는 말은 신앙의 대체어가 아니고, 집단적 예배와 의식을 벗어난 개인적 성찰임을 밝혔다. 영성이 회복되어야 한다는 것은 보다 더 진지하게, 하나님 앞에서 혹은 하나님을 근원 삼아 자신을 성찰하고, 시야와 삶을 구성하는 오감이 의식과 결합되면서 만들어내는 욕망을 지켜보면서 내려놓고, 욕망에 매인 나에게서 벗어나 자유로운 무위진인(無爲眞人)의 여여(如如)한 삶, 혹은 이유 없이 사는 자유로움과 함께 '자본주의적 인간'을 만들어나가는 구조와 문화에 저항하는 것이라고 이 글에서 밝혔다.

종교에서 벗어난 이성이 우리를 해방해줄 것이라고 믿었던 근대를 지나, 이제는 이성에 의해 더욱 정교하게 만들어진 자본주의적 구조가 인간의 개개인을 감시하고 통제하며, 오히려 이성에 의해 더 가공할 만한 무기가 만들어지고 있다. 국가는 경찰과 군대의 폭력적 권력을 쥐고 개개인을 억압한다. 그리고 자본주의의 최고봉에 서 있는 금권권력들은 직장을 독점하여 일반인을 노예화하는 한편, 생산제품의 이미지를 통해 현대의 신화를 만들어내고 있다. 그리고 성직-교회는 이 이미지 재생산의 기술을 습득하여, 신도들을 신화화 내지는 재신화화하는 무명(無明)으로 몰아넣고 있다. 바로 이 문화에 저항하는 일차적 힘은 학교와 직장, 영상과 유행을 통해 만들어진 내 자신의 관성, 곧 습(習)을 극복하는 일일 것이다. 이것은 성직-교회라는 멤버십에 참여하여 단절되는 것이 아니고, 수행적 영성을 통해 극복될 수 있을 것이다. 성직자는 현 교회의 문화 안에서 만들어진 성직-교회의 일부이며, 이를 거부한 성직자라고 해도 성직자와 교인들의 간격은 너무나도 멀다. 이를 극복하려 해도 신화적 낭만주의에 길들여진 교인들의 세계관을 바꾸기는 대단히 힘든 일이다.

'기독교'의 시작이었던 예수의 영성이 성직-교회의 뿌리에 놓여 있었다면, 기도와 영적 수행이 중심인 영성은 모두가 학생이요 동역자라는 인식 아래 새로운 수행의 공동체가 존재해야 할 것이다. 이미 앞에서 밝힌 길희성도 심도학사를 운영하고 있다. 지금은 비록 그 모습이 명확하지 않지만, 이런 영성적 삶은 독서모임과 같은 문화모임 안에 그 씨앗이 숨겨 있는 것이다. 수행에 관한 책과 모임이 늘어나면서, 자연스럽게 종교를 넘어선 내적 대화들이 공식적인 채널이 아닌 사적 영역 안에서 일어나고 있다. 과거 낭만주의적 세계관 안에서는 '귀신 들렸다'라고 하거나 정신분열증 내지는 공황장애와 같은 정신적 문제들을 안찰과 통성기도로 치유하려고 했다면, 오늘날에는 정신병원이나 심리상담사들 그리고 명상과 수행이 그 자리를 차지하고 있다.

신화적 세계에서는 신의 섭리를 중심으로 자신을 파악하고 세계를 이해했지만, 합리적 세계 안에 있는 신앙인들에게 신은 영원한 신비이며, 눈에 보이는 세상은 나의 노력과 의지 관계에 의해서 바뀌기도 하고, 새로워지기도 한다. 더 나아가 이성적 사고는 어쩔 수 없이 삶의 일부라고 할 수 있지만, 끊임없는 생각은 개인적인 망념을 만들어내고 괴로움을 만들어낸다는 것 역시 사람들이 알아채고 있다. 이로써 이성을 넘어선 수행과 명상으로 자신의 생각을 관찰하고, 생각에서 벗어나 자유하게 되는 명상과 관상기도도 그 깊이를 더해가고 있다.

695쪽짜리 카시아누스의 대저인 『요한 카이아누스의 담화집』은 단 하나의 질문을 던지고 있다. 곧 "마음의 가난함"이다. 마음이 가난한 자는 천국을 소유한다는 산상수훈의 교훈을 위해, 마음속에서 일어나는 생각과 이것이 부딪혀서 생산한 감정과 격정을 가라앉혀 있는 그대로의 마음을 소유하는 것에 관해 반복해서 질문하고 반복해서 대답한다. 이웃 종교인 불교도 인간의 오온(五蘊)에 의해 만들어진 생각과 감정이 괴로움을 만든다는 것을 관찰하고, 본래의 텅 빈 마음 곧 공(空)으로 되돌아가 세속에서 자유하게 되는 것을 설하고 있다. 이에 관련된 서적도 점점 더 늘어나고 있다. 그만큼 관심도가 높아진 것이다.

그리고 이 글 끝에 밝혔듯 집단과 세상에서 자유로워지려는 길희성의 '영성'을 넘어, 도로테 죌레는 사회개혁과 생태운동까지 영성의 영역을 확장하고 있다. 이 글은 우리나라의 성직-교회가 이런 새로운 세계관에 도저히 응답할 수 없다는 것을 이미 밝혔다.

새 술은 새 부대에, 새로운 운동이 필요할 것이다. 그렇다면 신화적 세계관이 아닌 이성적 세계관을 가지고, 집단적 통성기도보다는 개인적인 성찰과 묵상 그리고 관상기도 안에서 생태와 사회참여를 가슴에 담고, 성직-교회가 아닌 무위진인(無位眞人)으로의 동역자가 종교를 넘어선 영성의 새로운 길을 열 것이다. 서로 돕고, 같이 연구하고, 같이 기도하고,

같이 연대하는 작은교회운동과 이곳에서의 영적 수행을 통해 칸트의 말과 같이 감히 미래를 볼 수 있지 않을까?(Dare to see the future)

루터는 신과의 개인적인 관계를 통해 교회를 넘어서고자 했다. 물론 그의 운동 역시 집단을 만들어냈고, 오늘날 또 다른 종교개혁을 상상하게 했다. 길희성은 종교와 영성의 관계에서 종교는 좋은 영성가들을 만들어내야 한다고 말했다. 그 역시 구체적인 방법을 제시하고 있지 않지만 종교의 목적은 좋은 영성가들을 만들어내는 일이고, 영성은 내적 성찰과 수행을 통해 신 안에서 세상을 넘어서는 일이며, 사회를 변혁시키는 일이다. 이것은 결코 기복신앙과 근본주의 문화가 정착되어 있는 성직-교회에서는 불가능한 일이다. 작은교회에서 성직을 넘어서 동일한 수행을 한다는 학생심(學生心)을 가지고 영적 수행의 공동체로 주변의 다양한 수행과 참여모임과 연대하여 자기를 넘어서, 집단의 개혁으로까지 나아가야 할 것이다. 곧 영적 수행이란 성직이 필요한 작업이 아니며, 수행의 깊이와 깨달음에 따라 도움을 주고, 제자는 자립하는 관계이다. 기독교 안에서 '성령'은 예수를 움직였으며, 또한 이 성령이 제자들을 사도로 거듭나게 했다. 스승이 제자를 만들고 제자가 스승이 되는 것이다. 성직은 영원한 성직이 아니고, 교인은 영원한 교인이 아닌 것이다. '성직-교회'는 그저 일시적인 현상인 것이다.

종교를 극복하고 성직을 넘어서는 일은 영적 수행의 작은 걸음에서부터 시작될 것이다. 지금 비록 그 명확한 실체를 알 수 없지만, 머리를 돌리면 인도의 그루나 무교회주의의 운동에서 그 끄트머리를 찾아낼 수 있지만, 수행하고 성찰하는 사람들이 많아질 때에야 거울로 보는 것과 같은 '영성운동'이 두 눈으로 보는 것과 같이 명확해질 것이다.

참고문헌

"태극기집회의 비결: 애국의 삼각형." 「시사인」 498호. 2017년 4월 3일.

길희성. 『길은 달라도 같은 산을 오른다』. 서울: 휴, 2013.
도로테 죌레. 『신비와 저항』. 서울: 이화여자대학교 출판부, 2006.
에밀 뒤르켐. 노치준 · 민혜숙 옮김. 『종교생활의 원초적 형태』. 서울: 민영사, 1992.
켄 윌버. 조옥경 · 윤상일 옮김. 『에덴을 넘어』. 서울: 한언, 2008.

Bohm, Maria. *Angelus Silesius, Cherubinischer Wandersmann.*' A Modern Reading with Selected Translation. New York: Peter Lang, 1997.
Bruce, Steve. *Fundamentalism.* MA: Blackwell, 2000.
Hawkins Nancy. "Dorothee Soelle: Radical Christian, Mystic in Our Midst," *The Way* (july 2005).
Merton Thomas. *New Seed of Contemplation.* New York: New Direction Book, 2007.
Soelle, Dorthee. *Not Just Yes and Amen.* Philadelphia: Fortress Press, 1985.
Tertullian. *On Modesty*, Ch. 1.
Woodhead, Linda and Paul Heelas. *Religion in Modern Times.* London: Blackwell Publishers, 2000.

최대광

감리교신학대학교를 졸업한 후 미국 Pacific School of Religion에서 M. Div. 과정을 수료하고, 그 이듬해에는 같은 학교에서 M. A. 과정을 수료하였다. 2007년에는 영국 Lancaster University에서 종교학 박사학위(Ph. D.)를 받았으며, 현재는 정동제일교회 부목사와 감리교신학대학교 강사를 역임하고 있다.

6장

평신도도 종교의례의 주체이다

_예배와 제사의 불이(不二)적 관계에 터하여

"그 위는 에노스요 그 위는 셋이요 그 위는 아담이요 그 위는 하나님이시니라"(눅 3:38)

시작하는 말: 만인제사직-미완의 과제를 넘어서기 위하여

탈(脫)성직을 주제로 한 마지막 글이다. 주지하듯 성직자란 한 종교의 체제와 제도를 운영하는 주체라고 할 수 있다. 제도가 강조될수록 성직자가 설 땅은 크고 넓어진다. 하지만 성서 속 예수는 본래 하느님과 인간 간의 중개자 없는 길을 제시한 분이었다. 누구든지 하느님을 아버지라 부를 수 있고, 성전 밖에서도 구원과 치유의 행위가 가능하며, 예수의 이름으로 구할 때 하늘과 땅이 교접할 수 있다고 가르쳐왔다. 성전도 성전답지 못한 일이 벌어질 때 내쳤으며, 안식일이 사람을 위해 있지 않고 종교 자체를 위해 기능할 때 예수는 성전을 저주했고 부정했다. 그러나 2,000년이 지난 지금 예수의 종교는 실종되었고 성직자 중심의 제도교회만 무수하다. 찻집 수보다 교회가 많아졌으며, 실업자로 전락한 목회자 수가 헤아릴 수조차 없을 정도에 이르렀다.

제법 규모가 있거나 자립된 교회의 목회자가 되기 위한 경쟁은 세상 어느 기업보다 치열하다. 그러다 보니 온갖 편법을 동원한 교회세습이 성행하고 돈을 지불하고 담임자 자격을 얻는 일도 비일비재하다. 그럴수록 경쟁에 밀린 목회자들의 실상은 더욱 참담하다. 교인 없는 교회를 유지하느라 이곳저곳 교회들에 손을 벌리거나 2중, 3중직을 통해 삶을 꾸려나가는 실정이다. 이런 현실을 알면서도 각 교파의 신학대학들은 학생 숫자를 줄일 생각조차 하지 않는다. 이 역시 교회성장 시대에 확대된 자신들의 조직을 존속, 유지하기 위함이다. 이 모두는 총체적으로 자신들의 제도 유지를 위해 자본주의 논리에 먹혀버린 결과이다. 겉으로는 거룩을 말하고 영(靈)적인 것을 전하나, 실상은 제도 유지를 위한 물질에 목을 메고 있는 것이다.

교회의 크기가 목사의 크기와 상응하는 현실에서 자본주의가 개신교 교회들의 존재 원리가 되어버린 탓이다. 따라서 500년 전의 종교개혁이 타락한 가톨릭교회에 대한 도전이었다면, 지금은 자본주의에 영혼을 판 타락한 개신교에 대한 항거여야 할 것이다. 이를 위해 종교개혁의 핵심 원리인 세 개의 '오직'(sola) 교리에 대한 비판적 성찰이 필요하다. 이들 교리가 타락한 자본주의를 확대, 재생산하는 논거로 변질되었기 때문이다. 심지어 이들 세 교리가 중세기 면죄부 이상으로 타락했음을 적시하는 학자들도 다수이다.

말했듯이 탈성직의 주제는 하나님 나라의 지연 탓에 대신 출현한 교회 제도의 문제와 직결되어 있다. 교회라는 제도의 탄생으로 특화된 성직계급이 생겨났고 성속(聖俗)의 분리를 가중시켰다. 더욱이 기독교가 로마화하면서 성직을 존재론적 특권으로 인식하는 경향이 두드러졌고, 이를 비판하며 등장한 개신교는 그 시작과 달리 오히려 그 경향성을 부추기는 형세가 되고 말았다. 하지만 예수의 종교는 중개자 없는 종교였고 제도 없는 삶을 강조했다. 어디서나 하나님을 직접 만날 수 있다고 가르쳤다. 이는 동서양 종교가 분화하기 이전, 인류는 뱀이 자기 꼬리를 무는 '우로

보로스' 신화를 공유했다는 종교학자들의 시각과 일치한다. 본래 이 신화는 자신이 자신을 먹어치움으로 본래적 자기로 되돌아오는 것에 대한 종교적 상징이었다. 모든 종교는 자신의 시원을 여기서 찾는 것이 옳다. 물론 종교의 발전과 함께 제도 역시 필연적으로 요청된다. 하지만 은총을 독점한 제도의 종교로 변질된 기독교는 과도한 성직주의의 폐단을 낳았다. 동양의 유불선 철학에서는 우로보로스 신화를 철학적으로 수용, 발전시켰으나, 제도로 발전한 서구의 교회는 이를 신비주의라는 이름으로 일절 배격했다. 이 점에서는 정도 차이가 있겠으나 신·구교 모두가 해당된다.

이로써 제도로서의 교회는 그리스도 중심주의를 앞세워 성직주의를 강화했으며 '교회 밖 구원'을 부정하는 배타성(주의)을 자신들의 근본 에토스로 삼게 되었다. 더군다나 아우구스티누스 이래 원죄 교리가 생겨난 탓에 구원에 있어 평신도의 능동성은 실종되었고, 오로지 은총의 기관이자 제도인 교회, 곧 성직자들의 구원(면책) 기능만이 강조되었다. 그러나 향후 원죄 교리 역시 이 글의 핵심에서 벗어나는 것이겠으나 재평가받을 사안이 되었다. 원죄 대신 원복(Original Blessing)을 말하는 신학사조가 등장하여 성서적 정당성을 입증받고 있는 탓이다. 여하튼 이 과정에서 수행의 개념이 개신교에서 결여된 것은 분명하다. 성직자인 목사에게는 예수처럼 신적 대리자, 예언자, 제사장의 직무가 부여되었을 뿐 자신을 성찰하는 수행자의 개념이 원천 삭제된 것이다. 바로 여기에 자본주의에 기생하는 제도교회, 더구나 은총기관의 책임자로서 성직자가 타락하게 된 근원이 있다. 절대 권력을 지닌 성직자의 타락이 교회의 존재 자체를 위태롭게 만들며 기독교의 미래를 빼앗고 있는 것이다.

따라서 여기서 말하는 탈성직은 성직 그 자체에 대한 부정이 아니라 자기 수행 없는 성직자에 대한 거부를 적시한다. 일회적 안수 그 자체만으로 성직자가 성별된 존재로 머물 수 없다. 자기 수행 없는 성직자에게 더 이상 성직의 역할을 맡기지 않겠다는 것이다. 말을 바꾸자면 평신도라 할지라도 자기를 갈고 닦아 선한 열매를 맺는 존재가 되었다면 그 역시 성직자로서 손색이 없음을 말하려는 것이다. 필자는 이것이 루터가 말했던 '만인제사직'의 아시아적 본뜻이라고 생각한다. 자신을 다스리지 못한(수행 없는) 성직자는 종교의례를 집행할 자격이 없다. 반면 일상을 거룩하게 살아낸 평신도라면 설교는 물론 의당 종교의례의 주체가 될 수 있는 법이다. 종교성은 제도가 아니라 오로지 삶이 보증할 뿐이기 때문이다. 이 점에서 필자는 이 땅의 제사문화에 주목하여 그것이 '만인제사직'론에 기여할 수 있는 바를 적시할 것이다. 물론 서구 차원에서도 얼마든지 미완의 과제로 남은 이 교리를 재해석할 수 있을 것이다. 하지만 필자는 '한국적' 작은교회론을 집필하는 과제를 지녔기에 유교문화가 가장 많이 남아 있는 이 땅의 제사 풍토를 갖고서 본 과제를 완수하려고 한다. 이 과정을 통해서 은총의 기관이 되어버린 서구 기독교의 한계도 넘어설 수 있다고 확신한다.

주지하듯 제사 문제는 선교 초기부터 한국교회 내에서 논쟁의 불씨였다. 유교문화에 근거한 제례 일체를 선교사들이 조상숭배, 우상숭배의 차원에서 부정적으로 본 탓이다. 자연신학 전통을 지닌 가톨릭교회와 달리 계시를 절대화한 개신교의 경우가 유독 심했다. 하지만 유교문화의 잔류량이 가장 많은 한국에서 제사와의 불편한 관계를 청산할 때 오히려 선교에 도움이 될 수 있다는 평가도 적지 않다. 제사와 관계된 필자의 경험 몇 가지를 나누는 것으로 그 실상을 적시해보겠다.

유교 집안에서 태어난 필자는 축문(祝文)을 읽으며 제사상 앞에서 눈물로 자신의 불효를 뉘우치는 선친의 모습을 지켜보며 성장했다. 하지만 부모 뜻과 무관하게 신학의 길에 들어선 필자의 장래를 생각하여 부친은 어느 순간 평생 모시던 제사를 스스로 폐했다. 종손인 선친의 갑작스런 변화 앞에서 주변 형제, 친지들은 난감해했고 점차 종가인 우리집에 발걸음을 하지 않았다. 각자의 집에서 자기들 방식으로 제삿날을 기억했으나 형제간의 왕래는 실종된 것이다. 신학에 입문했던 당시, 자식 위한 부친의 이런 결단이 고마우면서도 마음이 불편했고 옳다고는 생각되지 않았다. 이것이 바로 제사와 관계된 나의 첫 경험이다.

세월호 참사 3주기를 지나며 필자는 자식을 잃은 여러 그리스도인 유족들을 만났다. 이들은 사건의 진실 규명을 위해 자신의 모든 것을 희생하며 살고 있었다. 그럴수록 '잊으라' 하는 정부와 천국신앙 내세우며 '그만 할 것'을 요구한 교회로부터 내몰리고 있었다. 자식 잃은 부모들에게 잊으라는 것은 살지 말라는 것과 같음에도 말이다. 그간 제사를 우상숭배라 학습해왔으나 아이들 죽음을 기억하는 과정에서 유족들은 기독교식 예배만으로 부족함을 느꼈다. 이들 부모들은 세월호 참사가 일어난 4월 16일을 맞아 자식들이 평소 좋아하던 음식을 차려놓았다. 자식들을 조금 더 기억하고 위로하고 싶은 마음의 발로였다. 그것이 꼭 전통적인 제사는 아닐지라도 평소 자식들 좋아했던 음식을 차려놓고 망자를 기억하고자 했으니 참으로 자연스러운 일이었다. 신학을 전공한 한 유족 어머니는 "교회로부터 제사를 거부당했고 스스로도 거부해온 지난 과거를 후회한다."라고까지 말하였다.

이런 경험과 현실에 근거하여 필자는 제사의 신학적 재구성에 관심을 갖게 되었다. 제사의 본래 뜻을 수용한다면 예배와 제사는 결코 나뉠 수 없으며 상호 보완적일 수 있다고 생각한 것이다. 더욱이 종교개혁 500년을 맞아 세 개의 '오직' 교리가 지나치게 강조, 오용되었고 '만인제사직'은 오히려 홀대, 무시되었기에 이를 수정, 보완하기 위해서라도 이들의 관계는 중요할 수밖에 없다. 앞서 말했듯 평신도 역시 종교의례의 주체일 수 있어야 한다는 판단 때문이다. 따라서 이 글을 통해 제사를 예배의 일환으로 생각하여 양자의 결합을 시도해볼 것인바, 속(俗)한 가운데서 성(聖)을 찾는 평신도의 중요성이 한껏 부각될 것이다.

1. 종교개혁의 미완과제로서 만인제사직론-
종교의례와 관련하여

주지하듯 500년 역사를 맞는 종교개혁 신학은 중세 가톨릭교회의 복잡 다양한 제반 의례를 세례와 성만찬으로 단출하게 정리했다.[1] 전반적으로 의례보다는 신앙, 즉 신앙적 주체성을 중히 여긴 탓이다. 존재유비(Analogia entis)에 기초한 자연신학에 반해 신앙유비(Analogia fidei)를 개신교 신학의 골자로 삼은 결과라고 할 것이다. 한국 가톨릭교회가 중세에 급조된 연옥설의 재구성을 통해 제사 문제를 적극 수용한 것도 일종의 의례에 대한 나름의 긍정에서 비롯되었다. 위로부터의 은총뿐 아니라 위를 향한 의례를 통해서도 구원의 길이 가능하다는 것이 가톨릭교회의 기본 생각이었다. 하지만 종교개혁 전통의 개신교는 '위로부터의 은총'(up-down experience)만 허용했고 '아래로부터의 수행'(bottom-up experience)에 대해서는 냉담했다. 이를 일컬어 아리스토텔레스적인 유기체적 세계관과의 단절이라 말해도 좋겠다. 그럴수록 개신교는 은총의 통로로서 믿음만을 강조한 나머지 의례는 상대적으로 소홀히 여겼다. 제의 대신 설교(말씀)에 무게 중심을 둔 탓도 클 것이다.

하지만 말하였듯 가톨릭교회의 7개 성례 중 성찬과 세례만큼은 예외로 취급되었다. 신앙의인(以信稱義)이 이런 두 의례를 통해서 발생, 지속된다고 믿었던 까닭이다. 앞에서 말한 제도적 은총이 종교개혁 시기에 이르러서도 완전히 탈각하지 못한 것이다. 그렇기에 이것은 실상 신앙 주체성과 모순되는 것으로서 급기야 만인제사직 이론과의 갈등을 야기했다. 중세와 달리 교회를 성도들의 모임으로 새롭게 정의했고 저마다 주체적 신앙을 강조했으나, 구원의 통로로서 두 의례를 교회라는 제도

---

1) J. Dilenberg, eds, 이형기 역, 『루터 저작선』, 세계기독교고전 35(서울: 크리스챤다이제스트, 1994). "교회의 바벨론 포로"라는 글에서 루터는 가톨릭 성례전을 비판했다.

속 사건으로 한정시킨 탓이다. 물론 여기서도 신앙주체의 결단이 중요하겠으나 동시에 의례를 성직자 고유의 권한이라 여겼기에 만인제사직의 본뜻이 상처를 입게 된 것이다. 성직자에게서 초월적 위상을 벗겨내었음에도 역할 자체가 구원과 직결되었기에 성직 우선(우월)주의로부터 자유로울 수 없었다. 이로써 말씀과 의례 두 축을 붙잡은 성직의 역할은 여전히 특권일 수밖에 없었다. 이런 종교개혁의 자기모순은 신앙과 성서의 관계에서도 거듭 발생했다.

한 종교사학자가 적시하듯 루터는 성서를 하느님 말씀과 구별했음에도 불구하고 성서를 신앙의 토대이자 객관적 보증으로 여겼다.[2] 그는 성서가 오직 믿음의 자의성을 막아줄 방패라 생각했다. 이로써 성서 의존적 신앙은 본말을 전도시켜 신앙의 개인화, 즉 신앙주권의 무력화를 초래했다. 신과의 직접적 관계를 다양화할 수 있는 여지를 애당초 허락하지 않은 것이다. 따라서 종교개혁 신학은 신앙인과 불신자를 양분하는 구조를 낳았고, 후자로부터 전자를 지키기 위해 루터 스스로 질서옹호자가 될 수밖에 없었다. 농민 봉기를 주도한 토마스 뮌처를 향한 루터의 부정적 평가가 이를 잘 적시한다. 그렇기에 종교개혁 이후 만인제사직이 실상은 당시 기득권자이던 봉건 제후들을 위한 것이었다는 비판은 분명 일리(一理)가 있다. 근대를 열었다 하나 질서를 명분삼아 제후들 편에 선 것은 분명 소명(calling)으로서의 성직, 즉 만인제사직에 대한 자기부정이라 할 것이다.

이를 근거로 이 땅의 개신교는 가톨릭교회 이상으로 성직자 집단에 무게 중심을 둔 기형집단이 되고 말았다. 오히려 개교회 중심주의에 터해 설교와 의례를 독점한 개신교 성직자들의 경우 가톨릭의 경우보다 집중된 권력이 막강하다. 성직자 주도 아래 세습과 변종 성직매매까지 자행되고 있으니 그 권한의 끝이 좀처럼 보이지 않을 정도에 이르렀다. 물론

---

2) 울리히 벡, 홍찬숙 역, 『자기만의 신』 (서울: 도서출판 길, 2013), 31-75.

다수의 경우는 아니겠으나 이런 지향성을 개신교 성직자들 속에서 찾기는 결코 어렵지 않다. 개신교 성직의 개념 속에 수행자의 의미가 탈각된 실상이 바로 이런 경향성과 무관하지 않을 것이다. 여기서 필자가 제사 문제를 예배와 연결시키는 것도 탈성직과 함께 수행적 삶을 강조할 목적에서다.

지금껏 개신교는 가정보다 교회를 중시했으며 일상보다 안식일(주일) 중심이었고 의례를 주관하는 성직자의 특권화로 평신도와 성직자 간의 존재론적 구별을 당연시해왔다. 이런 분별은 성직자들에 의해 의도적으로 학습된 경우가 다반사였다. 그럴수록 미완의 과제로 남겨진 탈성직은 만인제사직에 터해 근본적으로 해체, 재구성되어야 마땅하다.

여기서 탈성직은 평신도성의 지향, 곧 향(向)평신도성과 뜻이 같다. 본 사안은 의당 세 개의 '오직' 교리에 대한 비판을 수반하나 여기서 그를 다룰 지면은 없다. 단지 이 글의 제목이 말하듯 신앙주권자로서 평신도 역시 의례의 주체인 것에 역점을 두고자 한다. 이를 위해 교회 중심적 사고틀을 깨고 신앙공동체로서의 가정의 중요성을 부각시킬 것이다. 동북아시아 3국 중에서 유교문화의 잔류량을 가장 많이 지닌 탓에 제사 문제로 개신교 가정들이 심각하게 갈등하는 것도 한 이유가 될 것이다. 거지반 준(準)기독교 국가가 되었지만 조상의례로서의 제사는 이 땅 개신교의 난제 중 하나임에 틀림없다.

그렇기에 이 글은 최소주의적 시각에서 제사의 본뜻을 밝히고 이어 예배와의 상관성을 논하며 나아가 제사 경험에 바탕하여 평신도들 역시 예배 의례의 주체가 될 수 있음을 강변할 생각이다. 여기서 최소주의라 함은 유교 전통에서 생겨난 제사의 허상과 과장을 생략, 제거하고 본질만 취하겠다는 뜻으로 이해하면 좋겠다. 이를 위해 유학의 창시자 공자와 그의 제례를 새롭게 해석한 조선 유학자 정약용 그리고 한국적 기독교 사상가로 공인된 다석(多夕) 유영모의 생각을 중요하게 다룰 것이다.

2. 종교적 관점에서 본 조상제례(제사)

제사는 본래 죽음을 극복하려는 유교적 표현이자 방식이었다. 기독교의 부활영생, 불교의 윤회전생과 함께 초혼복귀(招魂複魄)를 말하는 유교 역시 죽음 이후의 삶에 관심을 가진 종교라 할 것이다. 제사를 통해 자신이 기억되고 죽음의 순간 나뉘었던 혼(魂)과 백(魄)이 합쳐져 일상으로 복귀할 수 있다고 믿은 까닭이다. 그렇기에 유교에서 제사 지낼 자식이 없는 것은 내세를 실종시키는 일이기도 했다.

여타 종교들이 자기 방식대로 인간 탄생의 신비를 말하듯 유교 역시 인간의 탄생 신비를 자신들 조상과 연계시켜 설명했다. 자신으로부터 40대(代)를 거슬러 오르면 거지반 2,000만 명의 조상이 있어야 하는바, 그중 누구라도 그때 그 사람이 아니었더라면 자신이 존재할 수 없는 까닭에 유교는 조상을 존재의 근거라 여긴다.[3)]

그렇기에 기독교 서구가 비난하듯 존재 근거로서 조상을 우상이라 여길 수는 없는 노릇이다. 오히려 종교적 경건의 차원에서 숙고할 주제라 할 수 있다. 이런 유교적 종교성을 총칭하여 효(孝)라 불렀고 조상제례 역시 효의 일환이다. 살아 있을 때의 효가 죽은 이[死者]들에 대한 제사로 표현될 뿐이었다. 이 땅의 신학자 중에 예수를 모름지기 효자(孝子)라 불렀던 해천(海天) 윤성범과 같은 신학자도 있었다. 그러나 아무리 거슬러 오른들 조상이 자기 존재의 최종 근거는 될 수 없을 것이다. 그 조상의 조상을 재차 묻지 않을 수 없는 탓이다. 즉 조상의 끝, 조상 중의 조상을 지속적으로 물을 수밖에 없는데 선진(先秦) 유교는 그것을 바로 천(天)이고 하늘이라 했다. 진화 생물학의 방식으로 답하지 않고 또한 기독교의 창조론과도 다르나 최초 유교는 조상과 하늘(神) 관계를 당연시했던

---

3) 류승국, "관혼상제를 통해서 본 삶의 철학," 대화문화아카데미 편, 『삶의 신학 콜로키움』, (서울: 대화문화아카데미, 2007), 13.

것이다. 이 점에서 조상과 하나님, 유교와 기독교의 대화 역시 필요 막급한 것인바, 동일 선상에서 제사와 예배의 관계 역시 물을 수 있을 법하다.

주지하듯 제사는 혼과 백을 결합시켜 가족들이 사는 공간에서 죽은 조상의 삶을 재생시키는 일이다. 제사로 인한 혼백의 재결합이 유교에 서 다시 삶(기억됨), 곧 부활이다. 기독교 신앙으로는 낯설겠으나 그렇게 믿는 사람들이 있는 한 실상 자체를 부정할 수 없다. 기독교 예배 시 하느님 영(靈)의 임재를 간절히 바라며 청원하듯이 유교 역시 제사를 통해 사자(死者)의 혼을 후손들의 삶의 자리로 초대하는 초혼(招魂)을 중히 여긴다. 초혼재생(招魂再生)의 장으로서의 제사는 조상의 임재를 온몸으로 느끼며 생명의 연속성을 자각하고 가족 구성원들 간의 화합을 이룰 수 있는 의례라 할 것이다. 본래 혼을 불러 백에 복귀시키는 종교적 행위는 보이지 않는 영의 세계를 강조한 동북아시아 지역의 샤머니즘으로부터 유래했다. 하지만 이런 영의 세계를 기독교는 불편하게 생각했다. 성령, 즉 하나님 영의 초월성을 강조할 목적에서다. 하지만 이들 간의 단절만이 능사는 아닐 것이다. 조상신과 하나님의 관계는 최근 해방신학자 보프가 말하듯 하느님 영과 성령의 관계로서 연속성이 없지 않다.[4] 이는 제사를 예배로 수용하기 위한 신학적 전제이자 과제라고 할 것이다.

유교의 조상제례는 특정 시점에서 완성된 것이 아니라 오랜 세월에 걸쳐 발전했던바, 때론 왜곡되어 그 취지를 흐린 적도 많았다. 필자가 본질만을 취하겠다는 뜻에서 최소주의를 택한 것도 이런 이유에서다. 앞서 언급했듯이 유교 제사는 고대 중국에 있어 샤머니즘의 영적 세계를 전제할 때 설명 가능하다. 조상들 영혼으로부터 아직 태어나지 않은 후손들 세계로 이어지는 생물학적 연속성이 핵심이다. 죽은 조상들의 혼령과 살

4) 레오나르도 보프, 이정배 역, 『오소서 성령이여-해방과 여성, 문화 그리고 새로운 우주론의 관점에서』(서울: 한국기독교연구소, 2017), 3-5장 참조.

아 있는 후손들 간의 유기적 관계가 지속된다는 믿음 아래 삶과 죽음의 장(場)을 통합시키려 했던 것이다. 이로써 사자(死者)로서 조상들은 여전히 후손들의 삶에 권위로서 영향을 미치게 되었다. 사자의 영계와 생활세계의 연결이 사회질서를 유지하는 수단이 되기도 했다. 삶의 연속성 내지 삶과 죽음의 통합적 이해 속에서 조상들 영혼의 역할이 중요했기에 조상숭배로서의 제사는 불가피했다. 더욱이 자연재해와 같은 위중한 상황에 처할 시 조상들 영혼의 세계는 종종 후손들에게 탄원의 대상이 되기도 했다. 조상들 영혼이 신적 세계와 소통한다는 믿음 아래 조상들 영혼의 세계를 더욱 강조한 결과이다. 유교가 세계의 기원을 논할 때 서구 기독교처럼 '창조'를 말하지 않고 '출산'(出産), '생산'(生產)의 은유를 사용한 것도 조상숭배와 무관하지 않다.[5)]

이 단계를 지나 조상숭배가 자연종교들과 합류되는 과정이 존재했다. 누구나 조상을 갖고 있기에 조상숭배는 사실 만민평등적 종교였다. 그러나 점차 조상신을 능가하는 최고신 개념이 등장하는 과정에서 역할은 축소되었고 자연종교로 변용되었다. 즉 최고신의 휘하에서 산, 천, 사, 직(山, 川, 社, 稷)을 관장하는 자연신의 역할로 이해했던 것이다. 서구 기독교는 이를 미신으로 치부했지만 자연을 재(再)신성화하려는 탈(脫)현대적 노력이라 평가하는 것도 나쁘지 않다. 자연을 물질화하는 서구적 병폐, 반(反)생태적 사유를 극복할 여지가 있는 탓이다.

그럼에도 중요한 것은 최고신[帝] 개념의 출현이다. 우주와 사회에서 조상신을 능가하는 초월신에 대한 믿음이 생겼던 것이다. 하지만 후일 이것은 왕(王)의 계보와 연계되었다. 조상신을 섬기는 일반 백성과 달리 최고신에 제사하는 일이 통치자 왕의 특권으로 여겨진 것이다. 이렇듯 최고신을 독점한 통치자는 국가를 안정시키는 책무를 감당해야 했다. 그

---

5) 벤자민 슈워츠, 나성 옮김, 『중국 고대사상의 세계』 (서울: 살림, 1996), 48-49. 이 점에서 저자는 조상숭배를 종교의 근원이자 방향성이라 여겼다.

러나 종종 최고신은 통치자의 이데올로기로 변질되기도 했다. 구약성서 속 다윗 왕이 성전을 짓고 하느님을 그 속에 가둔 채 예배를 독점했듯이 말이다. 주(周)나라 시기에 이르러 신적 대상으로서의 조상 혹은 최고신 그 자체보다 인간의 의(제)례 자체에 무게 중심이 실리게 되었다. 대상보다 제사를 지내는 인간의 태도를 더욱 중히 여긴 것이다. 제사에 성실과 공경이 없으면 최고신이라 할지라도 인간 요구에 응하지 않는다고 했다. 이런 시각은 주나라 말기 공자에 이르러 더욱 확연해졌다.

오히려 공자는 죽은 조상이 아니라 살아 있는 가족공동체들 간의 예(禮)에 더 관심을 두었다. 조상신과 정령들에 대한 예배 이상으로 부/자, 부/부, 형제/자매들 간의 관계의 소중함을 일깨웠던 것이다. "산 사람을 옳게 부양할 줄 아는 사람만이 조상신과 자연의 혼령들에게 올바른 예물을 드릴 수 있다."라고 했다. 하지만 본말이 전도될 경우 오히려 '귀신(神)을 멀리하라.'는 말도 남겼다. 죽은 자들을 넘어 산 자들에 대한 예를 강조한 것은 조상제례에서 획기적인 발상이다. 이 논의는 유교의 제례를 최소주의 시각에서 접근할 수 있는 단초를 제공한다.

3. 최소주의적 시각에서 본 조상제례

앞에서 보았듯이 유교는 조상신 개념을 도입하여 인간의 죽음을 중히 여겼다. 반면 기독교의 경우 죽음을 죄의 삯이라고 본 탓에 그 의미를 축소시켰다. 시간 속에 있는 인간에게 자연적 죽음조차 죄의 결과라고 가르친 기독교는 반대로 하느님 안에서의 죽음은 결코 죽음이 아니라고 했다. 오히려 세상 속에서 하느님과 분리된 삶을 사는 것을 죽음이라 칭할 정도였다. 그만큼 자연적 삶과 죽음에 뜻을 부여하지 않았다. 물론 기독교는 유교에 비해 죽임의 문화를 극복하는 데 기여한 바가 크다. 하지만 죽음의 자연성을 폄하하는 것은 반(反)생태적이며 다원화한 종교 현실에서 가족불화, 사회해체 등 부정적 영향을 미칠 수 있다. 따라서 기존 교리의 답습 대신 자연적 죽음을 달리 해석할 수 있는 지혜를 찾아야만 한다. 이 점에서 삶의 연속성으로서 자신들 조상의 역사를 이해하는 성서의 족보 기록이 크게 도움이 된다. 믿음의 눈으로 조상들의 삶의 계보를 정리한 유대인들과 핏줄을 근거로 족보문화를 강조한 한국의 경우—물론 다른 점이 없지 않겠으나—조상과 후손의 삶을 지금 이곳에서 통전시킨 점에서 차이가 없다.

유교의 경우에도 결코 핏줄의 중요성만 강조된 것은 아니다. 조상들의 정신적 태도, 충성심을 통칭하여 '뜻'에 대한 관심 역시 지대했다. 이런 의미에서 누가복음의 족보가 여기서 대단히 중요하다. 기독교 복음을 이방인을 위한 말씀으로 이해한 누가의 경우 뜻의 상징인 예수의 족보가 아래로부터 시작하여 노아를 거쳐 하느님에게로까지 소급되었기 때문이다. "그 위는 에노스요 그 위는 셋이요 그 위는 아담이요 그 위는 하나님이시니라."(눅 3:38) 여기서 중요한 것은 조상과 하느님에 대한 관계이자 아담의 후손이 가인이 아니라 새로운 조상, 셋이라는 사실이다. 즉 누가 족보가 말하는 바는 이방 족속일지라도 유대인과 동일하게 궁극적 조상이 하느님이라는 사실과 육체(자연)만이 아닌 정신(뜻)이 생명(삶)을 이어가는 삶 속에서 대단히 중(重)하다는 가르침이다, 하느님이 모든 족속의 궁극적 조상이라는 것은 조상의 끝이 하느님인 것을 말하며, 생명의 연속성을 기록한 족보에서 관건은 자연이 아니라 '뜻'임을 역설했다. 즉 누가가 놋이란 땅에서 도시문명을 일군 가인을 족보에서 제외한 것에 주목할 일이다. 후술하겠으나 유교 제사 역시 조상 앞에서 후손들의 사람됨을 강조하였다. 단지 얼굴과 발가락(자연)이 닮아서가 아니라 조상들의 '뜻'을 이어 사람 되겠다는 다짐이 중요했던 것이다. 본 족보에 터해 유교와 기독교 간 차이는 물론 제사와 예배 간의 간격도 좁힐 수 있을 것이다.

이런 누가의 족보 시각에서 조상제례를 추원보본(追遠報本)이라고 한 정약용의 생각이 크게 도움이 된다. 그는 제사가 예 중의 예이고 으뜸가는 효라고 했다.[6] 물론 살아 있을 때 부모의 뜻을 온전히 받들고자 하는 양지(養志)를 효라 했으나 그에게도 여전히 살아서의 효가 죽어서의 제사였던 것이다. 그러나 그에게 제사란 온갖 허례허식을 벗겨낸 것으로 공자의 생각과 맥을 같이했다. 형제간의 제(悌) 없음을 부모를 사랑하지 않는 탓으로 이해할 정도였다. 주지하듯 '산 사람을 옳게 부양해야 조상신을 섬길 수 있다.'는 것이 공자의 제사론이다. 살아 있는 이들 간의 관계가 그릇되었다면 귀신 곧 조상의 혼령을 멀리하라고까지 말한 이가 공자였다.

다산의 견해도 결코 이와 다르지 않았다. "제사란 자손이 계속 부모를 공경하여 효를 이어가기 위한 것으로 자기 생명의 근원을 잊지 않고 생시와 같이 효를 극진히 함이다."[7] 그럼에도 가톨릭의 직간접적 영향을 받은 다산은 다음 두 가지 점에서 이전 유학과 생각을 달리했다. 최고신의 존재를 인정했으나 조상의 영령을 신상(神像), 신적 실체로 보는 것에 반대한 것이다. 또한 신주(神主)를 죽은 조상을 기억하는 일종의 상징물로 여겼을 뿐 혼령의 거주처로서 신앙의 대상으로 여기지 않았다. 조상 혼령에 대한 객관(대상)적 흠향(歆饗)보다는 오히려 살아 있는 자들의 주체적 성경(誠敬)을 조상제례의 핵심이라 여겼다. 살아 있는 부모 뜻을 받드는 양지가 제사보다 낫다는 말이라 할 것이다. 나아가 신주 대신 다른 상징을 이용하여 조상을 기억할 수 있다는 말도 남겼다.

다산의 상제례(喪祭禮)는 조상신과 연루된 자연신 개념도 버렸다. 기독교와의 갈등 요소를 제거한 것이다. 하지만 불교와 달리 조상의 시신(주검)을 강조했던 유교로서 몸(魄)이 묻힐 땅이 소중했고 그럴수록 땅을 관장하는 토지신의 존재를 두려워했다. 유교식 상례에 후토제(后土祭)가 거행된 것도 이런 연유에서다. 조상혼령의 실체화를 거부했듯이 자연을

---

6) 정약용, 『여유당전서』 (서울: 다산학술문화재단, 2013), I-19, 30a.
7) 같은 책, III-17, 42a.

신격화하는 자연숭배 역시 버렸다. 이렇듯 다산은 지신(地神), 조상신뿐 아니라 일체를 관장하는 천신 역시 인정하지 않았고 오로지 최고신인 상제(上帝)만을 신뢰했다. 고대 중국에서 발견한 최고신의 존재를 천주학의 상제로 여긴 결과였다. 과거 전통에서 최고신은 왕족의 조상신이었고 뭇 조상신이 자연신으로 격하되었던 것에 반해 다산에게서 상제는 왕족의 신이 아니라 모두를 위한 최고의 정신적 존재가 되었다. 대월상제(大越上帝), 즉 그 면전에서 누구든지 두려움과 떨림으로 자신의 일거수일투족을 반성하고 성찰해야 할 대상으로 여겼다. 홀로 있을 경우를 더욱 두렵게 여기라는 '신독'(愼獨)만이 지천(知天)의 길을 열 수 있다고 한 것이다.[8] 거꾸로 말하면 상제가 없다면 신독 역시 불가능하다는 말일 수도 있겠다. 따라서 제사는 신독의 경지에서 조상께 드리는 예배가 된 것이다.

이 점에서 다산의 조상제례는 조상(신)과 하나님 관계에 대한 개신교의 입장을 정립하는 데 도움을 주었다. 유교의 제례를 최소주의에 입각하여 그 본질(공자)을 회복한 탓이다. 다산에게서는 신독이 조상제례의 본질이 되었다는 뜻이다. 따라서 귀신의 존재[人魂]를 탈각시킨 채, 하느님[上帝]이 조상들의 조상 곧 궁극적 조상으로 여겨졌다. 예전부터 전해진 예라 하더라도 시대에 따라 달라질[經權] 필요가 있었다. 얼마 전 타계한 거유(巨儒) 유승국 역시 유교가 하나님[上帝] 잊은 것에 대해 애석해 하였다. 기독교가 조상에 대한 효를 잃으면 하나님을 예배할 수 없는 것처럼 유교 역시 하느님 없이는 자신을 알 수 없다고 한 것이다.[9] 다석 유영모 역시 본래 유교는 조상만 아는 유(有)의 종교가 아니라 '없이 계신 하나님'을 말하는 무(無)의 종교라 하였다. 이런 이유로 다산 정약용은 풍수지리에 의해 묏자리를 구하는 복서(卜筮), 땅의 길흉을 따지는 지관(地

---

8) 신독(愼獨)이란 "세밀한 마음으로 조심하여 상제를 섬기되 항상 성신(聖神)이 어두운 곳에 임하여 밝게 비춤과 같이 삼가고 두려워하여 잘못이 있을까를 살피는 마음…"이다. 김승혜, 서강대학교 인문과학원 편, 『다산 사상 속의 서학 지평』(서울: 서강대학교 인문학연구소, 2004), 72.

9) 류승국, 앞의 글, 25-28.

官), 제례 시 조상에게 음식을 권하는 유식(侑食) 등을 일절 거부했다. 또한 주자가례에 따른 4대 봉사(奉祀) 대신 살아 있을 때 경험할 수 있는 조상을 기리는 차원에서 3대 봉사를 주장했다. 산 자와 죽은 자 사이의 삶의 연대성을 주장하기 위해서라도 경험한 가족이 더욱 중요하다는 판단 때문이다. 특별히 다산이 중시한 바는 제주(祭酒)를 받는 수조(受胙)라는 의식으로서 살아 있을 때 부모가 들고 남은 음식을 자녀들이 먹는 것을 재현하는 일이다. 이를 통해 역시 산 자와 죽은 자의 사귐(코이노니아)을 강조하고 싶었던 것이다. 그래서 제사를 "살아 있을 때 정성껏 음식을 차려 드실 것을 권하고 남긴 음식을 나누는 절차와 의식의 모방으로서 사사여사생(事死如事生)의 상징적 표현"[10]이라고 했다. 죽은 자에 대한 예를 살아 있는 자에게 하듯 하라는 말 외에 다른 것이 아니다.

이상에서 조상제례를 공자에게로 소급하여 최소화한 다산의 제례관을 살폈다. 일정 부분 가톨릭의 영향으로 유교를 다시 본 결과라 짐작할 수 있겠다. 효율성을 좇는 자본주의의 현실에서 죽은 이들이 쉽게 망각되고 그럴수록 죽어가는 자들의 고독이 심각한 현실에서 유교 제사는 죽음 그 자체보다 두려울 수 있는 잊혀짐에 대한 두려움을 극복할 수 있게 한다. 개신교의 경우 조상을 기억하는 추모(추도)예배가 있으나 의식이 지나치게 말 중심이며 너무 단출하다. 여타 종교에 비해 제례의식이 발달하지 못한 결과이다. 죽어가는 자의 고독을 해결하기 위해서라도 유교 제사를 우상숭배라 여기던 이전 태도를 벗고 최소주의적 시각에서 그 상징성을 적극 수용할 때가 되었다. 삶의 근원을 확인시키고, 육체(몸)로만이 아니라 뜻[誠敬]의 차원에서 생명의 연속성을 강조하며 산 자와 죽은 자가 일상에서 교감하는 유교적 종교성을 기독교가 적극 수용해야 옳다. 유교적 최소주의에 입각할 때 탈(脫)미신적 유교제례는 기독교 신앙과 예배의

10) 최기복, 이동준 외, "다산의 서학수용과 상제례관," 『근세 한국 철학의 재조명』 (심산, 2007), 610.

의미를 오히려 풍성하게 만들 수 있을 것이다. 조상을 경홀히 여기는 기독교는 보이지 않는 하늘(하나님)도 옳게 섬길 수 없음을 유념할 일이다.

4. 예배와 제사의 불이(不二)성-탈성직의 척도로서의 '신독'(愼獨)에 터하여

이제 마지막 장에 이르렀다. 예배와 제사의 하나 됨 혹은 예배로서의 제사를 나름 모색하는 지면이 될 것이다. 이렇듯 필자가 예배와 제사의 불이(不二)적 관계에 집착하는 것은 궁극적으로 의례의 주체로서 평신도 역할을 강조하기 위함이다. 제사의 주관자인 평신도가 교회 예배에서도 여전히 주체가 될 수 있고 되어야 한다고 확신하기 때문이다. 기독교 예배가 그러했듯이 유교 제사 또한 "인간을 근원으로 이끄는 하나의 거룩한 끈"[11)]인 탓이다. 미완과제로 남겨진 기독교의 만인제사직은 이런 과정 아래 자기 본뜻을 온전히 실현시킬 수도 있겠다. 하지만 여기서 핵심은 그것이 예배이든, 제사이든지 간에 신독에 있다. 신독이란 '홀로 있을 때를 조심하라.'는 뜻으로 하나님의 임재 경험과도 유사하다. 제사를 위해 자신에 대한 치열한 성찰과 반성의 순간일 것이다. 앞서 각주에서 밝혔듯이 신독은 평범한 일상[俗]에서 상제를 대하는 마음으로 삼가고 두려워하는 삶의 태도이다.

이처럼 성직제도가 없었던 유교는 제사를 위해서 일반인들에게도 엄격한 수신(修身)을 요구했다. 제사를 모시는 제주가 성직의 기능을 담당했던 것이다. 일 년 몇 차례 반복되는 기일(忌日)을 맞아 제주는 자기 삶을 성찰하고 반성하지 않을 수 없었다. 제사를 통해 삶의 연속성[孝]을 환기하고 조상의 현존을 잊고 살았던 것을 용서하는 의례를 지속하기 위해서 필요한 것이 바로 신독이었다. 필자가 어린 시절 보고 경험한 제사

---

11) 이은선, 『유교, 기독교 그리고 페미니즘』 (지식산업사, 2003), 375-382.

상 앞에서의 부친의 격한 울음은 하느님을 향한 죄책 고백의 감정과 일맥상통하는 것이었다. 이는 성찬, 세례식을 위해 성직자에게 결혼을 금할 정도로 고행을 요구한 초기 기독교 전통을 빼닮았다. 단지 성속(聖俗)을 분리하지 않고 "성의 평범성", 즉 일상에서 성을 실현시키고자 했을 뿐이다. 유교는 기독교 서구가 강조한 악의 평범성(한나 아렌트)보다 이은선 교수가 밝혔듯이 성의 평범성을 강조해왔다.[12)]

그러나 이 땅의 기독교는 일상 속의 성을 버렸고 주일 하루만의 종교, 안식일을 위한 종교가 되어버렸다. 예배 역시 인습적이며 노예화되었고 값싼 은총으로 죄의식조차 실종시켰다. 자본에 종속된 탐욕을 세 개의 '오직' 교리를 앞세워 지속적으로 면죄부를 주어온 것이다. 자기 수행(愼獨) 없이 허례로서의 의례만 남은 예배에 제사의 의미가 더해져야 할 이유가 바로 여기에 있다. 또한 자기 성찰 없이 반복적, 기계적으로 의례를 집행하는 성직의 직무에 대한 불신도 여기서 정점을 이룬다. 일찍이 기독교가 고트족 침입으로 배교한 성직자들에 대한 평신도들의 반발과 저항을 원죄론을 앞세워 물리적, 교리적으로 해결한 적이 있었으나, 이제는 그런 봉합이 더 이상 가능하지 않다. 강간하고 횡령한 목사를 성직자로 인정할 평신도는 아무도 없다. 그럴수록 일상에서 신독하며 제사를 경험한 평신도 역할이 교회 안에서도 중요할 수밖에 없다.

다행히도 한국 개신교 내부에서 성례전과 부활신앙을 조상제례 속에서 통전시키려는 시도가 존재했다. 죽음 역시 통과의례인 까닭에 죽음 이후의 삶을 지금 이곳과 연결할 목적에서였다. 이 경우 성례전은 살아 있는 자의 자리에서 죽은 자와의 삶(뜻)의 연대성을, 그리고 부활을, 하나님에 의한 죽은 자의 기억을 뜻했다.[13)] 이런 시도는 일상과 주일을 나누

12) 이하 '聖의 평범성'이란 한나 아렌트의 '악의 평범성'과 짝하는 이은선 교수의 핵심 사유임을 밝힌다. 이은선, "종교문화적 다원성과 한국 여성신학," 『한국 생물 여성영성의 신학』(서울: 모시는사람들, 2011), 29 이하.

13) 박근원, "한국 기독교 죽음의례의 재정립," 『죽음, 삶의 현장에서 이해하기』, 문화신학회 7집, 2004, 283.

고 삶과 죽음을 분리했던 기독교(교회)의 자기비판으로만 가능하다. 성의 평범성, 일상성을 말하지 않고서는 불가능한 일이다. 그럴수록 요점은 제사의 선결 요건인 신독에 있다. 신독만이 일상을 거룩하게 만들며 제사를 예배와 결합시킬 수 있다. 하나님 앞에서의 경험이 바로 신독이자 경(敬)인 탓이다. 이하 내용에서 신독에 터한 제사를 예배와 결합시키는 한 방식을 배울 수 있겠다. 즉 예배와 제사의 불이(不二)성을 위해 신독에 터한 종교성이 얼마나 중한 것인지를 말할 것이다.

우선 최소주의에 입각한 제사의 형식부터 달리 생각해야겠다. 유교 제사에 없어서 아니 될 상징물로서의 신주 대신 누구나가 쉽게 구할 수 있는 밤, 대추, 감을 사용한다. 여기서 밤은 자기 근본(조상)을 기억하겠다는 표증이고, 대추는 자식을 낳아 생명을 이어가겠다는 표식이며, 감은 조상의 뜻 따라 자식을 사람 만들겠다는(교육) 다짐이기 때문이다. 조상을 추모하는 사진을 옆에 두면 생명의 연속성을 환기시키는 데 큰 도움이 된다. 아울러 조상이 살아 있을 때 좋아하던 음식 몇 가지를 간단하게 준비하여 상을 차리는 것도 좋다. 하지만 음식 준비에 있어 평소와 다른 마음가짐이 필요하며 제사가 마무리될 시점까지 음식에 손대는 이가 없어야 할 것이다. 하지만 자정에 드리는 유교(전통) 형식을 따르기보다 가족들이 가장 많이 모일 수 있는 시간을 정하여 제사하는 것이 좋다.

이런 준비가 끝나면 가족과 친지들이 성경책을 갖고 제사상 앞에 무릎 꿇고 자리한다. 신독하여 준비된 가장(家長)의 인도 아래 하나님의 영이 제례에 임하길 바라는 기도를 올린다. 오늘이 조상의 기일(忌日)임을 알리며 살아 있을 때 그들의 삶이 얼마나 고단한 삶이었는가를 하늘에 고하는 일이다. 이러한 기도는 조상들의 헌신적 삶을 후손들에게 전달하는 과정이 될 것이다. 아울러 이런 조상들을 하나님께서 잘 보살펴주실 것을 청원하며 이 땅에서 누리지 못한 복을 하늘에서 누릴 수 있기를 간절히 기도한다. 그런 연후 함께 찬송을 하며 관련된 성경구절을 윤독한다. 이 경우 찬송과 성서는 조상들의 삶의 궤적(軌跡)에 따라 달라질 수 있다. 이에 근거하여 이스라엘 백성들에게 출애굽 사건이 늘 대화의 주제였듯이 자녀들에게 조상(부모)의 삶의 파편들을 소개한다. 예배 절차가 마무리되면 가족들은 차린 상을 향해 공경의 마음을 표한다. 개신교에서 금하는 절을 조상들에게 바칠 수도 있다. 절이란 우상숭배가 아니라 모질게 살았던 조상들의 삶 앞에서 자신을 낮추어 작게 만드는 행위이다. 여기서는 남녀노소 누구도 예외가 될 수 없다. 음식공양이 끝나면 조상들에게 제사지내는 구성원 모두의 간결한 기도를 아뢴다. 조상들의 수고를 느끼며 옳게 살겠다는 일종의 다짐의 순간이다. 설령 기독교 신앙에 따라 살지 못하고 운명한 경우일지라도 하느님과 함께하는 삶을 기원한다. 마지막 기도는 항시 제사상을 준비한 집안의 여성 한 사람을 택하여 드리는 것이 좋다. 제사행위가 멍에가 아니라 생명을 이어가는 장(場)인 것을 강조할 목적에서다. 그리고 마지막은 함께 주기도를 드림으로 제사를 폐한다.

이런 방식으로 제사는 하나님께 드리는 예배의 형식 속에 적극적으로 통전될 수 있다. 거듭 말하지만 유교문화 잔류량을 가장 많이 지닌 한국에서 개신교는 유교의 부정적 모습을 지우고(최소주의) 긍정적 모습을 활성화해야 옳다. 제례가 효의 중요성에 대한 강조로서 하나님 안에서 조상을 이해하고 조상의 뜻을 이어가는 의례이므로 향후 개신교는 제례의 예배화에 더욱 관심을 기울여야 마땅하다. 그래서 누가가 전하는 예수의 족보가 더없이 중요하다. “그 위는 에노스요 그 위는 셋이요 그 위는 아담이요 그 위는 하나님이시니라.”

맺는말: 신독에 터한 성의 평범성, 그것이 평신도를 의례의 주체로 만든다

이렇듯 신독에 터해 의례의 주체였던 평신도들은 향후 교회예식의 주체로서도 자리매김해야 할 것이다. 제사를 통해 성의 평범성을 학습한 탓에 교회에서도 자신들의 신앙 주권을 더욱 적극적으로 행사해야 마땅하다. 수행 없는 성직자의 의례보다 신독에 터한 제사행위, 그를 일상에서 경험한 평신도들이 성직자들보다 훨씬 종교적이고 영적일 수 있다. 따라서 평신도가 더 많은 설교 기회를 갖고 성직자 고유 권한에 속한 세례, 성찬에도 평신도가 참여하는 것이 바람직하다. 제도가 보장하는 성직보다 일상에서의 신독 여부가 의례의 집행 여부를 결정해야 옳다. 더구나 성직자의 이중, 삼중직이 공론화되는 현실에서 이 주제는 피할 수 없는 사안이 되었다. 성직이 존재론적 위상이 아니라 회중 안에서의 역할이라는 종교개혁자들의 말이 거짓이 아니라면 말이다. 이것이 현실화할 때 비로소 미완의 과제로 남겨진 만인제사직이 완성될 수 있다.

물론 그렇다 하여 평신도와 성직자 역할을 온전히 동일시할 수도 없는 노릇이다. 성직자인 까닭에 무조건 의례의 집행자가 되는 것은 참으로 불합리하다. 여기서 요체는 하느님 앞에 선 경험, 유교식으로는 성(聖)의 평범성, 곧 신독의 학습 여부이다. 성직자라도 삶이 수반하지 못할 경우 의례를 삼가는 것이 좋다. 반면 경건의 훈련, 곧 일상 속 제사를 통해 성의 평범성[愼獨]을 체험하고 학습할 경우, 평신도일지라도 항시 의례의 주체가 될 수 있어야 한다. 이를 일컬어 필자는 신앙 주권의 온전한 회복이라 말하고 싶다. 평신도가 의례의 주체자로 우뚝 서는 그날, 기독교는 주일만의 종교가 아니라 일상 자체를 거룩하게[聖] 만드는 종교로 크게 변화될 것이다. 루터의 만인제사직의 원뜻도 유교식으로 말할 때 '성의 평범성' 곧 신독과 결코 무관하지 않을 듯싶다.

평신도 교회를 꿈꾸는 공동체라면 의례의 주체로서의 신독의 실천과 제사의 경험을 일상에서 주저함 없이 지속적으로 감당해야 옳다. 조상을 향한 경건한 종교적 에토스를 예배로 승화시키는 훈련에 익숙해져야 한다. 그런 학습만이 신앙 주권을 더욱 의식화할 수 있기 때문이다. 하지만 기존 교회일 경우 성찬과 세례 집례 시, 성직자와 평신도들이 함께해도 좋겠다. 이들을 주례자와 보조자로 대별할 이유는 전혀 없다. 누가 더 성례(聖禮)로 불리는 교회예식을 위해 일상에서 신독의 경험을 했는가에 대한 솔직한 고백이 필요하다. 준비가 부족한 성직자보다 제사를 위해 신독했던 평신도가 교회의례의 주체가 될 수 있는 법이다. 이 경우 성례를 집행할 때 주(主)/보(補)의 역할은 얼마든지 바뀔 수 있어야 한다. 남녀의 구별도 의당 없어야 옳다. 평신도가 집례하는 성찬예식에서 성례를 받거나 보조 역할을 한다 해서 성직자의 권위가 실추되는 것이 아니다. 오히려 일상에서 신독 경험을 굳게 하는 계기가 되기에 하늘도 기뻐할 일이다. 설교를 비롯하여 성찬과 세례식이 구원의 첩경이라 믿는다면 이를 행하는 주체들의 자기 성찰이 더 한층 깊어지고 예민해야 옳다. 이를 위해 가정에서 평신도들이 제주의 역할을 지속적으로 감당해야 할 것이다. 제사와 예배가 결코 둘이 아니라는 누가의 족보를 근거하여서 말이다. 바로 여기서 탈성직에 대한 아시아(유교)적 성찰이 가능할 수 있다.

그래도 문제는 여전히 남는다. 성의 평범성을 살아내는 신독의 소유자를 어찌 가늠할 것인가의 문제이다. 잘못할 경우는 평신도들의 과한 종교적 욕망으로 성례 자체가 더욱 혼란에 빠질 수도 있다. 잘못된 성직자들의 탓이겠으나 장로들의 권력욕이 교회에 난제를 만드는 현실에서 탈성직 영성[愼獨]에 있어 기준이 필요한 상황이다.

신독에 의거 학습된 성의 평범성은 고독, 저항 그리고 상상을 골자로 한다. 고독은 신독의 본질로서 하나님 앞에 선 단독자의 경험이다. 복잡한 자신의 마음을 궁극적 하나로 모을 수 있는 힘일 것이다. 홀로 있으나 언제든 하나님과 더불어 있다는 대월상제의 경험은 세상을 향해 열려 있다. 자기 폐쇄적인 외로움과 달리 고독은 그 깊이만큼 넓어 세상을 품는다. 이렇듯 고독에 바탕한 영성은 언제든 현실에 저항한다. 무리(집단) 속 일원으로 만드는 세상과 교회에 항거하고 차라리 한 마리 잃은 양 되기를 선호한다.

고독이 중심을 떠나 변방을 지향한다면, 저항은 변방을 내치는 중심에 대한 비판이다. 성서가 말하는 하나님 나라 사유가 고독에서 야기한 저항의식의 산물이라 해도 좋겠다. 탈중심화된 의식이 바로 저항인바, 이런 저항으로 탈성직의 과제를 이룰 수 있을 것이다. 교회 내 변방은 아직까지 평신도 영역일 수밖에 없는 탓이다.

하지만 이런 저항은 상상 곧 환상이 있을 때 가능하다. 상상력 없는 저항은 무모하고 폭력으로 귀결될 수 있다. 상상(환상)이란 체제 밖 사유의 다른 표현이다. 제도 속 인습화된 가치에 순응하기보다 전혀 다른 세상에 대한 동경이다. 동서양의 분화 이전 상태인 우로부로스 신화 세계로의 회귀일 수 있겠고, 성전 휘장이 제거된 새로운 교회상(像)일 수도 있다. 자본주의적 인과관계가 산산조각 나는 대안 공동체에 대한 기대라 해도 좋을 것이다. 이런 교회, 세상에 대한 환상은 고독에서 비롯하며 저항을 부추긴다. 이것이 바로 신독에 터한 성의 평범성의 실상이다. 일상에서의 제사 경험이 그래서 중요하다.

종교개혁 500년 이후 교회는 모두가 성직자이고 모두가 평신도로 존재해야만 한다. 고독, 저항, 상상(환상)을 허락하는 신독만이 종교적 영성으로 인정받는 시대가 된 까닭이다. 종교의 시대가 가고 영성의 시대가 온 것을 명심할 일이다.

참고문헌

김승혜. 『다산 사상 속의 서학지평』. 서울: 서강대학교 인문학연구소, 2004.
이동준 외. 『근세 한국 철학의 재조명』. 서울: 심산, 2007.
이은선. 『유교, 기독교 그리고 페미니즘』. 서울: 지식산업사, 2007.
________. 『한국 생물(生物) 여성 영성의 신학』. 서울: 모시는사람들, 2011.
정약용. 『여유당전서』 I, III.
한국문화신학회 편. 『죽음, 삶의 현장에서 이해하기』. 문화신학회 7집. 2004.

레오나르도 보프. 이정배 역. 『오소서, 성령이여-해방과 여성, 문화 그리고 우주론의 관점에서』. 서울: 한국기독교연구소, 2017.
벤자민 슈워츠. 나성 역. 『중국 고대사상의 세계』. 서울: 살림, 1996.
울리히 벡. 홍진숙 역. 『자기만의 신』. 서울: 도서출판 길, 2013.
유아사 야스오. 이정배/이한영 역. 『신체의 우주성』. 서울: 지식산업사, 1998.
존 딜렌버거. 이형기 역. 『루터 저작선』. 세계기독교고전 35. 서울: 크리스챤다이제스트, 1994.

이정배

감리교신학대학교 교수로 신학생들을 가르치다가, 현재는 현장아카데미 원장과 생명평화마당 상임대표, NCCK 신학위원장으로 맡은 바 책임을 다하고 있다. 저서로는 『개신교 전위 토착신학 연구』, 『없이 계신 하느님, 덜 없는 인간』, 『창조영성과 기독교 재주체화』 등이 있다.

Part 2
탈성장

1장

가난한 교회, 저항하는 교회

시작하는 말

우리가 말하는 작은교회란 큰 것에 대한 열망과 탐욕이 교회를 무너뜨리는 주범임을 깨달은 교회이다. 작음을 기꺼이 지향할 때 비로소 주님께서 의도하신 참된 교회로 세워져 갈 수 있다고 확신하는 교회이다. 그런 교회는 자연스럽게 세 가지 특징을 지니게 되는데 그건 곧 탈성직, 탈성장, 탈성별이다.

나와 다른 다섯 명의 필자는 탈성장에 초점을 맞추어 한국적 작은교회론을 다룰 것이다. 나의 글은 한국적 상황에서 탈성장, 좀 더 적극적으로 표현하자면 향(向)성숙을 추구하는 교회론의 서론이라 할 수 있겠다. 탈성장은 개교회성장주의를 지양한다. 개교회성장주의 이면에는 교회 규모가 커야 하나님의 일을 크게 할 수 있다는 매우 유혹적인 확신이 깔려 있다. 고(故) 옥한흠 목사도 결국 그 확신에 근거해서 지난 2009년 11월 중순, 사랑의교회의 초대형신축 논란이 한창 뜨거울 때, 찬성 측에 큰 힘을 보탰다. 비슷한 시기에 미국 새들백교회의 릭 워렌 목사는 '메가처치가 교인들 요구를 더 잘 채워줄 수 있다.'고 주장했다. 그는 4,500개의 소그룹, 다운증후군 부모그룹 같은 300여 개의 목회 프로그램, 12개의 예배처소를 운영하는 자신의 교회를 초대 예루살렘교회를 닮은 성경적 교회의 한 예로 제시했다. 뒤집어 말하면 작은교회는 성경적이지 않다는 뜻이다. 한국교회 대다수가 지지해마지않는 주장들이다.

그러나 슬픈 건 바로 이런 개교회성장주의야말로 한국교회를 오늘처럼 부패하게 만든 주요인이라는 점이다. 이 비극적 상황에서 벗어나기 위해 우선 한국교회가 개교회성장주의에 빠지게 된 보다 근본적인 원인, 그리고 그 병적 증상들에 대해 간략하게나마 진단해보고자 한다. 그리고 한 걸음 더 나아가 성숙을 지향하는 작은교회의 모습을 그려보고자 한다. 그 교회는 바로 가난한 교회·저항하는 교회로서의 작은교회이다. 가난과 저항을 핵심적 특징으로 삼는 작은교회가 오늘의 한국사회에서 구체적으로 취할 수 있는 다양한 모습과 역할에 대해서는 다른 다섯 저자께서 제시해줄 것이다.

1. 자본주의 뒤에 숨어들어 온 맘몬 숭배

한국교회가 개교회성장주의를 열렬히 지지하게 된 건, 자신도 모르는 사이에 맘몬 숭배에 말려들었기 때문이다. 본디 규모가 크고 힘이 있어야 무슨 일이든지 해낼 수 있다고 주장해온 존재가 바로 맘몬이다. 그런 점에서 볼 때 예수께서 공생애를 시작할 때 그에게 다가와 시험한 악마는 맘몬과 다르지 않다.(마 4:1-10) 맘몬의 논리는 개교회성장주의가 말하는 논리와 정확히 맥을 같이한다.

예수의 엄중한 경고에도 불구하고(마 6:24) 한국교회는 어떻게 그렇게 맥없이 맘몬 숭배에 빠져 개교회성장주의를 진리인 양 떠받들게 되었을까? 그건 맘몬이 자본주의라는 우회로를 택하여 은밀하게 교회 안으로 침투해 들어오는 데 성공했기 때문이다. 맘몬 숭배는 자본주의 정신의 핵심이다. 막스 베버가 잘 파악했듯이 자본주의 정신이란 '돈을 벌고 취득하는 일'을 인간 '삶의 궁극적 목적'으로 삼는 정신이다. 즉 '경제적 취득은 더 이상 인간의 물질적 필요를 만족시키는 수단으로 인간에게 종속

되지 않는다.'[1]

자본주의 정신이 등장하기 전 사람들은 일정한 경제적 필요가 충족되면 더 이상 경제활동을 하려 하지 않았다. 그보다 더 궁극적인 삶의 목적을 추구하기 위해서였다. 그러나 자본주의 정신에 익숙해지면 결코 그 수준에 머물지 않는다. 더 많은 부를 취득하기 위해 경제활동에 힘을 쏟는다. 경제행위 그 자체를 궁극적 목적을 달성하기 위한 행위로 간주하기 때문이다. 경제적 부의 축적에 궁극적 가치를 부여하는 셈이다. 그러니 자본주의 정신과 맘몬 숭배는 사실상 하나이다. 이를 간파한 마르크스는 근대사회 즉 자본주의사회의 민낯을 적나라하게 묘사한다.

> 태어나자마자, 플루톤(부와 저승의 신)의 머리털을 잡고 그를 땅 속에서 끌어올린 근대사회는, 황금을 성배(예수가 최후의 만찬에서 쓴 술잔) 또는 자기의 가장 내면적 생활원리의 휘황찬란한 화신으로서 환영하고 있다.[2]

해방 직후인 1946년 미군정의 조사결과에 의하면 남한에서 공산주의와 사회주의체제를 지지하는 이들이 무려 80%에 달했다. 1948년에 제정된 대한민국 헌법 제6장 제84조를 보자.

> 대한민국의 경제질서는 모든 국민에게 생활의 기본적 수요를 충족할 수 있게 하는 사회정의의 실현과 균형 있는 국민경제의 발전을 기함을 기본으로 삼는다. 각인의 경제상 자유는 이 한계 내에서 보장된다.

---

1) Max Weber, *The Protestant Ethics and the Spirit of Capitalism* (London: Unwin Hyman, 1930/1989), 53.

2) 카를 마르크스, 김수행 옮김, 『자본론 I』 (상) (서울: 비봉출판사, 2015), 172에서 재인용.

놀랍지 않은가? 국민의 보편복지와 적절한 평등경제가 먼저 실현되지 않으면 각인은 경제적 이익을 추구할 자유를 누릴 수 없었다. 그런 정치경제체제에 어떤 이름을 붙이든 오늘날의 냉혹한 자본주의체제와는 차원이 전혀 다른 건 명확하다. 하지만 불행하게도 곧 이어진 참혹한 한국전쟁과 오랜 냉전으로 말미암은 증오와 불신은 대한민국을 확실한 반공·친미·친자본주의 국가로 만들었다. 그 과정에서 친자본주의적 기독교 세력이 국가 중심세력으로 부상하면서 맘몬은 교회 내 견고한 진지를 구축하는 데 대성공을 거두었다. 그 실례가 바로 이명박 장로대통령이요, 문창극 장로이다. 교회 안으로까지 깊숙이 파고 들어온 맘몬 숭배는 개교회성장주의로 이어질 수밖에 없었다. 이제 개교회성장주의에 빠진 교회는 어떤 증상을 나타내는지 살펴보자.

2. 개교회성장주의의 증상들

개교회성장주의에 빠진 교회는 교인 숫자를 가능한 한 짧은 시간에 최대한 많이 늘리는 데 총력을 기울인다. 그러다 보니 전폭적인 하나님사랑과 신실한 이웃사랑의 실천을 요청하는 하나님 나라의 복음을(마 22:37-40) 희석할 수밖에 없다. 대중들이 열광적으로 받아들이기엔 너무 어렵기 때문이다. 전폭적인 하나님사랑은 하나님을 이용해먹는 기복신앙으로 둔갑되었고, 신실한 이웃사랑의 실천은 얄팍한 자기포장의 수단으로 전락해 사실상 실종되고 말았다. 그러다 보니 교회는 자연히 강도의 소굴이 된 것이다. 그 전 과정에서 상습적으로 악용된 것이 '오직 성경', '오직 은혜', '오직 믿음'이라는 종교개혁의 3대 원리이다. 비극도 이런 비극이 없다.

하나님을 이용해먹는 기복신앙

기복신앙은 전폭적인 하나님사랑을 교묘하게 뒤튼다. 기복신앙은 하나님을 사랑하긴 하되 이 땅에서 물질적 풍요를 향유하기 위해 하나님을 이용해먹는 신앙이다. 기복신앙은 끊임없이 새로운 버전으로 업그레이드 되기는 하지만 그 본질적인 도식은 한결같다. 이를 스카이 제서니가 잘 요약해준다.

> A를 제물로 바치고, B기도문을 암송하며, C를 삼가면 하나님은 D로 우리를 축복할 것이다.[3)]

기복신앙은 율법주의의 한 형태이다. 율법주의의 매력은 그 추종자들에게 상당한 의무를 요구하기 때문에 자신의 탐욕과 세속성을 자각하지 못하게 할 뿐 아니라 영적 우월감까지 누릴 수 있게 해준다는 데 있다. 기복신앙을 활성화하는 동력은 교묘한 자기기만에 있다. 그녀는 기복신앙의 최신 버전인『왕의 재정』의 저자 김미진은 기복신앙을 '자기의 필요만을 위해 복을 구하고 나누어줄 줄 모르는 신앙'으로 규정한다. 그녀는 가난한 이웃에게 나누어주기 위해 하나님께 큰 성공과 넘치는 부를 구하고, 충분히 나눠주고 남은 부를 누리는 건 결코 기복신앙이 아니다. 그는 책 말미에서 당당하게 주장한다.

> 우리에게 가장 도전되는 삶은 90% 기부하고, 나머지 10%도 넉넉하여 모든 것에 넘치는 삶이다. 나는 여러분에게 그런 삶을 살도록 도전한다. 그런 삶을 살도록 목표를 세우고 도전하라![4)]

---

3) 스카이 제서니, 이대은 옮김,『하나님을 팝니다』(서울: 죠이선교회, 2011), 173.
4) 김미진,『왕의 재정』(서울: 규장, 2014), 308.

기부행위가 경제적으로 풍요한 삶에 대한 탐욕을 정당화하는 매력적인 수단으로 전락한 것이다. 하나님께 부와 성공을 간절히 구하는 건 오직 이웃사랑 때문이라고 자기를 속이고 있다. 하지만 그러한 자기기만의 정체는 예수 앞에서 여지없이 폭로된다.

예수는 오늘로 말하자면 겨우 몇천 원에 불과한 적은 액수를 드린 가난한 과부가 어떤 부자보다도 더 많이 드렸다고 칭찬하셨다. 그 몇천 원이 과부에게는 생활비 전부였기 때문이다.(막 12:41-44) 이웃사랑의 깊이는 내어준 액수가 얼마나 큰가에 의해서가 아니라, 주고 남은 액수가 얼마나 적은가에 의해 판정된다. 큰 나눔을 위해서 먼저 큰 부자가 되어야 한다는 논리는 맘몬과 자본주의사회의 논리이지 결코 하나님 나라의 논리가 아니다.

슬픈 것은 기복신앙의 주창자들과 신봉자들은 한결같이 '오직 성경'을 강조한다는 점이다. 원래 '오직 성경'이라는 원리는 종교개혁자들이 중세 교회의 잘못된 전통을 분쇄하는 데 사용한 저항적 수단이었다. 그런데 지금은 자신들의 뒤틀린 신학과 신앙을 옹호하는 탐욕의 수단으로 악용하고 있다. 특정 본문의 맥락과 신학적 위치를 완전히 무시한 채, 자신들의 잘못된 주장을 정당화하기 위해 문자적으로 들이댄다. 사실 이는 낯선 현상이 아니다. 사탄도 예수를 유혹하는 데 성경구절을 인용하지 않았던가!(마 4:6, 시 91:11, 12)

이웃사랑을 실종시킨 값싼 은혜/죽은 믿음

개교회성장주의가 이웃사랑의 실천을 무력화하기 위해 슬그머니 도입한 게 값싼 은혜와 죽은 믿음이다. 값싼 은혜란 본회퍼의 표현을 빌리자면 '죄인은 의롭게 만들어주지 않으면서 죄 자체를 의롭게 만들어버리는 것'을 뜻한다.[5] 죽은 믿음이란 이웃사랑의 실천이 동반되지 않는 믿음이다. '오직 은혜'를 값싼 은혜로, '오직 믿음'을 죽은 믿음으로 각각 둔갑시킨 것이다.

개교회성장주의에 빠진 교회들이 세월호 참사를 겪은 유족을 위로하는 듯하다가, 얼마 뒤에 등을 돌려 깊은 상처를 주는 막말을 일삼았던 슬픈 사실은 그런 점에서 전혀 놀랄 일이 아니다. 사회적 약자들을 지속적으로 그리고 실천적으로 사랑하는 것이 자신에게 불리하다 싶으면 냉정하게 버린다.

사실 이웃을 좀 더 넓게 적용하면 자연생태계도 포함해야 한다. 하나님께서 무지개 언약을 세우실 때 언약 당사자로 노아와 그 가족뿐 아니라 땅의 모든 생물까지 포함하지 않으셨는가!(창 9:8-17) 그런가 하면 바울은 자연만물의 신음소리를 들으면서 그들이 사람들과 똑같이 구원의 날을 열망한다는 걸 인지하였다.(롬 8:19-22) 하지만 자기 교회 규모 확장에 눈이 먼 교회가 자연생태계까지 진실로 사랑한다는 것은 애초부터 불가능하다.

강도의 소굴로 전락한 교회

개교회성장주의에 함몰된 교회는 신속한 교세확장을 위해 세속적 강자를 대환영하고 재빨리 교회의 지도자로 세운다. 불의하게 부와 권력을 축적해온 세상의 강도들이 가뿐히 신분세탁의 특혜를 누린다. 강도들의 지지를 받는 목회자는 왕으로 군림한다. 그런 교회들의 정치참여에서 그들의 속내가 확연히 드러난다. 민주화 이전엔 비겁하게 군부독재를 옹호해 실리를 챙기고, 민주화 이후엔 노골적으로 강도들의 기득권 옹호에 발 벗고 나서지 않았는가! 하나님 나라의 정의·평화를 짓밟는 반동적 정치참여이다.

그런데 이렇게 강도의 소굴로 전락한 교회는 자신들이야말로 가난한 사람들을 사랑하는 교회인 양 거짓 포장을 위해 온갖 아름답고 경건한

---

5) Dietrich Bonhoeffer, *The Cost of Discipleship* (London: SCM, 1948), 35.

언어를 동원한다. 그 극치를 오정현 목사의 "새 예배당은 이런 교회가 되게 하소서"라는 기도문에서 볼 수 있다. 3,000억 원 이상을 들여 건축한 초대형교회 입당예배를 일주일 앞두고 교회소식지 「우리」에 실은 기도문이다. 일단 제목부터 거짓이다. 신약성경 어디서도 예배당을 교회라고 말하는 걸 찾을 수 없기 때문이다. 그리스도인의 공동체가 교회이다. 그런 거짓말을 할 수밖에 없는 건, 교회 건물에 투영된 강도들의 탐욕을 숨겨야 했기 때문이다. 기도문의 첫 문단만 보자.

> 예수님께서 찾으셨던 가난하고, 약하고, 소외되고, 고통당하는 자들이 주저 없이 왕래하기에 문턱이 없는 편안하고 친근한 그런 교회가 되게 하소서. 그리하여 마치 그곳이 처음부터 자신의 터전이었던 것처럼 느껴지는 그런 교회가 되게 하소서.

이렇게 아름답고 경건한 언어로 자신을 속이는 교회는 마르크스의 종교비판을 받아 마땅하지 않은가? 그가 예리하게 간파한 것처럼 기독교 신앙을 '세상의 영적 향내'요, '인민의 아편'으로 전락시켰기 때문이다.

3. 가난한 교회

이제 탈성장·향성숙을 추구하는 작은교회의 모습을 개괄적으로 그려볼 차례이다. 그 교회는 바로 가난한 교회, 저항하는 교회이다. 단순히 몸집만 작은교회여서는 안 된다. 예수 그리스도를 머리로 모시는 그의 몸 된 교회는 반드시 가난한 교회, 저항하는 교회여야 한다. 나중에 살펴보겠지만 가난과 저항은 동전의 양면처럼 서로 유기적으로 연결되어 있다. 가난한 교회, 저항하는 교회가 되기 위해 결연히 작음을 지향하는 교회! 그런 교회가 건강한 작은교회이다. 그럼 먼저 가난한 교회부터 생각해보자. 가난한 교회를 네 가지 측면에서 살펴보려고 한다.

가난한 사람을 위한 교회가 아니다

가난한 사람을 위한 교회는 모든 개교회성장주의와 기복신앙을 선호하고 지향하는 교회이다. 가톨릭 평신도신학자인 김근수 선생은 『행동하는 예수』라는 저서에서 가난한 사람을 위한 교회의 실상을 예리하게 분석해주고 있다.

> '가난한 사람을 위한 교회'는 가톨릭에게 명분(가난한 사람 돕기)과 실리(재산 증식)를 동시에 안겨줄 수 있다. 가난한 사람을 돕자-그들을 도우려면 돈이 필요하다-돈을 주로 부자와 권력자들에게 부탁한다-부자나 권력자를 비판하지 않는다-얻은 돈을 관리할 권한을 교회가 가진다. 그러면 교회의 재산은 나날이 늘어가게 된다.[6]

그는 바로 이어 가난한 사람을 위한 교회의 치명적인 오류를 정확하게 짚어준다.

> 첫째, 가난을 낳는 구조나 세력에 비판을 삼가게 된다. 둘째, 교회는-의도적으로든 결과적으로든-부자와 권력과 밀착하게 된다. 셋째, 모인 돈에 대한 권한(모금, 분배, 결정, 보관)을 독점하는 세력(성직자)이 교회 안에서 실권을 지게 된다. …사회복지에 앞장서는 사람 대부분이 불의한 구조에 저항하는 사람들을 보통 싫어하게 된다.[7]

---

6) 김근수, 『행동하는 예수』 (서울: 메디치, 2014), 243.
7) 같은 책, 243.

이런 교회의 자선행위는 자본주의사회에서 거대한 부를 축적한 사람들의 위선적 자선행위와 다름없다. 자선사업가로 잘 알려진 세계적 주식투자 부호 워렌 버핏의 아들인 피터 버핏의 비판을 받아 마땅하다. 그는 기만적 자선행위를 '양심세탁'의 수단이라고 부르면서 "누군가 선행을 했다며 기분이 좋아질 때면 거의 대부분, 세상(혹은 거리) 반대편에 있는 다른 누군가는 그에게 진정한 자아성취나 즐겁고 충만한 삶을 누릴 기회를 허용하지 않는 시스템에 갈수록 예속되고 있다."라고 꼬집었다.[8] 작은교회란 결코 가난한 사람을 위한 교회가 될 수 없다.

가난한 사람들의 교회이다

가난한 교회란 엘살바도르의 해방신학자 소브리노가 '가난한 사람들의 교회'라고 부른 교회이다.

> …내가 주장하고 싶은 바는 가난한 사람들의 교회란 가난한 사람들을 위한 교회가 아니라 가난한 사람들의 기반 위에 세워진 교회이며 가난한 사람들 안에서 교회의 구조와 조직 그리고 사명을 발견하는 교회라는 점이다. …또한 …가난한 사람들을 교회의 "일부" 혹은 심지어 특권을 지닌 일부라 여기는 게 아니라 그들을 전체의 중심으로 간주하는 교회라는 점이다.[9]

가난한 교회에서는 이미 가난한 사람이거나, 부유했지만 예수처럼 스스로 기꺼이 가난해진 사람만이 교회 전체의 중심이 되어 교회의 기반을 이룬다. 예수는 가난한 사람들이야말로 하나님 나라의 주체이기 때문에

---

8) 데이비드 하비, 황성원 옮김, 『자본의 17가지 모순』 (서울: 동녘, 2014), 310-311에서 재인용(번역은 수정하였음).

9) Jon Sobrino, *The True Church and The Poor* (London: SCM Press, 1984), 93.

복된 존재라고 말씀하셨다.(눅 6:20) 그런 점에서 가난한 사람들의 교회는 복된 교회이다.

일제강점기 「성서조선」 발간으로 잘 알려진 김교신의 신앙과 무교회주의에서 바로 이런 정신과 태도를 발견하는 것은 참으로 기쁜 일이다. 그는 어느 날 함 형(함석헌 선생인 듯)의 소개로 명사들과 만난 후, 일기에 이렇게 소회를 적었다.

> …나에게 금물은 보약과 명사(名士)들이다. …명사를 대하여는 흉금이 열리지 못한다. …명사를 대함에는 망원경을 사용하는 거리가 가장 묘책인 줄로 터득하다. 사교적 흥미로만 보아서도 회개한 세리와 창기와 빈자와 병자들 편이 훨씬 화제가 풍부하고 가슴에 전류가 교환되는 맛이 있다. 우리의 친구를 구할 방향을 깨달은 것이 소득이다.(1935. 3. 26)[10]

문신활을 비롯한 소록도의 한센병 환자들이 기성교회의 박해를 피해 가며 「성서조선」을 읽고 말할 수 없는 감동으로 그리스도의 복음을 깨닫고 생명을 누린 것은 결코 우연이 아니었다. 그 감격을 담아 "그리스도의 복음 심장에서"라는 제목으로 문신활이 소록도에서 김교신에게 보낸 1935년 3월 15일 자 편지는[11] 눈물 없이는 도저히 읽을 수 없다. 김교신은 그 편지 수신을 '주필의 일생의 가장 큰 사변'으로 여기며 그 소회를 「성서조선」 1935년 4월 호에 실었다.

> …「성서조선」이 골육이 썩어 가는 나환자에게 희망을 전하고 환희를 일으킨다고 증명을 받았으니 이보다 더한 광영이 어디에 있

---

10) 노평구 엮음, 『김교신 전집 5: 일기 I』 (서울: 부키, 2002), 284.
11) 편지 전문은 김정환, 『金敎臣: 그 삶과 믿음과 소망』 (서울: 한국신학연구소, 1994), 125-129에 실려 있다.

나. 무릇 영광이라는 것을 알만한 사람, 볼 만한 형제는 나의 책상 위에 놓인 나환자의 편지를 보라.[12]

김교신은 같은 해 5월 호에서는 '세상에서 가장 우수한 청년들'을 '주 그리스도께 헌납'하려 했던 야망과 욕망을 부끄러워하며 '소록도의 나인들만이 "우리의 문둥이!"요, 우리는 저들의 "문둥이!"이다. "오, 문둥아!" 라고 고백했다.[13] 이런 정신을 담아낸 교회야말로 진정으로 가난한 사람들의 교회라고 할 수 있다.

이렇게 가난한 사람들의 교회가 되면 자연스럽게 교회 전체에 놀라운 변화가 일어날 수밖에 없다. 소브리노가 잘 말해준 것처럼 '가난한 사람들이 기독교 진리와 실천 그에 따른 교회의 구성을 이해하는 데 있어서 권위 있는 신학적 원천이 되기 때문이다.'[14] 가난한 사람의 눈과 마음으로 하나님은 어떤 분이시며 어디서 만날 수 있는가, 역사란 무엇인가, 사랑은 구체적으로 무엇인가, 죄란 무엇인가, 복음이 무엇인가 등에 대해서 다시 묻고 답을 찾게 한다.

그래서 가난한 사람들의 교회는 실제로 가난한 교회가 될 수밖에 없다. 설사 부가 생긴다 해도 교회 안에 쌓아둘 수 없다. 교회 자체의 운영을 위해서는 꼭 필요한 최소한의 재정으로 만족한다. 그 나머지는 가난한 사람이 중심이 되는 하나님 나라 사역에 바친다. 화려한 대형교회 건물의 건축은 상상조차 할 수 없는 일이다. 언제나 교회 전체의 가난을 지향한다. 가난 자체가 거룩하거나 아름다운 것이어서가 아니라 가난한 사람들의 고통에 진심으로 동참하여 그들과 함께 살기 위해서이다. 문제는 이렇게 가난한 교회를 지향하다 보면 목회자 가정의 생계비조차 마련하기 힘든 교회들도 생겨난다는 점이다. 다양한 대책이 있겠지만 가장 바

---

12) 위의 책, 123.
13) 위의 책, 134.
14) Sobrino, *The True Church and The Poor*, 93.

람직한 건 가난한 교회들의 연대이다. 곧 다시 언급하겠지만 상대적으로 형편이 나은 교회가 더 어려운 교회들을 지원함으로써 교회 간 평등을 실현해가는 것이 중요하다.(고후 8:13-15)

가난한 교회는 필연적으로 작은교회가 될 수밖에 없다. 부자들이나 부자가 되고 싶어 하는 대중들은 가난한 교회에 발을 들여놓으려고 하지 않는다. 심지어는 가난한 사람들조차 가난한 교회에 별 매력을 느끼지 못한다. 민중신학과 민중교회가 왕성할 때조차, 가난한 사람들 즉 민중은 가난한 교회를 외면하고 가난한 사람들을 위한 교회, 예컨대 여의도순복음교회 같은 교회로 몰려갔다. 그러나 이는 전혀 놀랄 일이 아니다. 예수께서 가난한 사람들에게 먹거리를 지속적으로 제공하기보다는 그들을 하나님 나라의 주체로 삼고자 했을 때, 그들은 모두 예수를 떠나가지 않았던가? 방금까지도 예수를 왕으로 삼으려고 했었는데 말이다.(요 6장) 그러니 우리가 무슨 재주로 가난한 교회를 추구하면서 큰 교회를 이룰 수 있겠는가? 기꺼이 작음을 받아들이고 사랑할 수 있어야 가난한 교회가 될 수 있다.

그러나 이 지점에서 꼭 우리 마음에 깊이 새겨야 할 바가 있다. 예수는 가난한 사람들이 자기를 버렸음에도 불구하고 그들을 끝까지 하나님 나라의 주체로 믿으셨고 사랑하셨다는 점이다. 예수는 애초부터 가난한 사람들이 신앙적으로나 도덕적으로 다른 사람들보다 상대적으로 우월하기 때문에 그들을 역사의 중심으로 삼으신 것이 아니었다. 하지만 그들을 끝까지 믿어주고 사랑하면 그들 중에서 마침내 하나님 나라의 이치를 제대로 깨닫고 새로운 역사를 만들어갈 사람이 일어날 것으로 믿으셨던 것이다. 함석헌은 그런 예수의 마음으로, 가진 것이 없는 맨사람-씨을을 신뢰했다.

> 나는 씨을을 믿는다. 끝까지 믿는다. 믿어주지 않아서 그렇지 믿어만 주면 틀림없이 제 할 것을 하는 것이 씨을이다. 그렇기 때문에

잘못하는 것이 있어도 낙심하지 않는다. 그것은 미처 모르고 꼬임에 들어서 그랬지 본바탕은 착하다 믿는다. 까닭은 간단하다. 씨을이라니 다른 것 아니고 필요 이상의 지나친 소유도 권력도 지위도 없는 맨사람이다.[15)]

참된 교회이다

가난한 교회는 참된 교회의 구현이다. 가난한 교회는 가난한 사람을 하나님 나라의 주체로 삼으신 예수 그리스도를 머리로 받드는 그의 몸이기 때문이다. 예수는 포대기에 쌓여 말구유에 누인 한없이 가난한 아이로 세상에 오셨다. 이미 이사야는 가난한 메시아의 탄생을 예견하지 않았는가.(사 53:2) 이는 전혀 이상한 일이 아니다. 하나님은 아브라함을 부르실 때부터 세상의 가난한 사람들을 염두에 두셨다.

> 내가 그로 그 자식과 권속에게 명하여 여호와의 도를 지켜 의와 공도를 행하게 하려고 그를 택하였나니 이는 나 여호와가 아브라함에게 대하여 말한 일을 이루려 함이니라(창 18:19)

“의와 공도”는 구약성경에서 그 유명한, 쌍으로 자주 등장하는 히브리어 미쉬파트와 쩨다카의 번역어이다. 그 핵심은 불의한 구조 속에서 억압당하는 가난한 사람들의 권리를 회복시켜주는 행동, 그리고 그런 행동에 의해 실현된 사회적 상황에 있다. 하나님은 아브라함과 그 후손을 통해 사회정의가 아름답게 실현되는 세상을 만들기 원하셨던 것이다. 출애굽의 역사, 율법에 반영된 가난한 자를 위한 정의, 예언자들의 정의를 향한 외침 등은 가난한 사람을 향한 하나님의 사랑이 얼마나 절실한가를

---

15) 김진 엮음, 『너 자신을 혁명하라: 함석헌 명상집』(서울: 오늘의책, 2003), 116.

보여주는 대목들이다. 그런 하나님께서 세상 만민을 구원함으로써 정의로운 세상을 펼쳐가기 위해 그리스도를 보내실 때, 가난한 사람으로 보내신 것은 너무나 자연스럽다고 할 것이다.

예수는 공적 사역을 시작하시면서 회당에 들어가 이사야 42:7, 58:6, 61:1-2을 찾아 읽으시고 적절히 조합하여 자신의 사명을 선언하셨다.

> 주님의 영이 내게 내리셨다. 주님께서 내게 기름을 부으셔서, 가난한 사람에게 기쁜 소식을 전하게 하셨다. 주님께서 나를 보내셔서, 포로 된 사람들에게 해방을 선포하고, 눈먼 사람들에게 눈 뜸을 선포하고, 억눌린 사람들을 풀어 주고, 주님의 은혜의 해를 선포하게 하셨다. (눅 4:18-19, 새번역)

예수의 사역의 중심엔 가난한 사람들, 가난으로 빚을 갚지 못해 감옥에 갇힌 사람들, 가난해서 자기 건강을 스스로 돌볼 수 없는 사람들, 폭력적인 지배세력에 억눌린 사람들이 있음을 선언하는 말씀이다. 예수는 바로 그들에게 은혜의 해, 즉 모든 가난한 사람에게 온전한 자유를 회복시켜주는 희년을 선포하기 위해 오셨음을 천명하신다. 물론 여기엔 하나님과의 관계 회복도 포함되어 있는 것이 사실이다. 그럼에도 사회경제적 의미에 초점을 맞추는 것은 대다수 한국교회의 편향된 '영적' 해석에 균형을 잡기 위함이다.

그 사명을 충실하게 감당하신 결과 예수는 당시 지배동맹세력에게 미움과 분노를 사지 않을 수 없었다. 마침내 체포를 당해 당시 정치범 사형틀인 십자가에 못 박혀 처절한 죽음을 맞이하였다. 그러나 부활하셔서 제자들에게 분명하게 말씀하셨다.

> …너희에게 평화가 있기를 빈다. 아버지께서 나를 보내신 것 같이, 나도 너희를 보낸다. (요 20:21, 새번역)

예수께서 하나님으로부터 받으신 사명을 고스란히 물려받은 제자들의 교회가 가난한 교회가 되어야 한다는 건 너무나 명명백백한 당위가 아니겠는가? 그래서 예루살렘 초대교회는 가난한 교회였다. 그 교회의 성도는 두 부류로 나눌 수 있었다. 원래 가난했던 사람들과 가난한 사람들을 돕고 그들과 연대하기 위해 재산사용권을 기꺼이 포기함으로써 실질적으로 가난해진 사람들이다. 예루살렘교회는 기꺼이 가난한 사람들의 교회가 되었다. 그랬기에 역설적으로 그들 중 가난한 사람이 없었다.(행 2:44-47, 4:32-37) 물론 예루살렘교회는 생산공동체가 아니었기에 나눔을 통한 가난의 해소엔 일정한 한계가 있었을 터이다. 소수였기에 불의한 세상을 향해 저항적 행동을 하는 것도 거의 불가능했을 것이다. 하지만 그들은 자신들이 처한 경제사회적 조건에서 최선을 다해 가난한 교회가 되려 했다. 중요한 것은 이 모든 것이 당시 제자들이 예수 그리스도의 부활을 통해 경험한 은혜의 자연스러운 결과였다는 사실이다.(행 4:33)

이런 관점에서 바울의 교회론을 재해석하면 매우 흥미롭다. 바울이 교회를 묘사하기 위해 사용한 대표적 그림언어로는 그리스도의 몸(엡 1:22-23, 4:11-16, 고전 12:12-31, 롬 12:4-8), 하나님 나라 시민들(엡 2:19), 하나님의 가정(엡 2:19), 하나님의 집(엡 2:20-22), 그리스도의 신부(고후 11:2-3, 엡 5:23-25, 32, 계 19:6-10, 21:2), 하나님의 백성(벧전 2:10) 등을 들 수 있다. 이들 하나하나를 깊이 성찰해보면 결국 가난한 교회로 귀결된다. 교회의 머리요, 신부인 그리스도께서 가난한 자의 그리스도이시기 때문이다. 또한 하나님 나라의 통치자요 하나님 가정의 아버지요 하나님 집의 주인이신 하나님 역시 가난한 자의 하나님이시기 때문이다.

바울 서신 전체를 살펴보면 바울이 이 점을 신학적으로 그리고 경험적으로 분명히 이해하고 있었음을 확인할 수 있다. 바울은 자신이 예루살렘교회를 방문하여 야고보, 베드로 그리고 요한으로부터 '가난한 사람들을 기억해 달라'는 부탁을 받았을 때, 자신도 본래부터 마음을 다하여 해오던 일이라고 답하였다고 회상한다.(갈 2:10) 처음부터 교회의 중심엔 언제나 가난한 사람들이 있었음이 분명하다. 그런가 하면 주의 만찬을 나누기 위해 모였을 때 부자들이 가난한 사람들을 배려하지 않고 먼저 배불리 먹은 것에 대해 엄중하게 책망했다.(고전 11:17-34) 또한 예루살렘 초대교회의 가난한 사람들을 위해 연보하도록 고린도교회에 촉구할 때 기독론적인 접근을 한다. 즉 연보란 우리를 부요하게 하시기 위해 스스로 가난해지신 예수 그리스도의 은혜에 동참하는 것이라고 가르친다.(고후 8:9)

한 걸음 더 나아가 연보행위를 평등을 실현하는 이스라엘의 만나경제의 관점에서(고후 8:13-15, 출 16:18) 그리고 하나님의 정의의 실현이라는 관점에서(고후 9:9-10) 해석한다. 부자가 누릴 것을 다 누리면서 선심 쓰듯 가난한 자에게 베푸는 구제와는 완연히 다르다. 바울은 자신의 복음 선포를 통해 세워진 교회가 가난한 사람들을 위한 교회가 아니라 가난한 교회가 되기를 바란 것이 분명하다. 바울이 개척한 고린도교회 구성원 중 대다수가 다양한 사회적 약자들 즉 가난한 사람들이었다는 점이 이를 증명해주고도 남는다.(고전 1:26-28) 가난한 교회야말로 참된 교회이다. 한국교회는 가난한 교회론을 마치 급진적 이데올로기에서 비롯된 것처럼 공격하는 치명적 오류에서 하루 속히 벗어나야 한다.

강한 교회이다

가난한 교회야말로 그 약함 때문에 역설적으로 강한 교회이다. 그 약함은 바로 하나님의 약함이기 때문이다.(고전 1:22-25) 예수께서 십자가에 처형당하신 것은 하나님의 약함의 절정이요 극치이다. 그 약함으로 예수는 세상 권력의 폭력성과 야만성을 온 세상에 폭로하셨다.[16] 그 권력

16) Walter Brueggemann, *The Prophetic Imagination,* 2nd ed. (Minneapolis: Fortress Press, 2001), 94-95.

앞에서 전혀 두려워하거나 굴복하지 않으심으로써 자신의 강함을 입증하셨다. 세상의 어떤 강함도 예수의 약함을 이길 수 없었던 것이다. 예수는 바로 그 약함을 통해서 폭력으로 가득 찬 세상에 정의와 평화가 서로 입맞추는 하나님 나라를 펼쳐가셨다. 그 하나님 나라는 자신의 충실한 제자들을 통해 지금도 약한 듯 강하게 이어지고 있다.

함석헌이 세계의 '쓰레기통'이요 '하수구'요 '공창'(公娼)으로 전락해버린 가련한 우리 민족에게서 희망과 사명을 찾은 신앙적 근거도 여기에 있다. 그는 우리 민족이 쓰라린 고난과 약함을 사명감으로 견뎌낼 때, 비로소 '착함'이라는 우리 고유의 높은 미덕을 꽃피워 세계를 구원해내는 싸움에 임할 수 있다고 확신했다. 그는 폭력과 미움으로 하는 영웅들의 싸움은 인류를 야만과 멸망으로 이끌어갈 수밖에 없음을 간파했다. 하지만 자신의 하수구를 통해 세상의 온갖 불의를 다 받아내고, 이미 자신 속을 깊이 뚫어 파 놓은 지하통로를 통해 하나님께로 돌려보내면 세계의 생명을 살려낼 수 있다고 믿었다. 그런 약함 속에 진정한 강함이 있다는 점을 다음과 같이 묘사한다.

> 정의의 빛이 우리의 마음에 비치고 진리에 대한 사랑이 우리 속에 불붙을 때, 현대의 무력국가들은 결국 한낱 골리앗에 지나지 않음을 발견할 것이다.[17)]

이어서 세계의 불의를 깨끗이 씻어낼 수 있는 나라는 미국이나 영국처럼 넉넉하고 높은 나라가 아니라 세계의 하수구요 공창이 되어 버린 우리 민족뿐이라고 역설한다.

하지만 함석헌의 이러한 역사관이 과연 오늘 한국의 상황에도 적실성

---

17) 함석헌, 『뜻으로 본 한국역사』(서울: 제일출판사, 1988), 409. 앞의 문단은 같은 책, 406-409를 요약, 정리한 것이다.

을 갖고 있다고 할 수 있을까? 대통령이 G20 정상회담에 당당히 참석하는 나라로 이미 격상되었는데 말이다. 그렇다. 이명박 장로나 문창극 장로처럼 우리나라의 경제성장에 눈이 멀어버린 사람들에겐 함석헌의 역사관은 시대착오적인 것으로 보일 것이 분명하다. 그러나 경제성장의 그늘 아래에서 신음하고 있는 수많은 가난한 사람을 직시하고 그들의 고통에 참여하고자 하는 이들에겐 여전히 유효하다. 우리의 고난은 아직 끝나지 않았고 은밀한 방식으로 심화되고 있다.

다만 경제 총량에만 집중해서 보자면 대한민국은 이른바 운칠기삼(運七技三)의 대역전을 경험한 셈이다. 이는 신자유주의의 대부격인 경제학자 프리드리히 하이에크가 자주 주장했듯, 게임과 유사한 자본주의 경제의 본질적 생리이기도 하다. 소수에게 '부분적으론 노력에 따라, 부분적으론 운에 따라' 성공을 부여한다. 대한민국의 총량적 성공은 자본주의의 우월성을 증명하는 게 아니다. 수많은 다른 국가가 엄청난 노력에도 불구하고 운이 받아주지 않아 저성장과 가난의 늪에 빠져 있다는 것을 보여줄 뿐이다. 그러니 한국교회는 강함에 도취된 상태에서 벗어나, 약한 교회, 즉 가난한 교회의 길을 걸어야 한다. 그런 교회야말로 하나님의 약함을 붙들기에 강한 교회이다. 우리가 열망하는 한국적 작은교회이다.

4. 저항하는 교회

성장의 유혹에서 벗어나 성숙을 지향하는 작은교회의 두 번째 특징은 저항하는 교회이다. 가난한 교회는 필연적으로 맘몬의 지배체제에 저항하는 교회로 나타날 수밖에 없다. 먼저 그 이유를 살펴보자.

저항에 이르게 하는 요인

가난한 교회는 잃을 것이 별로 없다. 가난한 사람의 눈으로 성경을 읽는 데 금방 익숙해진다. 그래서 부패한 교회와 불의한 세상에 저항하라는 하나님의 말씀을 훨씬 쉽게 깨닫고 순종할 수 있다. 예컨대 이사야 58:6-7 같은 말씀이 눈에 확 들어오게 된다. 6절은 압제당하는 사회적 약자들을 압제자로부터 해방시켜주는 '저항운동'을, 반면에 7절은 가난한 사람들의 경제적 필요를 직접 충족시켜주는 '구제활동'을 뜻한다는 것을 쉽게 이해하게 된다. 이를 통해 하나님의 정의는 구제를 넘어 불의한 사회구조를 변혁하기 위한 저항까지 요구한다는 것을 깨닫고 받아들인다. 물론 가난한 사람들이라고 모두 자동적으로 해방신학자들이 말하는 '인식론적 특권'을 누리는 것은 아니다. 그들 중에도 부유한 지배계층이 심어주는 의식과 성경해석을 열렬히 환영하는 경우가 종종 있다. 자신도 모르는 사이에 노예근성을 주입받아 거기에 길들여졌기 때문이다. 그래도 여전히 가난한 사람들이 부유한 사람들보다 상대적으로 훨씬 유리한 자리에 있는 건 분명하다.

한 걸음 더 나아가 가난한 사람들의 눈으로 성경을 읽으면 십자가의 길이 비굴한 순응의 길이 아니라 정의로 세상에 저항하다 겪어내야 하는 고난의 길임을 깨닫게 된다. 예수께서 십자가에 못 박혀 정치범으로 사형당한 이유는 그가 당시의 불의한 사회구조에 온몸으로 저항했기 때문임을 발견한다. 예수님께서 굳이 안식일에 병을 고치신 것은 안식일법을 악용하여 사람 위에 군림하는 지배체제에 저항하기 위해서였다.(막 2:27, 참조. 눅 13:14) 예수께서 예루살렘 성전에 들어가서 과감히 뒤집어엎으신 것 역시 억압적 지배체제에 대한 강력한 저항이었다.(렘 7:1-11, 시 73:17, 요 2:13-16)

그러니 예수를 따르는 가난한 사람들의 교회는 당연히 저항하다 고통을 겪는 교회가 되어야 함이 마땅하다. 아무런 저항도 없이 그저 고난을 감내해서는 안 된다. 불의한 세상을 살아가는 그리스도인에게 저항, 고난, 인내는 언제나 역사적 당위라 할 것이다.(약 5:10) 그래서 김교신 은 "기독교는 …언제든지 사명적인 싸움을 짊어지고 있다. …역사적 기독교가 다 전투의 종교이었다."라는 점을 분명히 했다. 한걸음 더 나아가 그 항쟁의 대상은 부패한 기성교회뿐 아니라 '그 시대 그 사회의 현실'이어야 한다고 말했다. 그리고 후자와의 항쟁에 '용자'(勇者)가 필요하다고 했다.[18] 한마디로 참된 교회는 저항하는 교회라는 뜻이다. 함석헌도 같은 주장을 펼쳤다. "신앙의 반면은 고난이다. 고난인 이유는 그것이 장차 오는 세계로 옮겨가기 위해 이 세계를 지나가는 것으로 단정하고 거기 대하여 싸움을 개시하는 일이기 때문이다."[19] 그럼에도 불구하고 대부분의 한국교회가 저항성을 상실한 것은, 정치경제적 기득권을 획득한 부자교회가 되었거나, 그렇게 되고 싶어서이다.

저항의 길

그러면 가난한 교회는 오늘 여기서 구체적으로 어떤 저항의 길을 가야 하는 것일까? 첫째, 신앙공동체 형성에 최선을 다해야 한다. 하나님 나라의 핵심 가치인 정의와 평화를 중심으로 뭉친 저항적 신앙공동체는 자본주의체제에 친화적인 다양한 사회적 그룹들, 그리고 그것의 교회적 버전이라 할 수 있는 대형교회 내 소그룹과는 본질적으로 성격을 달리한다. 후자는 앞서 언급한 새들백교회의 경우처럼 그룹 내 각 개인의 필요충족에만 집중하는 나머지, 사회 전체에 존재하고 있는 사회적 강자와 약자 그룹 사이의 갈등 및 억압구조를 아예 인식하지 못하거나 외면한다. 그러나 정의와 평화의 이름으로 이러한 개인주의적 지배 이데올로기를 배격하는 신앙공동체는 그 자체로서 자본주의에 대한 저항이요, 위협이다. 거기서 그람시가 말한 '진지전'을 수행하기 때문이다. 그런 점에서 마을 생태계를 형성하고자 하는 다양한 작은교회운동은 작지만 강한 저항운

---

18) 백소영, 『버리지 마라 생명이다: 다시, 김교신을 만나다』 (서울: 꽃자리, 2016), 138, 140에서 재인용.
19) 김진 엮음, 『너 자신을 혁명하라: 함석헌 명상집』 (서울: 오늘의 책, 2003), 201.

동 중 하나임에 틀림없다.

둘째, 교인들에게 자본주의가 끊임없이 부추기는 소비주의와 성공주의에 저항하는 삶의 방식을 가르쳐야 한다. 소비주의란 '나는 쇼핑한다. 고로 존재한다.'는 신념이다. 물론 소비 자체를 문제 삼을 순 없다. 물건을 소비함으로써 각종 유익한 활동을 할 수 있고, 사랑하는 사람을 기쁘게 할 수도 있다. 문제는 소비 그 자체에서 자신의 존재 의미를 찾는 데 있다. 남보다 소비를 못하면 열패감에 사로잡히고, 남보다 소비를 더 많이 할 때 비로소 자신의 존재감을 확인한다면, 그는 소비주의에 사로잡혀 있는 사람이다. 소비주의는 인간의 허영심에 맞닿아 있다. 2017년 들어서 한국인이 독일 벤츠자동차의 고가 모델인 E/S클래스를 전 세계에서 세 번째로 많이 구매했다고 한다. 심지어는 독일을 제쳤다. 소비를 통해 상류층에 속한 존재라는 걸 입증하고 싶어 하는 한국인의 허영심을 잘 보여주는 대목이다.

자본주의의 역동성은 생산과 더불어 충분한 소비에 의해 유지될 수 있다. 생산에 비해 소비가 턱 없이 부족할 때, 어느 순간 자본주의 경제는 걷잡을 수 없는 연쇄적인 파산, 즉 공황에 직면하게 된다. 그러므로 자본주의는 항상적으로 소비주의를 부추기지 않을 수 없다. 자본주의에 저항하는 작은교회는 그리스도인들에게 소비주의에 저항할 수 있는 내적 힘과 삶의 방식을 길러주어야 한다.

자본주의가 자신의 존속과 확장을 위해 퍼뜨리는 또 하나의 신념이 성공주의이다. '나는 성공했다! 고로 존재한다.'는 신념이다. 성공주의에 매몰되면 오로지 성공을 향해 끊임없이 질주하게 된다. 자본주의는 성공주의를 자극하고 보편화하기 위해, 극히 예외적인 성공신화가 누구에게나 가능한 것처럼 거짓 선전한다. 성공주의와 성공신화에 동시에 넘어가면 누구나 자본주의를 기꺼이 찬양하게 된다. 그러므로 자본주의에 저항하는 가난한 교회는 우선 성공신화의 보편성에 담긴 허구를 폭로하는 데 앞장서야 한다. 기복신앙 주창자들이 자본주의사회가 예외적으로 하사하는 성공의 '운'을 하나님의 복이라고 선포하는 순간, 곧 정의와 평화의 하나님을 모독하는 것이라고 단호히 외쳐야 한다.

한 걸음 더 나아가 저항하는 교회는 성공의 의미를 새롭게 정의해야 한다. 예수께서는 십자가에서 고통스럽게 죽어가시며 '다 이루었다!'고 선언하셨다.(요 19:30) 부활은 십자가야말로 진정한 승리요, 성공이라는 것을 확증시켜주는 사건이다. 부활신앙이 확고했던 바울이 예수 그리스도의 십자가 외에 결코 자랑할 것이 없다고 선언한 뜻도 여기에 있다.(갈 6:14) 자본주의사회의 온갖 유혹과 핍박에도 굴복하지 않고 하나님 나라의 정의와 평화를 위해 꿋꿋하게 저항하다가 망했다면 그건 처절한 실패가 아니다. 그 자체로 위대한 승리이다. 그런 승리와 성공을 이 땅에서 맛본 사람만이 하나님의 미래, 즉 궁극적 승리인 새 하늘과 새 땅에 참여할 수 있을 것이다.(계 6:9-11, 14:1-5, 21:1-4)

셋째, 자본주의에 분노하고 저항하며 대안적 경제체제를 추구해야 한다. 자본주의 경제체제에 분노해야 하는 이유는 실로 다양하다. 그중에 가장 치명적인 병폐 하나만 들자면 자본의 노동착취에 의한 경제적 불평등의 심화이다. 경제적 불평등은 다양한 종류의 불평등으로 이어지는데 그중의 하나가 건강의 불평등이다. 각종 통계와 분석을 통해 소득수준이 높을수록 기대수명이 더 길다는 것이 분명해졌다. 강영호 서울대학교 의대 교수가 2009-2014년의 각종 자료를 분석한 바에 따르면, 강원도 화천군의 저소득층은 서울 서초구의 고소득층보다 15년이나 먼저 죽게 되어 있다. 이런 상황은 국민과 정부가 선택하는 경제정책이나 보건정책 등과 깊이 연루되어 있다. 이를 방관한다면 영국의 저명한 사회역학자 리처드 윌킨슨이 강력히 주장한 것처럼, 사실상 상당수의 국민을 사형시키는 인권침해와 별 다를 바 없다고 할 것이다.

이렇게 심각한 경제적 불평등을 정당화하기 위해 자본주의 옹호자들이 전가의 보도처럼 휘두르는 논리가 낙수효과이론이다. 부자의 곳간이 가득 차면 흘러넘쳐 가난한 사람의 곳간까지 흘러가 채워준다는 이론이다. 지그문트 바우만은 낙수효과이론의 허구성을 보여주는 두 가지 증거를 제시한다. 첫째, 중산계급들의 '프리카리아트'로의 전락이다. 프리카리아트는 '불안정한'(precarious)과 '프롤레타리아트'(proletaria)를 합성한 조어로 불안정한 고용·노동 상황에 놓인 비정규직, 파견직, 실업자, 노숙자들을 총칭한다.'[20] 지금은 더 이상 20 대 80의 사회가 아니라 0.1 대 99.9의 사회이다. 둘째, 가난한 사람들은 어떤 외부의 자극이나 충격도 없이 그냥 가난하기 때문에 더 가난해진다. 그래서 바우만은 "오늘날 사회적 불평등은 역사상 최초로 영구기관이 되어가고 있다."라고 말한다. 그러니 가난한 교회는 이런 자본주의에 저항하지 않을 수 없다.

한 걸음 더 나아가 교회는 대안적 경제체제를 추구해야 한다. 이는 실로 어려운 과제임에 틀림없다. 하지만 십자가가 진정한 승리임을 확신하는 가난한 교회는 용감하게 발걸음을 내딛어야 한다. 교회가 추구할 만한 대안적 경제체제의 모델을 현실적 가능성이 높은 것부터 시작해서 가장 이상적인 모델까지 아주 간략하게 살펴보고자 한다. 가장 현실성이 높은 모델은 경제민주화 모델이다. 이는 현행 헌법 제119조 2항에 근거한 모델이다.

> 헌법 제119조: ① 대한민국의 경제질서는 개인과 기업의 경제상의 자유와 창의를 존중함을 기본으로 한다. ② 국가는 균형 있는 국민경제의 성장 및 안정과 적정한 소득의 분배를 유지하고, 시장의 지배와 경제력의 남용을 방지하며, 경제주체 간의 조화를 통한 경제의 민주화를 위하여 경제에 관한 규제와 조정을 할 수 있다.

헌법 제119조가 허용하는 정치경제체제를 혹자는 독일식 사회민주주의 혹은 사회적 시장경제라고 부르기도 한다. 혹자는 민주적 자본주의라

---

20) 지그문트 바우만, 안규남 옮김, 『왜 우리는 불평등을 감수하는가?』 (서울: 동녘, 2013), 21.

고 부르기도 있다. 그러나 한 가지 분명한 것은 적어도 오늘의 미국과 한국의 정치경제제체로 대변되는 신자유주의식 자본주의가 아니라는 사실이다.

그다음은 필자가 『돈에서 해방된 교회』에서 간략하게 제시한 공동체민주주의다. 여기서 더 간단하게 말하자면 자본을 사회화해서 자본이 노동에 봉사하는 관계로 생산관계를 바꾸는 것이다. 노동자 스스로 운영하는 조합회사가 이윤을 가져가고, 자본은 일정한 이자를 받는 관계이다. 생산 조정은 자율적 시장을 일정하게 인정하되 암시적 계획과 각종 포럼활동을 통해 정부, 기업, 시민사회, 지역사회가 공공협력을 도모하는 방식으로 한다. 물론 정치체제는 민주주의이다.

마지막으로 주요 생산수단의 사적 소유 철폐와 공적 점유를 전제로 하는 공산주의체제이다. 이는 다시 낮은 단계, 높은 단계로 구분된다. 낮은 단계에선 '능력에 따라 일하고 기여에 따라 가져간다.' 흔히 우리가 사회주의라고 부르는 단계이다. 높은 단계에선 '능력에 따라 일하고 필요에 따라 가져간다.' 후자는 두 가지를 전제로 한다. 하나는 사회구성원들이 자본주의사회에서 익숙해진 개인주의적이고 이기적인 심성에서 탈피해 진정한 사회적 인간으로 성장하는 것이다. 다른 하나는 생산력의 발전이다. 그래서 사회구성원의 적절한 필요를 충분히 채워주기 위한 노동일이 현격히 줄어 상당히 많은 시간을 각자의 자유로운 발전을 위해 쓸 수 있게 된다. 꿈같은 세상이다. 그런 사회를 마르크스와 엥겔스는 『공산당 선언』에서 '각인의 자유로운 발전이 만인의 자유로운 발전의 조건이 되는 연합체'라고 규정한다.

위의 세 가지 모델 중 교회 혹은 그리스도인 개인이 어떤 것을 선택할 것인가는 각각의 현실에 대한 판단, 하나님의 부르심 그리고 자유로운 선택의 문제이다. 이 세 모델은 경쟁적 관계에 있으면서도 서로를 필요로 한다. 급진적 모델이 있어야, 온건한 모델도 힘을 받을 수 있다. 온건한 모델도 있어야 급진적 모델이 가능성으로만 존재할 때, 사회적 약자들이 실질적인 도움을 받을 수 있다. 그러니 수정주의니, 교조주의니, 거짓 형제니, 망상주의자니 하는 단어를 서로에게 사용할 필요도 없거니와 그래서도 안 된다. 협조할 땐 협조하고 건전하게 경쟁할 땐 경쟁하면서 정진했으면 좋겠다.

맺는 말

자본주의 등 뒤에 숨어 은밀하게 교회 안으로 침투해 들어온 맘몬 숭배는 교회를 개교회성장주의의 노예로 전락시켰다. 한국교회는 그 대가를 톡톡히 치르고 있다. 이제 한국교회는 성령의 탄식소리를 듣고 깨어나야 한다. 탈성장·향성숙의 길을 걸어가는 작은교회, 곧 가난한 교회, 저항하는 교회로 다시 태어나야 한다. 가난한 교회란 가난한 사람들이 교회전체의 중심이 되어 모든 사람을 포용하는 교회이다. 가난한 교회는 참된 교회의 재발견이다. 가난한 교회는 약해 보이지만 하나님의 약하심을 붙들기에 역설적으로 강한 교회이다.

가난한 교회는 필연적으로 저항하는 교회가 될 수밖에 없다. 교회 앞에 놓인 구체적 저항의 길은 세 가지이다. 첫째, 자본주의사회에 팽배한 개인주의에 맞서 다양한 형태의 신앙공동체를 창의적으로 구축해가야 한다. 둘째, 자본주의가 부추기는 소비주의와 성공주의에 맞서 싸워야 한다. 셋째, 자본주의에 분노하고 저항하며 대안적 경제체제를 추구해야 한다. 주님의 은혜 가운데 가난한 교회, 저항하는 교회로 발돋움하는 작은교회들이야말로 맘몬이 지배하는 이 세상의 참된 희망이다. 우리의 작은 노력을 통해 그 희망의 새벽이 이 어두운 땅에 하루속히 도래하길 간절히 기원한다.

참고문헌

김근수. 『행동하는 예수』. 서울: 메디치, 2014.
김미진. 『왕의 재정』. 서울: 규장, 2014.
김정환. 『金敎臣: 그 삶과 믿음과 소망』. 서울: 한국신학연구소, 1994.
백소영. 『버리지 마라 생명이다: 다시, 김교신을 만나다』. 서울: 꽃자리, 2016.
함석헌. 『뜻으로 본 한국역사』. 서울: 제일출판사, 1988.

스카이 제서니. 이대은 옮김. 『하나님을 팝니다』. 서울: 죠이선교회, 2011.
카를 마르크스. 김수행 옮김. 『자본론 I』(상). 서울: 비봉출판사, 2015.
카를 마르크스 · 프리드리히 엥겔스. 권화현 옮김. 『공산당 선언』. 서울: 팽귄클래식코리아, 2010.

Sobrino, Jon. *The True Church and The Poor*. London: SCM Press, 1984.
Weber, Max. *The Protestant Ethics and the Spirit of Capitalism*. London: Unwin Hyman, 1930/1989.

박득훈

연세대학교 경제학과를 졸업하고, London School of Theology, Durham University에서 기독교사회윤리(Ph. D.)를 수학하였다. 현재 새맘교회 목사로 재직 중이며, 저서로 『돈에서 해방된 교회』가 있다.

2장
민중교회운동을 넘어서 작은교회운동으로

시작하는 말

종교개혁 500주년을 맞이하는 올해는 한국교회의 개혁을 위한 새로운 출발점이 되어야 할 것이다. 그런 면에서 지난 2010년 WCC 제10차 총회에서 천명한 생명·평화·정의의 기독교로 전환되어야 하는데 이를 위해 생명평화교회론이 반드시 필요하다. 그런데 이러한 교회론의 출발은 2000년대 들어 한국 사회가 신자유주의적 무한경쟁과 구조조정이 계속되고 사회적 불평등이 심화되면서 잉태되었다고 볼 수 있다. 더구나 10년의 민주정부가 지나고 이명박 정부가 등장하면서 반생명·반평화적 정책이 가속화되었고 민주주의에 대한 위기도 찾아왔다. '4대강 살리기'라는 명분 아래 자연을 해치는 반생태적 정책이 시행되고, 남북 간의 대화와 교류도 금강산에서 일어난 관광객 사고를 빌미로 막히기 시작했다. 이른바 생명과 평화가 위협받는 시대가 된 것이다. 그런데 이 상황에서 한국교회는 아무런 목소리조차 내지 못하고 도리어 이명박 정부의 정책을 일방적으로 지지하였다.

한국교회는 도리어 대형화 현상이 가속화하였고, 교회의 세습화가 일반화되는가 하면 중소형교회들은 유지조차 힘든 부익부 빈익빈 현상까지 나타났다. 바로 이런 상황에서 시대적 고민과 교회개혁을 향한 의지를 가진 목회자들과 신학자들이 모여 당시를 생명과 평화가 근본적으로 위협받는 위기의 시대라고 규정하고 "생명과 평화를 여는 2010 한국그리스도인선언"을 발표했다.[1] 이 선언은 "1973 한국그리스도인 신앙선언"과 1988년 "민족의 통일과 평화에 대한 한국기독교회선언"과 같은 민족의 고난과 희망에 참여하기 위해 예수 그리스도를 따라 악의 세력에 저항하고 투쟁해온 전통을 이어가는 '신앙고백 선언'(status confessionis)이었다. 나아가 이러한 위기의 시대에 자기 확장에만 골몰하는 한국교회의 개혁과 새로운 교회운동을 위한 선언이었다. 자발적이고 비공식적 차원에서 시작되었지만 1,000여 명의 그리스도인이 참여하고 해외의 한국교인들도 적극적으로 호응해주었다. 이것은 당시의 교회개혁과 새로운 기독교운동을 향한 한국 그리스도인의 열망이 드러난 것이라고 하겠다.

이 선언은 이른바 "생명평화기독교운동"을 전개하자고 제기한 것이다. 말하자면 "생명평화신학을 기초로, 생명평화교회를 토대로, 생명평화선교를 전개해가자."라는 것이다.[2] 그런데 기독교운동은 여타 운동과 마찬가지로 이론과 주체 그리고 방향을 가져야 한다. 기독교운동의 이론은 바로 신학이라고 할 수 있다. 그리고 신학을 구체적으로 실천해나갈 주체는 '생명평화신학'에 기초한 신앙을 가진 그리스도인 개인이 될 수 있지만 조직적으로는 교회라 하겠다. 당시 한국교회의 보수성과 퇴행적 모습, 한편 진보적 교회들의 왜소화와 무력감을 극복할 수 있는 새로운 교회론이 필요했던 것이다.

생명평화교회에 대한 제기는 교회 패러다임의 전환이다. 산업화 시대의 패러다임인 대량생산과 대량소비의 소품종 대량생산 체제가 한계에 다다르고, 정보화 시대의 새로운 패러다임인 다품종 소량생산 체제로 바뀌어야 한다는 시대적 요청에 응답한 것이다. 생명평화의 가치를 구현하

---

1) 생명평화마당 편, 『생명과 평화를 여는 그리스도인』 (서울: 동연, 2011).
2) 김영철, "생명과 평화의 기독교운동을 위하여," 위의 책, 66-86.

기 위하여 교회 차원에서도 대형교회의 양적 성장 패러다임에서 작은교회의 질적 패러다임으로의 전환이 절실히 요청되었기 때문이다. 이러한 교회론의 패러다임 전환을 위해서는 교회를 스스로 고립되고 자폐된 한 개체 교회로 생각하기보다는 지역과 마을, 자연과 우주와 생태적으로 연결된 하나의 생태계로 보아야 한다. 이제 교회는 개교회 단위로 목회하고 선교하는 차원을 넘어서서 마을과 지역이라는 생태계 속에 함께 존재하는 교회가 되어야 한다. 목회자와 교인들은 개교회의 목회자와 교인을 넘어서서 지역과 마을을 목회하고 섬기면서 생명망을 건설하는 그리스도인들이 되어야 한다.

이렇게 개교회를 넘어서 마을 단위로 목회하고 선교하는 생명평화선교의 가능성은 지난 1980-90년대 민중교회의 민중선교에서 그 전통을 찾을 수 있다. 가난한 지역의 탁아소와 공부방, 노동상담소와 지역사회 프로그램을 통해 사회복지선교와 지역운동에 헌신해왔던 사례를 통해 작은교회의 대안적 생태계의 가능성을 보여주었던 것이다.

1. 작은교회운동의 전거로서 민중교회론

황홍렬은 민중교회를 "민중신학을 사용하며, 민주화와 민족의 통일과 교회갱신에 참여하기 위해 민중과 함께 살며 그들의 삶의 질을 향상하기 위해 지역사회에서 민중을 역사의 주체로 만드는 데 기여함으로써 이 땅에 하나님의 나라를 이루고자 했던 1980년대, 1990년대 남한에 세워진 교회들"이라고 정의하고 있다.[3] 말하자면 민중교회는 하나님의 나라를 이 땅에 이루는 것을 목표로 민중신학을 신학적 자원으로 삼고, 지역사회에서 민중을 역사의 주체로 만드는 지역교회가 되고, 민주화와 민족의

3) 황홍렬, 『한국 민중교회 선교역사(1983-1997)와 민중선교론』 (서울: 한들출판사, 2004), 74. 이것은 본인의 학위논문 *The Mission of the Minjung Congregation Movement in South Korea from 1983 to 1997* (University of Birmingham, 2000)을 번역, 편집한 책이다.

통일이라는 시대적 과제에 응답하면서 교회갱신을 이루고자 하는 교회이다. 또 공단지역이나 빈민지역에 들어가 민중과 함께 살면서 지역의 민중신앙공동체를 형성하되 지역사회의 가난한 자들(노동자와 빈민)을 역사의 주체로 세우고자 했다. 여기에서 민중교회는 주로 도시민중교회를 가리키는바 1970년대의 급속한 산업화와 도시화 과정에서 생겨난 노동자 빈민의 문제를 선교적으로 대응한 에큐메니컬 교회의 도시농어촌 선교(uban rural misson), 그중에서도 산업선교와 도시빈민선교의 전통을 이어가는 교회들이다. 한데 산업선교와 도시빈민선교가 가진 기구적 운동과 수도권 중심의 운동을 탈피하여 교회공동체를 통해서 이러한 선교를 전국적으로 진행하자는 의미가 컸다고 본다.

민중교회들은 1970년대에 빈민지역에 세워진 교회들을 제외한다면 대부분 1980년대 중반 이후에 수도권의 공단 및 빈민지역 그리고 지방의 공단지역에 세워졌다. 1980년대의 변화된 운동 조건에서 사회과학의 훈련을 받은 다수의 목회 지망생이 배출되고, 군사독재의 탄압국면 아래에서 합법적 공간의 필요성이 인식되면서 공단지역을 중심으로 민중교회가 나타나기 시작하였다. 그후 민중교회는 양적으로 발전함과 동시에 1987년 6월 민주대항쟁과 7월의 노동자대투쟁 이후 대중운동의 성장에 따라 위상을 재정립하고 더욱 확대되어갔다.

1984년 이후 민중교회의 수효가 늘면서 지역적 혹은 교단별로 연대가 이루어졌는데, 교단 민교조직이 생겨나고(1986년 기장을 필두로 예장통합, 감리교 교단 민교가 생김) 지역 민교조직도 만들어졌다.(1986년 구로지역 결성을 시작으로 각 지역조직 결성) 교단 민교를 통해 민중교회운동에 참여할 목회자들을 발굴하고 훈련시키는 재생산구조와 기존교회와의 네트워크를 이루었다고 하면, 지역민교를 통해서는 지역운동과의 결합을 모색했다. 필자도 민중교회운동에 참여했는데 예장민교의 민중교회 목회자 훈련과정[4]을 통해 참여했다. 1987년 노동자대투쟁 시기에 민교목회들에 의한 전국경제인연합 건물에서의 시위 사건은 분산된 민중교회운동을 결집하는 중요한 계기가 되었고 '한국민중운동연합'(이하 한민연)이 결성되는 계기가 되었다. 이를 통해 민중교회는 에큐메니컬적인 조직까지 결성하게 된 것이다.

1990년대 초반 한민연 활동이 가장 활발할 때에는 지역민중교회 조직으로 16개 지회(구로, 시흥관악, 서울동부, 서울북부, 북인천, 동인천, 부천, 성남, 안양수원, 안산, 대전충남, 청주충북, 호남, 대구경북, 부산경남, 강원(준))가 있었고, 3개의 교단 민교조직(기감, 기장, 예장)이 조직되어 있었다. 단위 민중교회는 대략 110개 교회인데, 이를 교단별로 분류해보면 기감(18), 기장(49), 예장(34), 복음(2), 합동(1), 성결(1), 성공회(1)[5] 등이었다. 당시 단위 민교의 교인수를 평균적으로 추산하면 대략 4,000-5,000명 정도의 규모라고 할 수 있다. 이를 지역적으로 나누어보면 수도권에 10개 지회, 75교회가 위치하며 지방에 5개 지회, 35교회로 수도권에 편중되었다. 당시의 공단지역이나 도시빈민지역을 고려하면 어쩌면 당연한 분포로 볼 수도 있다. 당시 민중교회들이 대부분 (대)도시의 공단인접지역과 빈민밀집지역에 자리 잡고 있었기 때문이다. 교단 분포에 있어서도 기감, 기장, 예장 세 교단에 95% 이상의 교회가 소속되어 있었다.

민중교회운동과 민중신학은 불가분리의 관계이다. 그런데 민중신학은 민중해방/구원을 일으키는 사건을 증언하는 신학이다.[6] 민중신학은 고난받는 민중의 현장에서 해방/구원사건이 일어나는 것을 교회라고 이해한다. 서남동은 이를 '현장교회'라고 칭했는데 이는 교회의 제3형태, 즉 성령의 교회, 민중의 교회라고 말하며 금요기도회, 목요기도회, 갈릴리

---

4) 예장민중교회 목회자 훈련과정은 10개월의 현장훈련(노동현장이나 빈민현장), 그리고 3개월의 목회훈련(기존 민중교회에서 목회와 선교에 대한 훈련), 그리고 이후 교회개척이나 기존 민중교회에 공동목회자로 참여하는 구조였다. 필자도 신학대학원 졸업 후 1988년에 이 훈련을 받고 인천에 교회를 개척했다.

5) 이후 성공회는 성공회 민중교회라 할 수 있는 '나눔의 집'운동을 통해서 여러 지역에 나눔의 집을 세웠다. 또한 민중교회운동에 참여하지 않은 교회들, 특히 NCC 비가맹교단의 교회들 중에서 개별적으로 이러한 사회선교운동에 참여한 교회들도 있었다.

6) 위의 책, 66.

교회, 각종 집회들, 노동자의 투쟁 현장을 구체적인 예로 들고 있다.[7] 이것은 교회의 구체적인 형태를 의미하는 표현이 아니라, 오히려 제도적 교회의 한계를 지적하며 새로운 교회론을 제기하는 것이다. 말하자면 교리에 사로잡힌 교회, 교권주의에 매몰되고 자본주의에 편승하며 시대의 아픔과 민중의 투쟁에는 관심도 없는 교회를 향한 고발이었다. 그러기에 이 세상 속에 나타나고 있는 해방투쟁, 인권운동, 민중들의 궐기사건 속에 하나님의 역사함을 발견하고자 했다. 이른바 이러한 '사건교회론'은 민중교회 초창기에 많은 영향을 주었다. 그래서 많은 민중교회 목회자들과 교인들이 이러한 민중투쟁 현장에 결합하고자 했고 동참하려 했다.

하지만 이후 민중교회의 목회적 고민들이 본격적으로 진행되면서 이에 대한 문제제기가 생겼다. 말하자면 이러한 사건교회론은 '교회의 살림살이'에 대한 고민이 결여되어 있다는 것이다. 이는 특정 지역을 선정하고 그 지역에 뿌리를 내리며 처한 곳에서 경제문화적 살림살이의 기초를 다져나가야 한다는 당시 많은 민중교회(목회자)들의 고민에서 나온 것이었다. 이런 비판적 평가에서 성장지향적 기존교회와 민중신학의 '사건과 운동의 교회론'과도 구별되는 "하나님의 살림살이공동체"라는 교회의 정의가 새롭게 나왔다. 죽임의 문화, 경제, 제도를 거슬러 살림의 문화, 경제, 교회제도를 확장하고, 신앙공동체를 유지하는 하나님의 살림살이공동체이다. 민중교회는 '제도'가 없는 '사건'만도 아니고, '사건'이 없는 '제도'만으로의 교회가 아니다. 이처럼 민중교회는 사건으로서의 교회론과 '제도'로서의 교회를 통합시키려고 했다. 하지만 이러한 작업이 이론처럼 쉬운 것이 아니었다. 또 그것을 뒷받침할 정도로 목회적·신앙적 준비가 충분하지 않았던 것이 당시 민중교회의 형편이었다.

냉전 종식과 현존 사회주의국가의 몰락 그리고 한국에서의 문민정부

---

7) 서남동, 『민중신학의 탐구』 (서울: 한길사, 1983), 146.

등장 등의 사회적 변화와 더불어 민중신학과 민중교회운동에 대한 비판적 성찰이 진행되었다. 여기에 민중목회자들도 목회의 경험을 통해 계급으로서 민중이 아닌 개별 인간으로서의 민중을 경험하며, 인간적 한계와 부정적 측면에 대한 인식을 가지게 되었다. 민중의 영적 변화가 필요함을 깨닫게 되었고, 무엇보다 자신들의 실존적 고민과 결합되었다. 이뿐만 아니라 민중의 개념도 노동자, 도시빈민이라는 계급적 인식에서 벗어나서 다양한 계층, 즉 여성, 장애인, 외국인(이주)노동자, 소수자 등으로 확대되었다. 그래서 민중교회들의 선교 내용이 다변화되기 시작했다. 그간의 노동자 빈민선교 위주에서 이주노동자선교, 장애인선교, 저소득층 청소년선교, IMF사태 이후에는 실직·노숙인선교를 시작했다.

1990년대 후반과 2000년대 초반에는 생태학적 문제에 대한 인식을 통해 지역생협을 시작하고 농촌과 직거래를 하거나 목회자가 아예 귀농하여 농사를 짓거나, 심지어 교회를 이전하여 생명선교를 시작하는 민중교회들도 생겼다. 그동안 진행해왔던 공부방, 탁아소, 노동상담소 등의 선교도 좀 더 체계화하여 사회복지선교로 전문화했다. 이런 추세와 더불어 기장 민중교회는 '기장생명선교연대'로, 예장 민중교회는 '일하는 예수회'로 명칭을 변경하기도 했다. 그리고 이러한 민중교회운동의 변화는 이후 작은교회운동으로 이어지는 매개가 되었다고 볼 수 있다.

사실 민중교회운동만큼 한국교회에 있어 제대로 평가받지 못한 교회운동도 드문 것 같다. 전성기에는 민중교회가 전국에 100여 교회 이상이 있었고, 이 교회들은 교단과 지역에서 사회선교와 지역운동을 가장 활발히 수행했으며, 다양한 선교프로그램을 진행했다. 1980년대 민중교회운동과 함께 시작했던 탁아소와 공부방은 1990년대 초에 영유아보육법 등을 통해 법제화되었다. 이주민선교에 참여했던 민중교회 목회자들은 법무부나 고용노동부를 통해 고용허가제를 법제화하는 데 기여했고, 이주민 관련 정책을 수립하는 데 큰 기여를 했다. 민중교회는 이주민, 장애인, 소외된 지역주민, 가출청소년, 실직·노숙인 등에게 그리스도의 현존과 사랑으로 다가가서 그들로 하여금 하나님 나라를 미리 맛보게 하고, 민중교회가 하나님 나라의 표징이요, 증인 됨을 보여주었다. 그러나 이러한 성과에도 불구하고 많은 한계가 있었던 것도 사실이다. 무엇보다도 민중교회의 '목회적 한계'이다. 만약에 100여 개 민교가 건실한 회중에 기초한 자립교회와 선교적 교회로 자리매김했다면, 아마도 한국교회의 판도는 달라졌을 것이다. 이는 목회적인 성공의 차원이 아니라 민중교회운동의 내용성이 교회적으로 일정 정도 보편화한다는 차원에서이다. 그렇다면 왜 이러한 한계가 나타났던가? 기본적으로는 민교 목회자들의 관심과 훈련이 목회보다는 사회선교와 지역운동 과제에 초점을 맞추었기 때문이다. 물론 앞에서도 지적했듯이 그런 점에서 많은 기여를 했지만, 대부분의 민교 목회자들이 목회적 훈련과 준비에 소홀했음은 사실이다.

1990년대 중반 이후 민교운동이 교회운동과 선교운동으로 분리되고 민중교회운동에 있어서 교회운동 위상이 현저히 낮아지게 된다. 교회의 자립화와 사회복지선교의 전문화라는 방향으로 새로운 방향을 모색하게 되었지만 교회 갱신의 과제나 대안적 교회 형성이라는 과제가 약해진 것이다. 여기에서 두 가지 편향이 나타나는데 민중선교와 분리된 목회적 활성화란 사실 일반교회를 답습하는 것이기에 새로운 영성운동에 대한 관심 등으로 내용을 보완하기는 했지만 뚜렷하게 민중교회운동의 내용성을 발전시키기에도 한계가 노정되었다. 한편으로 선교의 전문화도 민중교회의 사회복지선교가 점차로 정부의 사회복지 하위체계로 편입되어 재정적·운영적 독자성을 상실해가고 목회자들의 역할도 복지기관장이나 사회복지사의 역할로 변질되어 갔다. 노동선교에 있어서도 노동운동과의 관계 설정의 어려움이나 전문상담소나 기관과의 경쟁력에서 한계에 부딪히게 되었다. 그런 중에 목회자운동의 위상이 약화되고 민중교회운동의 본래 성격은 현저히 약화되었다. 물론 이런 가운데서도 몇몇 교회들은 목회와 선교적 전문성을 조화롭게 유지하며 다양한 모델을 제시하고 있다. 그리고 이러한 교회들이 새롭게 일어나고 있는 작은교회운동과 연결되는 고리가 되기도 했다.

2. 탈성장시대의 교회론-대형교회의 신화를 넘어서

생명평화교회론이 이미 내포하고 있기는 했지만 새로운 교회운동이 '작은교회운동론'으로 변화, 발전된 것은 2013년 4월에 생명평화마당, 제3시대그리스도교연구소, 청어람, 실천신학대학원 등이 공동으로 주최한 교회론 심포지엄이 그 계기가 되었다. 이 심포지엄의 주제는 "탈성장주의시대, 교회를 말하다"였는데 네 명의 저자들이 북토크 형식으로 진행한 심포지엄이었다.[8]

지난 30여 년간 고도성장(과속성장)을 구가하던 한국교회가 2000년대부터 서서히 저성장기를 지나 2010년대에는 마이너스 성장시대를 맞게 되었다. 이러한 성장의 한계와 함께 한국교회는 심각한 양극화현상을 보이고 있고, 더구나 새로운 세대들이 교회를 외면하고, 의식 있는 사람들이 교회를 떠나 소위 가나안 성도가 되는 문제를 노정하고 있다. 교회미래학자들의 예측에 의하면 2020년경에는 개신교 인구가 반으로 줄고 가톨릭이 개신교를 추월할 것이라고 한다. 말하자면 개신교 교회들은 엄청난 구조조정에 처할 것이다. 이러한 시대적 변화와 함께 대형교회 위주의 한국교회가 갖는 사회의 신뢰성 상실, 극심한 양극화, 공동체성 상실로 근본적 위기를 맞이하면서 교회개혁의 요청이 강하게 일어나고 있고 이를 실제적으로 감당할 교회를 요청하고 있는 현실이다. 발표자들은 공통적으로 이를 감당할 교회는 '작은교회'라고 적시했다. 작은교회의 적정한 규모는 얼마일까? 상황에 따라 다르겠지만 대략 30-150명 정도를 말하고 300명이 상한선이며, 만약에 300명이 넘게 되면 분립, 개척하는 것

8) 김진호, 『시민K, 교회를 나가다』 (서울: 현암사, 2012). 양희송, 『다시, 프로테스탄트』 (서울: 복있는 사람, 2012). 이원돈, 『마을이 꿈을 꾸면 도시가 춤을 춘다』 (서울: 동연, 2011). 정재영, 『한국교회, 10년의 미래』 (서울: SFC, 2012).

이 바람직하다는 것이 대체적인 의견이다.

정재영은 그의 발표에서 작은교회의 장점을 네 가지로 정의하고 있다. 첫째, 교회 공동체성의 구현에서 유리하다는 것이고, 둘째, 앞의 장점과 연결되지만 공동체 구성원 모두가 역동적인 참여를 할 수 있다는 것이며, 셋째, 작은교회는 아래로부터의(bottom up) 리더십을 통해 쌍방향 의사소통 구조의 구현이 가능한 구조라는 장점도 있다. 탈현대적 리더십이 구현되는 구조라는 것이다. 넷째, 지역과의 근접성과 더불어 자기완결구조로서가 아니라 지역과의 연계를 지니게 되는 지역과의 연대성을 든다.

이러한 작은교회의 지역적 연대성은 김진호가 지적한 대로 "작은교회는 사회복지동맹의 중요한 일원"으로서 역할을 할 수 있게 된다. 작은교회는 홀로 할 수 있는 것이 별로 없으므로 이웃과의 연대에 더 절실하다. 많은 작은교회가 국가 복지의 민간 위탁기관이 되거나, 사회적 기업, 기타 사회복지 활동을 하게 된다. 즉 교회는 이웃에 대한 개방성을 가진다. 이는 교인들로 하여금 이웃에 개방하고 사회와 연대하는 신앙을 갖도록 하여 교회의 공공성을 획득하게 된다.

이원돈은 생명평화교회론에서 제기되었던 교회의 생태계 변화를 주장하며 부천새롬교회의 교육-복지-문화 생태계의 형성을 지역과 함께하는 교회의 대안으로 제출한다.

양희송은 한국의 개신교 교회가 다시 프로테스탄트 교회로 거듭나기 위하여 성직주의, 성장주의, 승리주의를 극복해야 한다고 말한다. 이는 2013 작은교회박람회의 세 탈(脫)교회론, 즉 탈성장, 탈성직, 탈성별의 교회론과 맥락을 같이한다고 하겠다.

2013년 4월 16일 생명평화마당 교회위원회가 주관한 정기 포럼은 "대형교회, 그 신화를 넘어서!"라는 주제였다. "대형교회의 넓은 길, 작은교회의 좁은 길"이라는 주제로 발제한 박영신 박사(연세대학교 사회학과 명예교수, 예람교회)는 이제까지 한국교회가 한 번도 의문을 제기하지 않고 추구해온 성장주의는 '성장의 종교혼합주의'라고 비판한다. 그러면서 이러한 것에 과감히 저항하는 것이 바로 작은교회라고 정의한다.

이제 한국교회는 탈성장시대를 맞으며 대형교회의 신화를 넘어서야 한다. "목사의 크기는 교회의 크기에 좌우된다."라는 말이 통용되는 가슴 아픈 현실과 결별해야 한다. 도리어 한 번도 의문을 갖지 않았던 '교회성장 우선주의'에 대해 깊이 생각할 때가 되었다. 특히 성장지상주의의 열매인 대형교회에 문제들이 속속 나타나고 있는 현실에 주목해야 한다. 많은 대형교회가 교회 세습, 각종 비리와 추문, 어마어마한 성전건축 등으로 사회적 지탄을 받고 있는 상황이다. 무엇보다도 대형교회의 핵심적인 문제는 교회의 본질에서 벗어난다는 데 있다. "메가처지(mega church) 현상, 진단과 치료를 위한 단상"이라는 주제로 발표한 신광은 목사(열음터교회)는 교회의 크기를 상대화하는 주장에 대해 강한 문제제기를 했다. "모든 생명체는 그 개체의 활동에 적합한 크기를 유지하는 시스템을 가지고 있다. 만일 그런 시스템이 고장나 적정 크기에서 현저하게 벗어나면 그 개체는 살아남을 수 없다. 그러기에 교회를 예수 그리스도의 몸으로, 그래서 하나의 유기체로 본다면 교회의 크기를 상대화하는 태도는 전적으로 부적합하다."[9] 교회의 크기가 중요하다는 것이다. 어느 정도 이상 커지게 되면 교회의 공교회성과 공동체성을 상실하게 되는데 그러기에 대형교회는 참된 교회가 되기 어렵다는 것이다.

교회성장 우선주의의 또 다른 이면은 한국교회의 심각한 양극화 현상이다. 전체 한국교회의 대부분은 작은교회이다. 초대형교회 주변에는 생존조차 힘든 수많은 작은교회가 있는 것이 우리의 현실이다. 2009년 「국민일보」 조사에 의하면 통계청이 집계한 한국교회 5만 2,905개 중 93%에 해당하는 4만 9,192개가 소형교회이다. 그런데 교인수의 정체 및 감소 추세 속에 대형교회로의 '수평이동'으로 인한 쏠림 현상이 심해져 더욱 양극화되고 있다. 대형교회는 더욱 대형화되고 개척교회나 작은교회의 경

9) 신광은, 『메가처치 논박』 (부천: 정연, 2009).

우 훨씬 더 어려운 상황이 되고 있다. 이러한 교회의 양극화는 사회의 양극화와 함께 극복해야 할 가장 중요한 문제이기도 하다.

주제발표 뒤에 참가자들이 토론을 통해 대형교회의 신화가 무엇인가에 관한 의견을 나누었다. 대형교회에는 '일하는 사람이 많다. 많은 일을 하고 있다. 신앙적·신학적으로 앞서 있다. 지역사회와의 유대가 강하다.'는 등의 여러 가지 신화가 있다고 지적되었다. 이것이 신화라는 말은 실상은 그렇지 않다는 것이다. 어쩌면 작은교회가 바로 그러한 일을 할 수 있는 것이다.

작은교회는 단순히 규모가 작은교회라기보다는 '교회의 공동체성을 중시하는 작은교회의 가치를 존중하고 그 의미를 추구하는 교회'라고 보는 것이 옳을 것이다. 작은교회를 통해 교회의 본질을 회복할 수 있고, 작지만 훨씬 더 효율적인 교회가 될 수 있다고 보았다. 그런데 기본적으로 작은교회의 정의를 그저 규모가 작다고 작은교회라고 칭할 수는 없다. 사실 대형교회를 지향하는 작은교회들은 '짝퉁 대형교회' 즉 대형교회적 가치에 신앙적 영성이 회수된 교회이다. 여기서 말하는 '작은교회'는 대형교회적 가치를 추구하지 않는 이념형으로서 소형교회를 말한다. 달리 말하면 성공지상주의적 프로그램을 청산하려는 소형교회라고 할 수 있다. 그런데 작은교회와 중대형교회의 결정적인 차이는 교인들 간의 소통을 위한 '매개장치'가 필요한가에 대한 여부에 있다. 작은교회는 전임사역자와 교인, 교인과 교인 간의 대면관계가 중요하다. 또한 작은교회는 탈권위주의적 조직과 운영을 추구한다. 담임목사나 장로의 임기제 도입, 당회 중심의 운영보다는 단기 임기로 선출된 운영위원들을 통한 운영이 제도화하고 있다. 예배와 전례에서도 탈권위적인 설교 나눔이나 대화적 설교, 평신도 설교, 세례와 성만찬 예식의 집례권을 교인들과 수평적으로 나누고, 공동축도도 이루어진다.

하지만 작은교회의 고민이나 어려움도 많다. 무엇보다 전임사역자의 생계문제에 대한 고민이 있어서 이중직업에 대한 정리, 국가의 사회복지

제도화에 대한 관심이 높다. 이와 관련하여 이벤트형 흩어지는 교회로서 커피숍목회나 사회복지, 사회운동기구 등에 진력하는 목회, 사이버목회 등을 추구하기도 한다. 작은교회들은 특정 교단에 속하거나 혹은 교단에 속하지 않는 '독립교회'로서 다양하고 창조적이며 실험적인 교회라고 할 수 있다.

E. F. 슈마허는『작은 것이 아름답다』에서 "작은 것은 자유롭고, 창조적이고, 효과적이며, 편하고, 즐겁고, 영원하다."라고 말했다. 이것은 그대로 적용하면 작은교회는 자유로운 교회, 창조적인 교회, 효율적인 교회, 편한 교회, 즐거운 교회, 지속 가능한 영원한 교회라고 칭할 수 있다. 작은교회의 장점은 그러기에 '더' 소통적이며 '덜' 배타적이다. 다양하고 창조적인 공동체를 만들어가는 우리 시대의 흐름과 조응하는 교회이다. 작은교회에는 신학과 영성이 풍성하며 공동체적 신앙을 강조하는 데 비해 대형교회에는 교회경영학이 있을 뿐이며 개인적 신앙이 강조된다. 작은교회는 이웃과 사회적 연대에 훨씬 더 개방적인 교회로서 사회복지동맹의 중요한 일원이 되고 있다.

3. 작은교회박람회와 교회론 심포지엄을 통해 전개된 '세탈(脫)의 작은교회론'

이렇게 생명평화교회론이 작은교회운동론으로 구체화되자 이러한 작은교회들이 함께 모이는 기회를 가져야 한다는 요청이 대두되었다. 그래서 제안한 것이 바로 작은교회박람회이다. 그런데 작은교회박람회를 진행하면서 '교회론의 정립'을 위하여 박람회 한 달 전에 생명평화교회론 심포지엄을 개최했다. 그래서 2013년 제1회 작은교회박람회를 생명평화마당 신학위원회와 교회위원회가 연합하여 주관했다. 이후 4회에 걸쳐 열린 작은교회박람회와 더불어 교회론 심포지엄도 빠짐없이 열렸다. 이 심포지엄을 통해 생명평화교회론 정립과 작은교회운동의 이론적 기초가 되는 많은 논의가 진행되었다. 여기에서는 4회에 걸쳐 진행된 교회론 심포지엄의 논의를 생명평화교회론 정립과 관련하여 정리하고자 한다.

처음 열린 '2013 생명평화교회론 심포지엄'을 통해 그리고 '제1회 생명과 평화를 여는 작은교회박람회'를 통해 정리한 생명평화교회론은 탈성장, 탈성직, 탈성별의 이른바 '3개의 탈(脫) 교회론'이다. 이 세 탈(脫)의 교회론은 제1회 작은교회박람회부터 작은교회의 정체성과 지향점이 되었고, 이번에 한국적 작은교회론의 기초가 되었다.

첫째, '탈성장'은 획일성이 아니라 다양성과 관계가 있으며 '믿기'가 아니라 '살기'의 차원을 중시한다는 것이다. 또한 탈성장은 성숙을 말하는 바, 오늘날과 같은 소수의 대형교회가 아니라 다수의 다양한 카리스마공동체를 지향한다. 초대공동체 안에서부터 시작된 해석(공동체)의 다양성은 결코 부정할 것이 아니라 더욱 긍정해야 할 사안이다. 언제든지 하나의 획일적인 가치를 추동한 것은 제국주의적 기독교이다. 역설적으로 한국교회는 지나치게 단일화해 있다. 농담처럼 하는 말이 한국교회는 금요일에는 모두 순복음교회, 교회체제는 모두 장로교회, 목회자 위주의 교회 운영을 할 때는 모두 감리교회, 개교회가 마음대로 할 때는 모두 침례교회라고 하지 않는가? 이렇게 내용이 같을 때는 그저 누가 더 큰가, 즉 어느 교회가 많이 모이는가에 중점을 두게 된다. 교파적 분열과 교회의 일치가 반드시 역행하는 것은 아니다. 그것이 한국 개신교의 힘인데 이렇게 다양성이 상실되고 단일화하는 위험 속에 이른바 성장주의의 경향이 생겨났기 때문이다.

탈성장의 방향은 또한 앞에서 박득훈이 제기한 "가난한 교회이자 저항하는 교회"일 것이다.[10] 이는 크고 강한 것에 대한 탐욕을 버리고 가난한 교회가 되어 맘몬이 지배하는 세상에 저항하는 교회가 되는 것을 뜻한

---

10) 박득훈, "가난한 교회, 저항하는 교회" (2016 생명평화교회론 심포지엄 자료집, 2016. 9. 27.)

다. 그런데 가난한 교회는 가난한 사람들을 '위한' 교회가 아니라, 가난한 사람이 신앙적·신학적 중심이 되는 교회라고 말한다. 그것은 참된 교회의 재발견이기도 하다. 그런데 이 가난한 교회는 하나님의 약함을 붙들기에 강한 교회라고 할 수 있다. 가난한 교회는 필연적으로 맘몬의 세상에 저항하는 교회로 나타날 수밖에 없다. 가난한 교회와 저항하는 교회는 믿음과 순종처럼 동전의 양면인 셈이다. 가난한 교회는 진리를 알게 되고, 하나님 나라의 급진적 요청에 응답할 수밖에 없으며, 십자가의 길을 따르기에 저항하게 되는 것이다. 그렇다면 저항의 길은 무엇인가? 신앙공동체 형성에 최선을 다하는 것으로, 교인들에게 소비주의와 성공주의에 저항하는 삶의 방식을 가르침으로, 그리고 대안적 경제체제를 추구함으로써 저항의 길을 가는 것이다. 이러한 작은교회는 이른바 '돈에서 해방되는 교회'가 될 수 있다.[11)]

둘째, '탈성직'은 만인제사장직이라는 종교개혁 정신의 회복을 말한다. 종교개혁 전통에서 '오직 성경', '오직 은혜'의 방향은 한국교회에서 이루어졌지만 제대로 이어받지 못한 것이 바로 이 만인제사장직이라는 전통이다. 한국교회 내의 '성직주의' 문제가 심각하고 한국교회에서 나타나고 있는 문제의 상당 부분이 목회자 문제인 것이 사실이다. 그러기에 평신도의 역할이 재고되어 평신도와 함께 '공동목회'가 이루어지고, 평신도들의 자율적인 평신도교회도 활성화해야 한다. 그런데 이러한 탈성직의 문제를 단순히 성직주의의 문제나 평신도의 자율성이라는 측면에서만 볼 것은 아니다. 목회자와 평신도가 함께 세우는 진정한 만인제사장적 교회, 즉 교회의 참된 지도력을 세우는 문제로 보아야 한다. 그런 면에서 '성직의 민주화'가 필요하고 이를 작은교회운동과 연관해서는 '작지만 탁월한 지도력' 세워 나가야 할 문제이다. 나아가 성직의 민주화를 이룬 교회적 모델들을 확산해가야 하고, 창조성과 다양성을 기초로 하는 작은교

---

11) 박득훈, 『돈에서 해방된 교회』 (서울: 포이에마, 2014) 참조.

회의 다양한 지도력을 배양해나가야 한다.[12)]

마지막으로 탈성별의 문제 또한 기독교 성숙의 잣대이자 민주사회의 역량을 반영한다. 그런데 교단을 막론하고 교회를 대표하는 여성 비율은 현저하게 낮으며, 여성 목회자들에 대한 인식이 일천하고, 교회 내 잡일은 여신도의 몫인 경우가 많다. 이제 한국교회 교인들의 70%를 차지하는 여성들의 역할을 재고해야 하고, 양성평등의 가치에 익숙해져야 한다. 무엇보다도 이 시대의 화두인 생명과 평화의 가치를 구현하는 데는 여성들과 여성목회자들의 리더십이 훨씬 더 유용하다는 것을 유념해야 한다.

실제로 이러한 방향에 기초한 여성신학적 교회들이 작은교회박람회에 참여한 다양한 여성목회자의 목회를 통해 실제적으로 전개되고 있다. 그런데 여성교회론 차원에서는 이은선의 "성(聖) 성(性) 성(誠)의 개념을 바탕으로 한 한국적 여성교회론"을 주목할 필요가 있다.[13)] 첫 번째 성(聖)은 주로 '통합성'으로 해석하면서 전통적 기독교 신의 이름에 대한 대안을 제시한다. 초월성이라는 서구적 사고에서 유교전통의 세계 내적 개념으로 성의 개념을 확대하는 것이다. 두 번째 성(性)은 그리스도성의 보편에 관한 것으로 새로운 인간론과 구원론을 말한다. 동아시아의 성은 글자 그대로 인간 속의 내재적 초월로서의 '살아 있는, 또는 살리는 마음'을 가리킨다. 마지막 성(誠)은 진실과 참됨의 성자이다. 한자어의 뜻 그대로 말이 이루어지는, 즉 신앙과 행위가 일치되는 대안적 성령의 의미로 보는 것이다. 이러한 여성교회론은 나아가 한국적 교회론 정립을 위해 이론적 토대를 제공하고 있다.

---

12) 김영철, "성직의 민주화-작지만 탁월한 지도력을 위하여"(2016 생명평화교회론 심포지엄 자료집, 2016. 9. 27.).

13) 이은선, "한국적 교회, 성(聖) 성(性) 성(誠)의 여성교회"(2016 생명평화교회론 심포지엄자료집, 2016. 9. 27.).

4. 세월호 이후의 교회론-교회를 살리는 분립

2014년 4월 16일 진도 앞바다에서 일어난 세월호 참사는 단순한 해상 재난사고가 아니라 우리 사회와 교회에 대한 근본적인 질문을 던지게 한 사건이 되었다. 이 사건은 그동안 우리 사회가 생명보다 물질을 우선시하고 살아온 것에 대한 필연적인 결과임을 보여주었기 때문이다. 더구나 304명의 죽음(죽임)을 24시간 현장 중계하듯 전하는 보도를 바라보면서 온 국민이 현장의 증인이 되었다. 한국인에게는 6·25 한국전쟁과 같은 보편적 경험이 되었고, 광주민중항쟁의 충격과 같았다. 그러기에 대한민국 국민 모두가 트라우마를 가지고 있는 상황이다. 더구나 그리스도인들에게 고난주간에 벌어진 이 사태는 그야말로 의미심장하다. 서구 그리스도인들은 제2차 세계대전에서 유대인 포로수용소의 홀로코스트(holocaust)를 겪으면서 서구문명의 '문명화한 야만'의 모습을 돌아보게 되었고, 이러한 엄청난 비극과 고통 가운데 신의 존재와 구원의 가능성을 다시 묻기 시작했다. 이른바 '홀로코스트 이후 신학'(post-holocaust theology)이다. 물론 죽음의 규모는 비교가 안 되지만, 세월호 사태로 받은 충격은 이와 유사하다. 그래서 우리에게도 '세월호 이후의 신앙과 신학'이 필요한 상황이다. 우리 시대의 구원의 가능성과 의미에 대해, 이 시대의 진정한 생명과 평화를 위한 근본적인 물음이 필요하기 때문이다.

세월호 참사도 엄청난 충격이었지만 이후 사태의 전개는 우리 사회와 교회에 대한 더 깊은 절망을 안겨주었다. 진실 규명만을 외치는 고통 받은 유가족들을 향하여 그 어떤 아픔의 연대나 미안한 마음도 저버리고 빨리 잊어버리고 물질적 보상으로 대충 끝내려는 한국 사회의 민낯을 대했기 때문이다. 이 세상은 생명과 평화가 살아 있는 에덴동산으로 시작했지만 어느덧 소돔과 고모라의 세상이 되어 아주 위험한 사회가 되었다. 위험한 사회에서는 모두가 위험하지만 특별히 가난하고 힘 없는 사람들이 더 위험하다. 아픔을 당한 유가족들이 교회를 향해서도 쓴소리를 했다. 어느 토론회에서 "아픔을 외면하는 교회-십자가를 버리다."라고 말했다. 한국의 대형교회 어느 곳에서도 세월호 유가족들과 아픔을 연대하는 모습은 나타나지 않았다. 교회를 자신들만 지켜주는 안전한 방주로 생각하는 그리스도인들이 많기 때문이다.

교회를 흔히 구원의 방주라고 표현한다. 그런데 방주는 홍수에도 끄떡하지 않을 정도여야 하고 많은 동물도 들어가야 하니 대규모일 수밖에 없다. 그래서 교회를 방주에 비유하다 보면 대형교회를 상상할 수밖에 없다. 그런데 교회는 방주가 되어서는 안 된다. 들어간 사람은 나올 수 없고, 미리 들어가지 않은 사람은 들어갈 수도 없는 폐쇄적 대형선박이 되어서는 안 된다. 그것은 마치 침몰한 세월호와 같다. 도리어 교회는 작은 구조선이 되어야 한다. 구조의 역할을 할 수 있는, 마음이 통하는 사람들이 효율적으로 운영하는 작은 구조선 말이다. 세월호 사태에서도 그나마 생존자들을 구해낸 것은 작은 통통배들이었다고 한다. 이것이 시사하는 바가 무엇인가? 바로 포스트-세월호 신앙과 신학의 주체는 작은교회가 되어야 한다는 것이다.[14]

세월호 이후의 교회론 모색이라는 새로운 과제가 주어진 상황에서 또 하나의 화두가 된 것이 있다. 세월호 참사 당시 승무원들이 학생들에게 "가만히 있어라."라고 방송을 했고, 이를 믿은 학생들이 움직이지 않고 가만히 있다가 그야말로 어이없는 죽음을 당한 것이다. 그런데 세월호 이후에도 여전히 대형교회들은 자체의 무수한 비리를 감추려 정부의 눈치를 살폈고 권력의 도움으로 교회의 존속을 도모하려는 정의롭지 못한 행태를 보여주었다. 대형교회들의 안이한 인식, 공감능력 부재, 신앙이란 이름 아래 마구 외치는 상식 이하의 발언들로 인해 한국교회가 또다시 뭇매를 맞고 있는 현실을 보면서 우리는 큰 방주에(대형교회)에 승선한 승객들을 향해 가만 있지 말고 뛰어내리라고 요청해야 한다는 주장까지

---

14) 김영철, "세월호 이후의 교회론을 위하여," 『세월호 이후의 신학』 (동연, 2015).

도 제기되었다. 큰 배에서 뛰어내려 삶의 길을 찾으라는 것을 교회론적으로는 교회분립으로 이해하고 자연스럽게 "교회를 살리는 분립"이라는 주제어가 되었다.

이러한 교회분립에 있어 대표적인 세 교회가 선정되었다. 먼저 방배동에 소재한 동네작은교회는 20명이 되면 교회를 분립하고 있다. "작음은 하나님 나라의 구조이다. 작은 존재로의 출발은 겸손과 섬김 그리고 약한 자와의 연대이다. 연약함과 가난함 그리고 부족함은 하나님의 풍성함을 경험하는 조건이다. 한 영혼을 귀히 여기는 천국의 가치는 여전히 자본 중심, 가진 자 중심, 권력 중심적 세상에서 대안으로 작동할 수 있음을 보여주어야 한다. 그 현장은 바로 교회이다."라는 신앙고백을 가지고 20명이 되면 분립하여 지금은 5개의 공동체가 이루어졌다. 이것을 '공동체형 분립'이라고 칭해본다.

또한 이러한 분립을 한국교회에서 대표적으로 실행하는 교회가 있다. 향린교회이다. 명동에 있는 향린교회가 20주년 기념으로 강남향린교회를 개척했고, 강남향린교회가 자리를 잡자 담임목사(김경호 목사)가 분립해 들꽃향린교회를 개척했다. 그런데 지난 2012년 1월에 향린교회(명동)는 60주년 기념으로 분가선교를 위해 교우들을 모집하여(어린이 포함 80명), 부목사로 시무하던 여성목사(임보라 목사)를 담임목사로 파송하고, 1년 6개월의 목사 사례비와 장소임대, 비품임대를 위한 분가선교비를 지원하여 그해 11월에 분가교회의 열매를 맺었다. 그런 섬돌향린교회의 경우는 이른바 '정책형 분립'이라고 명명해본다.

한편 부천의 새롬교회는 이미 앞에서도 한 번 언급한 바 있지만 교회와 목회 방향을 마을과 지역사회를 강조한 생명교회로서 생명망을 짜는 목회를 지향한다. 이 생명망 목회의 첫 번째 단계는 지역사회를 섬기는 복지선교로 출발했다. 두 번째 단계는 교회학교와 마을도서관, 지역아동센터 등을 잇는 지역 학습생태계를 만드는 것이었고, 세 번째 단계는 교회 안의 신앙적 생태계와 교회 밖 마을 생태계를 연결하여 영적 돌봄망을 구성하고, 수요인문학교실과 협동조합카페 등의 문화생태계를 만드는 것이었다. 이원돈 목사는 이러한 목회를 '지역 에큐메니즘에 기초한 생명망 목회'라고 했는데, 교회분립의 측면에서는 한 교회 내의 다양한 선교라는 차원에서 '선교형 분립'이라고 할 수 있다.

물론 교회분립은 이러한 공동체형 분립, 정책형 분립, 선교형 분립 외에도 다양한 형태가 가능할 것이다. 중요한 것은 이러한 분립이 교회를 살리는 분립이요, 교회를 새롭게 하는 분립이라는 것이다. 교회의 분립은 작은교회운동의 중요한 모형 중 하나라고 하겠다.

5. 한국적 작은교회론 정립과 작은교회운동의 과제

민중교회운동은 민중신학에 기반한 교회운동이었다. 그런데 엄밀히 보면 민중신학과 민중교회운동 간의 긴밀한 상호보완과 협력이 부족했다. 민중신학자 중에 그 누구도 민중교회에 다니지 않는다는 말로 이 관계가 표현된다. 그렇다면 작은교회운동을 위한 신학적 기반은 우리가 생명평화신학이라고 정리했지만 신학적 작업이나 현장교회와의 상호교류가 어떠한지 살펴보아야 한다. 사실 작은교회론은 앞에서 서술했듯이 짧은 기간에 비해서 다양한 심포지엄과 세미나를 통한 논의가 있었던 것은 사실이다. 생명평화마당 초기부터 꾸준히 교회론과 관련된 신학 세미나를 개최했다. 하지만 교회론에 대한 이론적 기초만 있지 실천적인 교회론은 여전히 초보 단계이다. 작은교회에 대한 목회실천적 작업들이 더 많이 모색되어야 한다. 아울러 박람회에 참석한 교회들이 제출한 자료를 토대로(박람회 자료집) 교회론을 분석하고 연구하는 작업도 필요하다. 이른바 작은교회운동론을 정립하는 다양한 신학적 작업이 이루어져야 한다. 이번에 이 책의 출판으로 제1단계에서의 교회론 정리는 그래도 이루어졌다고 할 것이다.

민중교회운동의 기본적인 한계는 단위 민교의 목회적 한계라고 제시되었다. 이러한 사정은 작은교회도 결코 예외가 아닐 것이다. 어찌 보면 무한경쟁 신자유주의시대에서 양극화가 가장 심한 곳이 교회라고 한다면 작은교회들이 당면하고 있는 시대적인 현실은 더욱 엄혹하다고 할 수 있다. 더구나 탈성장시대를 맞아 엄청난 구조조정이 예상되면서 신학대학원 졸업생들의 진로가 청년실업의 문제로 제기되고 있는 상황이다. 그러기에 작은교회의 목회를 위한 다양한 방안 모색은 시급한 과제이다. 작은교회의 목회 활성화를 위해서 모범적인 교회에 대한 사례들이 필요하다. 그런데 단순히 모델 케이스가 아니라 대중적인 작은교회운동이 가능하도록 하기 위한 후속 작업들이 계속 필요하고, 작은교회운동의 활성화를 위해서 목회적 지원을 해줄 수 있는 기본적인 시스템이 필요하다. 그래서 올해 한국적 교회론에 대한 이론적 정립이 된다면, 앞으로 이에 기초한 목회 매뉴얼과 실천론들이 다양하게 정립되어야 한다. 기독교교육(연합교회학교), 영성훈련, 목회상담, 사회선교적 실천, 마을만들기와 협동조합운동 등 세분화된 목회과제에 대한 실질적인 작업이 이루어져야 한다. 그리고 이러한 내용들을 구체적으로 교육훈련할 수 있는 '작은교회(목회자/평신도)아카데미'가 활성화되어야 한다. 과거에 민중교회훈련 프로그램처럼 좀 더 체계화된 목회자훈련과 선교일꾼훈련, 평신도훈련도 필요하다.

민중교회운동에서는 단위 민교를 토대로 지역 민교, 교단 민교 그리고 에큐메니컬 민교(한민연)라는 세 가지 조직적 형태의 운동이 진행되었다. 대략적으로 교단 민교는 목회자 재생산과 교회개척의 물적 토대 마련, 지역 민교는 구체적인 지역선교와 지역운동의 통로, 그리고 한민연은 한민연복음성가제 대동제와 신학심포지엄 총회한마당 등 전국적인 사업을 맡았다. 그렇다면 과연 작은교회운동은 이러한 조직체가 필요한가? 시대적 변화에 따라 이렇게 전일적인 전국적 조직과 지역조직, 교단조직보다는 온라인을 통한 네트워크 형태의 새로운 조직이 필요하겠지만 과연 어떤 형태로 가능할 것인가는 여전히 숙제일 것이다.

지금 단계에서의 작은교회운동은 박람회나 심포지엄을 중심으로 한 생명평화마당이 주관하고 있지만 생명평화마당은 느슨한 연대조직이어서 이러한 사업을 감당하기가 쉽지 않다. 작은교회의 중추를 이루거나 교회개혁을 내거는 목회자단체나 교회연합단체들이 있다. 가령 복음주의 계통의 '목회자2.0'이나 '교회개혁실천연대', 에큐진영의 '예수살기', '목회자정의평화실천협의회', '생명선교연대'(기장), '일하는 예수회'(예장), '고난함께'(기감), '나눔의집협의회'(성공회) 등이 있다. 여기에 각 교단별 여교역자협의회(대부분 한국의 여성목회자들이 작은교회에서 일하고 있는 실정임) 등이 작은교회운동에 참여하고 있거나 참여할 수 있는 기관들이다. 하지만 그들 단체도 작은교회운동에 전폭적으로 참여하는 것은 아니다. 이들 단체들과도 작은교회운동을 위해서 적극적으로 연대를 모색해야 할 것이다.

과거에 민중교회운동에 참여한 교회를 교단별로 분석해 보면 기감, 기장, 예장 세 교단이 95%로 압도적이지만, 작은교회운동에서는 복음주의 사회선교교회들이 일정 부분을 확실히 감당하고 있다. 지역적으로 여전히 서울을 비롯한 수도권이 압도적이라는 것은 대동소이하다. 반면 지방에서의 조직적 움직임은 미미한 편이다. 작은교회운동은 대단히 다양하고 자율적이고 자생적이기에 네트워크 형식으로 운영되기에 민교운동조직과는 다를 수밖에 없지만 그래도 효율적 네트워킹을 위한 조직체계는 필요한 것인지 검토해보아야 할 것이다. 지역에서의 작은교회운동 확산도 과제이다. 작은교회박람회를 지역에서 개최하는 방안과 결부하여 지방에 있는 여러 신학교에서 사경회나 학술제 등을 통해 이를 전개해 나갈 수 있는 기회가 되었으면 한다. 그리고 실제적인 일상적인 작은교회 연대가 가능하도록 지역단위(광역단위부터 기초단위까지)의 자생적인 조직체도 필요할 것이다.

새로운 시대는 새로운 교회운동과 패러다임을 요구한다. 그런데 민중교회운동은 새롭게 전개되는 다양한 사회적 변화와 선교적 요구를 새로운 틀로 고민하지 못하고 민교 전형성이나 기존 운동의 관성에 사로잡혀 제대로 대응하지 못했다고 볼 수 있다.

한 예로 귀국 후 목회했던 새민족교회 건너편 동네에 성미산마을이 있었다. 도시공동체운동으로는 가장 성공한 케이스에 속하는데 지역적 연관도 있고 당시에 홍대부고 이전 문제로 공동투쟁도 하면서 그곳에 대해 비교적 자세하게 알게 되었다. 성미산마을공동체가 세워지는 과정, 즉 공동육아의 필요성에서 시작하여 점차 공부방, 학교, 생협, 반찬가게, 카페, 식당, 마을극장 등으로 새로운 프로그램과 내용들이 확산되어가는 과정이나, 공동주택을 짓고 함께 살거나, 같이 살지 않더라도 동네로 이사 오게 해서 마을을 이루어가는 것들을 살펴보면서 필자의 입장에서는 '지역사회 밀착형 공동체를 지향하는 마을교회 만들기'로 보였다. 이러한 마을만들기를 통한 목회적 실천은 오늘의 작은교회가 지향해야 할 새로운 선교적 모델이다. 더구나 작은교회는 지역사회와 함께하며 협동공동체를 이루고 새로운 마을을 만들어가야 하지 않겠는가? 그러기에 작은교회운동이 새로운 사회운동 트렌드로서의 마을만들기나 협동조합운동 등을 선교적으로 적극 수용할 수 있는 이른바 선교적 혁신이 필요한 것이다. 물론 일부 교회들이 적극적으로 이러한 추세를 받아들이고 나름대로 활동하고 있지만 대체로 새로운 변화에 적극적으로 대응하고 있지는 못하는 형편이라고 본다. 이러한 우리의 한계는 어쩌면 신학적 빈곤이나 상상력 결핍에서 기인한 바가 클 것이다. 그런 면에서 작은교회운동의 창조적 변형을 극대화해 나가야 한다.

맺는 말

한국교회에는 여전히 두 가지 길이 제시되고 있다. 그것은 지난해 말과 올해 초까지 우리 사회를 주도한 촛불시민혁명 기간에서도 여실히 드러났다. 여전히 사대주의와 국가주의 그리고 성장주의를 지향하는 태극기집회에 참석하는 대형교회들과 자립과 연대의 풀뿌리주의에 기초한 다양성과 민주성을 지향하는 촛불집회에 참석하는 작은교회들로 양분화하였기 때문이다. 촛불의 다양성과 민주성, 창조성과 연대성은 작은교회의 다양성과 민주성, 창조성과 연대성과 직접적으로 연결되고 일치한다. 오늘의 작은교회는 촛불혁명시대를 함께 여는 생명평화적 작은교회들이 되어야 한다. 지난 대선에서도 촛불의 정신에 맞는 생명평화적 기독교 진영이 정의평화기독교대선행동의 주축을 이루었다.

또한 이 시대의 작은교회운동은 '타자성의 신학과 신앙운동'으로 모든 차별과 대립을 극복해나가야 한다. 영토 안과 밖을 구분하고 배제하는 것이 교권주의적 교회의 논리이다. 하지만 타자성의 신앙운동은 자기중심적 해석을 벗어나 타자성을 해석의 핵심 고리로 보는 관점이다. 장애인의 교회, 동성애자의 교회, 이주노동자의 교회, 탈북자의 교회, 노숙인의 교회, 기지촌 여성과 함께하는 교회, 노동자와 함께하는 교회, 빈민과 함께하는 교회, 무의탁노인과 함께하는 교회들과 교회를 표방하지 않는 신앙공동체가 타자성을 추구하는 신앙공동체이다.

지구화 시대 극도의 양극화 속에서 중간층이 몰락하고 뿌리 뽑힌 자들이 유랑하고 있다. 심지어 자기 나라를 떠나 세계 곳곳으로 일터를 찾아 유랑하며 글로벌 도시 사회의 하인으로 편입되는 이들이 있다. 이들은 불편한 존재로서 우리 주위에 살고 있는데 함께 있는 것이 버거운 실정이다. 이들과 대화하기도 어렵고 이해하기도 쉽지 않다. 지구화 시대를 맞아 타자화는 점점 더 심화되고 있다. 그런 점에서 타자성 신앙의 문제로 고뇌하는 교회들, 신앙공동체가 더욱 중요한 존재로 자리잡게 될 것이다.

참고문헌

김영철. "세월호 이후의 교회론을 위하여." 『세월호 이후의 신학』. 서울: 동연, 2015.
김진호. 『시민K, 교회를 나가다』. 서울: 현암사, 2012.
박득훈. 『돈에서 해방된 교회』. 서울: 포이에마, 2014.
생명평화마당 편. 『생명과 평화를 여는 그리스도인』. 서울: 동연, 2011.

서남동. 『민중신학의 탐구』. 서울: 한길사, 1983.
신광은. 『메가처치 논박』. 부천: 정연, 2009.
양희송. 『다시, 프로테스탄트』. 서울: 복있는사람, 2012.
이원돈. 『마을이 꿈을 꾸면 도시가 춤을 춘다』. 서울: 동연, 2011.
정재영. 『한국교회, 10년의 미래』. 서울: SFC, 2012.
황홍렬. 『한국 민중교회 선교역사(1983-1997)와 민중선교론』. 서울: 한들출판사, 2004.

김영철

성균관대학교 정치외교학과(B. A.)를 졸업한 후 장로회신학대학원(M. Div.)과 미국 웨스턴신학대학원(Th. M.), 토론토대학신학대학원(Ph. D.)에서 수학하였다. 인천고백교회, 토론토임마누엘한인연합교회, 새민족교회 담임목사를 역임했고, 기독교사회문제연구원 부원장을 지냈다. 현재는 타원형교회 협동목사, 경기도교육연구원 초빙연구원, 생명평화마당 사회위원장으로 일하고 있다.

3장
풀뿌리 평화공동체 형성의 걸음

시작하는 말: 작은교회 목회자의 욕망?

21세기 남한에서 작은교회의 목회자들이 바라는 것은 무엇일까? 우리가 매일 접하는 소식은 교회성장의 신화가 아닌, 또 어느 교회가 문을 닫았다는 이야기들이다. 누군가는 주중에 일할 수 있는 자리를 찾는 소식도 들린다. 작은교회의 목회자들을 만나면 그저 지금의 수준으로 현상 유지하는 것만도 다행이라며 위로하는 분위기가 가득하다. 이들이 참으로 바라는 것은 무엇일까? 무한대의 교회성장이나 메가처치 신화일까?

한 통계에 의하면, 개척교회 100개의 개척 3년 후 생존율은 2%라고 한다. 이러한 시대에 작은교회 목회자들이 진심으로 바라는 것은 아마 '생존'과 '존엄'일 것이다. 물론 대다수 작은교회 목회자들이 생존만을 바라는 것은 아니다. 단지 생존만이 목표라면 그들은 이미 다른 직업의 길로 들어섰을 것이다. 생존보다 앞서는 근원적 욕구는 목회자로서의 존엄이다. 스스로 자존감을 갖는 것, 목회자로서 존중받고 권위를 얻는 것. 이것의 반대편에는 잉여로의 전락에 대한 커다란 두려움이 자리 잡고 있다. 잉여, 즉 목회자나 교회는 이미 차고 넘쳐서 별로 필요도 없고 쓸모도 없다는 존재에 대한 부정은 너무나 큰 상처를 남긴다. 수많은 작은교회 목회자들은 어쩌면 한 주에도 몇 번씩 스스로의 존재가치를 자문하며 살아갈 것이다. 목회자로서의 존엄을 지키면서 건강하게 생존해가는 것, 이것을 기대하고 바란다는 것은 가장 기초적이고 기본적인 욕구마저 채워지지 못한 삭막한 현실 조건 때문일 것이다.

이러한 시대적 조건 속에서 복음이 주는 평화와 기쁨을 작은교회 목회자는 어떻게 누리고 이룰 수 있을까? 이것이 우리 작은교회 목회자들이 직면한 가장 크고 심각한 질문이다. 우리에게는 '성장이냐, 작은교회냐'라는 선택의 사치를 부릴 여유가 없다. 이미 '충분히 작은' 교회에서 우리는 어떻게 존엄과 생존을 지켜갈 수 있을까? 어떻게 복음이 주는 기쁨과 평화를 누릴 수 있을까? 이 글은 극히 작은 경험에 기초한 개인적 글쓰기임을 전제한다. 한 작은교회 목회자의 고민과 실험의 몇 걸음을 조심스럽게 공유하고자 한다.

1. 어떤 지역교회가 되어야 할까: 복음의 공공성, 교회의 공공성

몇몇 사람의 요청에 의해 수도권 변두리에 교회를 개척하게 되었다. 그러나 대부분의 경우, 교회의 이웃들은 교회개척을 그리 달가워하지 않는다. 복음을 전한다며 출발하는 교회의 설립이 이웃들에게는 복된 소리도, 기쁜 이야기도 아닌가 보다. 아마 그들에게는 공공도서관이나 수영장, 공원이 세워진다는 소식이 훨씬 기쁜 소식인 것 같다. 이처럼 교회가 시작하는 처음부터 교회 구성원과 이웃 주민의 기대는 엇나가기 십상이다. 나는 교회를 시작하면서 교인들의 요청에만 응답하는 교회를 넘어 '지역에 필요한 교회'가 되기를 꿈꾸었다. 물론 상가 한 칸을 빌려 사는 겨자씨만한 교회가 지역의 다양한 필요에 응답한다는 것이 쉬운 일은 아니다. 그러므로 지역주민이 필요로 하는 영역과 작은교회가 응답할 수 있는 영역의 교집합을 찾아야 하는 것이 우선 과제가 된다.

지역의 필요를 다른 말로 하면 '공공성'(公共性)이라고 할 수 있겠다. 공공성이란 크게 두 가지를 의미한다. 첫 번째 공(共)은 많은 사람의 영역이다. 이는 내 교회의 교인들을 넘어서는 영역이다. 교인들을 포함하여 지역주민들의 영역이라고 할 수 있다. 두 번째 공(公)은 공공가치의 영역이다. 이는 정의, 평화, 사랑, 민주, 인권, 용서, 화해 등의 영역이며, 복음과 하나님 나라의 영역이다. 위의 내용을 요약하면, 내 교인만을 넘어서서 지역주민들과 더불어 공공가치를 지향하는 영역의 확장과 심화에 기여하는 교회가 지역교회 개척의 목표라고 할 수 있다. 이는 신앙의 사사화(私事化, privatization)를 넘어서서 복음의 공공성으로 다가가려는 시도일 것이다.

"때가 찼고 하나님의 나라가 가까이 왔"으니(막 1:15)라는 예수의 뉴스! 언젠가 그 나라로 가는 것이 아니라, 그 나라가 우리에게 다가와서 '우리 가운데' 이루어진다는 소식(눅 17:21), 그래서 우리가 그 나라에서 살아갈 수 있다는 소식은 21세기 남한에서 작은교회 목회자로 살아가는 우리에게도 여전히 기쁨과 소망의 뉴스가 된다. 특별히 그 나라는 '정의와 평화'의 나라이고, 그 나라에서 살아갈 때 우리 모두가 참 기쁨을 누린다는 말씀은 삶과 목회의 방향을 제시해준다.(사 52:7, 렘 33:15, 롬 14:17) 성서에서 정의에 대한 주목은 이미 수많은 예언자들의 선포를 통해 이어지고 있다. 인간 내면의 의(righteousness)에 대한 사모와 사회적 정의(justice)에 대한 간구는 하나님 나라의 핵심적 성격이라고 할 수 있다.(사 9:7, 16:5, 렘 22:3) 그리고 성서에서 평화, 샬롬은 하나님의 통치를 통하여 하나님의 뜻이 온전히 이루어지는 전체적 영역과 통전적 차원을 뜻한다. 따라서 평화는 단지 내면의 평안을 넘어선다.(사 9:7, 14:5-7, 미 4:4) 이때 평화는 언제나 정의로운 평화이다. 여기서 '정의로운 평화'(just peace)란 '정의로운 전쟁'(just war)과의 대구적 형식 표현이 아니라, 정의에 기초한 평화(peace based on justice)를 의미한다.[1] 평화는 결코 불

---

1) 장윤재, "정의의 눈으로 보는 생명과 평화-제10차 WCC 부산총회의 주제에 대한 한 신학적 이해," 2010.

의에 대한 침묵이 아니며, 정의를 향한 저항의 걸음으로서의 평화이기도 하다. 동시에 정의의 열매는 평화와 평안과 안전이다.(사 32:17, 48:18)

세계 교회는 1990년 JPIC 서울 세계대회를 통하여 "정의 평화 창조질서의 보전"(justice, Peace, Integrity of Creation)이 세계 교회의 선교적 과제임을 확인하였다. 특별히 서울대회는 1960년대 이후 이어지고 있는 정의의 과제에 주목하였다. 빈부격차, 악성부채, 인권유린, 여성차별과 인종차별은 하나님 나라 선교에 기여하려는 교회들에게 커다란 과제로 다가옴을 역설하였다. 또한 제2차 세계대전 이후 끊이지 않는 '저강도전쟁'과 군비 경쟁, 핵무기 확산이 심각한 수준에 이르렀음을 강조하였다. 그리고 이러한 폭력은 사람을 넘어서 지구환경에 대한 파괴로 이어졌다. 열대림 파괴, 종자 멸종, 물·공기·땅 등의 오염은 이미 심각한 수준이다. 이처럼 평화를 유린하는 폭력의 시대에 교회는 고통당하는 존재들에게 민감하게 응답해야 한다. 그리하여 세계 교회는 서울대회를 통하여 위기에 처해 있는 세계 상황과 더불어 교회의 죄책과 선교적 책임을 공동 인식하였다. 또한 정의 평화 창조질서의 보전이라는 과제가 각각 분리된 영역이 아니라 상호 깊은 연관관계에 있음을 확인하였고, 각 분야에서의 저항과 실천이 공동의 목표를 향한 기여임도 확인하였다. 이에 세계 교회는 스스로의 잘못을 고백하고 하나님 나라의 선교적 동참을 선언하였다. 서울 세계대회를 마친 지 10일 후 세계교회협의회(WCC) 중앙위원회는 "JPIC는 2000년대 에큐메니칼 비전의 핵심"이라고 결론을 내렸다.[2)]

이러한 결론은 자연스럽게 2013년 WCC 부산총회의 주제로 이어졌다. "생명의 하나님, 우리를 정의와 평화로 이끄소서"는 하나님이 주신 생명이 지금 수많은 불의와 폭력으로 위협받고 있음을 인식하고, 정의와 평화의 걸음을 온 세계의 교회들이 간구하고 실천할 것을 선포하는 의미이다. '정의 평화 생명'은 교회와 그리스도인을 넘어서 전 세계의 보편적 가

---

2) 연구문서 1, "정의, 평화, 창조질서의 보전(JPIC) 서울 세계대회 최종문서," 1990.

치이자 공동선(common good)이라고 할 수 있다. 이는 교회가 온 인류의 공적 가치와 공동선의 구현에 기여해야 할 선교적 과제가 있음을 뜻한다. 여기에 교회의 인류적 존재 의의가 있다고 하겠다. 한편 한국교회의 그리스도인들은 2010년 부활절을 맞아 〈생명과 평화를 여는 2010년 한국그리스도인선언〉을 발표하였다. 〈1973년 한국그리스도인 신앙선언〉과 1988년 〈민족의 통일과 평화에 대한 한국기독교회선언〉의 맥을 잇는 2010년 생명평화선언은 "온생명이 심각한 위기에 놓인 현실 속에서 약자를 폭력으로부터 해방시키시고 생명의 온전한 질서를 회복하시는 하나님의 일에 동참"할 것을 선언하였고,[3] 이 선언은 이후 생명평화마당의 실천으로 이어지고 있다. 정의 평화라는 공공의 가치를 믿음과 선교 실천의 핵심으로 삼는 그리스도 교회는 단지 개인의 관심사를 나누는 친목단체의 성격을 넘어선다. 교회는 많은 사람이 소중한 가치임을 인정하는 공공의 가치인 정의 평화를 2,000년 간 품고, 수련하고, 실천해온 사회적 집단의 성격을 띤다. 그런 면에서 교회는 인류에게 매우 귀중한 유산이고 자원이라고 할 것이다. 따라서 교회는 복음의 공공성, 그리고 공적 기관으로서의 성격과 존재방식을 스스로 인식하고 주변의 오해를 불식시키기 위해 우선적인 노력을 경주해야 한다.

우리나라에 퍼진 교회에 대한 오해는 심각한 수준이라고 할 수 있다. 게다가 더 심각한 문제는 이러한 오해를 교회 스스로 자초하였다는 것이다. 이명박 정권 당시 인사정책을 풍자한 표현인 '고소영'(여기서 '소'는 소망교회로서, 당해 교회의 인맥이 당시 정권의 고위관료로 집중적으로 진출하였음을 비꼰 표현이다.), 2016년 20대 총선에 등장한 기독자유당의 '차별과 혐오'에 기초한 정책공약들(반동성애, 반이슬람, 반북 등 이들의 공약은 주로 두려움과 혐오에 기초한 반대와 차별 정서를 한국교회에 확산시켰다.), 박근혜 탄핵반대집회에 등장한 성가대 가운과 통성기도 등은 한국의 교회

3) 〈생명과 평화를 여는 2010년 한국그리스도인선언〉, 2010.

들이 인류 보편의 공공가치인 정의 평화의 걸음을 선택하고 기여하는 집단인지, 혹은 그 반대편에서 불의와 폭력, 차별과 혐오를 조장하는 집단인지를 다수 국민들에게 보여주었다. 더 큰 문제는 이러한 집단이 한국교회를 대표하는 모습으로 자주 등장한다는 것이다. 여기에는 아마 몇몇 초대형교회의 담임목사들이 앞장선 영향이 클 것이다. 2017년 탄핵 이후 대선에서도 이들은 스스로를 '범기독교계'라고 부르면서 탄핵당한 정당의 대선후보를 지지하고 나서기도 했다. 이것은 예수의 복음을 배반하는 것이며 전 세계 교회들의 회개와 신앙고백을 정면으로 거부하는 것이다.

이들의 행태는 매우 심각한 결과를 초래하고 있다. 이들은 한국교회 신앙의 선배들이 그동안 이 땅의 정의 평화 생명에 기여해온 엄청난 수고와 헌신, 그 역사적 결실을 모두 수포로 돌아가게 하고 있으며, 신앙의 공동체이자 인류 보편의 공공선에 기여하는 교회를 비윤리적이고 이기적인 영리집단으로 전락시킨 것이다. 이는 하나님 나라의 선교를 철저히 가로막고 방해하는 악의 행태라 할 것이다. 이것은 한국교회가 맞는 가장 큰 위기이자 작은교회운동의 가장 큰 걸림돌이다. 이와 같은 잣대로 교회를 평가하는 비그리스도인들은 교회의 선교실천이나 복음전도를 모두 비윤리적이고 이기적인 영리행태로 바라보고 있다. 결국 교회는 인류 보편의 가치인 정의 평화 생명에 걸림돌이 되는 불의와 폭력, 반생명의 집단으로 매도되고 있다.

장 루이 라빌(jean Louis Laville)의 영미식 분류에 기초할 때, 제1섹터는 국가와 정부, 제2섹터는 기업과 시장, 제3섹터는 비정부, 비영리 민간단체(NGO, NPO)의 영역으로 구분할 수 있다.[4] 이때 제3섹터는 제1섹터의 국가 공권력, 제2섹터인 기업과 시장의 영리 추구와 거리를 두면서 자기 정체성을 확보한다. 제3섹터의 존재 명분은 공공성의 확보에 있다. 이러

---

4) 아달베르트 에베르스·장 루이 라빌, 자활정보센터 역, 『세계화 시대의 새로운 복지: 사회적 경제와 제3섹터』(서울: 나눔의집, 2008).

한 구분에 의하면, 교회는 명백히 제3섹터에 포함되어야 한다. 하지만 성장주의 교회들은 제2섹터에 속한 기업처럼 종교시장의 무한경쟁에 뛰어들어 자기 권익의 확장에만 앞장서 왔다. 그리고 서로의 이익이 보장된다면 강한 카르텔을 형성하여 과점을 이루며 종교시장을 독점한다. 2005년 사립학교법 개정에 대한 강력한 반대운동이나 지금까지 종교인 과세 추진에 대해 보여준 태도들이 대표적 사례라고 하겠다. 교회에 대한 신뢰 상실은 교회가 시장의 사익추구 집단과 동일시될 때 발생한다. 또한 과거의 역사를 보면 교회가 자신의 이익을 유지 창출하기 위하여 제1섹터와 거리낌 없이 손을 잡고 부당하게 권력을 남용하기까지 했다는 것이 교회사적 평가이다. 대형교회 목회자들의 개인윤리적 타락과 더불어 교회의 대사회적 신뢰도 하락은 매우 심각한 문제이다. 이는 단순히 교회가 봉사활동을 확대하고 시혜적 복지를 실시한다고 해결되는 차원이 아니다. 대형교회들의 '정의 없는 봉사'(diakonia without justice)[5]는 마치 재벌 출연 공익재단의 행태와 유사한 미봉책에 그친다.

2. 지역 인문학공동체 일구기

2012년 『정의란 무엇인가』라는 책이 선풍적인 인기를 끌었다. 이는 곧 우리 사회가 그만큼 불의가 만연한 사회이며 정의에 목말라 있다는 반증일 것이다. 이 인기는 시민사회의 인문학 관심과 이어져 있었다. 하지만 유명 인사를 초청하고 사람들을 불러 모으는 이벤트 성격의 대형 인문학 강좌는 인문학의 고민을 지속하고 삶으로 이어가는 데 커다란 한계가 있다. 인문학이 생명, 사회와 공공 가치에 대한 질문이고 탐색이라면, 이는 단기간에 정답을 얻을 수 없는 차원이며, 정답이라고 쉽사리 제시하는 것이 그리 바람직하지도 않을 가능성이 크다. 지속적인 질문과 탐구, 그리

5) 장윤재, 위의 글, 2010.

고 그 과정이 일상의 삶으로 이어지는 것, 그리하여 현재의 한계를 넘어서는 시도와 실험에 용기를 갖는 일련의 과정이 인문학 공부의 과정이라고 할 때, 이는 삶의 터전을 공유하면서 지역에서 함께 살아가는 공부공동체로 형성되어야 한다. 그러나 서울이나 대도시를 조금만 벗어나면 지역운동에 꾸준히 헌신할 수 있는 훈련된 인문학자를 찾기가 그리 쉽지 않다. 이벤트성 행사를 넘어서 꾸준한 풀뿌리 공부모임을 기획하고 진행하며, 주민들과 만나 삶을 나누고, 삶의 새로운 방향을 모색하는 풀뿌리 인문학 모임들은 우리나라 인문학운동의 미래와 깊이 관련된다. 이러한 실천은 지역의 과제를 발견하고 주민들이 스스로 토의하고 제안하며 그 과제를 풀어가는 풀뿌리 민주주의의 발전에도 건강한 토양을 만들 것이다.

이러한 지역 인문학운동에 기여할 수 있는 사람이 지역의 작은교회 목회자일 수 있다. 목회자는 교회의 신앙지도와 훈련을 위해 꾸준히 신학적 훈련을 쌓아갈 뿐 아니라, 정의 평화 생명에 대한 감수성(영성)과 꾸준한 지식의 심화를 위해 노력하기 때문이다. 목사가 되려면 일반적으로 대학교 4년을 졸업한 후, 대학원에서 최소한 2-3년을 공부해야 한다. 그 후에도 2년 이상 목사후보생으로서 수련(인턴) 과정을 훈련해야 비로소 목사가 된다. 약 10여 년의 수련과정을 거친다는 것은 법관이나 의사를 양성하는 과정과 유사하다. 실제로 서양전통에서 법학, 의학, 그리고 신학의 전문대학원은 이러한 수련과정을 공유하고 있다. 따라서 신학교에서 배운 여러 신학적·인문학적 과목들을 지역주민들의 삶과 연결시키고 지역의 과제와 접목시킬 때, 지역의 작은교회 목회자들은 곧 지역의 풀뿌리 신학자(local theologian)이자 지역 인문학자가 되는 것이기도 하다.

나의 경우, 많은 인문학 강좌에서 장자나 논어 또는 플라톤의 저서를 다루듯이 기독교 성서 역시 '인류의 고전'[6]으로 바라보자고 제안하며 지역에서 인문학강좌를 시작했다. 일회성을 지양한다는 원칙을 밝히고

---

6) 안병무, 『역사와 해석』(서울: 한국신학연구소, 1998).

12주간 성서읽기를 지속하였다. 물론 이들이 곧바로 교회의 일원이 되지는 않는다. 하지만 이러한 과정은 적어도 교회에 대한 적대감이나 오해를 불식시키는 데 좋은 기회가 되었다. 또 하나의 기대는 이들이 단지 성서에 대한 지식과 정보만을 얻는 것이 아니라, 한 동네에 사는 사람들이 만나서 서로의 이야기를 나누는 장을 만드는 것이었다. 12주간의 만남 속에서 삶, 역사, 정의 평화 등에 대해 고민하고 질문하던 이들은 그 후 자발적으로 소모임을 만들어 공부와 삶을 나누었다. 성서강좌를 시작으로 지역에서 정의, 평화, 영성, 자본주의, 공동체 등에 대해 주민들과 다양한 책을 함께 읽으며 공부공동체를 이루어갔다. 그리고 시간이 지나면서 이들에게 작은교회의 목회자는 삶의 방향을 공유하고 지역의 과제를 나누는 동반자가 되어갔다.

지역에서 초기에 가장 자주 공부하던 주제는 '공동체'였다. 공동체를 나타내는 영어 'community'는 'communion', 'communism', 'communication'과 밀접한 관계가 있다. 일반적으로 '친교'를 뜻하는 'communion'을 교회에서는 성찬례 또는 성찬에서 나누는 빵과 포도주를 가리킬 때 사용한다. 성찬의 자리란 각자의 먹을 것을 가져와서 다른 이들과 나누어 먹는 자리이다. 이때에야 비로소 말로만의 친교가 아니라 진정한 친교의 세계로 들어갈 수 있다. 물론 여기에는 각 사람의 노동과 땀, 대지와 태양의 기운도 기억된다. 그리고 그 모든 것의 하나님까지. 이러한 성찬의 자리가 교회 공동체의 자리이다. 다시 말하면 교회가 공동체가 된다는 것은 각자 자기의 먹을 것을 내어놓고 함께 나누어 먹는 모임이 되겠다는 선언이다. 이는 서로의 노동과 고투를 나누는 것이고, 자신의 생의 시간을 나누는 것이다. 이러한 공동체는 일종의 기초적 공산주의일 수 있겠다. 공산주의라는 말이 많은 과정에서 너무나 왜곡되고 곡해되었다면, 큰 틀에서 공유주의나 코뮨주의로 대체되어도 좋다. 국가주의나 자본시장의 폭력적 지배에 한계 상황을 만나는 우리 시대는 국가와 자본에 저항하던 국가 이전, 자본 이전의 '오래된 미래'로 돌아가 지혜를 배우면서 국가 이후, 자본 이후를 꿈꾼다.

그리스도인들에게 오래된 미래는 여전히 성서의 세계이다. 제국의 노예 탈출과 새로운 공동체 형성, 이를 위한 희년법과 안식일법과 수많은 약자 보호법, 그리고 왕정의 출현과 당대의 국제정세들 사이에는 히브리인들의 투쟁과 저항의 깊은 지혜가 숨어 있다. 식민지 노동자의 아들인 예수는 로마제국의 통치자인 아우구스투스에 비견되는 하나님의 아들, 평화의 왕으로 등장한다. 그는 자신의 몫을 내어놓아 함께 풍성히 먹는 기적을 일으키고(마 14:13-21), 취업이 늦게 된 일용노동자도 제 몫의 품삯을 받아가는 새로운 세상을 꿈꾼다.(마 20:1-16) 예수를 따르는 제자공동체는 결국 사유재산제를 넘어서는 유무상통의 공동체를 이룬다.(행 4:32-37) 공동체의 또 다른 특징은 자유롭고 민주적인 의사소통과 관련된다. "세상을 구원하는 일은 공동체 안에서 그리고 공동체를 통하여 이루어진다."라고 강변하는 스캇 펙의 구분에 의하면, 우리는 흔히 공동체와 조직을 혼동하고 있다. 조직은 위계와 효율에 의해 운영된다. 반면에 공동체는 '개인차에 대한 존중, 정직한 의사소통, 합의과정에의 헌신' 등이 요청된다.[7)]

3. 둘러앉기, 안전한 공간

공동체를 이루는 과정에서 가장 커다란 장애물은 강력한 지도자가 모든 어려움을 대신 해결해줄 것이라는 기대이다. 여기에 작은교회라고 예외는 아니다. 이때 교회를 참다운 공동체의 관계로 이루는 데 도움을 주는 중요한 지혜가 평화서클(peacemaking circle)의 전통이다.[8)] 서클은 말 그대로 참여자가 모두 '원으로 둥글게 앉는 것'이다. 이러한 원이 평화서

---

7) 스캇 펙, 김민예숙·김예자 역, 『평화만들기-위험과 분쟁의 시대, 진정한 공동체에 이르는 길』(서울: 열음사, 2006).
8) 케이 프라니스·베리 스튜어트·마크 웨지, 백두용 역, 『갈등을 극복하고 공동체를 세우는 평화형성서클』, (춘천: KAP, 2016).

클의 출발이자 전부이다. 하지만 서클은 매우 깊은 지혜를 전해준다.

서클 모임은 서로의 관심을 들을 수 있는 공간을 창조한다. 참석자 모두가 서로의 얼굴을 볼 수 있으며 서로의 이야기에 귀를 기울일 수 있다. 원으로 둘러앉아 마주한다는 것은 모든 참가자가 중심으로부터 동일한 거리를 유지한다는 것이기도 하다. 즉 모두가 평등한 관계를 이루고 함께 참여하는 것을 전제한다. 이 자리에서 진행자는 조정과 촉진자(facilitator)의 역할을 할 뿐이며 일반적인 학습모임의 '지도자'와는 다르다. 따라서 한두 사람의 일방적 언사나 가르침이 모임을 독점하지 않고, 서로가 서로를 가르치고 배우는 공동지도(co-leaders)의 원리가 실현된다. 이것은 곧 참여자 전원이 공동의 공간에 책임을 져야 함을 의미하기도 한다. 지금까지는 진행과 지도를 한두 사람에게만 전적으로 의존하고, 다른 참여자들은 외부자로서 수동적 참여나 관찰자 역할만 하는 경우가 많았다. 교회에서도 흔히 유사한 모습을 보게 된다. 그리고 규모가 클수록 이런 현상은 더 심화된다.

그러나 작은교회는 서클과 유사하여 목회자 한사람이 모든 책임을 지고 이끄는 것이 아니다. 서로의 안에 계신 성령의 지혜를 믿고 자신을 용기 있고 정직하게 개방하는 가운데 서클의 지혜는 공동의 지혜로 확장된다. 이러한 자기개방의 경험은 참여자 서로의 삶을 연결하는 경험이 되며, 이는 그리스도 안에서 하나의 공동체(가족)임을 경험하게 한다. 공동체는 물리적 실체라기보다는 경험이자 사건이다. 자기개방과 연결의 경험이 곧 성령의 사건이자 공동체 경험인 것이다.

이러한 자기개방은 언제나 공동체의 결실을 가져옴과 동시에 용기 있고 정직하게 자신을 직시하고 개방한 본인의 자기발견으로 이어진다. 고전적 영성의 단계에서 일종의 조명(illumination)의 경험이라고 할 수 있다. 그리고 이와 같은 원의 형태는 동방교회의 전통적 삼위일체의 존재방식과도 연결된다. 성부 성자 성령, 세 분의 존재방식은 군주론적 위계구조가 아니며 양태론이나 단일신론과도 차별된다. 삼위 하나님은 어느 특정 존재의 강화나 지배를 거부하고, 사랑과 자기개방 가운데 상호침투하고 상호내주하며 순환한다. 이처럼 원의 공간은 각자의 고유성 속에 상호의존하고 순환하는 신적 사랑으로 초대되는 거룩하고 신비한 공간이 되기도 한다. 이는 실체론적 개체성의 한계를 넘어서는 포스트휴먼시대에 상호침투적 혼종성과 횡단적 상호관계론, 즉 배치에 의해 새롭게 창출되는 공간과 존재의 망과 의미에 대한 의식을 열도록 돕는다.

자기개방과 공동체 경험에는 '안전한 공간'의 형성이 전제된다. 즉 서클은 안전한 공간을 이루는 평화의 자리여야 한다. 가면을 벗어도 공격받지 않는 자리, 온전히 자기 자신이 되도록 격려받는 자리, 정직하게 바라보도록 지지받는 자리가 안전한 공간이다. 스캇 펙에 의하면, "노련한 정신과 의사들은 …자신에게 치유할 수 있는 힘이 없음을 깨닫게 된다. 그리고 환자의 말을 경청하고, 그들을 수용하고, 그들과 '치유적 관계'를 확립하는 것이 자신이 할 수 있는 일임을 깨닫게 된다. 그래서 그들은 치유에 초점을 맞추기보다는 환자가 스스로 치유할 수 있는 안전한 장소를 만드는 일에 집중한다."[9] 지금 우리에게 필요한 공간은 이러한 안전한 공간이다. 교회는 안전한 공간인가? 교회는 공동체 경험을 어떻게 하고 있는가? 우리는 자기 자신이 되도록 어떻게 서로를 지지하고 격려하는가? 내 안의 생명이 자기 목소리를 내도록 얼마나 허용하는가?[10]

불통의 아이콘, 이는 영성의 부재를 의미한다. 영성에서 매우 중요한 토대는 경청, 즉 다른 사람의 말을 잘 듣는 것이다. 이는 나와 다른 존재, 타자, 하나님의 소리에 귀 기울이는 것으로 이어진다. 이를 위해서는 먼저 내 속에 경청을 방해하는 장애를 관찰하고 이해해야 한다. 이러한 일련의 과정이 기도수련의 과정이고 영성수련의 과정이라고 할 것이다. 잘 듣는 것과 더불어 내 안에 있는 욕구를 명료하고도 평화롭게 표현하는

---

9) 스캇 펙, 위의 책, 2006.
10) 파커 파머, 홍윤주 역, 『삶이 내게 말을 걸어올 때』 개정판 (서울: 한문화멀티미디어, 2012).

것 또한 필요하다. 이 역시 내 안에 어떤 느낌이 올라오는지, 그 배후에 숨겨진 욕구는 무엇인지 관찰하는 과정이 수련의 과정이 된다. 이러한 과정 가운데 이 욕구를 어떻게 전달할 것인지는 설교의 수련이고 정의 평화 선교 실천의 수련이고 복음 전파의 수련과정이 또한 될 것이다.

잘 듣기, 잘 말하기의 종합예술은 회의에서 드러난다. 한 집단의 영적 상태가 노골적으로 드러나는 자리가 바로 회의의 자리이다. 이 자리는 다른 이의 말을 잘 듣고 내 안의 의도를 명료히 전달하며 서로의 의견을 합의해가는 과정이다. 물론 합의의 방향은 정의 평화의 진리탐구에 대한 지향일 것이다. 그리고 그 자리에 현존하시는 하나님의 지시에 민감하게 순종하는 태도가 요청된다. 그래서 그 자리는 말과 말 사이의 침묵이 또한 깊은 진리로 우리를 이끌어간다. 자유롭고 즐거운 의사소통의 자리는 성령의 기쁨이 충만한 자리이다. 이 자리에서 서로는 존재로 존중받으며 함께 정의 평화의 진리를 향해 나아가고자 한다. 이 확인만으로도 회의의 자리는 하나님 나라의 빛을 만나게 된다.

공공성의 다양한 의미 가운데에는 공적 가치를 규정하는 것이 아니라, 공적 가치가 무엇인지를 함께 찾아가는 자리, 즉 공론장을 공공성의 핵심으로 여기기도 한다.[11] 일방적인 진리 규정이 아니라 의사소통의 장을 마련하는 것, 그 자리는 정의와 평화의 기운이 가득한 자리이다. 그때 그 자리는 이기고 지는 논쟁의 자리가 아니라, 진리를 향한 여행의 자리로 변한다. 교회는 이와 같은 '대화와 소통의 공론장'으로의 훈련공간을 제공할 수 있을 것이다. 그리고 이는 민주시민교육의 핵심 부분이기도 하다.

---

11) 장명학, "하버마스의 공론장 이론과 토의민주주의," 「한국정치연구」 제12집 제2호, 2003.

4. 갈등 전환과 회복적 정의

사람들이 모이는 자리에서는 언제나 갈등이 발생한다. 자유로운 개인들의 모임에서 갈등이 일어나는 것은 너무나 자연스럽고 당연한 사실이다. 갈등이 없는 모임은 오히려 문제가 있는 모임일 것이다. 따라서 갈등의 발생 자체를 문제시하여서는 안 된다. 갈등은 내재하고 있던 어떤 과제를 드러내는 과정이다. 이미 갈등이 발생하면 그 이전으로 돌아가기는 힘들다. 그러므로 갈등이 발생할 때, 그 갈등 자체를 문제시하거나 외면하기보다는 갈등이 불러일으킨 내재된 과제에 주목해야 한다. 그러하여 갈등 자체를 해결하기보다는 갈등을 통해 주목된 과제를 해결해나아가도록 갈등을 창조의 힘으로 전환시켜야 한다. 하지만 교회는 이를 절대 일어나서는 안 될 상황, 무찔러야 할 적으로 규정하기 쉽다. 늘 평화를 이야기하는 신앙인들의 모임에서 갈등이란 절대 있을 수 없는 일이라는 것이다. 하지만 그리스도인이든 비스리스도인이든, 교회도 예외 없이 갈등이 발생하는 자리라는 것을 안다. 이것을 정확히 인지하고 인정하는 것이 갈등 전환의 첫 번째 과제이다. 현실에서는 실제로 갈등이 발생하지만 갈등상황을 회피하고 외면하면서 갈등을 억압하는 태도는 거짓 평화를 양산한다. 이는 유사 공동체(pseudo-community)의 특징이기도 하다.

또한 우리는 내재된 과제에 주목하기보다는 일시에 갈등을 처리할 능력자를 기대하기도 한다. 기계로서의 신(deus ex machina), 이 낱말은 고대 그리스 연극에서 사건이 전개되고 수많은 문제가 나타나면서 갈등과 긴장이 고조되어 최고조에 달할 때, 이 모든 문제를 한순간에 해결하고자 등장하는 '전능자'를 지칭하는 말이다. 우리는 삶의 여정에서 갈등이 발생하여 긴장이 고조되고 어려움에 봉착하면, 이 상황을 단번에 해결해 줄 능력 있는 지도자를 요청한다. 하지만 이것은 공동체의 모습을 상실하게 만든다. 그리고 이것의 배후에는 모든 문제를 한순간에 대신 해결해줄 하나님의 '전능'에 대한 오해가 숨어 있다. 갈등의 문제는 지역에서 매우 중대한 주제이다. 정의 평화에 헌신하는 시민단체들, 가난한 이웃을 돌보는 복지단체들, 아이들을 가르치는 지역아동센터 등은 언제나 심각한 갈등상황을 내재하고 있다. 이때 갈등을 다른 관점에서 바라보고 새롭게 인식하며 창조적으로 전환해주는 신뢰할 만한 공공기관이 마을에 있다면 이는 마을 전체가 평화로운 공간으로 변화될 수 있는 계기가 될 것이다.

갈등과 폭력의 문제에서 '전능'과 더불어 우리가 다시 생각해야할 주제는 '정의'이다. 현행 사법체계에서 정의는 범죄자/가해자 처벌로 이해된다. 즉 법의 기준에 따라 죄를 범한 정도만큼 범죄자에게 응분의 처벌을 주어 정의를 실현하는 것이다. 이를 '응보적 정의'라고 부를 수 있다. 한편 '회복적 정의'는 범법보다 관계의 훼손에 주목한다.[12] 회복적 정의에서 범죄는 특정 개인과 국가의 법적 체계 사이의 관계가 아니라, 한 개인이 다른 개인에게 해를 끼치고 관계를 훼손시키는 것이다. 이때 주목하는 것은 처벌이 아니라, 그 범죄로 인해 발생한 피해를 최소화시키고 상처를 아물게 하면서 관계를 회복하는 데 목적을 둔다. 그리고 이 과정에서 국가가 주도권을 갖는 것이 아니라, 그 사건에 영향을 받은 모든 사람들, 즉 피해자, 그리고 피해자만이 아니라 가해자와 주변 사람들, 공동체와 마을이 모두 피해에 영향을 받은 사람들로 인식되며, 따라서 이들이 문제 해결의 주체로 참여하여 해결한다. 사회가 범죄 사실을 밝히고 범죄자를 잡아서 처벌 수위에 집중하는 사이 대부분의 경우 피해자는 관심 밖으로 밀려나게 되고, 깨어진 관계나 공동체의 회복을 위한 노력에는 집중하지 못해왔다. 이에 회복적 정의는 피해자의 회복에 주목하고 피해 회복을 위해 무엇을 해야 하는지 질문한다. 그리고 이러한 회복의 책임에는 가해자만이 아니라 주변 사람들과 이웃, 마을도 포함된다. 최근 미국교정협회(National Institute of Corrections)로부터 '사법제도의 혁명'이라

12) 하워드 제어, 손진 역, 『회복적 정의란 무엇인가』 (춘천: KAP, 2012).

고 평가받는 이 시도는 1990년대부터 북미, 호주 및 뉴질랜드를 비롯하여 유럽에서 소년사법제도 개혁을 위한 기본원칙으로 삼아 구체적인 실천방안을 모색하고 있다. 이러한 회복적 정의는 공동체 안에서 사랑과 자비, 회복에 기초한 정의를 실현하고자 노력한 메노나이트 공동체에서 오랫동안 실현되어 왔다.

학교 공간은 심각한 경쟁과 폭력의 조직으로 기능해왔다. 그래서 이 공간에서 아이들은 매우 심각한 수준의 갈등을 내재화하고 있다. 사회의 문제가 곧 학교의 문제이고, 학교의 문제는 곧 사회의 문제이다. 이러한 상황에서 지금까지 교사는 교사의 지시를 잘 따르고 교육과정을 잘 이수하는 태도를 학생들에게 요구해왔다. 이때 청소년은 자유로운 개인으로 존중받지 못하며 안전한 공간의 경험도 전무하다. 이런 상황에서 학교폭력은 물리적 폭력, 언어적 폭력, 왕따, 우울 등으로 나타난다. 이러한 학교 공간에 대한 반성으로 몇몇 교육청에서 도입한 것이 국내 평화단체들과 협력하여 구성한 '회복적 생활교육'이다.[13] 이는 회복적 정의에 기초한 생활교육, 교실의 안전한 공간 만들기, 자유로운 대화와 서클 의사소통 등을 연습하여, 평화 감수성을 높이고 평화로운 공동체를 경험하도록 하는 것을 목표로 삼고 있다. 이때 교사의 질문은 다음과 같이 변화된다. "학생들의 필요와 요구는 무엇이며, 학생들의 요구를 어떻게 교육적으로 실현할 것인가?" 그리고 이러한 질문과 함께 교실의 힘을 공유하고 갈등을 평화적으로 중재하고 전환하기 위한 방법을 찾고자 노력을 기울이고 있다.

---

13) 로레인 스투츠만·쥬디 뮬렛, 이재영·정용진 역, 『학교현장을 위한 회복적 학생생활교육』 (춘천: KAP, 2011).

5. 지역의 실천: 대안학교 세우기, 민주시민교육, 그리고 시민운동의 연대

21세기 남한 청소년들이 정의와 평화를 경험할 수 있는 곳을 어디일까? 일반학교나 수많은 책은 정의 평화가 옳고 좋은 것이라고 가르친다. 어느 학교나 가정에서도 불의를 택하고 폭력을 휘두르라고 말하는 곳은 없을 것이다. 그러나 말과 구호를 넘어서서 진정 청소년들이 몸과 삶으로 정의 평화를 경험할 수 있는 곳은 어디인가? 그곳은 일반학교에서인가? 친구들 관계에서인가? 교회나 가정에서인가? 아니면 이것도 학원이 맡을 몫인가? "먼저 하나님의 나라와 하나님의 의를 구하여라."(마 6:33)라고 배우는 교회 청소년들은 이 가르침을 진정 자신의 삶의 교훈으로 삼고 살아가고 있을까? 이것을 가르치는 선생님과 부모님은 자신들이 먼저 의와 평화를 경험하고 실천하는 모습을 보여주고 있는가? 말과 삶이 다른 교육과정 속에서 자라가는 아이들은 너무도 훌륭히 '숨겨진 커리큘럼'(hidden curriculum)을 발견한다. 숨겨진 커리큘럼이란 눈에 보이는 교육과정 이면에 감추어진 어떤 태도가 실제의 커리큘럼으로 작동하면서 훨씬 큰 영향을 미친다는 것이다. 즉 표면과 이면의 간극을 경험하는 아이들은 '말과 행동이 다른 것이 인생'이라는 것을 깊이 체득하면서 어른이 되어간다.

이러한 괴리가 온당치 못함을 고민해온 마을의 몇몇 사람은 아이들을 어떻게 키우고 가르칠 것인가를 질문하면서 지역에서 대안학교 준비모임을 시작했다. 그리고 지역에서 지속적이고 구체적으로 기여할 수 있는 전문가를 찾아 나섰다. 하지만 그리 쉬운 일이 아니다. 나는 이 역할을 정의 평화 전문가인 교회 목회자들이 감당할 수 있다고 본다. 물론 이를 위한 공부와 훈련이 전제되어야 하는 것은 물론이다. 하지만 방법적 공부보다 우선하는 것은 근원적 삶의 지향이다. 예수의 복음과 하나님 나라 운동에 전 생애를 헌신하는 목회자만큼 대안교육운동에 적합한 전문가가 또 어디에 있겠는가. 아니 교회학교가 곧 대안학교 아닌가. 물론 일반학교의 교육방식과 공간구성 속에서 성서 지식의 일방적 전달에 문제의식을 갖고, 다른 모색과 실험을 실천하는 교회학교라면 말이다. 대안교육의 공간은 정의 평화의 내용을 가르치는 곳이자 정의 평화를 몸으로 훈련하는 곳이다. 동시에 중요한 것은 가르치고 훈련하는 과정 자체가 정의롭고 평화로워야 한다는 것이다. 최근 일반학교에서 주목하는 것이 '회복적 생활교육'이다. 학교폭력이 심각한 상황에서 응보적 대응으로는 학교폭력이 사라지지 않는다는 반성에서 시작된 이 걸음의 토대에는 역사적 평화교회(메노나이트, 퀘이커 등)의 지혜가 자리 잡고 있다.

수도권 변두리 지역의 시민사회 영역은 헌신적인 몇몇 단체에 의해 이루어지고 있다. 하지만 이들은 많은 과제와 인력 및 역량 부족으로, 긴급 사안의 대응에만 내몰리는 것이 대부분의 현실이다. 이는 정의평화운동의 풀뿌리 저변확대, 이를 위한 회원교육, 그리고 활동의 이론적 토대가 되는 인문학적 이론 기초의 한계 등의 과제를 안고 있다. 또한 단체들 간의 갈등이나 단체 내 갈등이 내재되어 있지만, 건강하게 표현하고 창조적으로 전환하는 힘이 부족한 것 역시 현실이다. 이는 지역에서 정의 평화 목회자, 갈등 전환 전문가가 필요함을 의미한다. 그리고 시민사회의 역량강화를 위해 민주시민교육을 공동으로 기획, 추진하고 한 부문을 전문적으로 담당해야 할 필요도 동시에 갖는다. 시민들의 삶 역시 청소년들과 마찬가지로 안전한 공간의 부재, 비폭력 의사소통의 훈련 부재, 자기발견과 건강한 표현의 과정 등을 갖지 못한 한계를 공유한다. 이는 어떤 한계 상황에서 갈등과 폭력의 악순환으로 드러나기 쉽다. 우리 지역의 경우, 민주시민교육을 몇몇 단체가 자치정부와 거버넌스를 이루어 진행하고 있다. 이때 정부는 재정을 지원하고 시민단체들은 기획과 실제 운영을 맡는다. 또한 각 단체들은 자신의 고유 영역의 전문 역량을 키워가는 것을 목표로 삼고 있다. 예를 들면 다문화센터에서는 세계시민교육, YMCA는 생활정치, 그리고 교회는 청소년 대안교육, 의사소통, 평화교육

등을 담당하고 있다. 그리고 교육을 시행하는 공간으로 교회 공간을 활용하여, 교회 공간 역시 시민사회의 공공선 형성에 기여하려고 노력한다. 가톨릭 사회교의의 공동선 개념처럼, 교회공간은 시민사회의 공유재산(commonwealth)의 성격을 갖기 때문이다.[14] 이때 교회는 사적 공간이 아닌 공공의 공간이 된다. 교회의 이러한 기여는 지역에서 정의 감수성과 평화 감수성의 개발을 돕는다. 이를 다르게 표현하면 정의 평화 '영성'이라고 할 것이다. 이는 이웃의 아픔에 대한 공감능력과 자기초월의 자리로 나아가도록 이끄는 힘을 만나게 된다. 결국 지역의 작은교회가 뿌리를 내리면서 지역주민들의 삶 속에 자연스럽게 예수의 영성이 전해지는 것이라고 하겠다.

WCC는 2011년 〈정의로운 평화에 대한 에큐메니칼 선언〉을 발표하였다. 그 가운데 제33항을 소개하면 다음과 같다. "교회는 가족, 교구, 지역사회에 평화의 문화를 건설하는 주체이다. 이를 위해서는 갈등을 예방하고 해결하는 법을 배우고, 전통적으로 소외되거나 배척당한 사람들을 보호 및 지원하며, 평화건설과 갈등해결에서 여성의 역할을 인식하면서 그들을 모든 평화활동에 참여시키고, 정의와 인권을 위한 비폭력운동을 지원하고 참여하며, 교회와 학교에서 평화교육을 바르게 실시하는 것이 필요하다. 또한 교회와 다른 종교와 지역사회단체는 오락, 게임, 음악에 만연한 폭력을 비롯하여 폭력이 일어나는 모든 곳에서 폭력에 맞서야 한다. 모든 이들, 특히 여성과 아이들이 성폭력으로부터 보호되고, 무장폭력이 발생할 경우 치명적인 무기들이 금지되며 또한 지역사회에서 제거될 때, 그리고 가족폭력이 중지되고 해결될 때 평화의 문화는 실현된다. 포용적인 지역사회를 건설하려고 노력할 때, 교회가 평화를 만드는 사람들이 되려고 한다면 교회는 일치를 위해 노력해야 한다."[15] 또한 2012년

---

14) 교황 요한 23세의 회칙, "어머니요 스승," 1961.
15) "정의로운 평화에 대한 에큐메니칼 선언"(Ecumenical Declaration on Just Peace), 2011.

WCC 중앙위원회가 만장일치로 승인하고 2013년 부산총회에서 발표한 〈WCC 선교와 전도에 대한 새로운 확언〉의 제73항에는 "지역교회는 선교의 전선이며 주요 대행자이다."라고 선언하고 있다.[16] 이는 하나님 나라의 선교의 주체로서 지역교회(local church)의 역할을 강조하고 주목한 것이다. 이러한 개체교회에 대한 강조는 단순히 개인구원과 개교회주의 및 교회주의로의 회귀가 아니다. 교회는 교인들의 모임이다. 따라서 교회에게 부여된 선교과제는 교인들의 신앙과제이며 교인의 모임인 지역교회가 응답해야 하는 과제이다. 이는 목회자 중심, 선교사 중심 그리고 선언서 중심에서 교인 대중의 공동체적 운동, 풀뿌리 운동, 생활신앙[17]으로 선교 패러다임이 전환되어야 함을 의미한다.

맺는말: 현존과 활동 사이

목회자가 교회를 성장시키는 데 몰두해온 것은 어쩌면 목회자로서 자신의 존재가치를 증명하고 권위를 구성하는 방식일 수 있겠다. 그렇다면 탈성장 시대에 목회자는 자신의 존재가치와 존엄을 어떻게 증명하고 지켜갈 것인가. 새로운 아이디어와 용기 있는 실험, 수많은 기획공모와 도전정신은 신자유주의적 종교시장에 뛰어드는 벤처기업가의 또 다른 모습은 아닐까. 자신의 존재가치를 필요와 효용에 둔다는 것은 자칫 행동주의의 위험에 스스로를 가두는 결과를 낳을 수도 있다. 두려움과 자기증명, 도전과 성공주의가 새로운 교회운동을 이끄는 배후의 힘으로 작동되어서는 안 될 것임은 물론이다. 목회자가 먼저 누리는 정의 평화 영성의 걸음, 그 과정에서 이어지는 신뢰와 지지의 공동체 관계 맺기, 그리고 현존과 활동의 조화는 여전히 작은교회 목회자에게 커다란 과제로 남는다.

---

16) "WCC 선교와 전도에 대한 새로운 확언-함께 생명을 향하여: 기독교의 지형 변화 속에서의 선교와 전도," 2012.

17) 정종훈, "장공 김재준의 신학여정과 생활신앙의 기독교윤리," 「신학논단」, vol. 39, 2005.

참고문헌

장명학. "하버마스의 공론장 이론과 토의민주주의." 「한국정치연구」 제12집 제2호, 2003.
장윤재. "정의의 눈으로 보는 생명과 평화–제10차 WCC 부산총회의 주제에 대한 한 신학적 이해." 2010.
"정의, 평화, 창조질서의 보전(JPIC) 서울 세계대회 최종문서." 연구문서 1. 1990.
"WCC 선교와 전도에 대한 새로운 확언–함께 생명을 향하여: 기독교의 지형 변화 속에서의 선교와 전도." 2012.

로레인 스투츠만 · 쥬디 뮬렛. 이재영 · 정용진 역. 『학교현장을 위한 회복적 학생생활교육』. 춘천: KAP, 2011.
스캇 펙. 김민예숙 · 김예자 역. 『평화만들기–위험과 분쟁의 시대, 진정한 공동체에 이르는 길』. 서울: 열음사, 2006.
아달베르트 에베르스 · 장 루이 라빌. 자활정보센터 역. 『세계화 시대의 새로운 복지: 사회적 경제와 제3섹터』. 서울: 나눔의집, 2008.
케이 프라니스 · 베리 스튜어트 · 마크 웨지. 백두용 역. 『갈등을 극복하고 공동체를 세우는 평화형성서클』. 춘천: KAP, 2016.
파커 파머. 홍윤주 역. 『삶이 내게 말을 걸어올 때』 개정판. 서울: 한문화멀티미디어, 2012.
하워드 제어. 손진 역. 『회복적 정의란 무엇인가』. 춘천: KAP, 2012.

오세욱

한국기독교장로회 가온교회 담임목사로서 한신대학교 외래교수(교회사), 생명선교연대 회장, 영성동반모임 더홀 지도목사, 화성환경운동연합 상임대표, 화성시청소년쉼터 운영위원, 방과후청소년대안학교 그물코학교 교장, 그물코평화연구소 책임연구원 등의 책임을 맡고 있다. 현재는 둘러앉기(circle) 형태의 다양한 '풀뿌리 모임'을 구성하고 진행하는 것을 과제로 삼고 관심을 집중하고 있다.

4장

온생명 마을교회를 말한다

시작하는 말

지금 한국교회는 대형교회를 중심으로 한 산업화 시대의 성장신화가 붕괴됨으로 인해 탈성장 시대의 도래와 함께 교회성장의 둔화 및 위축을 경험하고 있다. 그간 한국교회 산업화 시대의 결과물인 대형교회 생태계의 독주, 이에 따른 여러 위기는 동시에 작은교회의 새로운 생태계의 태동을 불러오고 있다. 이에 한국 사회와 교회 생태계의 변화에 대한 대응으로써, 한국 교계의 진보 진영에서 "2010 한국교회 생명평화선언"과 함께 일련의 새로운 교회 생태계에 대한 신학적 담론이 형성되기 시작하였다.

이 선언 이후 '생명평화마당'이 주축이 되어 열린 여러 심포지엄에서는 본격적으로 한국교회의 대안적 신학 담론에 대해 토론하기 시작하였다. 이 신학적 토론의 가장 중요한 관점 중 하나는, 우선 대형교회 생태계의 위기에 대한 진단으로 출발한 한국교회의 새로운 생태계에 대한 대안적 상상력이 지역 단위 마을의 작은교회로부터 촉발되고 있음을 주목하기 시작한 것이다. 이러한 생명평화마당의 대안적 토론회에서는 지금 한국교회를 둘러싼 사회와 지역과 교회의 생태계가 급변하고 있고 있음을 눈여겨보고 그동안 대량생산 시대를 대표하는 산업화 시대에 한국교회를 주도하던 교회성장운동이 급격한 쇠퇴를 경험하고 있고, 대신 다품종 소생산 시대를 맞이하여 새로운 교회 생태계가 지역사회와 마을을 기반으로 한 작은 마을교회를 중심으로 등장하고 있음을 눈여겨보기 시작한 것을 말한다. 그리고 이러한 신학적 반성은 지역 에큐메니즘의 새로운 목회신학적 주제와 연결되기 시작하면서 지역 에큐메니즘에 기초한 생명망 목회의 가능성을 보이며 2013년 건강하고 대안적인 '작은교회 박람회'로 꽃을 피우게 된다.

우리는 이러한 일련의 역사적 과정을 통하여 한국 사회 생태계의 변화와 교회 생태계의 변화를 더욱 구체적으로 경험하게 되었고, 이러한 경험은 한국 사회의 작은교회 등장과 작은교회운동의 지역적 표현으로서의 '마을교회'의 등장이라는 새로운 생태계의 등장을 더욱 분명하게 주목하고, 연구하고자 하는 동기를 갖게 되었다.

이러한 지역사회와 마을을 기반으로 한 마을교회라는 새로운 생태계의 등장을 그려내기 위해 이 장은 예수의 사역의 핵심을 갈릴리 일대에서의 마을 사역이라는 전제에서 출발하여 마을교회운동의 역사적 전거들로 초대교회와 종교개혁운동에 나타난 작은교회의 의미와 한국 기독교와 마을운동의 역사의 흐름을 되짚어보았다. 결론적으로 탈성장 시대의 새로운 교회 생태계에 대한 대안으로 '온생명 마을교회'라는 새로운 마을교회의 생태계를 제안해보려는 것이다.

1. 예수의 마을 사역과 교회사에 나타난 작은교회운동

우리는 예수의 마을 사역의 성서적 출발점을 마가복음의 '새 술은 새 부대에 담으라.'(막 2:22)라는 말씀의 의미를 다시 살펴보는 것으로 시작하려고 한다. 예수가 요한의 광야에서 갈릴리 마을로 들어가 선포한 하나님 나라가 가까이 왔다는 일성은 예수가 이 헬유대와 헬로마로 대표되는 맘몬적 세상에 대한 대안을 바로 갈릴리 마을운동에서 찾은 것을 의미한다.

다시 말해 헬유대와 헬로마의 탈출의 핵심이 바로 갈릴리 마을이라는 것이다. 우선 예수의 갈릴리 사역은 근본적으로 마을 사역이다. 예수의 최초 선교 사역의 모습을 자세히 살펴보면 유대교 회당에서 시몬의 집으로 들어가는 장면을 볼수 있다. 그런데 우리가 여기서 깊이 들여다보아야 할 것은 예수는 회당에서 나와 베드로의 장모의 집이 있는 마을로 들어갔는데(막 1:21) "온 동네가 그 문 앞에 모였더라"(막 1:33)라는 것이다. 이는 새로운 공동체가 마을의 베드로 집을 중심으로 탄생하고 있음을 의미한다. 다시 말해 회당이 아니라, 회당 밖 갈릴리 가버나움 마을 베드로 장모의 집이 바로 예수의 선교 사역의 새로운 베이스캠프가 되었다는 것이다. 이처럼 마가복음 1장에서 베드로 장모의 집인 갈릴리 가버나움이라는 마을에서 새로운 선교적 거점이 세워지기 시작하면서 마가복음 2장에 이르러서는 예수의 하나님 나라 운동의 윤곽이 드러나기 시작한다. 베드로 장모의 집 앞이 회당의 대안인 새로운 치유 장소로 등장하였는데 이어서 2:13에는 새로운 공간이 등장한다. 바로 알패오의 아들 레위의 집이 새로운 밥상공동체와 하나님 나라 잔치의 거점으로 등장하는 것이다.(막 2:16) 이처럼 예수의 새로운 하나님 나라 마을생명운동은, 회당에서 나와 베드로 장모의 집에서 각색 병든 자를 고치며 그 마을을 선교의 베이스캠프로 삼고, 알패오의 집 앞에서 죄인들과 세리와 밥공동체를 만들며 사회적으로 차별, 고립, 배제된 문둥병자를 고치면서 시작되고 일어나게 된다.

이와 같이 예수는 갈릴리 마을에서 문둥병자와 중풍병자와 같이 고립, 마비된 심령을 치유하고, 세리와 죄인으로 대표되는 사회적 약자들의 차별과 배제를 치유하고, 가난하고 병든 자들의 불안 증폭과 공포를 날려버리시며 마을에서 하나님 나라의 치유와 잔치를 일으키시며 죽음의 권세가 지배하던 마을을 생명과 잔치의 생태계로 만들어 마을의 새로운 생태계의 중심이 되었다. 그러므로 예수의 마가복음 2:22의 '새 술은 새 부대에 담으라!'는 말씀은 회당에 갇힌 유대교를 향하여 이제 마을로 나와 베드로 장모의 집을 온 동네가 모이는 치유의 중심으로 삼고 알패오의 아들 세리의 집을 밥상공동체로 삼으면서 이제 다른 마을로 가자는 선교적 마을교회의 모습을 보여주고 있다. 이처럼 예수의 마을운동은 마을 한복판에서 낡은 지배의 판과 룰을 하나님 나라의 협동과 자립과 생명이라는 새로운 신앙의 상상력으로 갈아엎고, 하나님 나라의 새로운 그림과 지도와 대본을 만들어낸 것이다. 일종의 마을 협동과 자립과 공생의 생명운동인 것이다. 오늘 우리 한국교회도 갈릴리의 마을 한복판에서 귀신을 내쫓고 치유하신 예수, 고립을 뚫고 협동과 연대하신 예수, 젊고 유쾌한 밥상공동체를 만드시면서 불안 공포 마케팅을 날려 버린 춤의 왕 잔치꾼 예수를 이제 마을에서부터 다시 만나야 할 것이다.

또한 잘 알다시피 초대교회는 30-50명 규모의 작은 가정교회 혹은 지역교회였다. 이 초대교회의 작은교회의 특징을 이정배 교수는 다음과 같이 이야기하고 있다. "기원후 4세기 이전까지 로마 곳곳에 자리한 교회들은 하나로 획일한 표준 신조(성서)를 갖고 있지 않았다. 오로지 예수의 삶을 근거로 다양하게 발전되었을 뿐이다. 역사적 형태는 다양(분열)하나 예수 삶에 중심을 둔 까닭에 언제든 지향점이 같았고 풍요로웠다. 다음으로 참된 신앙의 시대(H. 콕스)로 불리는 초대교회 시기 오늘날 통용되는 사도직이라는 개념이 없었다는 사실이다. 남녀를 막론하고 주어진 은사(카리스마)들만이 존재할 뿐 수직적 성직 제도는 아주 후대의 산물이다." 이정배 교수의 지적은 초대교회라는 획일적이고 표준적인 대형교회의 물결이 아니라 다양한 은사로 특이하고 창조적인 마을교회로 만개 되어간 것이요, 30-50명 지역 작은교회의 다양한 카리스마 은사 사역이 꽃피운 것이 바로 초대교회의 비밀임을 밝혀준다.[1]

또한 종교개혁도 성공한 루터와 칼뱅만의 것이 아니라 그 이전에 12세기부터 알프스 끝자락에 숨어 지내면서 비밀 성서출판소를 차려 인쇄하다 화형 당하고 박해당한 왈도파나 얀 후스와 체코 형제단 등의 지역과

---

1) 이정배, "한국교회, 작은교회에서 답을 찾자," (에큐메니안, 2013. 9. 26).

마을의 작고 다양한 종교개혁 전통이 창조적으로 통합된 사건이다. 이러한 교회사적 반성의 상황에서 "생명과 평화를 여는 2010년 한국그리스도인선언" 이후 한국교회의 일각에서는 본격적으로 '한국교회 생태계의 위기' 문제를 생명신학적 담론의 관점으로 성찰하기 시작하였다. 이러한 한국교회의 생명신학적 담론은 2013년 작은교회 박람회를 거치면서 "탈성장 시대의 대형교회의 신화의 붕괴"와 "가나안 성도의 출현", 그리고 대형교회 생태계 이후 "작은교회의 새로운 생태계의 등장"을 예고하는 신학적 토론 과정과 다섯 번의 작은교회 박람회를 거치면서 2017년 종교개혁 500주년에 이르게 된다.

특별히 종교개혁 500주년을 앞두고 열리는 다섯 번째 작은교회 박람회에서는 그동안 대형교회가 주도했던 한국교회의 성장 중심 교회성장운동이 이제 산업화 시대 이후의 시대를 준비하면서 탈성장, 탈성직, 탈성별이라는 세 탈(脫)의 교회론으로 진화한 것을 보여주었다. 그리고 이러한 세 탈의 교회론은 무엇보다도 지금 지역과 마을에서 작은교회를 중심으로 전개되는 새로운 마을교회의 생태계로 이어지면서 새로운 종교개혁의 교회론적 반성과 실천의 가능성을 보여주며 새로운 교회 생태계의 가능성으로 열리기 시작하고 있다. 이러한 세 탈의 교회론의 구체적인 전개를 위해 지역과 마을에서 작은교회를 중심으로 전개되는 새로운 마을교회의 등장을 보다 구체적으로 살펴볼 필요가 있다. 이를 위해 우선 한국 기독교의 역사 안에 나타난 마을운동의 역사부터 살펴보자.

정경호는 최근 영남신학대학교에서 열린 마을목회 세미나에서 마을 전체를 민족 교육과 살림공동체로 만들어나가 탁월한 민족운동가를 키우고 독립운동의 기지 역할을 했던 북간도의 명동촌이야말로 한국적 마을교회의 원형이라는 인상적인 강의를 하였다. 이러한 북간도의 명동촌 이후 한국 기독교의 역사 가운데는 일제 강점기 오산학교 졸업생 중 무교회주의자들을 중심으로 1958년 충남 홍성 홍동면에서 풀무학교와 풀무공동체라는 마을공동체운동이 시작됐다.[2] 그리고 1968년 빈민선교 실무자 훈련으로 시작되어 1971년 9월 수도권도시선교위원회의 창립과 활동으로 본격화한 연세대학교 도시문제연구소의 신설동, 광주대단지 등 20여 곳의 빈민지역에서의 선교활동도 중요한 한국교회의 마을운동으로 꼽을 수 있을 것이다.

1970년대 수도권 특수지역 선교위원회의 활동은 구체적으로 성남 주민교회(이해학 목사)와 동월교회(허병섭 목사)의 도시선교활동으로 이어지면서 한국 기독교의 귀중한 마을운동의 발자취를 남기게 된다. 이러한 도시선교활동은 1980년대 민중교회의 탁아소 공부방 등 마을운동으로 이어지면서 1990년대와 2000년대에는 교회와 마을도서관과 지역아동센터를 연결하며 마을과 도시를 잇는 평생학습공동체와 마을 만들기의 꿈으로 이어져 나간다.[3] 최근 이러한 마을운동의 흐름은 수유리 지역의 아름다운마을공동체와 전국적인 마을만들기운동과 연결된 도시형/농촌형 마을교회의 등장으로 연결되면서 도도한 마을교회와 마을 만들기의 흐름으로 이어지고 결과적으로 2016년 3월 11일 예장 총회 지역 마을목회 컨퍼런스에 참여한 예장 마을만들기 네트워크 목회자 일동이 〈마을목회 선언문〉을 발표하기에 이른다. 지금 한국 사회에서는 마을 만들기와 같은 지역과 마을을 기반으로 하는 새로운 사회 생태계가 등장하고 있고, 이러한 새로운 사회 생태계에 기초한 새로운 마을교회에 대한 탐색이 시작되고 있다.

2. 탈성장 시대의 새로운 교회 생태계에 대한 상상으로서의 작은교회와 마을교회

그러면 이러한 마을교회운동의 역사적 전거 위에서 탈성장 시대의 새

2) 김건우, "무교회주의와 지역공동체," 「주간동아」 (2015), 1015호.
3) 이원돈, 『마을이 꿈을 꾸면 도시가 춤을 춘다』 (서울: 동연, 2011), 122-144.

로운 교회 생태계에 대한 상상으로 작은교회와 마을교회의 출발점이 된 2000년대 이후 한국교회의 생태계의 변화를 추적하면서 탈성장 시대의 새로운 교회 생태계에 대한 상상과 그 등장을 추적해보자.

1980년대 대형교회로의 수평이동 현상이 두드러지기 시작하면서 전국의 작은교회들은 괴사의 위기로 내몰리고 있었다. 그리고 30여 년의 세월이 지난 지금 교회의 생태계는 아사 직전에 와있다. 다른 한편으로 1990년대 이후 산업화 시대에 한국교회를 주도하던 대형교회 중심의 낱교회 성장운동도 새로운 시대를 맞이하여 급격한 쇠퇴를 경험하고 있어 지금 한국교회는 대형교회나 작은교회 모두 총체적 위기를 겪고 있는 형편이다. 그런데 2,000년대를 넘어서면서 오늘 근대사회와 탈근대사회가 겹쳐지는 혼돈의 가장자리에서 작은교회 중심의 새로운 생태계가 탄생하고 있다. 대형교회 생태계의 위기와 새로운 교회 생태계의 등장의 의미는 무엇인가.

그동안 살펴본 생태계의 입장에서 본다면, 우리가 가장 익숙하게 살았던 산업사회가 황혼을 맞이하고, 탈성장적 가치를 포함한 탈근대(포스트모던)사회로 이동하면서 그동안 산업화 시대에 최적화 되었던 대형교회를 중심으로 한 한국교회가 큰 위기를 겪는 사이에 이 혼돈의 가장자리에서 작은교회를 중심으로 한 새로운 생태계가 창발하면서 새로운 교회 생태계가 형성되고 있다. 이처럼 새로운 생태계는 늘 중심이 아닌 변방에서 작은 자들로부터 창발된다. 2,000년대 이후 여러 지역에서 주류 대형교회의 흐름과는 다른 새로운 흐름과 관계망을 짜는 새로운 목회적 상상력을 펼치기 시작하면서 새로운 교회 생태계에 대한 상상력이 지역과 마을을 기반으로 한 작은 마을교회에서 감지되기 시작하였다. 2010-2013년에 탈성장주의 작은교회 신학적 담론을 형성한 중요 심포지엄이 열리기 시작한다.[4] 이러한 새로운 교회 생태계의 상상을 촉발하는 데 중

4) 2010-2013년 이 기간에 탈성장주의 작은교회 신학적 담론을 형성한 중요 심포지엄을 열거

요한 도구로 사용된 이론 중에 하나가 바로 장회익의 '온생명' 개념이라고 생각한다. 장회익의 온생명 개념으로 한국교회의 생태계를 새롭게 상상해본다.

장회익은 지금까지 생명이라고 생각했던 것은 진정한 의미의 생명이 아니라 그것의 한 부분인 '낱생명'이었다고 주장한다. 이 낱생명이 진정한 생명으로 기능하기 위해서는 이것의 밖에 있으나 이것 못지않게 중요한 본질적 존재인 '보생명'과 함께해야 하며 이렇게 함께해서 진정한 의미의 생명 구실을 하는 그 전체가 바로 '온생명'이라는 것이다. 이러한 한 총체적 생명을 온생명이라 부를 수 있으며 이와 구분하여 이 안에서 의존적·한시적 생존을 유지하는 낱낱의 생명체를 개체 혹은 낱생명이라 부를 수 있다. 이들은 모두 온생명이라고 하는 큰 틀을 떠나 독자적으로 생존해나갈 수 없으며, 오직 온생명의 한 부분으로서 온생명의 여타 부분에 의존해서만 생존할 수 있는 존재이다. 온생명론에 따르면 자족적인 생명 단위는 오직 온생명 하나이고, 낱생명은 온생명의 나머지 부분에 의존해 살아간다. 우리는 그동안 '온생명에서 특정한 낱생명을 제외한 나머지 부분'은 '~의 환경'이라고 불러왔는데 온생명론에 따르면 그것은 단순한 '환경'이 아니라, 그 낱생명의 '보생명'(co-life)이 되는 것이다.

오늘 한국교회가 비난의 대상이 되는 가장 구체적인 이유가 바로 한국교회가 대형교회 중심으로 너무 개교회 중심적인 생태계를 이루어왔음을 한국 사회가 깨닫기 시작했기 때문이다. 여기서 오늘 한국교회에 가장 문제화되고 있는 것은 바로 종교의 사사화(私事化, privatisation) 현상

해보면 다음과 같다.
1. "한국교회와 종교개혁: 오늘의 믿음으로서의 생명평화사상" 2010. 10. 25
2. "작은교회운동은 어떻게 가능한가?" 2012. 11. 13.
3. "탈성장주의 시대, 교회를 말하다" 2013. 4. 11
4. "대형교회, 그 신화를 넘어서!" 2013. 4. 16.
5. '작은교회 박람회'를 개최하며 '탈성장', '탈성직', '탈성별'을 기치로 "2013 건강하고 대안적인 작은교회 박람회"를 열었다.

이다. 한국교회가 대형교회 위주의 개교회의 성장과 비대화를 중심으로 하는 개인과 사적 집단의 사적 요구를 충족시키는 집단이 되어가며 더 이상 공공의 영역에서 공적 미션의 수행을 방기하고 있기에 온생명성의 상실로 말미암아 사회적 지탄의 대상이 되어 가고 있는 것이다. 이러한 한국교회의 오직 개교회의 성장과 비대화를 중심으로 하는 낱생명적 세계는 결국 온생명적 생명성을 담보하지 못하면서 한국 사회로부터 고립당하기 시작한다. 최근 한국교회 생태계의 상황은 이러한 낱생명의 성장과 비대화를 위해 살아온 낡은 산업화 시대의 생태계가 저물고 동시에 붕괴되면서 결국 온생명적 가치의 새로운 교회 생태계가 등장하고 있는 상황이다. 그러므로 온생명적 교회의 새로운 생태계는 우선적으로 그동안 한국교회가 추구해온 개교회(낱생명)에 기반한 개교회적인 성장주의 생태계에서 벗어나 온생명적 탈성장이라는 주제를 새로운 생태계의 가장 중요한 중심가치로 삼을 수밖에 없다. 이러한 관점에서 우리는 탈성장이라는 주제가 바로 교회 생태계 파괴의 주범인 과도한 낱교회 성장을 넘어서는 온생명적 생태계의 중요한 출발점이라고 보고 있는 것이다.

탈성장이라는 새로운 교회 생태계는 첫째로 오늘날 세상은 '제도 종교'를 넘는 탈성장주의, 탈제도화, 탈사사화된 선교적 교회(missional church)로 보다 영적인 종교를 요구하고 있다. 둘째로 현세적인 축복이나 내세의 구원을 넘는 두려움과 불안과 공포에서 해방된 영성, 즉 사회적이고 공적인 영성의 시대를 열고 있다.[5] 셋째로 탈근대 탈성장 시대는 산업화 시대를 넘어서는 새로운 교회의 스타일을 요구한다. 즉 제도화를 넘는 영성, 경쟁 독점 고립을 넘어 타자를 향한 이타 우정 호혜 스타일을 요청한다. 이는 제도나 조직이나 건물에 중점을 두는 낡은 산업화 시대의 스타일을 넘어 수직적이기보다는 수평적, 모으기 보다는 흩어지는 온생명 스타일의 교회를 추구하며 생태적 생명망 짜기와 같은 온생명적 교회 스

5) 박명림, "공공성, 사회적 영성, 시민성," 「한겨레」 2011. 6. 1.

타일을 전개하기 시작한다.

그리하여 이러한 탈성장적 작은 생명교회는 온생명적 탈성장 신학을 다음처럼 이야기한다. (1) 성장주의 번영신학에서 탈성장주의 공공신학으로, (2) 번영을 찬양하는 사사화 신학에서 생명, 정의, 평화를 찬양하는 탈사사화 신학으로, (3) 개인의 내적 심리치유(힐링)가 아니라 사회적 힐링과 영성에 기초한 공공신학 정립 등 탈성장신학을 정립하고, (4) 탈성장 탈근대 교회에 요구되는 신학으로서의 탈성장, 탈성별, 탈성직의 세 탈의 신학을 이야기하기 시작하는 것이다. 더불어 이러한 탈성장 시대의 경향과 스타일과 신학은 새로운 교회 생태계의 꿈을 잘 반영한 새로운 교회 생태계를 등장시키는데 이러한 작은 생명교회들이 새롭게 관심을 가지기 시작한 생태계가 바로 지역사회와 마을을 기반으로 한 마을교회이다. 이것이 바로 대형교회가 주도하던 산업화 시대 이후의 대안으로 등장하고 있다. 이러한 새로운 생태계의 등장을 마을 현장 목회자들의 눈높이에 맞추어 탈성장 지향적인 마을생명목회와 선교의 패러다임으로 이야기해본다면 다음과 같이 요약할 수 있을 것이다.

첫째로 개교회 성장 패러다임이 자신의 내부만을 봄으로써 교회의 인적·물적 자원의 한계로 말미암아 절망과 좌절을 느끼는 대신, 생명 패러다임은 생명적 생태망과 관계망을 새롭게 발견함으로써 새로운 목회적·선교적 자원을 발견하기 시작한다. 둘째로 생명 패러다임은 교회 간의 연합과 연대, 마을과 지역사회, 시민사회 그리고 환경, 생태 등 생명 전체를 새로운 선교와 목회의 대상으로 삼기 시작한다. 셋째로 이 모든 생명적 지평의 확대와 관계망을 통해 단순히 개교회만의 교회나 목회자가 아니라 마을과 지역사회는 물론 하나님이 창조하신 자연 생태계와도 생명적으로 연결된 마을과 교회의 생명 목회자와 교인들로 다시 탄생하게 된다. 그러므로 작은 마을교회일수록 지역사회의 교회가 되어야 하며 낱생명적인 자신만을 위한 교회가 아니라 온생명 지향적인 지역 사회를 위한, 지역의 교회나 마을의 교회가 되기 시작한다.

이러한 작은 마을교회 생태계의 중요한 포인트 중 하나는 바로 새로운 교회 생태계와 스타일의 창발에 있다. 이는 작은 마을교회의 새로운 생태계와 관계망과 스타일이 새로운 마을 생태계의 창발자로서 작은 마을교회의 중요한 사명이 될 수 있음을 암시하고 있다.[6] 다시 말하면 작은 마을교회의 새로운 사명은 마을교회가 위치한 교회와 지역사회의 생태계를 면밀히 살피면서 목회자와 교인들이 개교회에 폐쇄된 목사나 교인들이 아니라 지역사회와 마을에 열린 목사와 교인들이 되어서 지역사회의 새로운 관계망과 생명망을 짜고, 새로운 교회와 마을 공동체의 삶의 흐름과 배치와 스타일을 만들어나가는 새로운 생명공동체의 가능성을 잉태하는 데 있다.

이러한 의미에서 지금이 바로 한국 사회와 교회의 새로운 생태계의 탄생의 시기인 동시에 작은교회가 마을 생명망 운동의 메타 행위자(meta-agent)로서 탄생하고 있는 시기라는 것이 이 글의 핵심적인 관점이다. 작은 마을교회가 새로운 생태계가 창발되는 메타 행위자로서 혼돈의 가장자리에 서기 위해서는 기존의 대형교회처럼 낱생명의 무한성장을 꾀하는 암세포와 같은 낡은 생태계의 방식을 버리고, 생명을 온생명 전체로 바라보며 온생명적인 관계망과 흐름과 배치를 만들어나가는 온생명 마을교회로 나가야 할 것이다. 지금이 바로 한국교회가 개교회 성장 패러다임에서 선교와 복지 중심의 마을과 지역의 패러다임으로 바뀌어야 할 시기이고, 성장 패러다임에서 탈성장적 마을 생태 패러다임으로 바뀌어 나가면서 지역사회의 새로운 관계망과 생명망을 짜고, 온생명적 교회와 마을 공동체의 새로운 삶의 흐름과 스타일과 생태계를 만들어 나가야 할 시기인 것이다.

---

6) 신승철, "생태철학의 세 가지 기본구도," P3(신승철의 블로그-욕망생태연구소에 수록된 소논문).

3. 마을시대의 도래와 마을교회의 등장

우리는 이러한 '새로운 교회 생태계의 태동기에 새로운 마을교회운동을 어디서부터 시작해야 하는가?' 이 질문에 답하기 위해 '최근 왜 다시 마을이 등장하고 있는가' 하는 질문부터 이야기를 시작해야 할 것이다. 최근 한국 사회에는 마을의 귀환, 마을의 탄생과 같은 새로운 사회적 흐름이 일어난다. 이것이 산업화 이후의 생태사회와 기술정보화 시대의 사회적 대안으로 등장하며 마을 만들기의 붐을 이루고 있다.

우선 우리는 산업화 이후 생태사회의 도래의 입장에서 마을의 귀환과 새로운 등장의 의미를 바라볼 필요가 있다. 오늘 산업화 시대의 모든 문제는 참다운 공동체가 파괴되었기 때문에 일어나는 현상이다. 우리는 생산과 능률과 효율에 길들여져서 돌봄과 양육에 대한 상상력이 고갈되어 위험사회, 불안 중폭, 피곤사회, 탈진사회가 되어가고 있다. 문제의 핵심을 보는 사람들은 모든 치유는 공동체로부터 오는 것이고, 마을과 같은 공동체만이 진정한 힐링 캠프라고 진단하고 있다. 이처럼 마을과 마을운동의 등장배경에는 고립, 차별, 배제, 모멸의 산업사회를 넘어서서 친구와 초청과 환대 그리고 돌봄이 있는 공동체에 대한 사회적 요청이 있는 것이고, 이러한 유기체적 공동체와 생명과 평화의 사회 공동체의 형성의 핵심에 바로 마을 공동체가 있다고 보는 것이다.

다음으로 우리가 바라보아야 할 마을의 귀환과 새로운 등장의 의미는 바로 기술정보화 시대에 대한 대안으로서 마을을 보는 관점이다. 인공지능, 로봇, 사물 인터넷, 무인 자동차로 대표되는 기술정보화 시대와 제4차 산업혁명 시대에도 마을은 새롭게 주목받을 수 있다. 제4차 산업혁명시대에는 제1, 2, 3차 산업화 시대의 대량생산 시대를 반영하고 있는 현재 학교 교과 내용의 많은 부분이 사라지고 낡은 산업화 시대의 직업의 80%가 없어진다고 한다. 이것은 그동안 산업화 사회의 화폐자본이 지배했던 무한 경쟁과 승자 독식 소유 중심의 사회에서 이제는 사회적 자본과 생명자본이 중심이 되는 소통, 참여, 신뢰, 협동의 시대로 지역과 마을의 생태계가 바뀔 것을 의미하기도 한다. 이러한 새로운 생태계의 등장은 그동안 산업사회를 지배하던 경쟁보다 협동, 소유보다 공유, 물적 소유 자산보다 신뢰라는 사회적 공유 자산이 더욱 중요해질 것이라는 변화를 예측하게 한다. 무엇보다 제4차 산업화 시대에는 그동안의 경쟁과 소유적 가치를 대변하는 소유 중심의 낡은 세계관으로는 미래 시대를 꿈꿀 수 없다는 새로운 세계관이 요청되고 있다. 인간의 존엄성과 생명적 가치가 로봇과 인공지능과 정보에 의해 조작되고 지배되는 위험을 느끼는 고도의 기술정보화 시대에 사람들은 오히려 온생명적 공동체적 가치를 요청하고 있는 것이다. 예를 들면 온생명을 주창한 물리학자 장회익은 이제 인류의 문명이 개체로서의 작은 단위의 '나'에서 공동체적 삶에서의 '좀 더 큰 나' 그리고 궁극적으로 온생명으로서의 '나'와 함께 의식의 주체로 떠오르는 온생명의 정신과 문화가 이제 우리의 삶을 다차원적 온생명 문명으로 이끌어나가게 된다고 이야기한다.[7] 이러한 온생명적 가치에 대한 요청은 무한 경쟁을 기초로 한 산업사회와 고도의 기술정보화 사회의 생명파괴와 약육강식의 모델을 넘어설 수 있는 새로운 온생명적 생태계의 창발적 가능성으로 마을을 주목하고 있는 것이다.

그러면 마을은 무엇이고, 이 마을에서 가장 주목되는 생태계와 온생명이란 무엇인가? 사전에서 정의하는 마을은 한자로는 동(洞)·리(里)·촌(村)으로 불리는데 "주로 시골에서 여러 집이 한데 모여 사는 곳"처럼 "사람이 자연적으로 모여 생활을 이루는 취락 지역"을 이르는 순우리말이다. '마을이 세상을 구한다.'는 생각을 가진 마하트마 간디가 설계한 마을은 이상향에 가깝다. 그는 마을을 자치(Swaraji)가 작동하는 이상적 마을 공화국으로 보았다.[8] 1991년에 로버트 길만(Robert Gilman)은 이른바 생

7) 최인령·최무영, "서울대정보교류와 온생명 개념에 기초한 '온문화' 패러다임의 고찰과 학제간 융합연구 모형 제시," 199.
8) 정기석, "몰락한 사회, '마을'만이 대안이다," (오마이뉴스, 2017. 3. 2.).

태공동체마을(Eco Village)를 이렇게 설명했다. 인간적 규모로서 생활요소가 완결적으로 갖추어져 인간의 활동이 자연과 조화를 이루면서 건강한 인간성이 개발되는, 무한한 미래로 지속 가능한 공동체로 정의내렸다. '인간의 활동이 자연과 조화를 이룬다.'는 말은 진정으로 '생태적'(eco)인 공동체라야 한다는 것이다. '사회적 인간들이 모여 살기 좋은 마을'이려면 생태적이고 공동체적이어야 할 것이다.

이러한 마을의 가장 중요한 요소는 바로 마을은 생명적 즉 생태적이라는 것이다. 그리고 이러한 마을의 생명적·생태적인 구조는 인류의 개생명과 낱생명이 스스로 생명의 지속이 가능하려면 반드시 온생명과 연결되어 있어야 한다는 온생명적 자각을 요청하고 있다. 즉 개생명이 그 낱생명 안에 낱생명적 수준을 넘어서는 온생명적 수준을 담아내기 시작할 때, 즉 온생명이 요구하는 생명의 중추신경계의 역할을 감당하는 자각이 일어나기 시작할 때, 각 낱생명은 온생명적 창발적 역할을 감당하고 생태계의 온생명을 드러내며 스스로 생명망을 짜나가는 온생명적 공동체를 만들어갈 수 있다는 것이다.[9)]

이처럼 우리가 마을 공동체를 제대로 이루려면 이와 같은 온생명적인 새로운 각성이 필요하다. 장로회신학대학교의 기독교교육학과 교수인 김도일 은 "교회는 삼위일체 페리코레시스의 하나님이 상호내주, 상호침투, 상호의존하시는 것처럼 마을에서 마을의 주민과 함께 살며 마을 속으로 들어가 상생하고 복음의 생명을 전파하는 하나님 나라의 전위부대와 같은 역할을 해야 할 것이다. 특히 교회는 가정과 마을을 생명망으로 짜는 건전한 교회론 신학을 정립하여야 할 것이다."[10)]라고 이야기하고 있다. 다시 말해 우리가 마을을 이루려면 우리 한 개인이라는 개체 생명이 개생명으로 고립 자폐되어 있는 것이 아니라 삼위일체 하나님이 상호내

---

9) 장회익, 『삶과 온생명』 (서울: 솔출판사, 1998), 228-231.

10) 김도일, "가정, 교회, 마을의 생명망 조성을 통한 교육공동체 형성에 관한 연구," 「선교와 신학」 제41집, 241.

주, 상호침투, 상호의존하시는 것처럼 각 개인과 가정과 교회와 마을이 깨어난 한알의 씨알로서 서로 생명망으로 얽혀 있다는 온생명망적 자각이 있을 때 비로소 한 개인 개인이 진정한 생명의 씨앗이 되어 생명망을 짜는 온마을 생명공동체가 될 수 있다는 것이다. 한국교회는 이제 낱생명 즉 개교회주의를 넘어서 온생명인 지역을 섬겨야 한다. 세상과의 소통에 기초한 신앙공동체로서의 교회, 이러한 신앙에 의해 만들어질 새로운 교회 생태계로서의 온생명망 교회, 온생명망목회는 복지, 교육, 문화를 네트워크 하며 교회와 지역사회가 '온그물망처럼 연결되어' 교회와 지역사회가 하나의 온생명적 새로운 생태계가 됨을 의미할 것이다. 이처럼 우리 교회가 온생명적 삶의 흐름, 관계망, 상호작용으로 새로운 생태계를 만들며 온생명적 새로운 생각과 관점과 그림으로 재배치되고 다시 흐르고 역동적으로 상호작용하기 시작할 때 거기에서는 작은 몸짓 하나도 지역과 마을에 큰 변화의 증폭으로 변화되어 나가기 시작할 것이다.

4. 마을교회 생태계의 의미

그리하여 우리는 이제 이러한 새로운 마을 생태계로 전환을 위해 마을에서 교회와 마을이 협동하며 마을의 생명을 살리고, 생명망을 짜는 마을교회로 다시 시작해야 할 것이다. 이처럼 우리가 마을을 생태적으로, 온생명적으로 이해할 때 우리는 마을을 구성하는 몇 가지 중요한 온생명적 생태계를 더 분명히 이해할 수 있을 것이다,

첫째로 우리는 마을을 하나의 온생명적 학습생태계로 이해할 수 있을 것이다. 이는 마을 전체가 하나의 온생명적 학습망으로 연결되어 끊임없는 상호작용을 하고, 창발적으로 자기조직화한다는 생명적 학습개념이다. 마을은 서로 협력하여 상생과 공진화하는 하나의 생태계이다. 이러한 의미에서 그동안 산업화 시대의 교실이라는 칸막이에 갇힌 학습은 더 이상 이러한 생명적 상호작용과 창발적 자기 조직화와 상생의 공진화가

불가능하다. 그러므로 미래 교육의 핵심은 학교와 교회가 아니라 마을이고, 지역사회와 마을이 가장 중요한 학습생태계가 된다. 그러므로 미래 교육은 학교나 교회 안에 자폐되어 있는 것이 아니라 마을의 근접 공간 자체를 학습생태계로 만들어나가는 것이다. 작은교회가 마을의 학습생태계를 형성하려면 평생학습 시대를 이해해야 한다. 그리하여 교회학교는 지역사회 평생학습 생태계가 되어야 할 뿐 아니라 지역사회 마을학교를 만들어나가야 한다. 이러한 의미로 최근 몇몇 교회에서는 마을 학습 생태계 형성을 위해 매년 여름마다 "마을 전체가 배움이다!"라는 교육철학으로 여름성경학교 대신 마을학교를 열고 있다.

둘째로 마을교회는 지역사회와 함께 마을의 복지생태계를 함께 만들어나가야 한다. 이제 한국교회는 교회라는 공간을 넘어 마을의 도서관이나 아동센터, 지역 카페나 어르신 쉼터와 같은 마을의 근접 공간 사이 공간으로 나아가야 할 때이다. 이러한 마을과 지역사회의 근접 공간을 통해 공부방, 도서관, 복지관, 주민자치센터, 교회를 잇는 복지교육생태계를 만들고 지역, 마을, 도시 중심의 복지, 교육, 문화 생태계를 구성하며 그것이 그물망처럼 서로 연결되어야 한다. 그런데 마을에서 이러한 복지 공동체를 세우는 데 가장 중요한 요소가 바로 사회적 자본이다. 오늘 한국 사회를 살아가는 한국인은 서로를 믿지 않는다. 친구나 이웃도 쉽게 믿을 수 없다. 그래서 서로 협동하거나 공유하지 않는다. 그래야 나 혼자라도 안심하고 먹고살 수 있다는 이기심이 작동한다. 친구나 동지는 내가 아쉬울 때 어쩔 수 없이 필요하다.

이러한 상호 불신과 협동, 공유의 문제를 해결하기 위해 먼저 해야 할 일이 있다. 그것은 '먹고 살아야 한다'는 강박증, 두려움, 공포심으로부터 주민과 시민을 우선 해방시켜야 한다는 것이다. 그러자면 먹고사는 전장의 경쟁 상대인 이웃과 친구, 타인을 서로 믿지 못해 공동체에 다가가지 못하는 그 불신과 협동과 공유의 부재를 넘어서 서로 믿고, 서로 약속한 규범을 잘 지킬 수 있는 사회적 자본을 키워야 한다. 그러므로 마을의 공동체사업(community business)의 성공적 추진의 필수조건은 신뢰, 협동, 연대, 참여, 규범, 네트워킹 같은 사회적 자본이다. 우리는 이러한 사회적 안전망과 사회적 자본의 기초 위에서만 새로운 대안공동체를 그려나갈 수 있을 것이다. 오늘 한국 사회의 공동체 붕괴는 이러한 사회적 자본과 사회적 안정망의 붕괴가 핵심적인 원인이므로 불량사회 한국 탈출의 대안적 핵심이 사회적 자본과 사회 안전망이 되어야 할 것이다.[11] 사회적 자본을 기초로 한 마을의 협동조합과 사회적 기업을 통해 복지 생태계를 만들어나가는 것이 바로 두 번째로 마을에 난 새로운 길이다.

세 번째로 이제 마을교회는 지역사회와 함께 마을을 문화생태계로 만들어나가야 할 것이다. 이 문화생태계를 만들어나가는 핵심적 도구는 바로 스토리텔링, 즉 이야기이다. 마을에서 끊임없는 소통을 기반으로 이야기가 있는 마을을 만들고, 스토리텔링을 기반으로 한 마을의 잔치와 축제를 만들어나가는 것이 바로 마을의 문화생태계이다. 그리고 이러한 마당이 마을에 열리기 시작하면 그곳에는 자발적이고 역동적인 토론과 학습모임이 시작되고 신용과 신뢰의 협동적·사회적 자본으로 생명이 잉태되고, 출산되는 사회적 자궁과 생명망이 만들어지기 시작할 것이다. 지금은 이러한 활발한 소통과 협력을 바탕으로 우리 마을의 이야기를 만들어나가면서 마을마을마다 마을의 이야기 마당이 활짝 펼쳐지는 시대가 되어야 할 때이다.

마지막으로 작은 마을교회들은 이러한 마을의 학습, 복지, 문화 생태계를 상생의 돌봄망으로 짜나가는 영적 사명을 감당해야 할 것이다. 다시 말해 교회 안의 신앙적 생태계와 교회 밖 마을 생태계를 지역심방의 개념으로 묶어 영적 돌봄망을 짜며 개인과 가족을 넘어서 지역과 사회를 위해 기도하고, 심방하고 돌보는 사회적 기도훈련과 사회적 심방을 통해

---

11) 정기석, "'불량사회 한국, 불행사회 한국' 탈출 매뉴얼 만들어야,"(오마이뉴스, 2017. 6. 23.).

영적 돌봄망과 생명망으로 짜나가는 신앙공동체의 영적 사명을 감당해 나가야 할 것이다.

마을이 이러한 사회적 자궁이 되고 사회적 자본이 되기 시작하여 소통, 협동, 상생하기 시작할 때, 마을 주민들은 이러한 이야기를 엮어 신나는 이야기를 만들어 나가기 시작하고 마을은 살아있는 생명의 축제의 장과 마당으로 변하기 시작할 것이다. 이것이야말로 새로운 온생명 마을교회의 시대가 오고 있는 징표가 될 것이다. 이처럼 우리가 마을의 학습, 복지, 문화 생태계를 중심으로 서로 협동하고, 소통하고, 돌보고, 상생하는 온생명 마을공동체를 만드는 것이 바로 교회와 마을이 함께 벌여 나가는 하나님 나라 운동, 즉 온생명 마을공동체 운동의 핵심적 가치이다. 이 온생명 마을교회야말로 산업화 시대 이후 작은교회가 나가야 할 생명교회의 길이 될 것이다.

맺는 말

2017년 3월 10일 대통령이 전격적으로 탄핵되었고 그 후 구속되었다. 이제 우리의 역사는 급속도로 새로운 시대와 사회로 들어갈 것이다. 대통령 탄핵을 이룬 광장의 촛불은 지역의 촛불이 되어 마을의 마당으로 내려올 것이다. 광장에서 지역과 마을의 마당으로 내려온 이 촛불은 우리 사회의 횃불이 되어 우리 지역과 마을의 삶의 생태계를 완전히 새롭게 할 것이다. 우리는 광장의 촛불이 이제 지역의 촛불이 되어 마을의 마당으로 내려오는 이 시대에 탄생해야 하는 새로운 마을교회를 온생명 마을교회로 부르려고 한다.

그런데 이러한 온생명 마을교회와 공동체가 가져야 할 온생명적 새로운 삶의 생태계와 스타일이 있다. 이 온생명적 삶의 스타일을 오늘 촛불 시대의 언어로 표현한다면 온생명 마을교회의 한 생명 한 생명은 개(낱) 생명을 넘어 온 우주와 사회와 마을과 교회를 품는 새로운 생태계의 작은 씨알 촛불로 다시 깨어 일어나는 일일 것이다.

우리가 이러한 온생명 마을공동체의 작은 씨알이 되어 생명 마을을 이루려면 각 개인과 가정, 교회와 마을이 깨어난 한 알의 씨알로서 서로 생명망으로 얽혀 있다는 온생명망적 자각부터 시작되어야 한다. 개인개인이 진정한 생명의 씨앗이 되어 마을 단위와 같은 작은 단위부터 협동과 자치의 생명 생태공동체를 익히는 생활훈련을 하면서 지역과 마을의 생명망을 짜고 생명을 살리는 온생명 마을공동체의 작은 씨알이 되기 시작할 때 이 온생명마을이 시작될 것이다.

그런데 이 촛불광장과 마을마당의 시대, 온생명 마을교회의 가장 중요한 새로운 삶의 흐름과 스타일이 바로 타자와의 연대이다. 온생명적 세계에서 타자는 나를 확장시키는 도구가 아니다. 오히려 타자는 언제든 우리에게 호소하고 명령하는 존재로서, 우리는 그 낯설고 약한 타자의 호소에 귀 기울이고, 응답해야 하는 온생명적 신성을 지닌 존재여야 한다. 그러므로 온생명적 스타일로 각성된 온생명 씨알은 반드시 이 시대의 타자로서 가난한 자와 연대라는 새로운 깊은 연대를 온생명적 삶의 새로운 라이프 스타일로 각성해나가야 한다.[12] 이는 우리가 온생명 마을교회의 한 씨알 지체로서 가난한 자와 작은 자와 온생명적으로 연대하지 않는 한, 다시 말해 타인과 이웃으로 나가는 깊은 연대 없이는 절대로 우리의 인격과 신앙, 교회가 온생명적으로 성장할 수 없기 때문이다. 그러므로 '작은교회 박람회'를 주최한 생명평화마당 공동대표 박득훈의 이야기처럼 "한국교회는 이제 종교개혁 500주년을 맞아 다시 프로테스탄트의 정신을 이어받아 시대의 촛불광장에 나가 하나님의 생명과 정의와 평화를 외치는 가난한 저항하는 교회가 될 뿐 아니라"[13] 낯설고 약한 타자의 호소에 귀기울이고 응답하는 온생명적 새로운 삶의 스타일과 생태계를 지역과 마을

---

12) 문성원, 『타자와 욕망』 (서울: 현암사, 2017), 127-128.
13) 박득훈, "가난한 교회, 저항하는 교회"(이 책의 part 2, 1장의 글) 참조.

곳곳에서 마을의 생명마당(플랫폼)으로 부지런히 짜나가야 할 것이다.

이러한 생명과 정의와 평화를 외치며 저항하는 가난한 온생명 마을교회의 특징을 우리는 오늘의 구체적 마을의 현실과 대화하며 다음과 같이 요약할 수 있을 것이다.[14]

첫째, 온생명 마을교회는 어린이, 어르신, 청소년 등 온 세대가 만나는 세대공감의 축제와 만남의 장이다. 둘째, 온생명 마을교회는 사회적 경제와 공유경제 등 공동체적 삶을 추구하며 세월호, 밀양, '캄보디아 망고나무 이야기'[15] 등과 같이 가난한 이웃들과 연대하고 힘센 지배자들에게는 저항하는 온생명 마을교회이다. 셋째, 온생명 마을교회는 헬조선, N포시대, 인구절벽, 불안사회에 대안을 제시하는 정의와 평화를 회복하는 온생명을 추구하는 마을과 교회이다. 넷째, 공동육아, 양육, 의·식·주, 풀뿌리운동, 바른 먹거리, 마을만들기(이웃의 회복) 등 생명, 평화, 연대, 정의의 가치를 가지고 청년협동조합, 돌봄공동체, 마을학교를 꿈꾸며 마을을 생명 이야기로 가득 채우는 온생명 마을교회이다.

촛불광장과 마을의 마당이 열리는 시대, 우리 교회와 마을에 새로운 생명의 학습, 문화, 복지 생태계가 등장하고 있고, 마을의 주민들과 광장의 시민들은 새 시대를 여는 이러한 광장과 마을에 동참하고 참여하기 시작하고 있다. 이러한 생태계의 전폭적인 변혁의 시기에 우리 마을과 교회들이 서로 생명을 살리는 생명망으로 짜여가면서, 이 지옥과 같은 헬조선의 시대를 생명을 살리는 온생명 교회와 마을의 물결로 뒤덮어나가는 하나님 나라의 성령의 바람이 되길 꿈꾸며 기도한다.

14) 경기도 마을공동체 우수사례로 따복 공무원들의 약대동 방문 교육 중 새롬교회 이승훈 전도사의 마을 강의 내용을 중심으로 정리했다.

15) 캄보디아 문해교육 출판사 이름.

참고문헌

김건우. "무교회주의와 지역공동체." 「주간동아」 2015. 1015호.

김도일. "가정, 교회, 마을의 생명망 조성을 통한 교육공동체 형성에 관한 연구." 「선교와 신학」 제41집, 241.

문성원. 『타자와 욕망』. 서울: 현암사, 2017.

박명림. "공공성, 사회적 영성, 시민성." 「한겨레」. 2011. 6. 1.

이원돈. 『마을이 꿈을 꾸면 도시가 춤을 춘다』. 서울: 동연, 2011.

이정배. "한국교회, 작은교회에서 답을 찾자." 에큐메니안, 2013. 9. 26.

장회익. 『삶과 온생명』. 서울: 솔출판사, 1998.

정기석. "'불량사회 한국, 불행사회 한국' 탈출 매뉴얼 만들어야." 오마이뉴스, 2017. 6. 23.

정기석. "몰락한 사회, '마을'만이 대안이다." 오마이뉴스, 2017. 3. 2.

이원돈

중앙대학교 영어영문학과를 졸업한 후 장로회신학대학교 신대원을 졸업하였다. 현재는 새롬교회 담임목사로, 생명평화마당 교회위원회 위원장으로서 일하고 있다. 저서로는 『마을이 꿈을 꾸면 도시가 춤을 춘다』가 있다.

5장
작은교회 그리고 녹색교회

시작하는 말

불과 200년 전만 하더라도 하나의 생물종 자체가 지구상에서 모두 사라진다는 '멸종'은 무척이나 낯선 개념이었다. 자연에 존재하는 모든 생명은 오래전부터 그대로 그 자리에 있었고, 앞으로도 그 자리에 있는 것이 너무나 당연했다. 어쩌다 발견되는 고대의 화석은 신화나 전설 속 괴물들의 이야기를 더욱 그럴듯하게 만들어주는 것이었을 뿐, 생물종이 모두 죽어 한순간에 사라질 수도 있다는 생각이 존재할 자리는 없었다.[1] 하지만 산업문명의 시대를 살아가는 지금의 우리는 너무나 자주, 그리고 익숙하게 '멸종'이라는 단어를 사용하고 있다. 우리에게 지금 지구상에 존재하는 포유류의 25%, 조류의 12%, 파충류의 25%, 어류의 33%인 1만 7,000여 종의 생물종이 멸종 위기에 처해있다는 사실은 그리 놀라운 소식이 아니다. 아마존 깊은 밀림 속의 개구리가, 알래스카 유빙 위의 북극곰이, 양쯔강의 분홍 돌고래가, 호주 연안 바다의 거대한 산호초가 멸종 위기에 처해있다는 이야기는 주식이나 부동산 가격의 변화나 매일 열리는 운동 경기의 결과보다도 대수롭지 않은 이야기일 뿐이다.

---

1) 엘리자베스 콜버트, 이혜리 옮김, 『여섯 번째 대멸종』 (서울: 처음북스, 2014).

하지만 단지 우리가 익숙해졌을 뿐이다. 오랜 시간 여러 차례의 위기를 겪었어도 생물종의 다양성과 풍성함을 꾸준히 이어왔던 지구의 역사에 비추어볼 때, 지금은 분명 '대멸종의 시대'이다. 우리는 이전의 그 어떤 사람들도 경험해보지 못한 '생태적 위기의 시대'를 살아가고 있다. 이는 2,000여 년의 기독교 교회의 역사에 있어서도 마찬가지다. 지금 우리의 교회는 이전의 그 어떤 교회들도 경험하지 못한 생태적 위기의 상황 가운데 존재한다. 때문에 시대의 상황을 올바로 이해하고, 그에 맞는 선교적 과제를 수행해야 하는 교회가 당면한 생태적 위기의 올바른 이해와 극복을 위해 노력하는 것은 무척 긴박하면서도 중요한 일이다.

지금의 생태적 위기는 인간 문명의 산업화가 빚어낸 지구 생태계의 변화로 일어난 사건이다. 산업화는 수많은 생명체가 어울려 조화를 이루며 살아가는 지구를 인간을 위한 자원으로 사용하는 일을 당연한 것으로 여겼다. 산업화가 진행되는 동안 인간은 자원 획득을 위해 개발이 가능한 지구의 거의 모든 지역을 파헤치고, 다른 생명체를 아무 거리낌 없이 자원으로 이용했다. 그 결과 오랜 시간에 걸쳐 섬세하고 촘촘하게 만들어진 지구 생태계의 균형이 순식간에 무너지면서 생물종의 멸종을 촉발시키는 지구 생태계 붕괴 위기가 일어나게 된 것이다. 그런데 산업화는 지구의 무한한 자원을 사용하여 무한한 성장이 가능하다는 경제학의 '성장에 대한 신념'을 바탕으로 만들어졌다. 산업화가 진행된 지난 200년 동안 자본주의, 사회주의, 공산주의 체제를 막론하고 인간의 문명은 성장에 대한 신화 위에 만들어진 것이었다. 결국 인간의 성장에 대한 맹신이 우리 스스로를 지구의 생태적 위기, 생명체들의 대멸종 파국으로 이끌어온 것이다.

성장에 대한 신념이 지구의 생태적 위기를 불러일으킨 그릇된 신앙이었음에도 불구하고 교회는 무한한 성장이 지향하는 폐해를 제대로 인식하지 못했을 뿐만 아니라, 오히려 성장에 대한 지향을 내면화하는 일에 앞장서 왔다. 산업화 기간에 교회는 성장을 지지하는 신학을 구성하고,

성장을 지향하는 사람들의 입맛에 맞게 성서를 해석하며, 성장의 시스템에 적합하도록 교회를 조직했다. 역사학자 린 화이트가 "생태적 위기의 역사적 근원"이라는 글에서 "서구의 과학기술에 의한 자연 파괴가 신은 인간으로 하여금 자연을 이용하도록 허락했다고 믿었던 성서적 자연관에 기인한다."라고 지적한 것처럼, 성장의 신앙에 사로잡힌 교회는 하나님을 계시하는 또 다른 성서인 자연을, 성장을 위해 정복해야 할 대상으로 전락시켰다. 성장에 눈이 먼 교회는 인간은 하나님의 창조세계를 돌보고 지키는 존재라는 성서의 본뜻을 철저히 외면하고 창조세계를 약탈하고 파괴함으로써 얻게 되는 물질적인 성장을 하나님의 축복의 지표라고 믿도록 가르쳐온 것이다.

이제 우리는 우리가 직면한 생태적 위기로 인해 성장의 신념에 기반을 둔 우리의 문명이 큰 문제를 가지고 있음을 알게 되었다. 또한 우리의 교회가 성장의 신앙에 영합함으로써 본디 교회가 있어야 할 자리로부터 터무니 없이 멀어져 버렸음을 깨닫게 되었다. 때문에 지금 우리는 대멸종의 파국으로 인간의 문명과 현재 지구에 존재하는 모든 생물종의 역사가 끝나기 전에 '생태적 회심'을 통해 끝없는 성장을 지향하는 산업 문명을 생태계의 조화와 균형을 우선하는 생태적 문명으로 전환시켜야 하는 중요한 과제를 안고 있다. 마찬가지로 지금 우리는 성장 신앙에 물들어 있는 신학과 교리, 그리고 교회 자체를 창조세계의 본모습과 창조세계의 원리를 구현한 생태적 신앙으로 재조직함으로 탈성장을 지향하는 교회가 되도록 해야 한다. 바로 그 자리에 작은교회가, 그리고 녹색교회가 존재하는 것이다.

1. 생태적 회심의 교회

전통적인 기독교 신학은 '인간중심성'이라는 특징을 가지고 있다. 하나님의 형상을 입은 특별한 존재로서의 인간, 자연을 정복할 수 있는 특별한 권한을 부여받은 인간만이 신학의 주체였고, 자연은 인간을 떠받들며 인간의 특별함을 드러내는 대상일 뿐이었다. 인간과 함께 창조되어 창조세계를 구성하는 자연을 철저하게 배제하고 소외시키는 신학 위에 서 있던 교회 역시 교회 안에 자연을 위한 자리를 마련하지 않는 인간중심적 교회일 수밖에 없었다. 인간중심적인 교회는 단지 자연을 배제하고 소외시키는 것에 머물지 않고 자연에 대한 착취와 학대, 나아가 인간들 사이에서의 배타적인 차별을 합리화하고 독려하는 일에 앞장섰다. 결국 교회는 성장의 신념과 손을 잡고 권력과 힘, 물질적 풍요에 대한 끝없는 욕망을 전파하고, 성취하는 성장 신앙의 성전이 되어버렸다. 교회는 하늘에 닿을 듯 높이 솟은 뾰족한 십자가 탑과 주변의 산과 들을 제압하는 장엄하고 거대한 예배당으로 하늘과 땅의 모든 것을 지배하도록 특별한 힘을 부여받은 존재임을 나타내왔다.

생태적 위기 시대의 교회는 이러한 인간중심의 신학, 성장의 신념에 경도된 신학을 거부하고, 생태계의 위기가 인간을 위한 신학에 기인했음을 고백하고 반성하는 '생태적 회심'에 신학의 새로운 기초를 세워야 한다. 성장의 신념에 경도된 교회의 신학은 인간만의 구원을 고민하기 때문에 교회 안에서 기후변화, 자연파괴, 핵발전, 유전자조작과 같은 지구적인 생태 정의의 문제는 인간의 성장을 위한 어쩔 수 없는 희생, 부차적인 문제가 되고 만다. 하지만 기실 부차적인 것은 중심이 아닌, 지구의 생태계의 한 부분으로 창조된 하나의 존재인 우리 인간이다. 노아의 방주가 노아의 가족만을 위해 설계되지 않았듯이, 지구는 인간만을 위해 설계되지 않았다. 생태적 회심의 신학은 하나님께서 노아가 만든 방주를 이용해서 지구상의 모든 생명을 구원하려고 하셨음을 기억하고, 노아의 가족들만이 아니라 방주에 함께 타고 있는 모든 생명을 동등한 시선으로 바라보게 한다. "네가 어디에 있느냐?"라는 하나님의 물음에 먼저 지구라는 생태계 안에 서 있는 인간의 자리를 돌아보고, 인간의 지식과 능력을 통해 창조세계를 돌보고, 지키는 인간의 본연의 자리로 돌아서게 하는 것이 생태적 회심의 신학이다.

생태적 회심의 신학은 기후 변화로 멸종의 위기를 맞는 열대우림의 개구리, 공장식 축산 농장에서 40일을 살다 도축되는 닭,[2] 폭력적인 유전자 조작 기술로 살충성분을 품고 자라는 GMO 옥수수, 댐으로 막혀 거대한 죽음의 호수가 되어버린 강, 관광개발을 위한 케이블카 설치로 만신창이가 되어버린 산의 구원을 다루는, 지구에 존재하는 생명 전체를 아우르는 신학이다.

생태적 회심의 신학은 하나님의 손길로 창조된 모든 존재를 직관하고, 그 안에서 하나님이 이루시는 역사를 발견한다. 신학이 인간중심의 관념으로부터, 성장의 신념으로부터 자유롭게 되어서 인간만의 구원이 아닌 지구 생태계 모두의 구원과 영원한 존재로의 거듭남을 주제로 삼을 때 비로소 신학은 우리가 창조세계라고 고백하는 지구와 지구에서 살아가는 생명 전체를 정의롭게 아우르게 된다. 때문에 생태적 회심의 신학은 각각의 생물종과 온생명의 존재 이유를 밝히는 과학적 지식, 물리학, 화학, 생물학, 생태학, 지질학, 기후학과의 진지한 대화를 통해 새로운 신학의 자리를 모색한다. 지구신학자 토마스 베리 신부는 그의 책 『위대한 과업』에서 산업혁명 이후 과학과 기계 기술의 오용이 생태계를 파괴하였지만, 인간과 자연의 올바른 관계를 설정해줄 수 있는 적절한 우주론을 통해 인간중심주의적 문명을 생명중심주의적 문명으로 전환해야 한다고 이야기한다.[3] 이처럼 생태적 회심의 신학은 현대의 과학과 진지한 대화를 나누며 창조세계인 지구와 생명의 존재 본질에 다가섬으로써 생태적 위기를 넘어설 수 있는 새로운 문명, 생태적 삶의 기반을 만드는 신학이다.

이러한 생태적 회심의 신학이 생태적 신앙의 삶으로 구현되는 자리가

---

2) 닭의 자연수명은 최고 30년이다. 삼계탕용 닭은 사료를 먹는 양에 비해 성장속도가 느려지는 생후 35일에서 45일 사이에 도축된다. 마찬가지 이유로 20년을 사는 돼지는 생후 6개월, 40년을 사는 소는 생후 2년 정도에 도축된다.

3) 토마스 베리, 이영숙 옮김, 『토마스 베리의 위대한 과업』 (서울: 대화문화아카데미, 2009).

'생태적 회심의 교회'가 존재하는 자리이다. 생태적 회심의 교회는 생태적 위기에 직면한 창조세계의 생명과 평화를 이루는 일, 생태적 정의를 세우는 일을 교회의 주된 사명으로 받아들이는 교회이다. 생태적 회심의 교회는 인간중심적, 성장중심적 문명을 넘어서는 생태적 문명이 시작되는 곳이다. 생태적 회심의 교회는 가장 먼저 교회 자체의 존재 양식에 있어 인간중심성과 성장지향성을 배제하고 생태적 적합성과 지속 가능성을 중심에 두게 된다. 교회가 먼저 생태적 원리에 따른 삶을 경험하고 체득하는 공간이어야 교회가 공동체의 구성원들에게 생태적 정의를 이루게 하는 것과 생태적 문명을 선포하는 것이 가능하기 때문이다.

에른스트 프리드리히 슈마허는 1973년에 출간한 책 『작은 것이 아름답다』에서 현대 자본주의 경제가 추구하는 무한한 성장은 환상이자 인류가 멸망하는 길이라고 이야기했다. 슈마허는 자연을 조작하고 지배할 수 있다고 믿는 과학기술이 생태적 위기를 만들 것임을 경고하고, 중간 기술을 통해 인간의 무한한 욕망을 선으로 바라보던 전통적인 경제의 패러다임을 버리고 적정한 규모의 경제를 설정해야 한다고 주장했다.[4] 이러한 슈마허의 생각은 이후 생태주의운동에 큰 영향을 주었고, 작은 것은 큰 것이 되기 위한 준비 단계나 큰 것이 되지 못한 실패가 아닌, 생태적 위기를 넘어서는 지속 가능성을 이루기 위한 지향으로 새롭게 주목을 받게 되었고, 세계 각 나라의 다양한 생태공동체운동의 정신적 기반이 되었다. 생태적 회심의 교회 역시 권력과 힘에 집착하지 않으며 생태적 한계를 넘어서지 않는 적정 규모, 유기적 관계성이 성립하는 적정 규모를 지향한다. 창조세계에 생태적인 부담을 주지 않는 적정한 규모여야 교회가 생태적 공동체로서 존재할 수 있기 때문이다. 또한 교회공동체 안에서 창조세계 본래의 모습인 유기적 상호의존관계, 생명의 그물망을 온전히 유지하기 위해서도 공동체가 일정한 규모를 넘어설 수 없기 때문이다.

---

4) 에른스트 슈마허, 김종욱 옮김, 『작은 것이 아름답다』 (서울: 범우사, 1986).

이와 관련하여 오규훈 교수는 『153 교회』에서 요한복음 21:11의 베드로가 잡아올린 물고기 숫자인 '153'을 교회의 적정 규모의 차원에서 해석하면서 150명이 넘지 않는 작은교회가 가장 아름답고, 성경적인 신앙공동체를 이룰 수 있다고 주장한다.[5] 뇌과학과 인류학, 사회학, 경영학을 통해 뇌의 크기와 사회지능의 관계, 사회관계와 공동체 규모의 상관성, 경영의 효율성과 규모의 관계에서 적정한 교회의 규모는 150명을 넘지 말아야 한다는 것이다. 『153 교회』는 교회의 적정한 규모를 성서적·학문적 근거를 바탕으로 구체적으로 제시했다는 점에서 무척 주목할 만하다. 『153 교회』 핵심에는 교회가 대형교회가 되려는 성장신화에 빠져 방향을 잃고 헤매는 것이 아니라 공동체적인 관계를 유지하기 위한 현실적으로 적정한 규모에 대한 고민이 담겨 있다. 이 점에서 『153 교회』는 생태적 회심의 교회가 지향하는 점과 맞닿는 지점이 있다. 분명한 것은 성장의 신화에서 벗어난 교회는 필연적으로 작은교회로 존재하게 된다는 것이다. 그리고 여기에서부터 작은교회가 생태적 문명을 이루는 생태적 회심의 교회로 나아가기 위해서 작은교회라는 존재 양식에 어떤 내용을 담아야 할 것인가에 대한 고민이 시작된다.

2. 생태적 원리의 교회

교회가 단순히 규모가 작다는 것만으로는 교회의 생태적 회심의 온전성을 다 담아낼 수 없다. 생태적 회심은 단순히 이전의 인간중심성, 성장의 신념에서 벗어나는 것만이 아니라 생태적 삶, 생태적 문명을 만듦을 통해 생태적 정의를 회복하는 것이어야 하기 때문이다. 때문에 생태적 삶과 생태적 문명에 관한 정확한 인식과 철저한 지향을 바탕으로 하는 '생태적 원리'에 충실한 교회가 되어야 생태적 회심의 교회가 될 수 있다.

---

5) 오규훈, 『153교회』 (서울: 포이에마, 2013).

이는 생태적 회심의 교회가 이루고자 하는 생태적 문명이 과연 어떤 것인가에 관한 문제이기도 하다. 교회가 이루고자 하는 생태적 문명이 어떤 모습으로 나타나야 할 것인가에 관련해서는 'Web of Creation'에서 제시한 6가지 '생태 정의의 원리'[6]를 통해 자세히 살펴볼 수 있다.

생태 정의의 6가지 원리

1) 고유한 가치 원리: 온 우주와 지구 안에 있는 모든 존재는 그 자체로 정체성과 고유의 가치를 지니고 있다.
2) 상호연결 원리: 지구 생태계는 상호연결된 생명들이 상호의존적으로 존재하는 공동체이다.
3) 목소리 원리: 지구는 자신의 목소리를 낼 수 있는 살아 있는 주체 또는 실체이다.
4) 목적 원리: 지구의 모든 존재는 우주 사건의 우연한 산물이 아니라 역동적인 목적을 가지고 있다.
5) 상호보호 원리: 지구는 지구생명공동체의 다양성과 조화균형을 지속하기 위하여 상호보호의 책임을 감당해야 한다.
6) 저항 원리: 지구와 그 안에 존재하는 모든 생명들은 함께 고통을 당하고 있고 함께 불의에 저항하고 있다.

생태 정의의 원리 가운데 첫 번째 원리는 온 우주와 지구 안에 있는 모든 존재는 그 자체로 정체성과 고유의 가치를 지니고 있다는 '고유한 가치 원리'이다. 인간중심적 관점에서는 고등한 생물인 인간의 삶에 더 많은 도움을 주는 것들은 더 큰 가치가 있다고 생각하고, 인간의 삶에 도움

6) 'Web of Creation'은 기독교 관점에서 생태적으로 정의롭고 지속 가능한 세상으로의 변화를 촉진하기 위한 Earth Bible 프로젝트, 강좌, 세미나, 출판 등의 활동을 펼치고 있다. (http://www.webofcreation.org/earth-bible/ecojustice-principles)

이 되지 않는 것들은 그다지 큰 가치가 없다고 생각한다. 이러한 생각은 큰 가치를 얻기 위해 작은 가치의 희생을 당연하게 여기는 지배구조로 작용하며, 인간을 위한 자연의 이용을 합리화하는 체제의 기반이 된다. 하지만 실제 지구 생태계는 인간중심적인 가치에 따라 존재하는 것이 아니다. 지구의 모든 존재는 지구 생태계를 구성하는 조각들이기에 각각의 자리에서 대체할 수 없는 고유한 가치를 가지고 있다. 이러한 고유한 가치의 원칙을 인식하는 것에서부터 인간주의적인 관점에서의 해방, 생태적 관점으로의 전환이 시작된다.

고유한 가치 원리는 생태적 회심의 교회가 작은교회를 지향할 수 있는 중요한 근거가 된다. 성장주의적 시각에서 작은교회는 큰 교회로 성장하기 위한 미숙한 단계일 뿐이지만, 생태적 시각에서 작은교회는 이미 작은교회로서의 정체성과 고유한 가치를 지닌 온전한 교회이다. 교회사를 돌아볼 때 본디 교회는 작은교회로 출발하였으며 규모와 상관없이 교회로서의 의미를 가지고 있으며 각각의 자리에서 필요에 따라 존재해왔다. 오늘날 작은교회는 작음, 탈성장을 지향함으로써 큰 교회를 바라는 성장지향의 교회가 포기한 예수 신앙의 역동성과 저항성을 간직함으로써 교회의 본래 가치를 지켜가고 있다. 작은교회는 작은교회를 지향함으로써 고유한 가치를 간직하게 되며 작은교회라는 고유한 가치에 대한 분명한 자의식을 가지고 있을 때 비로소 작은교회가 생태적 회심의 교회로 존재할 수 있게 된다.

생태 정의의 원리의 두 번째 원리는 지구 생태계는 상호연결 된 생명들이 상호의존적으로 존재하는 공동체라는 '상호연결 원리'이다. 지구는 자연법칙에 따라 통제되는 단순한 기계적 구조물이 아니다. 지구 안의 모든 존재는 유기체적·생태적 순환의 연결고리로 복잡하게 연결되어 있으며 이러한 상호의존을 더욱 고도화하는 방향으로 나아가고 있다. 인간도 지구 생태계의 한 구성원으로서 상호의존의 관계 안에 있는 존재이다. 상호연결 원리는 지구에 있는 모든 존재의 속성이자 지향이다.

작은교회는 끝없는 규모의 성장을 통해 홀로 존재할 수 있다는 성장의 환상에서 벗어난 교회이다. 작은교회는 독자적인 의사결정 구조를 가진 하나의 공동체로서의 완결성을 가지고 있지만, 작은교회가 지향하는 작음 안에는 대형교회가 가지고 있는 '요람에서 무덤까지'의 완결적인 조직을 모두 담을 수 없다. 대다수의 작은교회가 자신의 작음을 교회의 고유함으로 인식하지 못하고 부족함으로 인식하는 이유가 바로 여기에 있다. 때문에 작은교회는 상호의존적인 연대와 협력을 필요로 한다. 그런데 성장을 추구하는 기존 교회들의 연대와 협력을 위한 조직인 시찰회-노회-총회, 지방회-연회 구조에서는 상호의존성을 전제로 존재하는 작은교회의 존재가 불편한 것이 되고 만다. 성장 지향의 교회들 안에서는 작은교회의 고유성이 온전히 드러나기 어려울 뿐만 아니라 오히려 부족함이 부각되며, 작은교회는 연대와 협력의 주체가 아닌 지원과 호혜의 대상이 되고 만다.

작은교회는 다른 작은교회들, 혹은 작은 지역공동체와의 유기체적인 연대와 협력 관계 속에서 작은교회의 완결성이 이루어진다. 때문에 새 술이 새 부대에 담겨야 하듯이 작은교회는 서로의 부족함을 서로가 채우는 새로운 차원의 연대, 상시적이고 지속적인 협력을 위한 운동을 필요로 하게 된다. '작은교회운동'은 단순히 대형교회의 문제와 폐해를 넘어서거나 작은교회가 필연적으로 갖게 되는 다양한 문제를 해결하기 위한 것이 아니다. 작은교회운동은 지구 생태계의 속성인 상호연결 원리에 따라 작은교회의 유기체적인 연대와 협력 관계를 만들어감으로써 생명과 평화를 지키는 공동체라는 교회의 본질을 지키는 일이다. 상호연결 원리 안에서 작은교회는 서로 다른 다양성을 간직하지만 하나 된 교회, 창조세계의 방주 역할을 감당하는 에큐메니칼 교회로 존재하게 된다.

생태 정의의 원리의 세 번째 원리는 지구는 자신의 목소리를 낼 수 있는 살아 있는 주체 또는 실체라는 '목소리 원리'이다. 지구와 지구의 모든 존재는 그 자체의 인격과 영성을 가지고 있다. 우리가 듣지 못하고 인정하지 못할 뿐, 지구공동체는 탄생하던 그 순간부터 축하해야 할 일은 물론 불의에 맞서야 할 때에도 계속해서 자신의 목소리를 내고 있다. 지구와 지구의 모든 존재를 대상이 아닌 나와 같은 주체로 인정하고 지구의 목소리를 경청하는 데에서 생태적 정의가 시작된다. 목소리의 원리는 지구공동체의 일원들이 서로를 향해 가져야 할 태도인 것이다.

본디 예수가 선포한 복음은 한낱 변방의 작고 작은 목소리에 불과한 것이었다. 그러나 그 작은 목소리를 불편해했던 커다란 권력을 지닌 무리들에 의해 예수는 십자가형으로 죽임을 당했고 서둘러 매장되어 버렸다. 하지만 예수의 작은 목소리는 사라지지 않았고, 예수는 그리스도가 되어 오늘날까지 작은 목소리를 선포하고 있다는 것이 기독교 신앙이 간직한 이야기이다. 때문에 본질적으로 교회는 작은 목소리를 소중하게 듣고 전하는 공동체이다. 작은교회야말로 작은 목소리를 더욱 생생하게 되살려 증언하는 데 가장 적합한 교회이다. 오늘날 다른 어느 곳보다 작은교회들 안에서 비정규 노동자들의, 소외된 농민들의, 해고 노동자 가족들의, 송전탑으로 고통받는 이웃들의, 쫓겨난 철거민들의, 눈물 흘리는 세월호 가족들의 떨리는 여린 목소리가 멈추지 않는 것은 바로 이 때문이다. 작은교회는 작은 목소리를 소중히 여기며 작은 목소리를 귀 기울여 듣고, 작은 목소리를 끊임없이 세상에 전함으로써 생태적 회심의 교회가 어떤 모습으로 존재해야 하는지를 보여준다. 작은교회는 성문 밖에서 세상의 큰 목소리에 묻혀 사라지는 작은 목소리를 간직한 이들을 성안으로 초대하는, 작고 약하고 여린 존재들의 이야기에 귀를 기울여 그들의 인격과 영성을 회복시키는, 생태적 정의를 선포하는 공동체이다.

생태 정의의 원리의 네 번째 원리는 지구의 모든 존재는 우연의 산물이 아니라 우주적인 분명한 목적을 가지고 있다는 '목적 원리'이다. 지구 생태계는 각각의 목적을 가진 존재들이 모인 커다란 목적을 이루는 목적을 가진 존재이다. 작은교회는 우주로부터 부여된 작은교회만의 목적이 있다.

지구의 생태계는 오랜 시간을 지내면서 큰 생명체로부터 작은 생명체의 다양성을 만드는 방향으로 성장해왔다. 자연사적인 시선으로 바라볼 때 작은교회는 큰 교회로 성장해야 하는 낮은 단계에 머무르는 것이 아니라, 반대로 큰 교회가 나아가야 할 완성된 모습의 교회이다. 작은교회는 작은교회로서 존재하는 이유와 목적이 있다. 작음으로써 존재하는 목적이 있기 때문에 작은교회 안에는 작은교회만의 사명을 감당하는 즐거움과 기쁨이 있다. 작은교회는 숨은 보화를 찾듯이 작은교회의 목적을 발견하고 깨닫고 그 일에 헌신함으로써 생명의 잔치를 열게 된다. 작은교회는 자신의 목적 안에서 생태적 회심의 교회의 길을 걷게 되는 것이다.

생태 정의의 원리의 다섯 번째 원리는 지구는 지구생명공동체의 다양성과 조화균형을 지속하기 위하여 상호보호의 책임을 감당해야 한다는 '상호보호 원리'이다. 전통적인 청지기 모델은 지구생명공동체 안에서 인간이 담당해야 할 역할을 이야기하지만 여전히 인간중심적이고 위계적 질서를 반영한다. 그러나 인간은 단지 지구생명공동체의 일원으로 그 한 부분에 지나지 않는다. 인간은 깨어 있는 청지기일 뿐 생태계의 보호를 받는 존재이다. 상호보호 원리는 작은교회의 연대와 협력의 의미를 알려준다. 요한복음 12:24-25에서 예수는 밀알의 비유를 통해 씨앗이 죽고 살아있는 식물이 되어 많은 씨앗을 맺는, 한 개체가 죽음으로 분해되어 다른 개체에 생명을 더하는, 생명의 확장과 영속의 과정을 제자들에게 가르치셨다. 그리고는 자신의 생명을 올곧이 십자가에 내어줌으로써 정의와 평화의 하나님 나라 운동에 생명을 불어넣는 한 알의 밀알이 되심으로 그리스도가 되었다. 예수 그리스도가 가르치신 것은 내가 '나'라는 자아로 삶과 죽음이 별개로 존재하는 세계에서 살아간다는 허상에서 깨어나, 하나님의 창조세계에서 확장과 영속을 거듭하는 영원한 생명으로 살아가는 실제의 모습을 깨닫는 길이었다. 이 길은 우리가 먼 미래 어느 날의 영원한 삶을 위해 살아가는 지옥에서 벗어나, 한순간 지금 여기 우리에게 허락된 생명이 함께 어울려 살아가는 하나님 나라를 살아가는 천국으로 우리를 인도한다.

상호보호는 작은교회가 연대와 협력을 통해 서로에게 얻는 선물이다. 연대와 협력으로 내 교회가 어려움을 겪어도 필요한 다른 교회에 힘이 된다면 그것을 기꺼이 감수하는 것이 생태적 회심의 교회 모습이다. 상호보호 원리에 따라 작은교회는 더 큰 것, 더 많은 것이 아니라 더 다양한 것, 더 조화로운 것을 지향하게 된다. 이를 통해 비로소 작은교회는 예수 그리스도의 가르침에 더 가까이 다가서게 된다.

생태 정의의 원리 여섯 번째 원리는 지구와 그 안에 존재하는 모든 생명체는 함께 고통을 당하고 있고, 함께 불의에 저항하고 있다는 '저항 원리'이다. 지구와 그 안에 존재하는 모든 생명체는 인간의 불의로 인하여 함께 고통을 당할 뿐만 아니라, 정의를 이루기 위해 함께 저항하고 있다. 상호보호의 원리로 하나가 된 작은교회는 하나님의 창조세계의 신비를 함께 체험하고, 창조세계 안에 살아감을 함께 기뻐하며, 이루어지는 세계의 창조에 동참함을 함께 감사하게 된다. 작고 여린 생명이 작고 여림으로써 전능하신 하나님의 모습이며, 외롭고 아픈 생명이 외롭고 아프셨던 예수 그리스도이며, 철을 따라 꽃이 피고 새가 우는 온생명의 존재 양식이 바람과 같은 성령임을 깨닫게 된다. 마찬가지로 작은교회는 창조세계의 아픔을 함께 괴로워하며, 창조세계 안의 생명의 죽음에 함께 눈물 흘리며, 창조세계의 회복을 위한 거룩한 싸움에 함께 분노하며 동참하게 된다. 기후변화로 더욱 거대하게 쏟아지는 비바람과 천둥번개 속의 분노하시는 하나님, 멸종하는 생명체들과 함께 말 없이 죽어가는 예수 그리스도, 녹조로 썩은 강물, 미세먼지로 텁텁한 바람이 되어 생기를 잃은 성령을 바라보게 된다. 이 자리가 바로 인간중심을 벗어난 생태적 회심의 교회의 자리이다.

3. 녹색교회

앞서 이야기한 것처럼 생태적 회심의 교회는 생태계 위기의 시대에 성장의 신념에 물들어 있는 신학, 영성, 교회의 재구성을 통해 창조세계를 지키고 돌보는 공동체인 교회의 본래 모습을 회복하려는 탈성장 교회를 향한 운동으로부터 출발한다. 교회사를 살펴보면 작은교회운동을 비롯하여 교회가 조직화·권력화하는 과정에서 교회의 본래 모습을 고민했던 수많은 교회의 탈성장 교회를 향한 다양한 시도를 발견할 수 있다. 그 가운데 산업화와 성장 지향의 교회 확산이 단기간에 이루어진 현대 한국 사회 안에서, 한국의 산업화가 빚어낸 생태적 위기와 교회의 성장 지향에 대한 반성으로 시작된 '녹색교회'에 관해 살펴봄으로써 생태적 회심의 교회의 구체적인 모습을 그려낼 수 있을 것이다.

한국교회에서 녹색교회라는 명칭과 개념을 가장 먼저 사용한 곳은 한국공해문제연구소에서 출발한 한국교회환경연구소와 기독교환경운동연대이다. 『하나님 자연 사람 그 창조의 숨결: 기독교환경운동연대 25년사』에서 성백걸 교수는 기독교환경운동연대가 녹색교회운동을 본격적으로 시작한 것은 1992년 리우환경회의 이후 각 지역, 국가, 도시별로 환경보전을 위한 의제를 만들어 환경운동을 펼쳐나간 것에서 영감을 얻어 1997년에 '녹색그리스도인 21' 의제로 '녹색 10계명'을 만들면서라고 이야기한다. 이듬해인 1998년에 기독교환경운동연대는 '녹색교회 21의제'로 '녹색교회 10계명'[7]과 녹색교회의 다짐을 담은 '녹색교회 10개 다짐'[8]을 만들어 한국교회에 알리기 시작했다. 기독교환경운동연대가 제안한 '녹

---

7) '녹색교회 10계명'은 다음과 같다. 각 계명의 첫 글자가 숫자로 시작하는 것에 주목하기 바란다.

1. 일회용품을 쓰지 맙시다.
2. 이용합시다, 대중교통.
3. 삼갑시다, 합성세제.
4. 사용합시다, 중고용품.
5. 오늘도 물, 전기를 아껴씁시다.
6. 육식을 줄이고, 음식을 절제합시다.
7. 칠일은 하나님도 쉬셨습니다, 시간에 쫓기지 않게 삽시다.
8. 팔지 맙시다, 소비광고에 한눈을.
9. 구합시다, 작고, 단순하고, 불편한 것!
10. 십자가 정신으로 가난한 이웃을 도웁시다.

색교회 21'은 '생명위기 시대에 환경적으로 건전하고 지속 가능한 사회, 즉 새 하늘과 새 땅을 위해 교회가 해야 할 일을 초대교회의 신앙양식을 빌어서 표현한 것'으로, 환경운동이 교회의 신앙운동이며 교회가 감당해야 할 선교적 사명임을 밝혀 환경운동을 교회 안에서 전개하는 근거가 되었다. 그리고 이는 이후 한국교회 안에서 이루어지는 다양한 녹색교회에 대한 이해의 기초가 된다.

그리고 생태신학에 관심을 가진 신학자들을 중심으로 생태계의 위기 시대 교회론을 재정립하려는 시도가 있었다. '생태신학과 목회 생태계 위기 시대의 교회'[9]에서 장로회신학대학교 김도훈 교수는 "생태계 위기 시대의 교회는 생태영성적인 회개를 통해 자연의 아픔과 고통을 대신하여 외치는 교회"여야 하며, 이러한 교회는 "창조세계를 돌보는 섬김의 역할을 감당하는 하나님의 백성, 피조세계로 성육신하신 그리스도를 본받는 그리스도의 몸, 만물에 생명을 주시는 하나님의 영인 성령의 전으로서 생태정의를 이루어 피조물을 향한 하나님의 사역에 참여"하는 교회로 "생태계 위기 시대의 교회"를 새롭게 제시하며 이러한 교회는 "자연 피조물들과의 하나됨, 자연에 대한 폭력을 거부하고 자연의 생명을 존중하는 거룩성, 자연 피조물들에게도 복음이 유의미하게 하는 보편성, 자연 피조물들을 사랑하며 관계를 맺는 사도성"의 특징를 갖게 된다고 이야기한다. 또한 '생태신학과 교회론'[10]에서 연세대학교 전현식 교수는 전통적인 교회론으로는 교회가 현재의 생태적 위기를 극복할 수 없는데 그 이유를 "하나님의 백성, 그리스도의 몸, 성령의 공동체와 같은 교회의 전통적인 은유들로부터 해방적·유기적·공동체적인 생태적 가치와 통찰력을 얻을 수 있지만, 기본적으로 인간중심적이라는 한계"를 가지고 있기 때문이라

---

8) '녹색교회 10개 다짐'은 선포(Kerygma), 교육(didache), 조직(organization), 친교(koinonia), 봉사(diakonia) 5개의 영역별로 각각 2개의 다짐이 있고, 각 다짐마다 3개의 실천지침을 제시한다.

9) 생명신학협의회 생명신학연구소 엮음, 「오늘의 생명신학」 제2집 (서울: 신학과지성사, 2015).

10) 한국조직신학회 엮음, 『교회론』 (서울: 대한기독교서회, 2009).

고 이야기하며, "인간중심성을 넘어 생태적 관점에서 교회의 정체성, 역할, 사명을 재구성한 교회"를 "생태교회, 생태적 교회"로 제시하며, 생태교회를 "인간중심성을 넘어서는 생태해방공동체, 생태정의를 실현하는 하나님의 집, 모든 피조물 안에 하나님의 임재와 창조의 신성을 확인하는 성육신, 모든 피조물이 자신의 기본적 필요를 공평하게 나누도록 초대받는 성만찬의 밥상공동체인 하나님의 몸의 사명을 수행하는 교회"로 이야기한다.

한편 '하나님 나라 운동으로서의 녹색교회의 생명평화운동'[11]에서 정원범 교수는 "세계의 빈곤과 생태계 파괴라는 생명의 위기를 야기한 자본주의와 소비주의"에 주목하며 "녹색의 가치를 소중히 여기고, 인간과 자연이 공존하는 정의롭고 평화로운 세상을 만들어가는 하나님 나라 공동체"를 "녹색교회"로 규정하고, "생명 존엄성의 파괴에 맞서 생태적인 가치를 추구하는 생명운동, 자연에 대한 폭력에 맞서 인간과 자연의 올바른 관계를 이루는 평화운동인 하나님 나라 운동"으로서 "녹색교회운동"을 제안한다.

이와 함께 기독교환경운동연대 양재성 공동대표는 "생명과 평화의 나라인 하나님 나라 건설을 위해 환경운동에 나서는 교회, 생명을 살리고 평화로운 세상을 세우는 교회"로, 한국교회환경연구소 유미호 실장은 "부활의 주님을 모시고 기뻐하며 잔치에 참여하는 예배와 생명을 살리는 선교, 생명을 양육하는 교육, 생명을 섬기는 봉사, 생명을 나누는 친교가 균형을 이루는 생명공동체"로, 기독교환경운동연대 홈페이지는 "교회 녹화, 초록 가게, 지구온난화 억제를 위한 실천, 생명밥상 빈 그릇 실천, 햇빛발전소 설치, 친환경 조명 십자가 등 교회의 녹색실천에 앞장설 뿐만 아니라 교회의 예배, 교육, 봉사, 운영 등 교회에서 이뤄지는 모든 일에서 창조질서 보전을 실천하는 교회"로, 예장녹색교회협의회는 "하나님의 창

11) 예장녹색교회협의회 워크숍 강의자료, 미발표 원고.

조세계의 보전과 생명문화운동에 앞장서는 교회"로 녹색교회를 이야기하고 있다.

이처럼 녹색교회에 대한 이야기 속에서 녹색교회는 생태적 위기라는 상황의 이해 속에서 전통적인 인간중심적 교회의 형태와 역할을 생태적·생명중심적 교회인 '생태적 회심의 교회'로 새롭게 전환하려는 시도 가운데 있음을 확인하게 된다. 이처럼 녹색교회가 생태적 지향을 가지고 있다는 것은 결국 녹색교회가 작은교회운동과 마찬가지로 기존의 교회를 녹색교회로 바꾸어가려는 생명평화운동의 성격을 가지고 있다는 것이다. 녹색교회는 작은교회를 내세우지는 않지만, 내용적으로 성장의 신념을 거부하는 탈성장 교회의 성격을 가진 점에서 작은교회와 같은 길을 걷고 있으며 닿고자 하는 곳 역시 크게 다르지 않다고 생각한다. 때문에 앞으로 녹색교회운동은 다양한 지향을 가지고 있는 작은교회운동과 유기적인 상호 연결을 통해 서로에게 긍정적인 영향을 주고받을 수 있을 것이다.

기독교환경운동연대와 한국기독교회협의회는 '녹색교회 10개 다짐'을 기준으로 녹색교회운동에 적극적으로 참여하고 있는 교회를 지난 2006년부터 선정하였고, 2017년 현재 50개 교회가 녹색교회로 선정되었다. 한국교회 전체의 숫자에 비할 때 50개 교회는 아직 턱없이 적은 숫자이지만 이 녹색교회들은 자체적인 교류와 협력을 통해 각각의 교단과 지역을 중심으로 녹색교회운동을 조직적으로 전개해나가고 있으며, 한국교회의 생태환경운동의 방향을 앞장서서 이끌어가고 있다.

다음의 '녹색교회 환경실천 점검표'는 녹색교회가 예배, 교육, 조직, 친교, 봉사의 영역에서 실천할 수 있는 생태환경운동의 30가지 구체적인 방안을 예시하고 있다. 예배에서는 환경주일을 중심으로 창조세계의 보전을 위한 설교와 기도를 포함한 예배 예식을 갖는 것, 교회교육에서는 생태환경을 주제로 한 성경공부, 사경회, 신앙교육을 하는 것, 교회조직에 있어서는 생태환경 부서의 조직과 헌금, 예산을 편성하는 것, 친교에 있어서는 교회 자체가 친환경적인 공간이 되는 것과 생명밥상운동을 통해 친환경적인 삶을 사는 것, 봉사에 있어서는 초록가게 운영, 재생복사지 사용, 지역사회와 생태환경 활동을 공유하는 것 등의 녹색교회운동의 구체적이고 세부적인 지침을 보여준다.

녹색교회 환경실천 점검표

<table>
<tr><th>항 목</th><th>예</th><th>아니오</th></tr>
<tr><td colspan="3">제 1 다짐 | 우리는 만물을 창조하고 보전하시는 하나님을 예배한다.</td></tr>
<tr><td>환경주일, 환경선교주일 예배를 드린다.</td><td></td><td></td></tr>
<tr><td>예배에서 창조세계의 보전을 위한 말씀을 나눈다.</td><td></td><td></td></tr>
<tr><td>예식을 통해 모든 생명의 소중함을 고백한다.</td><td></td><td></td></tr>
<tr><td colspan="3">제 2 다짐 | 우리는 하나님 안에서 사람과 자연이 한 몸임을 고백한다.</td></tr>
<tr><td>고통받는 창조세계를 위한 기도의 시간을 갖는다.</td><td></td><td></td></tr>
<tr><td>자연으로 나가서 하나님을 만나는 예배를 드린다.</td><td></td><td></td></tr>
<tr><td>텃밭을 가꾸거나 동식물을 기르도록 권면한다.</td><td></td><td></td></tr>
<tr><td colspan="3">제 3 다짐 | 우리는 창조세계의 보전에 대하여 교육한다.</td></tr>
<tr><td>생태환경을 주제로 성경을 읽고 공부한다.</td><td></td><td></td></tr>
<tr><td>창조세계의 보전을 위한 사경회 및 특강을 갖는다.</td><td></td><td></td></tr>
<tr><td>단순하고 소박하고 검소한 삶을 살도록 권면한다.</td><td></td><td></td></tr>
<tr><td colspan="3">제 4 다짐 | 우리는 어린이와 청소년을 친환경적으로 양육한다.</td></tr>
<tr><td>교회학교에서 생명의 소중함을 일깨우는 신앙교육을 한다.</td><td></td><td></td></tr>
<tr><td>교회학교 학생들에게 건강한 먹을거리를 나누어준다.</td><td></td><td></td></tr>
<tr><td>교회학교 학생들을 위한 녹색장터(아나바다장터)를 연다.</td><td></td><td></td></tr>
<tr><td colspan="3">제 5 다짐 | 우리는 생태환경을 살리는 교회 조직을 운영한다.</td></tr>
<tr><td>교회에 생태환경 관련 부서, 모임을 조직한다.</td><td></td><td></td></tr>
<tr><td>창조세계의 보전을 위한 헌금과 예산을 편성한다.</td><td></td><td></td></tr>
<tr><td>생태환경 담당자를 두고 관련 교육을 받게 한다.</td><td></td><td></td></tr>
<tr><td colspan="3">제 6 다짐 | 우리는 교회가 절제하는 생활에 앞장선다.</td></tr>
<tr><td>순서지나 현수막 제작을 줄이고 행사를 간소하게 진행한다.</td><td></td><td></td></tr>
<tr><td>예배실 장식, 모임과 회의에 일회용품 사용을 자제한다.</td><td></td><td></td></tr>
</table>

과도한 조명, 음향, 냉난방을 절제하고, 물을 아껴 쓴다.		
제 7 다짐 | 우리는 생명밥상을 차린다.		
안전한 생협, 친환경 식품을 이용할 수 있도록 안내한다.		
수입, 가공식품을 줄이고 제철 음식을 먹도록 권면한다.		
건강한 음식을 남김없이 먹는 빈 그릇 운동을 교육한다.		
제 8 다짐 | 우리는 교회를 푸르게 가꾼다.		
교회에 작은 정원을 만들거나 화단, 텃밭을 가꾼다.		
효율이 높은 전기기구를 사용하고 재생에너지 생산 설비를 설치한다.		
자가용 대신 걷거나 자전거나 대중교통을 이용하도록 권면한다.		
제 9 다짐 | 우리는 초록가게를 운영한다.		
초록가게(재활용 장터)를 운영하고 환경 관련 정보를 나눈다.		
재생용지 복사지 등 친환경 상품을 구입하는 녹색구매를 권장한다.		
도시교회와 농촌교회가 협력하는 농산물 직거래 사업을 진행한다.		
제 10 다짐 | 우리는 창조보전을 위하여 지역사회와 힘을 모은다.		
지역 사회를 위한 생태환경 선교 프로그램을 운영한다.		
지역 사회의 생태환경 현안에 관심을 갖고 참여한다.		
지역 사회의 생태환경을 회복시키는 활동을 진행한다.		

녹색교회들은 녹색교회의 다짐을 바탕으로 지역사회 안에서 각자의 특성에 따라 다양한 생태환경 실천과 운동을 이끌어가고 있다. 신양교회, 오봉교회, 청지기교회 등의 녹색교회는 생태적인 영성을 만들어가기 위해 창조세계의 흐름에 따라 예배를 드리려 애쓰며 생태적 기도와 생태적 영성 수련에 정성을 쏟는다. 작은교회, 쌍샘자연교회, 고기교회, 푸른마을교회 등은 자연학교와 생태적 인문학 교실을 열어 교회 안에서 생태적 문명을 체험하게 하며 교회교육을 생태교육과 접목시키고 있다. 백석교회, 광동교회 등은 초록가게 운영을 통해 지역사회 안에서 되살림을 통한 착한 소비의 문화를 만들어가고 있다. 들녘교회, 향린교회, 동면교회, 송악교회 등은 귀농교육과 농촌교회와 도시교회가 함께 건강한 농산물을 기르고 나누는 일에 함께하며 농촌의 회복과 농업을 통한 생태문명

을 만들어나가는 일에 앞장서고 있다. 지평교회, 주산교회, 황지중앙교회, 원주교회 등은 지역을 위한 환경교육센터와 환경연구소를 운영하거나 환경운동단체와 협력하며 지역의 생태환경 문제 해결을 위해 적극적으로 참여하고 있다. 청파교회, 산본중앙교회 등은 교회 공간에 햇빛발전소를 설치하고 교회 절전소 운동에 적극적으로 동참하여 교회의 에너지 절약과 재생에너지 사용 확대를 위해 애쓰고 있다. 기쁜교회, 정읍중앙교회 등은 교회 안에 환경부서를 별도로 만들어 교회 구성원들이 지속적으로 환경적인 실천에 참여하도록 권면하고 교회의 다양한 행사가 환경적인 프로그램이 되도록 기획을 하고 있다. 이 밖에도 많은 녹색교회가 다양한 모습으로 저마다 특별한 형식의 기독교 생태환경운동을 만들어가고 있다.

또한 교단별로 기장생태공동체운동본부, 예장녹색교회협의회, 감리교환경선교위원회 등의 조직을 구성하고 교단 안에서 환경선교 세미나, 환경선교 정책협의회, 생태환경 수련회 등의 활동을 통해 녹색교회운동의 확대를 도모하고 있다. 그리고, 전체 녹색교회가 참여하는 환경주일 연합예배, 작은교회 한마당 녹색교회 분과모임, 기독교환경회의 등의 연합행사를 통해 녹색교회운동의 교류와 협력을 이어나가고 있다. 또한『녹색교회와 생명목회』[12] 발간을 비롯하여 녹색교회 매뉴얼, 녹색교회 가이드북 등 녹색교회의 다양한 현장을 바탕으로 '녹색교회론'의 토대를 만드는 이론적인 운동을 병행해나가고 있다.

이처럼 녹색교회운동이 다양한 형태의 실천과 이론적 작업을 함께 병행하면서 운동을 이어올 수 있었던 것은 각각의 녹색교회가 생태정의의 원리에 따라 상호협력의 양상을 내재하고 있었던 것과 아울러 각 지역의 녹색교회를 찾아내고 조직하여 녹색교회운동의 기반을 지속적으로 세워

12) 예장녹색교회협의회·한국교회환경연구소 엮음,『녹색교회와 생명목회 : 생명을 담은 녹색교회이야기』(서울: 동연, 2013).

왔던 기독교환경운동연대와 한국교회환경연구소의 협력이 있었기 때문이다. 녹색교회 역시 작은교회와 마찬가지로 각각의 교회의 자원과 기반이 취약함으로 인해 연대와 협력에 대한 필요는 강하게 느끼면서도 연대와 협력에 적극적으로 참여하지는 못했다. 하지만 녹색교회와 협력단체가 함께 지속적으로 연대와 협력의 계기를 마련하고, 다양한 연대와 협력의 구조를 만들어 나가면서 여전히 취약한 현실 가운데서도 녹색교회운동의 기틀이 조금씩 만들어지고 있다. 교회운동은 어려움 속에서도 지속적인 연대와 협력을 통해 생명을 얻는다. 연대와 협력은 교회가 존재하는 방식이며 지향이어야 한다. 때문에 이제 작은교회운동 역시 작은교회의 연대와 협력을 지속적으로 모색하고 지원하는 작은교회만의 전문적인 협력단체가 필요한 시점이며, 작은교회운동이 확장됨에 따라서 그 역할이 더욱 커질 것이다.

맺는 말

지금 우리의 교회 현실은 더욱 심화되고 있는 생태적 위기 가운데 있다. 교회가 이 생태적 위기를 극복하지 못하면 더 이상의 미래가 없다. 교회가 현재의 생태적 위기의 직접적인 원인을 제공한 것은 아니라 할지라도, 이제 교회는 그동안 성장주의의 달콤한 열매에 취해 생태적 위기를 방조하고 막아내지 못한 것에 대한 책임을 져야 한다. 지금 교회가 책임지지 않으면 훗날 우리의 자녀들은 책임을 질 수도 없을 것이다. 생명으로 풍성했던 지구는 영원히 그대로 존재하는 것이 아니다. 과학자들은 지구 온난화가 임계점을 넘어선다면 지구가 한때 물이 존재했으나 모든 수분이 증발해버린 금성과 같은 별이 될 수도 있다고 경고하고 있다.

때문에 먼저 교회가 인간중심적인 성장을 향한 집념을 완전히 포기하지 않고 있음을 돌아보아야 한다. 성장의 우상을 무너뜨리고, 교회를 탈성장의 교회로 변화시켜 탈성장의 문명이 발원하는 지성소가 되도록 해야 한다. 탈성장의 교회는 몇 번의 선언으로 이루어지는 것이 아니다. 더욱 철저한 현실의 인식, 그리고 그 현실을 넘어서려는 죽음을 불사하는 간절한 신앙적 실천이 예수운동의 모습이었고, 교회운동이 예수 그리스도의 모습을 따르지 않고는 존재할 수는 없다. 이제 파국을 향해 더욱 속도를 내고 있는 생태적 위기의 시대를 살아가는 우리들에게 생태적 회심을 동반한 교회운동을 만들어내는 일은 우리의 교회와 생명의 지구에 있어서도 실로 생명을 걸어야 하는 절박하고 간절한 일이다.

이 간절함 가운데 탈성장의 교회인 작은교회운동과 녹색교회운동이 존재한다. 녹색교회운동과 작은교회운동은 이러한 간절함을 통해 앞으로 더욱 깊은 연대와 협력이 가능할 것이다. 두 교회 운동의 연대와 협력은 상호의존성을 높임으로 서로의 풍성함과 건강함을 만들어낼 것이다. 작은교회는 녹색교회가 될 것이고, 녹색교회는 작은교회가 될 것이다. 모든 교회는 창조세계의 생명을 살리고, 생태적인의 정의를 지키며, 생태계의 평화를 이루는 작은교회여야 하며 녹색교회여야 한다. 만일 녹색교회와 작은교회가 상호의존의 교회가 되지 못한다면 녹색교회운동도, 작은교회운동도 서로의 한계에 봉착하고 말 것이다. 하지만 녹색교회와 작은교회운동이 자기를 버리고 하나가 되는 연대와 협력의 교회운동을 만들어낸다면, 교회는 그 자리에서 하늘과 땅을 잇는 무지개를 바라보게 될 것이다.

참고문헌

생명신학협의회 생명신학연구소 엮음. 「오늘의 생명신학」 제2집. 서울: 신학과지성사, 2015.

예장녹색교회협의회 · 한국교회환경연구소 엮음. 『녹색교회 생명목회: 생명을 담은 녹색교회 이야기』. 서울: 동연, 2013.

오규훈. 『153교회』. 서울: 포이에마, 2013.

한국조직신학회 엮음. 『교회론』. 서울: 대한기독교서회, 2009.

에른스트 슈마허. 김종욱 옮김. 『작은 것이 아름답다』. 서울: 범우사, 1986.

엘리자베스 콜버트. 이혜리 옮김. 『여섯 번째 대멸종』. 서울: 처음북스, 2014.

토마스 베리. 이영숙 옮김. 『토마스 베리의 위대한 과업』. 서울: 대화문화아카데미, 2009.

이진형

숭실대학교 무역학과를 졸업하고, 장로회신학대학교 신학대학원에서 수학하였다. 현재는 청지기교회 담임목사로, 기독교환경운동연대 사무총장으로 일하고 있다. 공저로 『녹색교회와 생명목회: 생명을 담은 녹색교회 이야기』가 있다.

6장
작은교회들의 작지만, 유쾌한 교육공동체

시작하는 말

독일의 가톨릭 신학자 요한 밥티스트 메츠(johann Baptist Metz)는 기독교적인 것의 첫째 특징으로 '도전'(challenge)을 꼽는다. 더 이상 도전하지 않는 기독교는 자신의 욕망을 교회에 투사하는 부르주아의 종교라는 것이다. 그렇다면 지금 우리의 교회는 어떠한가? 메츠의 용어를 빌리면, 한국교회는 이미 부르주아 교회이다. 부르주아를 변화시키기에 실패했기 때문이다. 오히려 부르주아가 한국 교회를 "자신의 욕망을 채우는 제도화된 교회"로 그리고 "자신을 위한 서비스 교회"[1]로 만들어버리는 지경이 되었다. 특히 대형교회들은 교회에 속한 협력단체들의 기부와 선교헌금 등을 통해 작고 가난한 교회들에게 마치 시혜를 베풀 듯 지원하면서 이를 통해 작은교회들과 연대하고 있다고 자위한다. 작은교회의 입장에서 보아도 마찬가지다. 작은교회들이 스스로 자구책을 마련하기보다는 대형교회로부터 '선교헌금'이라는 이름으로, 또 국가로부터 '보조금' 혹은 '지원금'의 명목으로 돈을 받아 연명하고 있기 때문이다.

---

1) 요한 밥티스트 메츠, 이석규 옮김, 『기독교, 부르주아의 종교인가 민중의 종교인가』 (서울: 삼인, 2015), 29, 165.

또 다른 작은교회들은 이것들을 모두 거절하고, 오직 하나님의 은총만을 구하며 기도해야 한다고 말한다. 그러나 하나님의 무조건적인 은총에 호소하는 교회 개혁은 안타깝게도 "하나님의 말씀과 '순수 교리'를 각성하게 하지만 주체와 고통의 의미를 주는 실천은 찾지 못한다."라고 메츠는 지적한다. 이는 교회마저도 모든 것을 돈과 연관해서 생각하는 지금의 한국교회 현실을 꼭 짚어낸 말이 아닐 수 없다. 돈을 받아들이거나 거부하거나에 관계없이 그 중심에는 돈이 내재되어 있기 때문이다. 그래서 한국교회에서 작은교회는 더 살아남기 어려운지도 모른다.

로빈 마이어스(Robin R. Meyers)는 『언더그라운드 교회』에서 필 스나이더와 에밀 브라운의 말을 인용하면서 새로운 교회에 참석하는 이들은 예수를 따르는 것이 죽어서 가는 천국을 믿기 때문이 아니라, 지금 여기에서 하나님의 나라를 실현하기 위해 하나님과 파트너가 되고자 하는 이들이라고 말한다. 성서적으로 말하면 이들은 '이 시대의 풍조를 본받지 않고, 마음을 새롭게 함으로 변화를 받아서 하나님의 선하시고 기뻐하시고 완전하신 뜻이 무엇인지를 분별하기'(롬 12:2) 위해 애쓰는 자들이며, 이들에게 복음은 언제나 새롭게 '발견'되는 것이다. 그러므로 이 시대의 풍조를 따르지 않으며, 변화를 가능하게 하는 교회는 예배와 교회에 대한 기존의 전통적인 경계를 넘어서는 구체적인 방식을 찾아낼 필요가 있다. 만일 새로운 교회공동체가 "신학적·예전적·문화적 차이점을 넘어 함께 사역할 수 있는 능력에 의해 새롭게 갱신될 수 있다면, 우리의 기독교적인 정체성은 교파에 대한 충성보다 훨씬 더 중요한 문제"가 될 것이다.[2] 그렇다면 이제 더 이상 무엇이 기독교적인가를 묻는 대신, 어떻게 그리고 어떤 기독교(인)가 될 것인가에 대해 더 진지하게 물어야 할 것이다.

그러나 안타깝게도 이 물음을 묻기도 전에 작은교회에서는 돈도 없지

---

2) 로빈 마이어스, 김준우 옮김, 『언더그라운드 교회-예수의 철저한 사랑의 길을 따르는 방법』(고양: 한국기독교연구소, 2013), 227-228.

만, 일할 사람은 더 없다는 자괴적인 탄식이 먼저 나온다. 바로 이 상황에 대해 마이어스는 힘주어 말한다. "'우리는 작은교회다.'라는 주장이야말로 우리가 다른 공동체들과 협력할 수 있는 근거가 되고, 또한 협력해야만 하는 중요한 이유가 된다."라고 말이다. 서로가 협력할 때에야 제대로 일할 수 있고, 서로에게 배울 수 있고, 영감을 줄 수 있을 뿐 아니라, 심지어 얼마나 많은 꿈을 나눌 수 있는지 깨닫게 되기 때문이다.

그렇다면 이제 본격적으로 물어야 한다. 우리는 어떻게 그리고 어떤 그리스도인이 될 것인가? 나아가 우리의 아이들이 그리스도인이 될 수 있도록 어떻게 가르칠 수 있을까?

1. 종교에 대한 아이들의 권리

작은교회에서 가장 열악한 점을 꼽는다면, 필자는 주저 없이 신앙교육이라고 말한다. 어찌어찌해서 겨우 예배공간을 마련했다고 해도 교육관은 엄두도 낼 수 없거나, 교육 공간이 있다 해도 배울 아이들이 없거나 가르칠 교사가 없기 때문이다. 그러다 보니 특히 젊은 교인들이 작은교회에 오는 일은 드물다. 행여 오더라도 자녀들의 신앙교육을 이유로 번듯한 교육관과 활기찬 프로그램을 제공하는 대형교회로 옮기거나, 아니면 자녀들만이라도 그런 서비스를 제공하는 곳으로 보내는 일이 부지기수다. 이런 상황에서 작은교회에 다니는 아이들, 그중에서도 목회자 자녀들은 신앙교육의 사각지대에 놓이게 된다. 지금의 현실에서라면 부모가 대형교회 목회자가 되지 않는 한, 이른바 PK(Pastor's Kids)들이 자신의 발달단계에 따른 적절한 신앙교육을 받고 신앙의 또래집단을 형성할 여지는 거의 없다. 목회자 자녀들이 부모가 사역하는 교회가 아닌 다른 교회를 선택하는 것은 거의 불가능에 가깝거나 많은 비난을 감수해야 하는 일이기 때문이다.

이 문제는 '큰교회가 되면 해결되겠지.' 혹은 '성인예배에 참여하면서도 얼마든지 자신의 신앙을 키울 수 있을 거야.'라고 치부해버릴 수 있는 성질의 것이 아니다. 아이들이 신앙교육을 받는 것은 어른들의 의무나 선택이 아니라, 아이들이 가진 고유한 권리이기 때문이다.

독일의 종교교육학자이자 실천신학자인 프리드리히 슈바이처(Friedrich Schweitzer)는 자신의 책 『종교에 대한 아이들의 권리』(*Das Recht des Kindes auf Religion*, "어린이의 다섯 가지 중대한 질문")에서 종교교육의 필요성을 역설하면서 어린이에게 보장해야 할 권리 중 하나로 '종교의 권리'를 꼽는다.

> 어린이의 종교 권리를 인정한다는 것은 어린이에게 적합한 종교적 동반자로서의 의무를 교회가 수행해야 함을 뜻한다. 나아가 교회는 어떻게 하면 어린이들의 세계를 올바르게 이해하고 어린이들의 삶에 부응하는 교회가 될 수 있는지를 고민해야 한다.[3)]

어린이는 자신에게 적합한 종교교육을 받을 권리가 있고, 교회는 그것에 대한 의무가 있다는 말이다. 그러나 현재 한국교회의 사정은 어떠한가? 적절하고 적합한 신앙교육을 하고 있다고 큰소리칠 수 있는 교회가 얼마나 될까? 특히 작은교회에 다니는 어린이와 청소년은 자신들의 발달단계에 따른 종교교육, 신앙교육에서 더 소외되고 있다. 그리고 이때 발생하는 부작용 중 하나로 종교적 '카스파 하우저(Kaspar Hauser) 증후군'이라는 것이 있다.

종교적 카스파 하우저 증후군이란, "종교적 질문에 관한 한 철저하게 혼자 내버려진 어린이의 상황"[4)]을 가리키는 것으로, 적절한 신앙교육을 받지 못한 아이들에게서 나타난다. 우리나라 상황에서는 특히 작은교회

---

3) 프리드리히 슈바이처, 손성현 옮김, 『어린이의 다섯 가지 중대한 질문』(서울: 샨티, 2008), 99.
4) 앞의 책, 70.

혹은 교회학교가 없는 교회에 다니는 아이들에게서 흔히 볼 수 있다. 어른들과 같이 예배드리지만, 또래집단이 없다 보니 신앙적·종교적 질문이나 의문이 있어도 그것을 함께 나눌 대화상대자를 찾기 힘들거나, 적절한 신앙적 경험을 할 수 있는 기회가 제공되지 않는다.

현대 심리학에 따르면, 인간은 어려서부터 종교적 경험이라 부를 수 있는 독특한 경험을 한다. 그러나 누구나 처음부터 그런 경험을 표현할 수 있는 언어를 갖는 것은 아니다. 적절한 교육과 나눔을 통해 아이들은 자신의 종교적 경험, 신앙적 체험을 표현하고 나누며 성숙한 그리스도인이 되어가는 것이다. 그러나 작은교회에서 아이들은 종교적 경험을 박탈당한다. 슈바이처는 이 아이들이 보이는 '카스파 하우저 증후군'을 "종교적 영양실조"라고 부르며, 교회학교 교사들이 경계해야 할 위험요소 중 하나로 간주한다.

슈바이처에 따르면, 적절한 신앙교육을 받지 못한 아이들에게서는 특히 언어 영역에서 종교교육의 부재가 드러난다. 언어와 만나지 못한, 즉 말로 표현하고 누군가와 나누지 못한 아이의 경험은 무의식의 영역에 머물게 되고, 나이가 들어도 그 경험에 대한 의사소통은 이루어지지 않는다는 것이다. 이것은 어떤 특정한 경험에 관한 것이 아니라, 어린이 됨 자체, 다시 말해 어린이의 자아정체성에 관한 것이다. 그래서 슈바이처는 어린이의 인성발달에 종교적인 발달이 반드시 포함되어야 하며, 이 종교적 발달은 어린이의 자아형성에 직접적인 영향을 끼치는 중요한 요소임을 밝히고 있다.

그렇다면 제대로 된 신앙교육을 하기 위해서는 작은교회들도 무조건 교육관과 교사를 갖추어야 하는가? 이것 말고 다른 대안은 없는가? 필자 역시 작은교회를 담임하면서 목회 초기부터 고민을 가장 많이 한 부분이 바로 교회교육과 관련된 것이고, 지금도 여전히 이 문제에 직면해 있다. 그러던 중에 발칙한 상상을 하게 되었다. 꼭 우리 교회에서 가르쳐야만 할까? 우리 지역에도 작은교회들이 많은데, 함께 모여 가르치면 어떨까?

'대안교육'이라는 이름으로 우리나라 교육현장에 새바람이 불기 시작한 지도 벌써 20여 년이 훌쩍 지났다. 이제는 교회교육, 신앙교육에서도 '대안'이 필요할 때가 되었다. 아니, 다소 늦은 감이 있다. 그러나 이제라도 함께하는 신앙교육, 마을과 공동체가 어우러지는 신앙교육을 만들어 나가야 하지 않을까 생각한다. 개교회주의에서 벗어나 함께하는 신앙교육, 작은교회들의 작지만 유쾌한 교육공동체를 꿈꾸게 되었다. 이름하여 '연합주일학교'이다.

2. 작지만, 유쾌한 교육공동체 - 연합주일학교

언제부터인가 우리는 신앙교육마저 '우리 교회'라는 개교회주의에 매몰되기 시작했다. 같은 교단, 같은 교파에 소속된 교회들마저 서로 경쟁하며 우리 교회에 아이들을 데려오고, 프로그램을 진행하기 위해서 무차별 전도와 선물 공세를 퍼붓고 있다. 소비자를 유치하듯 대형버스에 아이들을 태워 큰교회로 실어 나른다. 물론 큰교회에서도 그 나름의 방식으로 교육적 효과를 누릴 수 있다. 그러나 이제 작은교회 아이들에게도 적절한 종교교육, 신앙교육에 대한 권리를 되돌려주자. 이것을 위해 필자는 지역의 작은교회들이 모여 함께 교육할 것을 제안한다. 이때 어떻게, 어디에 모여서 누가 할 것이냐 하는 제도적인 문제를 해결하는 것도 쉽지 않겠지만, 그보다는 아마 우리 교회 아이들을 빼앗길지도 모른다는 정서적 불안이 더 문제가 될 것이다. 하지만 이렇게 우리 교회, 우리 교인만을 주장하다가는 앞으로 작은교회에서는 그리스도인들을 더 이상 만나게 될 수 없을지도 모른다.

그동안에도 여름과 겨울방학 중에 연합성경학교 혹은 연합수련회를 공동으로 개최하는 경우는 많이 있었다. 그것을 통해 작은교회들은 교육의 부재와 빈곤을 해결하기도 했다. 그러나 그것만으로는 충분하지 않다. 왜냐하면 신앙교육이란 일회적 사건이나 한 번의 뜨거운 체험만으로 되는 것은 아니기 때문이다. 연합행사에 참여하고 개교회로 돌아왔을 때 아이들이 느끼는 상대적 박탈감 혹은 빈곤감은 아이들로 하여금 대형교회를 더 선호하게 만들기도 한다. 그리고 이후 지속적인 신앙교육이 이루어지지 않을 경우, 연합행사를 통한 교육의 효과는 사라지고 한 번의 뜨거웠던 추억으로 전락하고 만다.

그러므로 작은교회에서도 '매주일' 적절한 신앙교육을 제공할 수 있어야 한다. 그러나 현실은 그리 녹녹하지 않다. 그러니 더더욱 함께 모여 가르쳐야만 한다. 성인과 마찬가지로 아이들 역시 자신의 삶에서 종교적·신앙적 질문에 마주하기도 하고, 스스로가 그러한 질문들을 쏟아내기도 한다. 그래서 아이들에게 제대로 된 종교교육, 신앙교육을 하지 않는 것은 아이들의 발전을 침해하는 행위가 된다. 또한 종교와 신앙에 대한 어린 시절의 부정적 경험은 성인이 된 이후의 신앙생활에도 결정적인 영향을 미친다. 신앙은 우리의 삶과 분리된 초월적인 그 무엇에 관한 것이 아니라, 우리의 경험과 만나고 그것을 통해 새롭게 이해되고 해석되는 것이기 때문이다. 그래서 독일 개신교 신학자인 게르하르트 에벨링(Gerhard Ebeling)과 에버하르트 융엘(Eberhard Jüngel)은 신앙이란 "경험과 함께하는 경험"(Erfahrung mit der Erfahrung)[5]이라고 말한 것이다.

'연합주일학교'가 추구하는 학교는 '작은'학교이다. 교육제도가 구조화되고 대형화될수록 학생들의 의사가 반영될 여지는 줄어들게 되고, 시스템에 의해 움직이는 구조 안에서는 감성적·감정적·개성적인 것들이 무시되기 쉽다. 그러나 작은교회, 작은학교와 같은 '작은' 구조 안에서는 개개인의 욕구와 의지를 반영하고 개인적인 관계를 맺기가 수월하다. 그뿐만 아니라 위에서 말한 '사회적 연줄'이나 '소셜네트워크' 등을 통해 작은 교회도 이제는 대형교회만이 가질 수 있었던 규모와 세력을 누릴 수 있

---

5) Gehard Ebeling, "Die Klage Über das Erfahrungsdefizit in der Theologie als Frage nach ihrer Sache," ders. *Wort und Glaube*. Bd. 3. (Tübingen, 1975), 25; Eberhard Jüngel, *Unterwegs zur Sache* (München, 1972), 8.

고, 다른 한편으로는 이것을 이용해 새로운 방식의 제도를 만들거나, 전혀 새로운 방식으로 규모를 달성할 수도 있다.

그러므로 여기서 말하는 '작다'라는 것은 결코 외형적 차원의 규모나 숫자만으로는 설명할 수 없는 그 이상의 의미를 담고 있다. 한마디로, 도시와 대형교회를 지배하고 있는 가치체제와 생활방식을 전적으로 바꾸어내는 것을 말한다.

작은교회는 대형교회와 비교했을 때 다음과 같은 점에서 분명한 차이를 보인다.

첫째, 공동의 기대를 갖고 있다.

둘째, 공동체 구성원들이 서로를 거의 대부분 알고 있다.

셋째, 가족의 느낌을 갖는다.

넷째, 공동체의 거의 모두가 중요하고 필요하다는 느낌을 갖는다.

다섯째, 집단의 기능이 상대적으로 단순하다.

여섯째, 프로그램이 아니라 집단적 정체성과 경험이 일어날 수 있다.

일곱째, 공동의 역사와 미래를 갖고 있다.

여덟째, 개별적·관계적·역사적 방법으로 신학을 이해한다.

아홉째, 즉각적이고 개별적인 용어로 된 사명을 실행한다.

열째, 성직자는 개인, 목회자, 다방면의 지식을 갖춘 존재로 공동체에 존재한다.[6)]

이러한 특징을 가진 작은교회는 대형교회에 비해 공동체와 직접 관련된 이야기와 역사가 상대적으로 풍부하다는 장점을 갖는다. 그리고 이것은 신앙교육을 이야기로 구성할 수 있는 근거가 되기도 한다. 서로가 서

---

6) David Ray, *Small Church are the Right Size* (New York: Pilgrim Press, 1982), 43-50. 유재덕, "작은교회를 위한 기독교교육,"「기독교교육논총」30 (2012), 56 재인용.

로를 아는 작은 공동체에서 소소하게 경험한 다양한 사건들, 그리고 여기에 기억이 결합되면 그것 자체로 새로운 하나의 이야기가 되고 교육의 내용이 될 수 있기 때문이다.[7] 그래서 칼 더들리(Carl Dudley)는 이러한 "역사가 작은교회의 장점"이라고 말한다. 그러므로 작은교회들이 모인 연합주일학교는 작은교회 구성원들의 이야기를 풀어내고 새로운 이야기를 엮어 갈 수 있는 기초적인 토양을 제공할 수 있을 것이다.

"연합주일학교를 하면 좋겠다."라는 이야기를 목회자들과 처음 나누었을 때, 그들의 반응은 거의 비슷했다. "그러다 얼마 되지도 않는 교인을 빼앗기지는 않을까?" "아이들이 우리 교회에 대한 소속감을 잃어버리면 어떻게 하나?" "전도되어 온 아이는 어느 교회에 속하나?" 등과 같은 우려 섞인 목소리가 대부분이었다. 이런 걱정이 앞선다면, 예를 들어 오전에는 연합주일학교에 참석하고 오후에는 소속 교회에 가는 것도 하나의 대안이 될 수 있다.

그러나 그보다 더 적극적인 방법은 학교와 마찬가지로 연합주일학교 역시 학기제로 운영하는 것이다. 그래서 명칭도 교회들의 연합을 뜻하는 '연합교회학교'가 아니라, 교회의 구성원들이 모였지만 개교회와는 독립적인 기관이라는 의미를 담아 '연합주일학교'라 붙였다. 그리고 일반 학교의 일정에 맞추어 연합주일학교의 교육과정을 편성하고, 방학 중에는 소속 교회에서 예배드리는 것을 원칙으로 삼을 수 있다.

물론 방학 중에도 연합성경학교 혹은 연합수련회와 같은 '주기집중수업'(Epochenunterricht)을 실시할 수 있다. 주기집중수업이란 19세기 독일 헤르바르트주의자들이 중심으로 삼은 학교교육의 가장 기본적인 구상으로, 특정한 주제를 집중적으로 다루기 위해서 일정한 기간에 특정 주제와 과목들을 동시에 배우는 교수법이다. 이 교수법은 이후 루돌프 슈타이너(Rudolf Steiner)의 발도프르 학교(Waldorfschüle)에서 더욱 구체화되

---

7) 위의 논문, 71.

었다. 일반적으로 발도르프 학교에서 이루어지는 주기집중수업은 매일 2시간씩 몇 달간 지속되거나, 혹은 2-3주 동안 하나의 주제에 몰두하여 진행된다. 현재 개교회에서 신앙교육의 중요한 기회와 프로그램으로 자리 잡은 성경학교와 수련회가 바로 이 '주기집중수업'의 형태에 해당하며, 연합주일학교에서도 이 프로그램을 적극 활용할 수 있을 것이다.

주일교회학교를 운영하기 위해서 가장 먼저 해결해야 할 문제는 교사일 것이다. 작은교회에서는 담임자가 설교에서 목회, 심방, 교육에 이르기까지 모든 것을 혼자서 다 해야 하기 때문에 물리적인 시간의 부족, 능력의 한계, 재정 부족 등의 문제에 봉착할 수밖에 없다. 필자가 속한 감리교회의 경우, 이런 교회를 일명 '미자립교회'라 부르는데 이는 1년 경상비 결산액이 3,500만 원 미만인 교회를 일컫는다. 2006년 성결교회의 49%, 감리교회의 41%가 미자립교회에 해당하는 것으로 보고된 바 있다.[8] 마이너스 성장과 기독교에 대한 반감이 높아지고 있는 요즘, 그 비율은 훨씬 높을 것으로 추정된다. 이런 미자립교회에서는 부교역자, 즉 부목사는 말할 것도 없고 전도사를 둘 형편이 안 되거나, 혹 부교역자가 있더라도 '신앙 페이'(pay), '자비량'이라는 이름으로 사역을 하는 경우가 대부분이다. 그래서 미자립교회에서 신앙교육을 위한 전문가를 따로 둔다는 것은 매우 어려운 일이다.

그렇다면, 연합주일학교의 교사는 어떻게 모을 수 있을까? 우선 연합주일학교의 교사들은 참여하는 개교회에서 한 사람씩을 파송하고, 전담하는 교육목사를 따로 두는 것이다. 이 교육목사의 경우, 참여하는 작은교회의 담임목회자가 학기제로 대표를 맡을 수도 있다. 그러나 장기적으로는 지방회/시찰회 혹은 연회/노회에서 연합주일학교를 담당하는 전문목회자를 파송할 수 있다면 더 좋을 것이다.

가장 이상적인 경우는 교육전문 목회자가 연합주일학교를 담당하고,

---

8) 서길원, "작은교회를 어떻게 살릴 것인가," 「목회와 신학」 2(2010), 39.

신학생들로 교사를 구성하여 교회교육의 전문성을 높이는 것이다. 한 마디로 '작은교회연합 대안주일학교'를 만들자는 것이다. 이 학교는 교회학교를 맡아줄 교사들의 부재나 적절한 수준을 갖춘 교회교육 전문가들의 부재라는, 작은교회들이 직면한 신앙교육의 문제를 해결할 수 있는 하나의 실질적인 대안이 될 수 있을 것이다.

3. 1시간 학교

요즘 교회학교 교사들이 직면한 딜레마 중 하나는 겨우 일주일에 한 번, 그것도 한두 시간 교회에 머무르는 것만으로 어떻게 아이들을 그리스도인으로, 신앙인으로 가르칠 수 있는가하는 것이다. 그러나 비노바 바베(Vinoba Bhave)의 구체적인 실천에 따르면, 그것만으로도 가르침은 충분하다. 누가 어떻게 무엇을 가르치느냐의 문제이지, 결코 시간의 문제가 아니기 때문이다.

'길 위의 교육자'라고 불리는 비노바 바베는 간디의 제자이자 친구로서, 간디의 사상을 현실에서 보다 철저하게 구체화한 인물이다. 바베는 나이탈림(Nai Talim, 신교육) 운동의 일환으로 마을학교의 개념인 '1시간 학교'를 제안했다. 이 학교는 "매일 아침 1시간씩만 공부"[9]하는 학교이다. 참으로 멋지지 않은가. 바베의 이러한 주장에는 우리가 살면서 필요한 것은 '하루 1시간의 학습만으로도 충분하다.'라는 생각이 숨어 있으며, "체계가 아니라 먼 앞날을 내다보고 실천하는 교육이념이자 생각의 씨앗"이라는 나이탈림 사상이 그 바탕을 이루고 있다. 바베는 1시간 교육만으로도 충분하다는 것을 역설하면서 다음과 같이 말한다.

---

9) 비노바 바베, 김성오 옮김, 『아이들은 무엇을 어떻게 배워야 하는가』 (서울: 착한책가게, 2014), 305.

> 제 생각에는 몸을 튼튼히 하기 위해 먹는 데 쓰는 것과 같은 양의 시간을 정신과 지성을 살찌우기 위해 교육에 쓰도록 하는 것은 참 좋은 원칙인 것 같습니다. 나머지 시간은 이러한 영양분을 소화시키는 데 쓰도록 배려해야 합니다. 우리가 하루에 세 끼를 먹는다 해도 모두 합쳐서 하루에 한 시간 반 이상을 쓰지는 않을 것입니다. 지식을 습득하는 데 그 이상의 시간을 들여서는 안 됩니다. … 아이들이 한 시간에 걸쳐서 배운 지식을 제대로 소화하려면, 그러니까 학생들이 그 지식에 완전히 동화되기 위해서는 아주 긴 시간이 필요합니다. 교육은 아이들에게 자기 스스로 지식을 습득할 수 있는 힘을 주는 것입니다. …이 일을 하는 데는 하루 한 시간이면 충분합니다.[10)]

그러나 지금 우리는 교회교육마저도 양으로 승부하려는 몹쓸 생각에 빠져 있는 경우가 허다하다. 얼마나 많은 시간 동안 기도했는지, 성경을 얼마나 많이 읽었는지, 암송하는 성구가 얼마나 되는지, 주기도문과 십계명을 외웠는지 등의 양적인 수치로 그 사람의 신앙등급을 매긴다. 그동안의 신앙교육은 한마디로 하나님, 예수님에 관한 어떤 특정한 이미지를 가르치고 교리적인 내용을 암기하는 데 치우쳐 있었다. 아이들이 갖는 물음, 즉 하나님에 대해, 예수님에 대해 그리고 교회, 기도, 죽음, 행복 등 여러 가지 종교적 물음들을 씨름하고 아이들의 종교적 체험을 촉진하는 데에는 소홀했던 것이 사실이다. 그러므로 새로이 시작하는 연합주일학교에서는 어린이들과 대화하며 삶을 통한 신앙교육이 우선되어야 할 것이다.

---

10) 위의 책, 312-313.

4. 숲 주일학교

연합주일학교를 구성하는 데 있어 또 하나의 어려움은 바로 교육 공간의 문제이다. 우선은 연합주일학교를 함께하는 교회들 중에 교육관 시설을 갖춘 교회가 있다면, 그곳을 이용할 수 있다. 그렇지 않다면 분기별로 교회를 옮겨가며 사용할 수도 있을 것이다. 그러나 이마저도 여의치 않을 때, 작은교회들이 속한 지역의 사회적 공간으로 시선을 넓혀본다면, 사용할 수 공간을 충분히 마련할 수 있을 것이다. 각 지역의 YWCA, 청소년수련관 혹은 복지관 등의 사회복지시설을 주일에만 임대하는 것이나 주일에 문을 열지 않는 인근 카페나 사무실을 빌리는 것도 생각해볼 수 있다.

그리고 좀 더 발칙한 방법으로는 아예 건물이 아닌 자연에서 연합주일학교를 운영하는 것이다. 로빈 마이어스는 예수의 목회활동 대부분이 '야외에서 일어났다.'는 사실을 기억해야 한다고 힘주어 말하면서, 예수가 성전에서 꺼내어 '땅'에 쏟아놓았던 것들을 우리는 다시 성전 속에 담고 있다고 지적한다.[11] 이제 다시 예수의 본래 뜻을 회복해보자. 신앙과 관련된 모든 것을 교회, 그것도 '우리' 교회라는 건물 안에 가두지 말고 다시 불러내고 끄집어내어 땅 위에, 세상 한가운데에 펼쳐놓아 보자.

유럽의 대안교육기관 중에 '숲유치원'(Waldkindergarten)이라는 것이 있다. '자연이 교육의 원천'이라는 말 그대로 모든 교육이 숲에서 이루어진다. 전형적인 유럽의 '숲유치원'은 어린이들의 안전을 위한 컨테이너 형식의 임시 건물은 있지만, 교육을 위한 별도의 건물은 없다. 숲으로 등원하고 숲에서 놀다가 숲에서 귀가한다. 특별한 날이나 체험학습이 있는 날에만 숲체험이나 야외활동을 하는 것과는 달리, '숲유치원'의 일상은 매일 숲에서 이루어진다.

---

11) 마이어스, 『언더그라운드 교회』, 281.

성공적인 사례로 꼽히는 독일의 '벤스하임 숲유치원'의 하루는 7시 45분에 등원을 시작해서 '아침 자유놀이, 아침 모임, 대집단활동, 간식시간, 숲으로 이동, 숲에서의 자유놀이, 간식시간, 아침 모임 장소로 이동, 끝나는 모임'으로 진행되며, 하루에 평균 3-4시간 정도 교육이 이루어진다. 물론 모든 활동이 야외, 즉 숲에서 이루어진다. 간식도 아이들이 직접 준비해온 것을 숲에서 친구들과 나눠 먹는다.[12)]

우리나라에서도 숲 체험교육에 대한 수요가 증가하면서 현재 여러 가지 형태로 진행되고 있다. 유치원이 자체적으로 특별 프로그램을 만들어 한 달에 한두 번씩 인근 산에서 숲 체험교육을 하거나, 삼림관련 기관에서 운영하는 숲 체험학습에 참여하기도 한다. 또한 2009년부터 인천대학교 숲유아교육연구소에서는 부설 숲유치원을 운영하고 있는데, 이 숲유치원은 매일반의 형태로 전형적인 숲유치원을 시범 운영하고 있다. 파주에 있는 '밤곶이 놀자숲 놀이터' 같은 경우는 한 달에 한 번 1박 2일로 숲 놀이터를 열어 반별로 활동한 후에 숲에서 '밤숲 여행'을 하기도 한다.

교회교육 역시 이제는 더 이상 장소에 얽매이지 않고 공간의 제약을 벗어날 수 있는 방안을 마련하는 것이 필요하며, 이러한 대안적 교육을 하기 위해서는 교육전문가의 역할이 더욱 중요하다고 할 것이다.

5. 걷는 교회, 걷는 예배

숲 주일학교와 유사한 형태이지만, 교육뿐 아니라 예배까지 야외에서 행하는 것으로는 걷는 교회, 걷는 예배를 생각해볼 수 있다. 이미 10여 년 전부터 성공회 '걷는 교회'[13)]에서는 건물이 아닌 예배 중심의 교회를 만들었다. '걷는 교회'는 '하나님이 주신 이 세상 어디나 교회이다.', '자연

---

12) 이명환·김은숙, 『녹색교육 숲유치원: 독일, 스위스, 한국』(서울: 교육아카데미, 2010).
13) '걷는 교회'에 관한 세부적인 내용은 http://walkingchurch.tistory.com에서 참고하였다.

이 이 세상에서 가장 크고 높은 교회이다.'라는 생각으로 매주일 다른 곳을 걸으며, 적당한 곳이 나타나면 그곳에 예배처소를 마련하고 예배를 드리는 진짜 '길 위의 교회'이다.

우리 시대 사람들은 남녀노소를 막론하고 걷는 것을 잃어버렸다. 특히 도시에 살다보면, 하루에 몇 걸음 걷지 않을 때가 비일비재할 뿐 아니라, 모든 생활이 다 의자에서 이루어진다. 의자에서 생활하는 시간이 얼마나 길면 "의자가 인생을 바꾼다."라는 말이 회자될 정도인가. 그러나 이것은 우리 삶과 영혼을 갉아먹는 일이다.

> 발 밑에 흙을 두지 않고서는 영혼이 자라날 수 없습니다. 'soul'(영혼)과 'soil'(흙)은 같은 뿌리, 같은 말, 같은 소리에서 온 것입니다. 그러니 할 수 있으면 맨발로 땅을, 흙을 밟으십시오. …자연은 가장 위대한 스승입니다. …그런데 우리는 그 가르침을 잊어버렸습니다.[14]

인도 출신의 환경운동가이자 평화운동가인 사티쉬 쿠마르(Satish Kumar)는 영혼을 자라게 하기 위해 자연으로 돌아가라고 외친다. 필자 역시 목회를 시작하기 전, 걷는 교회를 알게 되었고 그런 교회를 꿈꾸었다. 그러나 필자가 속한 교단에서는 건물이 없는 교회는 교회로 인정하지 않는다. 그래서 어쩔 수 없이 임대한 건물에서 교회를 시작할 수밖에 없었다. 감리교단의 개체교회 설립과 관련된 조항에 보면, "개체교회의 설립은 다음 각 항과 같다. 개체교회는 담임할 교역자가 있고, 등록한 입교인이 12명 이상이며, 공동예배를 드릴 수 있는 안정된 예배처소가 있어야 설립할 수 있다."(감리교회 『교리와 장정』 제3편 제2장 제5조) 여기서

---

14) 사티쉬 쿠마르, 보리편집부 편, "작은 학교가 아름답다," 『작은 학교가 아름답다』 (서울: 보리, 1997), 14-15.

말하는 '안정된 예배처소'란 전적으로 건물을 의미하며, 교회만의 단독 공간을 뜻한다. 그러다 보니 감리교단에서는 예배 공간이 마련되지 않으면 교회를 개척할 수 없고, 담임목회자를 세울 수도 없다.

그래서 필자가 담임하는 교회에서는 일상적인 예배는 예배당에서 드리지만, 한 달에 한 번 매월 마지막 주일에는 '걷는 예배'를 드리고 있다. 이날은 무조건 자연으로 나간다. 답답하고 막힌 공간이 아닌 자연 속에서 홀로 그러나 하나님과 함께 묵상하며 걷다보면 온 세상이 다 교회요, 하나님의 품안이라는 것을 느낄 수 있다.

작은교회들이 직면한 공간의 문제는 교회교육과 관련해서도 마찬가지다. 이런 상황에서 건물 안에 모여 예배를 드리는 일반적인 교회의 전통과 역사와 영성을 결코 부정하지 않으면서도 물신주의와 성장주의의 대안을 보여주는 '걷는 교회'나 '숲 주일학교'는 건물이 있어야만, 즉 교실에서만 교육이 가능하다는 이전의 생각에 문제를 제기하면서 탈성장을 지향하는 작은교회들에게 하나의 대안이 될 수 있을 것이다.

6. 여행 주일학교[15)]

오늘날 여기저기에서 글로벌 인재 양성에 관한 이야기들이 자주 들려온다. 그리고 글로벌 인재가 되려면, 세계시민(global citizens)이 되려면, 영어는 기본이고 제2외국어 하나쯤은 덤으로 해야 한다고들 말한다. 그러다 보니 이제는 방학이나 휴가철뿐만 아니라 아예 휴학이나 휴직을 하고 해외로 나가는 젊은이들, 심지어 부모와 떨어져 홀로 조기유학을 떠나는 아이들이 속출하고 있다. 이들의 행보가 그리 틀린 것만은 아니다. 마크 게이어존(Mark Gerzon)은 『당신은 세계시민인가』라는 책에서 세계

15) 여행학교에 관한 부분은 필자의 졸고 "멀리 그리고 가까이 여행하라"에서 가져왔다. 「새가정」 2016년 7-8월호.

시민으로서 필요한 자질을 글로벌 지성(global intelligence)이라고 부르면서, 글로벌 지성을 높이는 방법 중 하나로 '여행'을 꼽는다. 그러나 그가 말하는 여행은 반드시 먼 거리 여행을 말하는 것은 아니다. 여행의 질(質)은 '거리'로만 따질 수 없고, 내가 살고 있는 지역과 동네를 자세히 파고드는 것 역시 여행이기 때문이다. 그래서 게이어존은 "집에서 멀리 그리고 가까이 여행하라."라고 충고한다.

가까이 여행하기-동네 탐험

지역을 중심으로 형성될 '연합주일학교'는 마을 전체를 교육의 장으로 삼을 수 있다. 우리가 살고 있는 지역공동체는 "인류라는 나무를 품고 있는 씨앗"과 같기 때문에 지역사회를 아는 것은 "세계를 아는 가장 좋은 방법" 중 하나가 될 수 있다.[16] 일상에서 만나는 가장 흔한 제품, 예를 들면 하루에도 몇 잔씩 마시는 원두커피가 어디에서 왔는지를 더듬어 가다 보면 모험과 도전으로 가득 찬 여행담을 만나게 된다. 또한 요즘 우리가 먹고, 사용하고, 누리는 대부분의 것들은 우리가 생각하는 것보다 훨씬 더 글로벌한 경우가 많다. 그러므로 집을 멀리 떠나지 않고서도 여행은 가능하다. 지금 내가 살고 있는 동네를 진지하게 바라보고 나그네가 되어[(旅, 여)] 서성이다[(行, 행)] 보면 그 안에서 세계를 발견할 수 있다.

나그네가 되어본 이들이라면, 나그네를 환대(warm welcome, hospitality)하는 일 역시 훨씬 수월하게 할 수 있다. 구미정은 "적의가 환대로 바뀌면, 두려워하던 나그네는… 주인에게 자기가 가지고 온 약속을 드러내는 손님이 된다."라는 헨리 나우웬의 말을 인용하면서 이런 환대야말로 '마을문화의 알짬'이라고 부른다. 또한 구약의 신명기에도 "너희는 나그

16) 마크 게이어존, 김영규 옮김, 『당신은 세계시민인가-국가, 대륙의 경계를 넘어 세계시민으로 살아가는 네 가지 단계』(서울: 에이지21, 2010), 253.

네를 사랑하라 전에 너희도 애굽 땅에서 나그네 되었음이니라"(신 10:19)라고 기록되어 있지 않은가. 이렇게 환대하고 환대받는 세계시민이 되는 것은 세상을 어슬렁거리며[旅行] 놀아본 이들만이 누릴 수 있는 특권일 것이다.

그리고 이렇게 어슬렁거리며 돌아다니다 보면 자연스럽게 동네의 지리를 익히게 되고, 그곳에서 자라고 있는 꽃과 나무들을 눈여겨보게 된다. 그러면서 자연스럽게 환경을 생각하게 될 수 있다. 예를 들면 광주 광산구에 위치한 숨쉼교회처럼 온 마을을 교육의 장으로 삼을 수도 있다. 2012년 광산구 지역에 성폭력 사건이 일어나자 숨쉼교회는 "우리 동네는 우리 손으로 지킨다."라는 슬로건으로 마을 지킴이 '손전등 산책'을 만들어 매일 밤 어른과 아이들이 함께 동네 골목을 누비며 방범대원을 자청하고 나섰다. 이것을 통해 지역사회의 안전이 곧 우리의 안전임을 일깨우고, 그리스도의 빛으로 사는 삶을 온몸으로 체험할 수 있었다고 한다. 또한 동네 주민들과 함께 시작한 세밀화 그리기를 통해 '숨 쉬는 수안마을 지도'를 그리게 되었고, 이후 관할 동사무소의 지원을 받아 소책자로 제작하여 버스정류장과 마을 곳곳에 비치하기도 했다. 이러한 활동 역시 마을을 중심으로 만들어진 '연합주일학교'의 교육과정으로 손색이 없으며, 체험적 신앙교육의 본이 될 수 있다.

멀리 여행하기-여행학교

가까운 지역을 여행하는 것뿐만 아니라 먼 거리 여행 혹은 해외여행도 하나의 교육과정이 될 수 있다. 여행은 드넓은 바다를 헤쳐 나가는 항해처럼 장대하고, 그렇기 때문에 여행을 통해 얻을 수 있는 유익이 많으며 때로는 그 자체만으로도 배움이 된다. 이러한 여행을 배움으로 만드는 학교가 있다. 바로 덴마크의 자유학교인 '여행하는 폴케호이스콜레'이다. 영어로는 Travelling Folk High School, 우리말로는 '여행시민학교'라고 할 수 있을 것이다. 이 학교는 그 이름대로 여행하는 것이 목적이다. 하지만 우리가 생각하는 일반적인 여행과는 좀 다른 여행이다.

여행시민학교는 덴마크의 시민대학(폴케호이스콜레)의 하나로, 시험도 없고, 이수학점도 없으며, 교사와 학생 모두 기숙사에서 공동으로 생활하면서 삶을 배우고 사회성을 익히는 학교이다. 그래서 '자유학교' 혹은 '삶을 위한 학교'라고 불리기도 한다. 덴마크의 시민대학은 19세기 중반 프로이센과의 전쟁에서 패한 덴마크 사회의 계몽과 부흥을 목적으로 덴마크 교육의 아버지라고 불리는 그룬트비(Nikolaj Frederik Severin Grundvig)에 의해 시작되었으며, 이후 크리스텐 콜(Christen Mikkelsen Kold)에 의해 더욱 활발해졌다. 현재는 일반 교육에 대한 대안으로 덴마크뿐만 아니라 전 세계적으로도 널리 알려져 있다.

여행시민학교는 교사공동체에서 만든 학교로, 이곳에서는 공부와 노동의 구분이 없으며 교사와 학생의 서열도 없다. 교사와 학생이 함께 만들어 가며 연령, 국적, 학력, 능력에 상관없이 누구나 참여할 수 있다. 여행시민학교의 학기는 9개월이며 '준비(2개월)-여행(4개월)-정리(3개월)'로 이루어진다. 처음 2개월은 여행을 준비하는 기간인데, 한 그룹은 1명의 리더와 8-10명의 학생으로 구성된다. 리더는 주로 이 과정을 이미 경험한 학생들이 맡는다고 한다. 언뜻 우리나라의 수학여행이나 졸업여행 혹은 대안학교에서 하는 '해외이동수업' 등을 떠올리기 쉽지만, 여행시민학교의 목적지는 좀 독특하다. 여행시민학교에서는 주로 아프리카로 여행을 가며, 최근에는 동유럽, 아시아, 인도 등으로 가기도 한다. 이들은 현실적으로 원조가 가장 필요한 곳을 여행의 목적지로 선택하여 그곳에서 실제로 도움이 되는 활동을 목적으로 삼는다. 한마디로 국제구호활동인 셈이다. 그래서 현지에 도착하면 그곳의 NGO들을 찾아가 실정을 파악하고, 전적으로 그곳에 필요한 활동을 한다. 모든 활동을 마치고 귀국한 뒤에는 자신들이 보고, 듣고, 경험한 것들을 정리하는 시간을 갖는다고 한다.

여행하는 폴케호이스콜레 '여행시민학교'처럼 목적이 있는 교육여행은 이제 우리나라, 그리고 교회에서도 그리 낯설지 않다. 이미 많은 교회들이 선교여행, 비전트립(Vision Trip) 등의 이름으로 이러한 프로그램을 진행하고 있다. 그러나 대부분은 현지에 가서 일방적인 포교활동을 벌이거나 배타적 수혜를 베풀고 오는 경우가 많다는 사실 또한 부정할 수 없다.

연합주일학교에서는 한 학기를 '여행학교'로 구성할 수 있을 것이다. 한 학기 동안 '성지순례', '기독교 유적지 순례' 혹은 '경건주의의 발자취를 따라서' 등 다양한 주제를 학생들과 함께 정하고, 어느 곳을 어떠한 방식으로 순례할 것인가에 대한 '모든' 것을 교육과정으로 구성할 수 있다. 한 학기 동안 준비하고, 방학 중에 여행을 다녀오고, 이후 발표회를 통해 한 학기를 마무리할 수 있을 것이다. 이러한 여행이라면 먼 거리 여행도 마다할 이유가 없으며, 장소에 구애받지 않고 신앙교육을 할 수 있는 절호의 기회로 삼을 수 있을 것이다.

맺는말

미국의 미래학자이자 비영리 연구기관 '미래연구소'(Institute for the Future, IFTF)를 운영하고 있는 마리나 고비스(Marina Gorbis)는 오늘날 전 세계적으로 '인간관계 중심의 경제환경'이라는 새로운 네트워크가 부상하고 있다고 말한다. 이것은 개인이 힘을 모아서 기존의 기업, 정부, 교육기관, 교회 등의 기관에서 생긴 틈새를 메우기도 하고, 때로는 어떤 기관도 제공할 수 없는 새로운 제품이나 서비스, 지식을 창출할 수 있게 되었다는 말이다.[17)]

이 글에서 제안하는 '연합주일학교'가 바로 일반학교와 대형교회들이

---

17) 마리나 고비스, 안진환·박슬라 옮김, 『증폭의 시대-소수의 증폭된 개인이 전체를 바꾸는 세상』(서울: 민음사, 1995), 12.

놓쳐버린 종교적·신앙적 가치를 되살리고, 작은교회에서는 누릴 수 없었던 교육의 기회를 제공하면서 대형교회와 작은교회 간의 틈새를 메우는 신앙교육 모형이다. 그래서 '연합주일학교'는 기존의 개교회 중심에서 벗어나 사회적 인맥, 개인적 능력을 중심으로 한 새로운 형태의 종교교육 모형을 제안하면서 인간관계 네트워크를 통해 작은교회들이 직면한 교육 부재와 한계를 극복하고자 한다.

신앙교육을 하고자 할 때, 작은교회들이 겪는 어려움 중 하나는 교육 컨텐츠에 관한 것이다. 가르치고 싶어도 무엇을 가르쳐야 하는지, 자료를 어떻게 구해야 하는지조차 모르는 경우가 있기 때문이다. 이러한 어려움을 해결할 수 있는 방법 중 하나가 바로 다양한 네트워크를 통해 유용한 자료들을 발굴하는 것이다. 물론 연합주일학교의 상황에 맞게 새로운 교재를 집필할 수도 있을 것이다. 그러나 현실적으로 작은교회들이 그러한 일을 할 수 있으려면 지금보다 더 많은 인력과 더 많은 자본이 필요하고, 또다시 한계에 부딪히게 된다. 그래서 처음 시작하는 '연합주일학교'에서는 각 교단과 종교단체에서 발행하는 다양한 신앙교육 교재와 자료를 상황에 맞게 취사선택하여 활용하거나 온라인에서 무료로 제공되는 다양한 콘텐츠를 이용하는 편이 훨씬 더 현실적인 방안이 될 것이다. 이전에는 자격증을 가진 이들만이 배타적으로 사용할 수 있었거나 혹은 값비싼 비용을 지불해야만 하던 자료들을 이제는 인터넷을 통해 누구나 쉽게 활용할 수 있게 되었다.

한편 작은교회들이 당면한 부족한 인적 자원의 문제 역시 이 새로운 인간관계 네트워크 방식을 통해 해결할 수 있을 것이다. 고비스는 이를 '소셜스트럭팅'이라고 부른다. 이것은 개인이 가지고 있는 사회적 도구와 기술을 활용하여 거대한 인적 네트워크를 만들고, 이를 통해 새로운 종류의 부를 창조하는 새로운 형태의 가치 창출과정을 말한다. 이것은 우리에게 익숙한 '사회적 연줄'이라고 바꿔 부를 수 있을 것이다. 그동안 부정적 의미로 더 많이 사용된 혈연, 지연, 학연과는 달리 고비스가 말하는

'소셜스트럭팅'은 이런 연줄을 다 동원하기는 하지만, 이것을 혼자 쓰지 않고 함께 모아 엮어 튼튼한 동아줄로 만드는 것이다. 그리고 이렇게 흩어져 있던 '연줄'들을 엮어서 쌓은 사회적 자본(social capital)을 가지고 흩어지지 말고 함께 모여 새로운 종교교육, 새로운 신앙교육이 가능하도록 만들어내자는 것이다.[18] 이것이 바로 대형교회와는 차별화한 작은교회만의 인간관계 기술이자 작은교회를 의미 있게 만드는 핵심 전략이 될 수 있을 것이다.

물론 이 글에서 제안하는 '연합주일학교'는 완벽한 모델이 아니다. 그리고 몇몇 사례에서 알 수 있는 것처럼, 이미 이러한 시도를 해본 교회와 단체도 많이 있다. 그러나 다시 작은교회들이 연합하는 대안적 모델을 제안하는 까닭은 이제까지 개별적으로 이루어지던 이러한 노력을 다시금 되돌아보고, 고비스의 진단처럼 하나의 네트워크로 엮어 새로운 가치를 형성하는 사회적 구조로 만들어내야 할 필요성을 절실히 깨달았기 때문이다. 그리고 포스트-휴먼(post-human) 시대, 제4차 산업혁명 시대라고 일컫는 오늘날에는 개인이나 작은교회도 새로운 가치를 만들어낼 수 있는 물리적 기반과 기회가 그 어느 때보다도 충만하게 도래했기 때문이다.

새 술은 새 부대에 넣어야 하듯, 달라지고 싶다면 제도를 바꾸어야 한다. 마찬가지로 새로운 교회공동체를 꿈꾼다면 그에 걸맞는 제도를 만들어내고 그것을 위해 우리의 사고방식부터 바꿔야 할 것이다. 그리고 마지막으로 명심해야 할 것은 "교육에 돈은 필요하지 않다. 교육은 돈으로부터 자유로워야 한다."라는 비노바 바베의 말처럼 이제는 더 이상 작은교회들은 사람이 없어서, 돈이 없어서 아무것도 할 수 없다는 생각부터 바꿔야 할 것이다. 앞서 인용한 마이어스의 말처럼 "우리는 작은교회이

---

18) 이은경, 『나랑 같이 놀사람 여기 붙어라-인간과 기계의 공생을 위한 교육』 (서울: 길밖의 길, 2016), 57.

다."라는 주장이야말로 우리가 다른 공동체들과 협력할 수 있는 근거가 되고, 또한 협력해야만 하는 중요한 이유가 된다.

참고문헌

이명환 · 김은숙. 『녹색교육 숲유치원: 독일, 스위스, 한국』. 서울: 교육아카데미, 2010.

이은경. 『나랑 같이 놀 사람, 여기 붙어라—인간과 기계의 공생을 위한 교육』. 서울: 길밖의 길, 2016.

로빈 마이어스. 김준우 옮김. 『언더그라운드 교회—예수의 철저한 사랑의 길을 따르는 방법』. 고양: 한국기독교연구소, 2013.

마리나 고비스. 안진환 · 박슬라 옮김. 『증폭의 시대—소수의 증폭된 개인이 전체를 바꾸는 세상』. 서울: 민음사, 1995.

마크 게이어존. 김영규 옮김. 『당신은 세계시민인가—국가, 대륙의 경계를 넘어 세계시민으로 살아가는 네 가지 단계』. 서울: 에이지21, 2010.

비노바 바베. 김성오 옮김. 『아이들은 무엇을 어떻게 배워야 하는가』. 서울: 착한책가게, 2014.

요한 밥티스트 메츠. 이석규 옮김. 『기독교, 부르주아의 종교인가 민중의 종교인가』. 서울: 삼인, 2015.

쿠마르 사티쉬. 보리편집부 편. "작은 학교가 아름답다." 『작은 학교가 아름답다』. 서울: 보리, 1997.

프리드리히 슈바이처. 손성현 옮김. 『어린이의 다섯 가지 중대한 질문』. 서울: 샨티, 2008.

이은경

감리교신학대학교 기독교교육학과와 동대학원(석사)을 졸업한 후 독일 튀빙겐 대학교에서 교육학 박사과정을 수료하였다. 현재 감신대 학술연구교수, 희망철학연구소 철학교수로 학생들을 가르치고 있다. 저서로는 『나랑 같이 놀 사람, 여기 붙어라: 인간과 기계의 공생을 위한 교육』이 있고, 역서로는 『영성심리학: 영성에 관한 간학문적 대화』가 있다.

Part 3
탈성별

1장
작은교회 리더십:
권력과 젠더

기독교 지도자들에게 올바른 권위란 권력이 아니라 사랑이며 강제가 아닌 모범이고 강요가 아닌 합리적인 설득이다. 지도자들은 권력을 가지나 그 권력은 오로지 다른 이를 섬기기 위해 겸손하게 스스로를 낮추는 사람들의 손에 있을 때에만 안심할 수 있다.

-존 스코트-

시작하는 말: 성차별적 성역인 한국교회

한국적 작은교회운동이 지향하는 새로운 교회, 곧 탈성직, 탈성장을 위한 끊임없는 노력은 탈성별에 대한 깊은 인식과 회심 그리고 그 실천에서 비로소 완성될 수 있다. 그리스도인들이 일상생활을 영위하는 교회 공동체 밖 사회는 더 나은 세상을 위해 다양한 분야에서 다각적으로 새로운 변화를 도모하고 있다고 평가받는다. 이에 반해 교회는 가장 폐쇄적인 공동체이며 전통의 이름으로 구태의연한 구습에 사로잡힌 곳, 시대의 변화를 인식조차 하지 못하는 곳으로 평가된다. 20세기에 이르러 여성의 지위가 상승되고 성차별에 대한 인식이 변화되고 있음에도 불구하고, 신앙공동체인 교회에서는 가부장적 성차별이 암묵적으로 묵인될 뿐만 아니라 오히려 자연스러운 것으로 정당화되고 있다. 인권상승을 위해 변화하는 사회 그리고 여전히 성차별적 성역인 교회, 우리는 이곳에 머물 것인가, 떠날 것인가. 두 영역에서 일상을 감당해야만 하는 여성 그리스도인들은 오늘도 혼란스럽고 갈등한다.

한국적 작은교회운동이 추구하는 탈성별의 포괄적인 의미는 모든 인간은 하나님의 형상으로 지음받았다는 창조신앙의 고백으로, 인간은 모두가 존재 자체로서 존중되어야 한다는 존재론적 인식론의 차원에서의 생명 존중 신앙이다. 이는 복수의 인간 개개인이 지니고 있는 각자의 다름과 구별과 차이에 대한 깊은 인식, 곧 피조물의 다양성을 창조주의 뜻으로 인식하고 존중한다는 의미를 갖는다. 협의의 의미로서 탈성별이 지향하는 바는 성차별에 반대하는 것으로, 이는 성(sex)의 다름과 차이를 우열과 선악의 근거로 삼아 혐오하고 비하하고 정죄하는 모든 성차별적 인식과 행위에 반대하고 저항하는 것을 의미한다.

탈성별에 대한 인식과 실천은 한국적 작은교회운동이 지향하는 탈성직과 탈성장의 시작점이자 목표점이라고 할 수 있다. 이는 성차별이 인간에 대한 모든 차별, 곧 인종, 계급, 연령, 장애의 유무, 장애의 정도에 따른 각종 차별 가운데서도 가장 포괄적이며 보다 근원적인 차별이기 때문이다. 한 인간이 처한 다양한 조건에 대한 다면적 차별은 궁극적으로 한 남성으로서 혹은 여성으로서의 성적 정체성을 가진 한 인간으로 귀결된다. 다시 말해 인간을 차별화하는 다양한 요소 가운데 계층 사슬의 가장 저변에는 성이라는 핵심 요소가 자리하고 있으며, 차별화의 위계적 사다리의 가장 하단에는 백인이 아닌 흑인이자 가난하고 장애를 가진 사람, 거기서도 남성이 아닌 여성이 있다는 사실이다. 따라서 성차별은 가장 주변화되고 억눌린 자, 최소화된 약자로서의 여성에 대한 차별이며, 탈성별적 지향과 추구는 비인간화한 타자에 대한 포용과 존중, 타자의 타자성에 대한 회복이라고 할 수 있다. 인간을 비인간화하는 사회학적 핵심 요소가 되는 성(性)과 성적 지향성에 대한 민감한 인식, 더불어 교회공동체 내에서 구체적이고 실질적인 성평등과 성정의의 회복이 없이는 탈성직과 탈성장의 주장도 결국 공허한 선언에 그칠 수밖에 없을 것이다.

교회 내 성차별이 사회 공적기관이나 기업에 비해 훨씬 심각하다는 사실은 교회에서 신앙생활을 하는 여성들의 공통적인 의견이다. 이는 종교 공동체로서 교회 내에서 작동되고 공유되는 신앙, 그 신앙의 실천을 통해 남성 우위적이고 남성 중심적인 다양한 성차별적 요소가 명시적이 아니라면 암묵적으로, 의도적이 아니라면 무의식적으로 조장되고 교육되고 전수되기 때문이다.

신앙공동체인 교회에 성차별이 심각하게 만연해 있는 다양한 원인 중에는 성직자인 목회자의 위상과 권위 그리고 그들의 리더십에 대한 인식 등이 주요한 부분을 차지한다. 일반 사회조직과는 달리 종교공동체의 지도자인 성직자에게만 부여되는 특별한 리더십, 이른바 '신성한' 권위가 젠더화하며 젠더적으로 권력화한다는 것을 의미한다. 종교공동체에서 작동하는 '신성한' 신적 리더십은 가톨릭과 개신교를 막론하고 가부장체제의 역사 속에서 남성 우위적으로 젠더화한 리더십으로, 카리스마적인 남성 리더십으로 권력화한다는 점이 지적될 수 있다.

특별히 한국 개신교의 대형교회 목회자들에게서 보이는 리더십의 특징은 신의 말씀을 대언하는 신의 대리자에게 부여되는 신성한 리더십으로 이해되며, 이러한 신적 리더십은 전통적으로 가부장적이며 군주적인 신 이해의 틀 속에서 남성의 전유물로 인식되어 왔다. 지금도 여전히 여성에게 사제직을 허용하지 않는 가톨릭은 말할 것도 없이, 20세기에 들어와서야 여성에게 성직 안수가 허용된 개신교에서조차 대다수의 목회자는 남성이며 대부분의 교회에서 작동되는 리더십 역시 남성 우위적으로 젠더화한 리더십이다. 특별히 대형교회 99%의 목회자가 남성이며, 그들 대다수에게서 볼 수 있는 리더십의 특징은 군주적으로 젠더화한 신적 리더십이다. 남성 편향적으로 젠더화한 신이 전지전능한 권력을 통해 자신의 왕국을 지배하듯, 수많은 대형교회 목회자들은 신의 대리자로서 상명하달식의 카리스마적인 신적 리더십을 발휘한다. 신의 대리자에 의해 선포되는 하나님의 말씀에 맹목적인 아멘의 응답이라는 패러다임이 강요되듯이, 대형교회의 목회자와 성도의 관계에서는 상호교류보다는 오히려 명령과 순종이라는 일방통행적인 지배적 리더십이 작동된다. 신의 뜻을 대변하는 목회자의 가르침과 선포에는 합리적인 질문이나 의심, 최소한의 상식적 차원에서의 반론조차 허용되지 않는다. 합리적인 토론에 근거한 민주적 합의의 방식보다는 무조건적 순종과 맹목적 아멘이 신앙의 이름으로 미화되는 악순환이 교회 내에서 반복된다.

여성을 포함한 타자에 대한 배려와 존중이 없고, 약자들의 소리를 경청하지 않는 이러한 성차별적 리더십은 성육신 사건을 통해 계시된 신적 리더십에 반하는 것이다. 타자에 대한 무관심, 여성에 대한 차별과 배제에 무감각한 교회 지도자와 그들의 리더십은 목회자 중심적 혹은 개체 교회의 성장에 중심을 둔 권력 지향적이며 권위주의적인 리더십의 특징을 지닌다.

따라서 이 글은 한국적 작은교회운동이 추구하는 탈성별적인 리더십, 다시 말해 물량주의적 성장과 탐욕적인 권력과 권위주의에 빠진 성직주의에 의해 희생된 타자들에 대한 관심, 곧 주변화된 여성들, 약자들에 대한 관심과 사랑을 중심으로 이루어지는 작은교회의 리더십을 모색하고자 한다. 이를 위해 그동안 대립적으로 이해되어온 신 관념, 곧 신을 '의지'로 인식해온 '주의주의'적 신 이해와 이와는 반대로 신의 특성을 '지성'으로 인식해온 '주지주의'적 신 이해의 한계를 비판하며, 사랑으로서의 의지와 지성적인 사랑이 조화롭게 결합된 신 이해에 근거한 작은교회 리더십을 제안하고자 한다. 여기서는 먼저 가부장적 문화에 뿌리를 둔 남성 편향적으로 젠더화한 군주 신의 모습에 근거한 목회자의 왜곡된 지배적 리더십을 비판하고, 이성적인 사랑과 사랑의 의지가 조화된 사랑으로서의 작은교회 리더십을 대안적으로 제시하고자 한다. 이러한 사랑의 리더십이 실제로 성서에서 증언하는 성육신 사건의 신적 리더십으로서, 예수께서 그의 짧은 삶과 가르침과 죽음과 부활을 통해 몸소 보여준 생애의 리더십임을 증명하여 앞으로 한국적 작은교회가 지향해야 할 탈성별적 리더십임을 주장하고자 한다.

1. 오염된 초월: 신성의 젠더화, 신적 권력의 남성화

"태초에 하나님이 천지를 창조하시니라."(창 1:1) 하나님의 말씀인 성서는 유일하신 하나님께서 세계를 창조하심으로써 모든 것이 존재하게 되었다는 선포로 그 서두를 시작한다. 성서의 진술에 근거해 그리스도인들은 인류의 시초와 세계 존재가 창조주이신 하나님으로부터 비롯되었고, 세계 내 모든 존재는 신의 피조물임을 믿고 고백한다. 그리스도인의 이러한 창조신앙의 고백에 따르면, 하나님은 시간을 넘어선 무한한 초월적 존재지만 그에 의해 창조된 세계 존재는 유한하고 우연한 존재로서 창조주와 피조물 사이에는 질적 차이가 존재한다. 따라서 초월적 창조주 하나님에 대해 성(sex)을 포함한 피조물의 어떤 속성도 연결시킬 수 없음에도 불구하고, 인간의 상상력을 통해 언어화하고 이미지화한 태초의 하나님은 아버지 하나님으로 묘사된다. 이렇게 남성으로 이미지화한 하나님이 말씀으로 세계를 창조하시기 이전의 세계, 역사 이전의 원역사, 곧 태초라는 초월적 영역은 초월적 남성 하나님께만 속하는 곳으로 재현된다. 인간의 언어로 이미지화하고 문자화한 성서의 진술을 확장하면, 태초에 가부장제가 있었으니 인류의 시작은 아버지 하나님에 의해 시작된 역사, 곧 가부장제의 역사로 시작되었다. 기독교 공동 신조 역시 창조주 하나님을 성부 하나님으로 호명하고 2세기 신학자 이레니우스는 태초에 아버지 하나님께서 아들인 성자와 성령을 양손으로 삼아 이 세계를 창조하셨다고 진술한다.[1)]

---

1) Colin E. Gunton, *The Triune Creator: A Historical Systematic Study* (Michigan & Cambridge: Grand Rapids, William B. Eerdmans Publishing Company, 1998), 9.

기록과 더불어 시작되는 인류의 역사는 따라서 철저히 남성 중심적이고 남성 우위적인 가부장제의 역사로 이어져왔다. 인간의 언어와 상징 그리고 이미지로 상상되고 묘사된 초월의 영역, 곧 시간 이전의 영역인 태초 역시 남성적 경험과 시각으로 묘사된 것이기에 남성 중심적 문화와 남성 우위적 가치를 그대로 반영하고 있다. 신의 영역으로 간주되는 초월의 영역, 곧 시간 너머의 무시간의 영역 역시 인간의 문화와 사회적 가치와는 무관한 가치중립적 혹은 무가치적인 진공이 아니라 가부장적이고 편향적인 가치를 그대로 반영하여 묘사되고 있다. 신의 영역인 태초의 영역, 초월의 영역은 순수 무구의 영역이 아닌 남성 신이 통치하는 왕국으로서 가부장적인 원리와 가치로 오염된 남성 지배 구역이다. 이렇게 가부장적 가치로 오염된 초월의 영역인 남성 신이 지배하는 왕국이 바로 인간관계의 영역인 삶의 지평에 제시된 참된 청사진으로 작동되며 인간이 추구해야 할 범례로서의 영역으로 제시된다. 반면 신의 영역인 초월의 영역은 인간 사회적 가치가 그대로 투영된 영역으로서, 초월과 세속 이 두 영역은 동전의 양면처럼 서로 뗄 수 없을 만큼 상호 가치교환이 이루어지고 있다. 남성 신이 지배하는 초월과 남성 지배자가 통치하는 세계, 곧 남성 지배 구역에 여성은 없다.

영적인 존재로서 신은 성(sex)에 의해 정체성이 규정되거나 제한될 수 없는 존재이다. 그래서 신은 당연히 남성이나 여성이 아니며 그렇기에 아버지나 어머니도 아니다. 인간의 제한된 이성으로는 무한한 존재로서의 신을 완전하게 이해할 수 없기 때문에 신을 불가지론적 존재라고도 한다. 신비적인 존재인 신에 관해 인간은 자신들의 언어로 신을 완전히 묘사할 수 없기에 신학자 틸리히는 이러한 신의 특성에 대해 "존재의 근거"로 혹은 "궁극적 관심"으로 표현한다. 신비주의 신학자 위 디오니시우스에 따르면, 신은 초월적이며 신비적 존재이기에 신에 대한 적극적 규명을 부정하는 오직 부정신학적 방법을 통해서만 신에 대해서 말할 수 있다고 설명한다. 그러나 인간은 자신과의 관계성 속에서 경험한 신의 속성에 대해 보다 친밀한 신인동형론적 상징이나 다양한 이미지 그리고 고백적 언어를 사용하여 신을 묘사한다. 인간이 자신과의 관계성 속에서 신을 표현할 때 사용하는 언어 방식은 실사적인 표현이나 직설적 표현이라기보다는 오히려 고백적 언어이며 시적 표현이고 상징적이며 은유적 표현이다. 신비적 존재인 신을 직설적으로 표현할 수 있는 인간의 언어는 없기 때문이다. 그리스도인이 신에 관해 묘사하고 표현하는 이미지나 상징 그리고 비유는 모두 신에 대한 간접적이고 비유적인 표현일 뿐이다. 따라서 개인 혹은 공동체가 관계성 속에서 경험한 신에 대한 고백은 경험의 주체만큼이나 다양하게 표현되고 묘사될 수 있다.

신앙공동체 구성원들이 경험하고 고백하는 다양한 신적 이미지, 상징, 비유 가운데 규범적 상징 혹은 이상적인 이미지나 표준적인 고백으로 언술되고 명제화되는 것과 더불어 대부분 공동체 내에서 힘을 가진 기득권자, 권력자인 엘리트 계층에 의해 결정된다는 것은 일반적으로 경험되는 사실이다. 역으로 공동체의 지도자 혹은 지배자들이 자신의 통치나 지배를 정당화하기 위해 권력자나 지배층의 모습이나 이미지를 신의 상징으로 투사하여 신을 묘사하고 기술하기도 한다. 그래서 신의 이미지는 가부장적인 지배자, 군주적 통치자로 묘사되고 권력과 권위적 인물, 때로는 심판과 감시와 공포와 같은 부정적인 힘의 상징으로 표현되기도 한다. 인류의 역사만큼이나 오래된 가부장제는 동서를 막론하고 가시적 혹은 비가시적인 보편적 지배체제로 여전히 작동하고 있다. 가부장적 체제에서 지배계층, 엘리트 그룹, 권력자는 모두 하나같이 남성들이며 가부장적 문화에 뿌리내리고 있는 종교체제와 신앙공동체에서 규범적으로 표현되는 신의 모습은 남성적으로 젠더화한 신이다. 남성적으로 젠더화한 남성 신을 향해 교회 구성원들은 하나님을 거룩한 아버지 또는 성부로, 그의 대리자를 신부(神父), 성직자로 호명하도록 강요받는다. 가부장제화된 교회체제 속에 그리스도인이 호명할 거룩한 어머니는 없으며 그의 대리자 신모(神母) 역시 없다.

가부장적 사회의 지도자 상을 반영하고 있는 남성 군주나 황제와 같은 신적 이미지는 강압적 힘과 권력, 명령과 같은 군사적 이미지를 모든 남성이 추구해야 할 이상적인 남성과 남성다움의 표징으로 옹호하는 사회적 기표로 작동한다. 또한 인간 위에 군림하는 군주적 황제의 이미지를 부여받은 신은 가부장적 사회의 위계적 계층체계를 정당화함으로써 인간 사회의 불평등체제를 공고히 하는 청사진을 제공한다. 이는 남성 신과의 유사성을 규범적 표준으로 삼아 남성에게는 여성을 지배할 수 있는 정당성을 부여하고, 여성에게는 스스로를 비하하며 남성의 지배에 종속해야 한다는 자기비하적인 의식을 형성하는 근거가 되고 있다. 군주적인 남성 신의 이미지는 이렇게 오랜 역사를 통해 가부장제를 확립하고 공고히 하며 세대를 이어 전수되어 왔으나 근대에 이르러 그 영향력이 점차 쇠퇴하고 있다. 시대의 변천에 따라 사회는 패쇄적인 수직계층체제에서 개방적인 수평체제로 변모하는 과정에 있으나, 교회공동체에서만큼은 예외적인 영역으로 여전히 군주적인 신적 권력이 그 영향력을 발휘하고 있다. 남성 편향적으로 젠더화한 신적 권위는 교회공동체의 리더이자 지도자인 성직자의 카리스마적인 신적 리더십을 통해 여전히 막강한 영향력을 발휘하고 있다.

대부분의 공동체에는 리더 혹은 지도자들이 있다. "조직이나 단체 따위에서 전체를 이끌어가는 위치에 있는 사람"을 리더라고 하고, "남을 가르쳐 이끄는 사람"을 지도자라고 할 때, 신앙공동체인 교회의 리더이자 지도자는 성직자로 안수받은 목회자이다. 물론 장로나 권사같은 평신도 지도자와 부교역자들도 교회공동체의 리더이며 지도자임에 틀림없다. 그러나 한국교회의 특성상 대부분의 개신교회는 성직자로 안수받은 담임목회자를 중심으로 예배와 교육, 재정과 행정 등의 전반적인 계획과 내용의 방향이 정해지고 실행된다. 교파나 개체교회에 따라 다소 차이는 있겠으나 한국 개신교의 신앙적 특성이나 기독교 전반적 분위기를 형성하는 데 가장 중요한 요소는 역시 목회자의 리더십이라고 할 수 있다. 특별히 한국 대형교회 목회자들의 리더십에서 드러나는 카리스마적 성향의 권위주의적 리더십은 여전히 신적 권위의 대리자로서 교회공동체를 넘어 사회적 파급력을 갖는다. 현실에서 회자되는 것처럼 목회자의 도덕성에 대한 비판, 기독교에 대한 일반 시민들의 혐오감 등 기독교와 그리스도인에 대한 사회적 평가 또한 교회 지도자인 목회자의 리더십과 밀접하게 연관되어 있다.

일반적으로 종교는 그 속성상 개인만이 아니라 사회 전반적인 가치관을 이끌어갈 정신적 리더로서의 역할이 기대되는 것처럼 기독교공동체 역시 직·간접적으로 개인과 사회에 대한 긍정적 영향력이 기대되는 것이 사실이다. 종교개혁 500주년을 맞는 이 시점, 기독교의 사회적 영향력에 대한 기대는 점점 쇠퇴하고 있으며 교회의 위상은 격하되고 그리스도인들에 대한 평가는 비판적이고 부정적이다. 사회적 다양성과 관계적 수평화에 대한 인식과 실천에 있어 교회 지도자들이 사회적 변화를 이끌어 가기보다는 오히려 장애인의 인권, 약자에 대한 배려, 성차별에 대한 민감성 등 사회정의에 대한 인식 수준이 보편적인 상식 수준에도 이르지 못한다는 지탄을 받고 있다. 사회정의 대신 개인의 축복, 사회구원 대신 오직 개인 구원에 매몰된 한국교회에 대한 여론이 따갑다. 물량주의에 빠진 교회 자체의 구원 가능성을 의심하며 도덕적 해이감에 빠진 성직자 자신의 구원을 위해 힘쓰라는 조롱 섞인 비판에서 자유롭지 못한 것이 한국교회의 현실이다. 기독교가 사회에 부정적 영향력을 미치는 다양한 원인과 책임과 대안이 결국 사람에게 귀결된다면 가장 핵심적 요소는 지도자의 영향력이며 목회자의 리더십에서 대안을 찾을 수 있을 것이다.

근대 이후에도 여전히 성차별의 성역이 되고 있는 한국교회에서는 남성 편향적으로 젠더화한 리더십의 원리가 목회자의 신격화와 더불어 두드러지게 작동하고 있다. 가톨릭교회의 경우 남성 사제를 신부(神父)로 명명함으로써 성별(聖別)과 성별(性別)이라는 이중의 조합을 통해 신성(神性)의 젠더화, 남성의 신격화를 고착시키고 있으며, 개신교에서도 남성 목회자뿐만 아니라 여성목회자 모두에게 요청되고 승인되는 이른바 초월적인 '신성한' 리더십은 실제 남성 편향적으로 젠더화한 리더십이다. 대형교회에서 목회자에게 부여하는 카리스마적인 리더십은 앞서 예시한 바와 같이 남성적 힘의 지배로 오염된 초월적 영역과 군주적 지도력 그리고 분리하고 걸러내는 배제의 논리로 구조화된 정치적 성스러움과 성직자의 신격화와 맞물려 있다는 것을 의미한다. 이러한 카리스마적이고 군주적인 리더십은 대형교회에서 보편적으로 작동되고 있고, 다수의 목회자들이 욕망하는 이상적 지도력으로 선호하고 있으며, 여신도들을 비롯한 일반 평신도들이 수용하고 순복해야 할 신적인 권위로서 암묵적으로 수용되고 있다.

그 때문에 한국 대형교회에서는 유난히 교회세습이 만연하다. 수백, 수천 혹은 수만 명의 성도들을 거느린 대형교회 담임목회자인 성부 목사는 군주적인 신적 리더십을 발휘해 대다수 성도들로부터 침묵의 동의를 얻어내는가 하면 때로는 만장일치라는 맹종적인 결의를 통해 성자 목사 혹은 사위 목사에게 교회 건물과 성도들과 교회 재산까지 넘겨주어 세습하는 사례를 빈번하게 볼 수 있다. 젠더화한 군주적인 신적 리더십을 소유한 담임목회자는 식사 시간에도 예외적 존재로서 다른 신도들과 함께 줄을 서지 않고 여성 신도가 준비하고 식탁까지 가져다주어야 식사한다. 이러한 왜곡된 리더십은 새로운 변혁을 향한 시대적인 요청과 프로테스탄트의 정신을 역행하는 일일 뿐만 아니라 성서 속에 계시된 예수 그리스도가 보여준 신적 권위와도 크게 모순된다. 한국교회 지도자들이 누리는 남성 편향적 권력으로 왜곡된 군주적 리더십으로 말미암아 한국 사회 속에서 교회는 자신의 본래적 존재 가치뿐만 아니라 존재의 이유를 상실하고 있다.

남성 편향적으로 젠더화한 신성, 권력지향적인 군주적 리더십은 약자가 아닌 자기 자신에게, 사회가 아닌 개체교회의 이익에 관심을 두며, 합리적이고 민주적인 절차보다는 선민의식적인 가족이기주의적 세습의 형태로 극단적인 영향력을 드러낸다. 이러한 젠더화한 신성, 권력 지향적인 군주적 리더십은 목회자와 성도의 관계를 마치 비유적이 아닌 문자적 의미의 목자와 양의 관계로 환원해 성도들의 우매화를 조장한다. 한국교회에서 유독 성도들에게 무조전적인 아멘을 신앙의 척도로 강요하고, 여신도에게는 교회 의사결정 기관이 아닌 교회 식당봉사가 주를 이루는 것 또한 성차별적으로 젠더화한 신적 리더십이 교회공동체에 미친 결과라고 할 수 있다. 초등학교 교실에서도 실천되고 사회기관에서조차 장려되는 합리적인 의심과 질문, 민주적인 토론과 사회 정의의 이슈에 대한 관심과 참여를 신앙의 이름으로 정죄하고 하나님의 뜻으로 배제해버리는 것도 오직 예외적 성역으로 간주되는 교회에서만 일어난다. 이는 바로 교회 내에서만 허용되고 작동되는 남성 지향적으로 편향된 리더십, 지배적이고 가부장적 권력으로 왜곡된 신적 리더십에서 기인한다. 이러한 왜곡된 신적 리더십의 원인은 다름 아닌 왜곡된 신 이해로부터 비롯되는 것이다. 우리가 하나님이라고 쓰고 하나님을 부를 때 우리는 어떤 신을 상상하고 신의 무엇을 생각하는지가 우리의 삶과 행위를 규정하는 것처럼, 우리가 암묵적으로 상상하고 규정하는 잘못된 신 이해와 잘못된 교회 목회자의 리더십은 불가분의 관계에 있다.

2. 신의 무제약적 의지와 절대 지성으로서의 신: 주지주의와 주의주의가 이해한 신적 리더십

'신'의 대리자로서 신의 말씀을 선포하고 신의 권능을 빌려 축사하고 축복하는 목회자의 신성한 리더십은 목회자 자신과 공동체가 공유하는 신의 본성에 대한 이해에 근거한다. 한국교회공동체가 고백하는 하나님은 삼위일체의 하나님이다. 창조자, 섭리자, 심판자가 되시며 생명의 근원인 하나님으로서 전지전능하며 무소 부재한 속성을 지닌 권능의 하나님이다. 그런 하나님께서 세계를 창조하되 인간을 창조하실 때 특별히 하나님 자신의 형상으로 창조했다고 성서는 증언한다. 하나님의 형상으로 창조된 인간은 다른 피조물과는 달리 하나님의 특별한 속성을 부여받음으로써 초월적인 하나님을 갈망하고, 비록 불완전함에도 불구하고 하나님의 진리에 이를 수 있다고 믿는다. 무한하고 필연적이며 전능한 창조주와 유한하며 우연적이고 불완전한 피조물 사이의 깊은 심연을 넘어 하나님과 교감을 이룰 수 있는 능력, 곧 하나님의 형상이 무엇을 의미하는가에 대한 신학적 논쟁이 뜨겁다.[2]

창조주가 특별히 인간에게 부여해준 하나님의 형상, 즉 하나님을 하나님 되게 하고 인간을 인간 되게 하며, 창조주와 피조물을 이어주는 요소를 '지성'이라고 주장하는 신학자들이 있는가 하면, 이를 '의지'라고 주장하는 신학자들도 있다. 기독교 신학의 역사를 통해 '지성'을 의지보다 더 우위에 두는 주장을 '주지주의'(主知主義)라고 일컬으며, 그 반대의 입장으로 '의지'를 지성보다 더 우위에 두는 주장을 '주의주의'(主義主義)라고 한다. 일반적으로 '의지'가 '지성'보다 앞선다고 주장하는 학자들은 초대교회 교부신학자인 아우구스티누스로부터 중세 말기 프란체스코 교단에 속하는 둔스 스코투스와 윌리엄 오컴으로 이어진다.[3] 반면 주지주의자들의 경우, 멀리는 아리스토텔레스로부터 중세 스콜라 신학자, 도미니칸 교단에 속하는 토마스 아퀴나스에 이른다. '지성'을 강조하는 주지주의의 입장과 '의지'를 강조하는 주의주의적 입장은 이렇게 기독교 신학의 역사 속에서 대립하는 관계를 이어왔으며 현대신학에서도 여전히 논쟁 중에 있는 주제이다. '지성'과 '의지' 중 무엇이 더욱 하나님을 하나님 되게 하고 인간을 인간 되게 하는가에 대한 교회공동체의 해석이 지도자의 리더십 유형을 결정짓는 주요 요소가 된다.

---

2) 다니엘 L. 밀리오리, 신옥수·백충현 옮김, 『기독교 조직신학개론』 (서울: 새물결플러스, 2012), 243-246.
3) 후스토 L. 곤잘레스, 이형기 옮김, 『기독교사상사 2: 중세편』 (서울: 한국장로교출판사, 2002), 383.

'의지'의 특성은 자유롭다는 데 있다. 자유가 전제되지 않는 의지는 실제적인 의미에서 의지가 될 수 없기 때문이다. 신은 무한하고 완전하며 전능한 존재이자 자유로운 존재이다. 신은 자신 외에는 외부적인 그 어떤 조건에 의해 제한되지 않는 무제약적이며 자유로운 존재이기에 신이 원하는 것은 무엇이든 할 수 있다는 점에서 신 자체가 의지라는 것이다. 신이 세계를 창조한 이유는 단지 신 자신이 원했기 때문이라는 신의 자유로운 선택, 신의 의지 외에는 그 어떤 조건도 없다. 신이 세계를 창조한 이유가 다른 압력이나 필요 혹은 어떤 조건에 의한 것이라고 한다면 그 신은 신이 아니다. 의지의 본성은 자유이기에 의지는 예측불가능이라는 특성을 갖는다. 따라서 신의 자유로운 의지는 인간의 지성 혹은 합리적인 추정에 제한될 수 없다. 자신 외에는 그 어떤 제한도 받지 않는 자유롭고 전능한 신을 둔스 스코투스는 단지 "의지로 정의"했으며, 오캄은 이를 보다 더 확장하여 "비합리적인 의지"로 주장했다.[4] 인간의 합리성으로 규범화하거나 인과율적으로 논리화할 수 없는 의지로서의 신이라는 의미에서이다. 따라서 신은 자신의 자유로운 의지로 세계를 창조했던 것처럼 언제든 자신의 의지에 의해 세계를 파멸시킬 수 있으며, 오직 자신의 의지적 선택으로 인간에게 생명을 준 것처럼 언제든 자신이 의지하면 자유롭게 생명을 회수할 수도 소멸시킬 수도 있다. 자유와 의지 자체인 신이 언제 어떻게 자신의 의지를 행할지는 그 누구도 예측할 수 없으며 그 누구도 그 무엇으로도 신의 의지를 제어할 수 없다. 신의 전능성, 천하무적의 막강한 힘으로 상징되는 신의 의지는 전적으로 자유로운 무제약적 의지 자체, 절대적 권력으로서 신 자신이다.

신을 신 되게 하는 것, 생물학적 인간을 하나님의 형상으로서의 인간이 되게 하는 가장 핵심적인 요소가 '이성'이라는 주장을 '주지주의'(主知

---

4) 파울 틸리히, 송기득 옮김, 『19-20세기 프로테스탄트 사상사』 (서울: 대한기독교서회, 2009), 247.

主義)라고 한다. '주지주의'는 상반되는 이해를 가진 '주의주의'와 서로 견제하며 대립해왔다. '지성'을 '의지'보다 우선적인 것으로 보는 주지주의적 입장에서는 질서정연한 우주의 운동, 정교하고도 신비한 자연의 법칙에 따라 움직이는 거대하면서도 섬세한 우주를 창조하신 하나님을 우주적 지성, 곧 로고스 자체이신 하나님으로 이해한다. 우주적 이성이며 지성 자체인 창조주는 자신의 본성인 이성에 근거하여 이 세계를 합리적 법칙과 도덕적 원리에 따라 창조했으며, 인간을 자신의 형상인 이성적인 존재로 창조함으로써 지성을 통해 하나님과 관계하도록 지으셨다는 것을 의미한다. 주지주의 학파에 속하는 신학자들에게 인간의 지성은 로고스 자체이신 하나님에게 불완전하게나마 도달하고 소통할 수 있는 매개체이다. 다시 말해 비록 타락과 죄로 말미암아 하나님의 형상이 손상되었음에도 불구하고 하나님이 지으신 자연세계의 운동의 법칙, 인과율의 원리를 통해 존재 자체이시며 모든 존재의 근원이신 신에게 이를 수 있다는 것을 의미한다. 스콜라주의 대표적인 신학자 토마스 아퀴나스는 이러한 자연법칙에 근거한 귀납적 방법을 통해 신이 존재한다는 것을 증명하고자 시도했다. 그러나 주의주의자들은 인과적 필연성과 운동의 법칙, 이성의 합리성에 귀속되는 신은 이성의 법칙에 의해 신의 자유와 전능성이 침해받기 때문에 신이라고 할 수 없다고 비판하며 의지 자체로서의 신을 주장한다.

주지주의적 입장에서 우선성을 강조하는 '지성'이 합리성의 특성을 지니며 자연적 법칙과 도덕적 원리에 규정된다는 특징이 있다면, 주의주의에서 강조하는 '의지'의 특성은 비조직적이고 예측불가하며 자연 법칙과 도덕 질서에 균열을 내는 불연속과 파열을 통해 작동한다. 의지 자체로서의 하나님이 질서 정연한 세계에서 일하시는 방식은 '기적'이라는 방법을 통해서 이루어진다. 따라서 틸리히가 지적하는 것처럼 의지로서의 하나님은 "지적 한계를 가지지 않으며, 그 하나님이 의지하는 바를 방해할 로고스적 구조는 없다."[5] 틸리히는 의지로서의 하나님은 어떤 일이 선하기 때문에 원하는 것이 아니라 하나님이 의지적으로 원하기에 그것이 곧 선이 된다고 지적한다.[6] 따라서 인간의 이성으로 판단하여 합리적인 차원에서 하나님의 뜻을 예단할 수 없을 뿐만 아니라 도덕적으로 용납되지 않고 상식적으로 이해되지 않을지라도 신의 의지에 순종해야 하고 복종해야만 하는 것이 곧 주의주의적 신앙이다. 100세에 낳은 생명과도 같은 자식 이삭을 제물로 바치라는 하나님의 명령이 필시 이해도, 결코 용납되지도 않았을 것임에도 불구하고 복종한 아브라함의 행위만이 시험을 통과한 신앙으로 인정되고 믿음의 조상의 반열에 오른 것이라 칭송된다. 때때로 인간의 이성으로 이해할 수 없고 도덕적 질서로도 용납할 수 없는 의지로서의 신적 행위는 때로 독선적이고 군주적인 신으로 경험되며 때로 마성적인 힘과 폭력적 권력으로서의 신으로 다가오며 그런 신에게 인간은 공포 속에서 두려움과 떨림으로 복종한다.

3. 신의 이성적 의지와 의지적 이성: 자기 제한적인 신의 절대적 권능

극단적으로 분리된 주의주의와 주지주의의 대립적 입장에 근거한 신학적인 입장은 기독교 역사를 통해 신의 대리자로서의 성직자의 위상과 리더십에도 많은 영향을 주었다. 신의 절대적 권능으로서의 의지와 신의 무제약적 자유의 입장을 지지하는 극단적인 주의주의적 입장은 가톨릭 교회에서 교황의 전능성, 교황무오설과 같은 '마성적' 리더십으로 나타나기도 했다. 그뿐만 아니라 중세 쇠퇴기에 교회에 닥친 위기를 모면하고자 신의 절대적 권능의 대리자요, 심판의 대리자로 자처한 종교권력자는 이단 척결이라는 명목으로 종교재판을 통해 수많은 약자들을 희생양 삼

5) 위의 책, 249.
6) 정원래, "스콜라주의의 종말-하나님께로 향하는 새로운 통로: 의지(voluntas)," 「한국개혁신학」 제31호(2011), 242.

아 마녀로 몰아 죽이는 광적이고 악마적인 힘으로 그 영향력을 과시하기도 했다. 이와 같은 양상은 단지 가톨릭에 국한된 것만이 아니다. 시대의 흐름에 따라 정도의 차이는 있을지라도 개신교 역시 신정정치를 한다는 명목으로 수없이 많은 사회적 약자를 신의 이름과 신의 뜻으로 처단했다는 것은 역사적 사실을 통해 알 수 있다.

대다수의 한국 대형교회 성직자들에게 나타나는 카리스마적인 리더십, 성차별적이고 지배적인 군주적 리더십이 근거하고 있는 신 이해도 합리적 이성과는 무관한 극단적인 무제약적 권능과 자유의지로서의 신 이해에 근거한다. 최소한의 합리성과 도덕성마저 배제한 자기 안위적인 도약과 기적에 근거한 이기적인 축복 이해, 상호 소통적 교류가 아닌 독선적이고 군림하는 리더십, 약자들의 소리에 경청하기보다는 무조건적이고 맹목적인 아멘과 순종을 신앙의 이름으로 강요하는 군주적이고 통제적인 리더십 역시 극단적인 권능과 절대적인 자유에 근거한 의지로서의 신 이해에 근거한다. 타자를 향한 포용과 배려, 약자에 대한 사회적 책임과 정의에 대한 관심과 참여를 지향하는 탈성별적 리더십이 아닌 사회적 약자를 억압하고 여성을 비하하는 성차별적 리더십 역시 극단적 의지로서의 신적 리더십으로 교회에서 경험된다. 극단적 분리에 근거한 '주의주의'와 '주지주의'의 '지성'과 '의지'의 강조는 왜곡된 신 이해와 불의한 신적 리더십의 원인이 되었다.

주지주의의 대표적 신학자 아퀴나스에게 지성과 의지는 분리되고 대립되기보다는 오히려 상보적인 관계에 있으며,[7] 주의주의의 대표 신학자인 둔스 스코투스와 오캄 역시 신의 의지를 "절대적 권능"으로서의 의지와 "규정적 권능"으로서의 의지라는 두 종류의 의지[8]로 설명함으로써 신의 의지와 지성이 분리가 아닌 조화의 관계라는 발전적인 주장을 한

7) 이진남, "아리스토텔레스와 아퀴나스의 의지개념: 버크의 견해에 대한 비판," 「인문학연구」 43집, 415.

8) 장세룡, "아퀴나스와 오캄에서 신의 권능과 의지," 「역사교육논집」 제28호, (2002), 240.

다. 따라서 아퀴나스에게 신의 지성이 단순히 인과율의 법칙에 제한된 지성이 아닌 것처럼, 주의주의자 신학자들에게 신의 의지 역시 독선적이고 배타적 차원의 권능이나 절대적 권력, 독단적인 무조건적 자유를 의미하는 것이 아니다. 주지주의자들이 주장하는 지성이 인간의 이성으로 규정되고 이용될 수 있는 "도구적 이성"으로 전락될 수 없는 것처럼 주의주의자들이 주장하는 의지 역시 방종한 독선으로 전락될 수 없다. 아퀴나스에게 의지는 "이성적인 욕구", 곧 "이성과 항상 관계되는 욕구"라는 것을 의미한다.[9] 마치 칸트가 이론 이성과 실천 이성을 관계적으로 설명하는 것처럼 아퀴나스 역시 의지는 "지성적인 욕구"이기에 이성의 지도를 받는 의지로서 주의주의적이면서 동시에 주지주의적이다.

주의주의적 사유를 가장 먼저 분명하게 드러낸 교부신학자 아우구스티누스에게 "모든 현실의 실체는 의지이다."[10] 아우구스티누스에게 신은 의지 자체이고 신의 의지는 다름 아닌 사랑의 의지이다. 따라서 사랑이신 신은 신 자신을 의지하고, 사랑으로서의 의지는 바로 신 자체를 사랑한다. 따라서 사랑으로서의 의지인 신은 자신을 사랑하는 그 사랑으로 인간을 사랑하고 세계를 사랑하는 것이다. 신의 의지는 오직 사랑에 의해 규제되는 의지이고 사랑의 의지라는 의미이다. 아우구스티누스의 신학사상을 이은 중세 후기 주의주의 신학자 둔스 스코투스와 오캄 역시 "절대적 권능"과 "규정적 권능"이라는 구분을 통해 "신의 의지는 전능하며 그의 권능 또한 절대적"임에도 불구하고 "신의 권능에 제한이 있다."[11] 라고 말한다. 그 제한은 "신이 특정한 질서를 만들어냄으로써, 스스로 자신이 만들어낸 제한"이다. 따라서 주의주의자들에게 신의 의지는 전지전능한 절대적 권능이며 무제약적 자유의 의지임에도 불구하고 독선적이거나 지배적인 무제약적 권력으로서의 의지가 아닌 사랑으로서의 의

9) 이진남, 앞의 글, 431.
10) 파울 틸리히, 앞의 책, 247.
11) 장세룡, 앞의 글, 240.

지이며 피조 세계와 인간의 도덕적이고 합리적인 질서를 위해 하나님 스스로를 제한하고 규정하는 "사랑의 의지"라는 것을 의미한다. 무한하고 완전한 하나님과 유한하고 불완전한 인간 사이의 깊은 심연을 연결하는 의지 역시 하나님을 갈망하고 하나님을 닮아가고자 하는 사랑의 의지이다. 창조주이며 초월적인 하나님께서 자신의 절대적 권능을 스스로 제한하심으로써 인간이 되신 성육신의 사건이 바로 신의 사랑의 의지를 몸소 인간의 생애 과정을 통해 보인 것이다. 이것이 바로 성서가 증언하는 세계를 향한 하나님의 사랑의 리더십이며, 이 신적 사랑의 리더십이 교회공동체 리더이자 지도자인 목회자가 모범으로 삼고 닮아야 할 포용적이고 탈성별적인 리더십이다.

4. 상대화된 절대와 절대화된 상대: 역설적 권능으로서의 성육신 리더십

기독교공동체에서 고백하는 전지전능하신 하나님, 곧 우주를 창조하신 초월적 하나님의 절대적 권능은 약자 위에 군림하는 가부장적 리더십이 아니라 철저히 자신을 제한하고 규정하는 권능으로서의 리더십이다. 아우구스티누스의 사상을 잇는 프란체스코 교단의 주의주의적 신학자들과 아리스토텔레스의 사상에 근거한 도미니칸 교단의 주지주의적 신학자들이 주장한 하나님의 지성과 의지는 서로 모순되지 않으며 상호 보완적이라는 것을 앞서 살펴보았다. 이는 하나님과 피조물의 건널 수 없는 간극을 이어주는 인간의 지성과 의지 역시 상호 배제하는 것이 아니라 상호 교류한다는 것을 시사한다. 지성을 의지보다 우위에 둔 주지주의자들은 의지를 지성적 욕구로, 의지를 지성보다 우위에 둔 주의주의자들은 세계의 질서 속에 자신을 제한하는 규범적 권능으로서의 의지, 곧 사랑의 의지를 말함으로써 전능하신 하나님의 자기 제한적이고 자기 비움으로 하나님의 의지적 사랑과 사랑의 지성을 설명하고 있다. 곧 성서를 통해 계시되고 인간 세계에서 구현한 신적 리더십이 바로 성육신을 통해 증명하신 하나님의 의지적 사랑이며 절대적 권능의 의지를 제한하여 규범적 권능으로 상대화한 자기 비움의 리더십으로, 특별히 교회 목회자가 본받아야 할 리더십이다.

성서의 계시를 통해 증언되는 야웨 하나님은 힘없는 자를 멸시하고 배척하며 차별하는 가부장적 군주 신이 아니다. 태초에 하늘과 땅을 창조하신 절대적으로 자유로운 권능의 하나님은 이집트에서 종살이 하던 히브리 사람들의 고통을 보고 듣고 마침내 응답하신 자기 제한적인 권능으로 소통하시는 하나님이시다. 억울하게 압제당하고 고통당하는 힘없는 히브리 민족의 탄식과 울부짖음을 들으시고 그들의 탄원에 응답하신 하나님은 모세를 통해 이집트 바로 왕의 억압적 지배와 폭력적 탄압으로부터 그들을 이끌어내신 사랑의 전능을 구현하신 하나님이시다. 그분은 노예가 아닌 자유민으로 해방하시는 긴 여정 속에 구름 기둥과 불 기둥으로 보호하시고 인도하시며 만나와 메추라기로 먹이신 분이며, 계약을 통해 작고 힘없는 히브리 민족을 선택하여 자신의 백성으로 삼으신 분이다. 하나님의 백성들이 따라야 할 도덕적 규범을 주시기 위해 계명과 율법을 허락하심으로써 인간의 자유와 권력, 힘은 때로 사회적 규범과 질서를 위해 스스로 제한되어야 한다고 알려주신 하나님을 우리는 성서를 통해 만난다. 자신의 절대적인 권능의 의지로 창조할 자유도, 파괴할 자유도 가지신 하나님의 절대적 전능함은 인간을 위해 때로 기꺼이 져주시는 약함을 보이기도 하시며, 자기 백성의 간절한 호소에 기꺼이 마음을 돌리기도 하시는 관계적 교감을 표현한다.

하나님의 말씀을 신탁받은 예언자를 통해 가난한 고아와 과부와 나그네를 위해 밭의 곡식을 모두 거두지 말고 남겨두라고 명하며, '안식년이 일곱 번 지난 50년째는 희년을 선포하여 땅과 집을 회복하고 노예를 해방하며 빚을 탕감하라.'고 명하시는 야웨 하나님은 노예들의 하나님, 방랑하던 소수의 힘없는 자들을 불러 자신의 백성으로 삼으신 약자들의 하나님이라는 사실을 성서는 증언한다. 가난하고 힘없는 자들 위에 군림하는 억압자를 책망하고 정직하지 못한 저울과 굽은 판결을 행하는 부패한 지도자들을 향해 "오직 정의를 물 같이, 공의를 마르지 않는 강 같이 흐르게 할지어다"(암 5:24)라고 선포하는 예언자의 하나님은 자신의 절대적 권능을 사회적 정의와 사랑이라는 규범적 권능으로 스스로를 제한하신 하나님임을 드러낸다. 이스라엘 민족의 역사 속에 동행하며 자신을 낮추신 야웨 하나님은 자신의 무제약적 자유와 전능한 권력을 스스로 제한하심으로써 사회적으로 멸시당하는 약자들을 포용하고 배려하며 동시에 악에 대해서는 단호한 책망과 심판으로 스스로 정의의 질서를 세우시는 질서적이고 규범적인 의지를 보이신다. 구약성서가 증언하는 야웨 하나님은 노예와 약자의 편에서 보고 듣고 그들을 위해 일하시는 탈성별적 리더십의 하나님이다.

하나님의 절대적 권능으로서의 의지가 사랑의 의지로 극명하게 드러난 사건이 바로 예수 그리스도의 성육신 사건이다. 빌립보서 2:6-8절의 말씀처럼 "그는 근본 하나님의 본체시나… 오히려 자기를 비워 종의 형체를 가지사 사람들과 같이 되셨고… 자기를 낮추시고 죽기까지 복종"하신 '자기 비움'의 사건, '자기 제한'의 사건이 곧 성육신 사건이다. 다시 말해 무제약적 자유의 절대적 권능으로 이 세계를 만드신 창조주 하나님이 스스로 자신이 창조한 세계의 질서 속으로 성육하여 자신의 권능을 제한하고 '영광이 비천이 되었으며' 절대가 상대가 된 사건인 것이다. 또한 무한하고 초월적 존재가 구체적인 역사 속의 한 인물이 되어 인간의 질서와 역사 속에 스스로를 규제함으로써 하나님의 절대적 권능은 무제약적 지배로서의 권력이 아닌 결국 사랑의 의지라는 것이 드러난 역사적 사건이 곧 성육신 사건이다.

자신의 무한한 자유와 절대적 권능을 인간 예수로 성육신하기까지 스스로를 제한해 밝히 보여준 신적 리더십은 결국 나사렛 예수, 한 인간의 삶과 가르침과 선포 그리고 죽음과 부활을 통해 밝히 드러났다. 추상적이고 초월적이어서 삶과 동떨어진 중립적 리더십이 아닌, 핑계할 수 없도록 선명하게 구체적인 삶과 가르침을 통해 스스로를 제한하신 하나님의 리더십이 어떤 것인지를 성서는 낱낱이 증언한다. 마을에서 쫓겨난 환자를 치유하고 사회에서 멸시당하는 세리와 창기들과 함께 식탁공동체를 나누는 성육한 하나님을 통해 드러난 신적 리더십은 함께한 제자들에게 존재론적 충격을 안겨주었으며, 신에 대한 전적으로 새로운 인식론적 전환을 가져왔다. 예수를 통해 드러난 신적 리더십은 기존의 종교적·사회적 가치와는 전혀 다른 하나님 나라의 가치를 계시함으로써 권력과 권위는 군림하고 지배하는 것이 아니라 사랑이며 포용이고 정의이며 평등이라는 절대적 사랑의 의지라는 새로운 리더십의 이해를 증명했다. 물론 우주를 창조한 절대자 하나님이 자신이 창조한 세계와의 관계에서 늘 규범적인 권능만을 사용한 것은 아니었다는 것을 성서는 진술한다. 인간이 되신 하나님은 자신의 자유로운 의지에 따라 때로는 절대적인 권능을 통해 신적 권력을 드러내기도 하셨다. 신의 절대적 권능의 의지는 소년이 드린 물고기 두 마리와 떡 다섯 덩어리로 5,000명이 넘는 사람들을 먹였으며, 죽은 지 사흘이 지나 무덤 속에 있던 죽은 나사로를 살렸으며, 손 마른 자를 고치고, 소경의 눈을 뜨게 하는 등 수많은 기적을 베풀어 절대적 권능과 규범적 권능을 오직 사랑의 의지를 통해 자유롭게 선택하는 신적 리더십을 행하였다는 것을 알 수 있다. 길지 않았던 한 인간 예수의 생애를 통해 온몸으로 보여준 하나님의 하나님 되심의 자유와 권능은 궁극적으로 사랑 때문에 스스로를 제한하여 자신을 비우고 낮추신 사랑의 리더십이다.

성육신 사건이 보여준 리더십은 무한이 자유롭고 절대적인 권력이 자기를 낮추고 제한하여 자유로운 선택을 통해 타자가 된 권능이었다. 초월이 역사가 되고 창조자가 피조물이 된 신적인 권력은 참된 자유와 진정한 권능이란 구체적으로 타자와의 관계에서 어떻게 나타나는가를 우리에게 예시해주는 원형이 된다. 성서에서 증언하는 성육신한 신, 예수 그리스도는 자신의 탄생에서부터 생애과정, 마지막 죽음에 이르기까지의 생활은 사회적 주변인이며, 지배층이 아닌 약자였다는 것을 보여준다. 스스로 약자가 된 무한한 자유, 스스로 낮아진 절대적 권능의 하나님에 대한 충격적인 경험은 제자들을 통해 예수운동으로 확산되었고, 새로운 제도적 기독교가 생겨나는 계기가 되었다. 따라서 기독교는 태생적으로 사회적 약자들의 종교이며, 자신이 선택하지 않은 상황 때문에 차별받는 주변인들을 위한 종교로 시작되었다. 기독교는 본래적으로 지배층과 권력층에 의한 권력자들과 엘리트들의 이익을 위한 종교가 아니다. 이러한 종교로서의 기독교 발생과 전파는 교회와 교회지도자들 역시 약자 위에 군림하는 지배자나 명령하는 통제자가 될 수 없을 뿐만 아니라 되어서도 안 된다는 정당성을 부여한다.

성육신한 인간 예수가 보여준 신적 리더십은 부패한 종교지도자들과 정치지도자들을 향해 책망하며 회개를 촉구하는 모습과 하나님의 성전을 시장터로 바꾼 상인들을 향해서 분노하는 모습에서도 드러난다. 예수께서 몸소 보여주신 새로운 차원의 신성과 당시 사회적 가치를 역전시키는 신적 리더십은 비유를 통한 가르침에서 탈성별적이며 타자 지향적 리더십임을 더욱 분명하게 묘사한다. 잘 알려진 선한 사마리아인의 비유(눅 10:30-37), 잃어버린 양의 비유(마 18:10-14, 눅 15:4-6)과 잃어버린 동전의 비유(눅 15:8-9), 부자와 나사로의 비유(눅 16:19-31), 양과 염소의 비유(마 25:31-46) 등을 통한 그의 가르침은 사회적 약자를 배려하고 타자를 향한 그의 사랑의 의지를 보여준다. 어린아이들과 같이 되지 않으면 천국에 들어갈 수 없으며(마 18:3, 눅 18:17), 어린아이와 같이 자신을 낮추는 사람이 천국에서 큰 자라고(마 18:4) 한 그의 가르침 역시 약자를 향한 전능자의 신적 리더십이 어떠한 것인지를 구체적으로 밝히고 있다.

한 역사적 인물로 성육신한 나사렛 예수가 당시 전능한 유일신이신 창조주이자 성부 하나님을 '아바'라고 부르며 친밀한 관계를 표현한 것 또한 하나님은 위계적으로 질서 지어진 가부장적 사회에서 백성들의 생사여탈권을 거머쥔 권력자나 지배자로서의 아버지 모습이 아닌 어린 자녀들에게 다정한 아빠가 되어주는 새로운 차원의 하나님을 연상하게 한다. 하나님과 예수의 관계가 위계적이고 종속적인 관계가 아닌 사랑의 친밀한 관계라는 사실, 주인과 종의 관계가 아니라 동등한 관계라는 사실은 그리스도인들이 그리고 교회지도자들이 모범적 청사진으로 삼아 실천하고 구현해야 할 인간관계의 예시가 된다.

성육신한 예수 그리스도의 생애 마지막인 십자가와 부활 사건은 신의 전능성이 어떻게까지 표현될 수 있는지 그 절정을 보여준다. 피조물과의 관계에서 창조주가 자연세계의 법칙과 정의와 사랑에 합당한 도덕적 질서에 스스로를 규정하는 자기 제한적 권능의 의지로 관계하였다면, 창조 사건 때처럼 구원사건에 있어서는 절대적 권능을 통한 사랑의 의지를 계시하였다. 절대자이자 창조주이신 권능의 하나님의 고통과 죽음은 신의 절대적 권력으로서의 전능성이 만들어낸 역설적인 기적이었으며, 육체를 가진 한 인간의 부활 사건 역시 신의 절대적 권능인 사랑의 의지로 가능했던 역설의 기적이다. 제자들을 향해 각자의 십자가를 지고 자신을 따르라고 한 예수 그리스도의 요구는 인류를 향한 절대자의 사랑이 스스로를 비우고 낮추는 삶이 목회자를 포함한 모든 그리스도인이 삶을 통해 체현해야 할 사랑의 리더십이라는 것을 보여준다.

맺는말: 작은교회운동이 지향하는 탈성별적인 리더십을 위하여

이 글은 작은교회운동을 통해 실행해야 할 교회공동체 목회자의 바람직한 리더십은 어떤 것인가를 고민하며 그 대안적인 리더십을 탈성별적 관점에서 고찰하고자 하였다. 그동안 한국교회공동체에서 일반적으로 기대하고 허용한 성직자의 리더십의 특징은 남성 편향적으로 젠더화한 신적 리더십이었음을 비판적 관점에서 분석하였다. 그리고 이같은 리더십은 남성 권력적으로 구조화된 신성과 가부장적 원리로 젠더화한 거룩함, 성스러움의 상징, 이미지의 남성화 등으로 인해 한국교회 내에서 성차별적 리더십으로 고착되었다는 사실을 분석하였다. 더욱이 가부장적 권력의 논리로 오염된 초월은 가부장적 문화를 반영한 남성지배적 권력을 이상적 리더십으로, 인간관계의 모범적 청사진으로 제시함으로써 변화하고 있는 열린 사회 속에서도 교회공동체가 예외적으로 폐쇄적인 성차별의 성역이 되고 있다는 사실을 설명하였다.

특별히 절대군주와 같은 카리스마적이고 가부장적인 대형교회 목회자의 리더십이 그동안 기독교 신학에서 논의해온 절대적 권능과 무제약적 자유 의지로서의 신 이해와 깊이 연관되어 있음을 분석하면서, 이를 극단적으로 분리하여 왜곡된 신의 의지와 신의 지성에 대한 이해에서 기인했다는 사실을 주장하였다. 따라서 성차별적인 군주적 리더십에 대한 대안으로서 탈성별적인 리더십을 이성과 의지의 조화를 이룬 자기 제한적이고 자기 규정적인 신의 의지를 통해 체현되는 타자 지향적 리더십으로 제시하였다. 무제약적인 자유와 절대적 권능 자체인 신이 스스로 자신을 규정하고 제한하여 구체적 역사 한가운데로 들어온 성육신의 리더십이 곧 타자 지향적인 리더십이며, 교회 목회자들이 모범으로 따라야 할 리더십임을 주장하였다.

창조주 하나님이 스스로를 제한하여 피조물 인간이 된 역설적인 신의 절대적 권능, 초월이 내재가 되고 절대가 상대가 된 역설적인 신의 무제약적 자유가 성육신의 사건, 즉 나사렛 예수 그리스도의 탄생과 삶, 그의 가르침과 십자가를 통해 우리에게 구체적으로 예시하고 있는 생애의 리더십으로 작은교회운동이 지향하는 탈성별적이고 타자 지향적 리더십이다. 따라서 기독교는 태생적으로 지배자들에 의한 종교가 아니며 그렇기에 권력자들을 위한 종교일 수 없다. 가장 작은 자가 천국에서는 가장 큰 자로 일컬음을 받는 것처럼 한국적 작은교회운동이 추구하는 교회는 타자 지향적인 열린공동체여야 하며, 자기 제한적인 역설의 리더십이 실행되는 곳이어야 한다.

참고문헌

이진남. "아리스토텔레스와 아퀴나스의 의지개념: 버크의 견해에 대한 비판." 「인문학연구」 제43권 (2012): 415-439.

장세룡. "아퀴나스와 오캄에서 신의 권능과 의지." 「역사교육논집」 제28호 (2002): 217-248.

정원래. "스콜라주의의 종말-하나님께로 향하는 새로운 통로: 의지(voluntas)." 「한국개혁신학」 제31호 (2011): 218-251.

다니엘 L. 밀리오리. 신옥수 · 백충현 옮김. 『기독교 조직신학개론』. 서울: 새물결플러스, 2012.

파울 틸리히. 송기득 옮김. 『19-20세기 프로테스탄트 사상사』. 서울: 대한기독교서회, 2004.

________. 송기득 옮김. 『파울 틸리히의 기독교 사상사』. 서울: 대한기독교서회, 2005.

후스토 L. 곤잘레스. 이형기 옮김. 『기독교사상사 2: 중세편』. 서울: 한국장로교출판사, 2002.

________. 이형기 옮김. 『기독교사상사 3: 현대편』. 서울: 한국장로교출판사, 2002.

Gunton, Colin E. *The Triune Creator: A Historical Systematic Study*. Michigan & Cambridge: Grand Rapids, William B. Eerdmans Publishing Company, 1998.

김정숙

감리교신학대학교 조식신학 교수이다. 논문으로 「세월호 그 이후, 이야기 신학: 변선환의 이야기 신학 열기」, 「기독교 신학적 사유를 통한 한나 아렌트의 세계 사랑의 의미: 성 아우구스티누스의 사랑의 개념과 세계 이해를 중심으로」, 「중세 여성 신비가들의 저항과 해방의 담론: 여성주의 시각으로 조명한 중세 여성의 정치적 신비주의」 등이 있다.

2장

차별을 넘어 평등과 일치로: 초기 기독교 신앙의 뿌리

시작하는 말: 과연 성서는 성차별을 정당화하는가

성서학도이다 보니 지인들로부터 가끔 성서에 관한 질문을 받을 때가 있다. "성서는 ○○ 같은 문제를 두고 뭐라고 말하는가?"와 같이 서술형 답안을 요구할 때도 있고, "○○과 같은 행위는 성서에서 금하고 있지 않은가?"와 같이 예/아니오의 단답을 요구할 때도 있다. 신앙생활에서 성서의 권위가 차지하는 비율이 결코 적지 않은 만큼, 현실 문제들에 관해 성서가 말하는 바를 알고자 하는 신앙인의 자세에 대해서는 나무랄 것이 없다. 그런데 필자는 종종 한마디로 답을 하지 못하고 머뭇거린다. 상대방이 기대한 것처럼 한 문장으로 단순 명쾌하게 답을 할 수 있을 정도로 성서가 한 가지 문제에 대해 같은 답을 내리고 있지 않으며, 모든 문제에 답하지도 않기 때문이다.

성서 저자들은 특정한 상황에서, 특정한 문제들에 관하여, 특정한 이들을 대상으로 말한다. 그렇기 때문에 성서를 진지하게 대하는 신앙인이라면 말씀이 탄생한 당시의 상황에서 그것이 가진 의미를 숙고하는 작업을 해야 한다. 이 점에서 정경일의 지적처럼 성서를 읽는 작업 자체는 정규 신학교육을 받은 전문가들만의 영역이 아니라 평신도들의 영역, 곧 '평신도 신학'이어야 한다.

한국적 작은교회론의 한 축을 담당하는 '탈성별'은 넓게 말해 성적 차이로 인해 발생하는 종교적·사회적 차별에서 출발하여 모든 차별을 지양하자는 목표를 담고 있다. 동시에 적극적으로 차별을 넘어서는 평등과 일치의 가능성을 모색하는 것이기도 하다. 이런 의미에서 '탈성별', '향평등'과 관련해서 성서해석의 문제를 다시 생각해볼 필요가 있다. 교회에서는 특히 여성에게 부조리하고, 부당하다고 느껴지는 일들이 자주 발생한다. 그런데 이에 대해 여성들이 진지하게 문제를 제기하려고 하면, 성서의 권위에 호소하는 방식으로 그 문제 제기가 가로막힐 때가 많다. 아직도 한국교회의 여성들은 성서에 그렇게 쓰여 있다는 이유만으로 '교회에서 잠잠할 것'(고전 14:34)을 강요당하고, 성서가 '여자는 가르칠 수 없다.'(딤전 2:11)고 했다는 것을 근거로 성직 안수가 금지되는 엄연한 차별의 현실을 살고 있다. 이 점에서 교회 안에서 성차별을 지지한다고 여겨지는 대표적인 구절들을 정확히 이해하고, 그것이 지금 교회에 정당한 방식으로 적용되고 있는가를 묻는 작업이 필요하다.

그중에서도 특히 바울의 이름으로 쓰인 서신서의 몇몇 본문들은 교회 안에서 버젓이 일어나는 성차별이 정당함을 뒷받침해주는 전거로 언급된다. 그런 이유로–예수와는 대조적으로–바울이 성차별주의자라는 비난을 받기도 한다. 바울은 2,000년 전 지금 우리 사회와는 비교도 되지 않을 만큼 가부장적이고 권위주의적인 문화 안에서 살았다. 이 안에서 바울이 과연 남성으로서 특권 의식을 버리지 못하고 당시의 가부장적 문화에 매몰되었는지, 아니면 그것을 탈피했는지, 또 탈피했다면 얼마나 그리고 어떻게 그렇게 했는지를 물어야 한다. 이러한 숙고의 과정 없이 바울이 발언한 한두 마디 문장만을 떼내어 편의대로 활용하거나 몇 구절을 근거로 그를 성차별주의자로 매도한다면, 이것은 인물과 그의 삶이 담긴 서신을 정당하게 대하는 방식이 아닐 것이다. 그보다는 '시대의 아들'로서 바울이 지녔던 한계를 인식하면서 우리 시대의 차별에 맞서 대안적인 평등문화를 수립하려고 노력하는 교회와 그리스도인들에게 깨우침을 주는 방식으로 그의 삶을 독해해 볼 필요가 있다.

한국교회의 가부장적 구조를 비판하면서 대안적 평등문화를 뿌리내리기 위해 성서해석의 문제가 얼마나 중요한가를 일찍이 깨달은 이들이 있었다. 교회의 성차별에 끝없이 저항하면서 여성 그리고 그리스도인으로서 자기 목소리를 내고, 이 일을 지지해주는 전통을 성서에서 찾아내려고 애쓴 스승이자 선배들인 한국의 여성신학자들이다. 필자에게 '작은교회론'을 틀 지우는 '한국적'이라는 형용사는 가부장적인 교회문화를 개혁해야 하는 우리의 상황을 포괄하는 동시에 바로 한국 여성신학자들의 노력을 이어가는 것을 의미한다. 이 글은 바울의 성차별적 본문들과 관련하여 기존에 소개된 여러 여성신학자들의 해석에 빚지고 있다.[1)]

1. 교회의 가부장주의화와 '반동적' 바울

> (성도들의 모든 교회에서 그렇게 하는 것과 같이,) 여자들은 교회에서는 잠자코 있어야 합니다. 여자에게는 말하는 것이 허락되어 있지 않습니다. 율법에서도 말한 대로 여자들은 복종해야 합니다. 배우고 싶은 것이 있으면, 집에서 자기 남편에게 물으십시오. 여자가 교회에서 말하는 것은, 자기에게 부끄러운 일입니다.(고전 14:34-35, 이하 새번역)

위에 인용된 고린도전서 14:34-35는 구체적으로 상황을 제한하지도 않고 무조건적으로 '교회에서' 여성들이 말하는 것을 금하고 있다. 이 구절은

---

1) 필자가 참고한 대표적인 글들을 소개한다. 박경미, "바울로는 반(反)여성주의자였나", "바울로 공동체와 여성들", 『새 하늘 새 땅 새 여성』(광주: 생활성서사, 1993), 198-213, 김판임, 『바울과 고린도교회: 1세기 지중해지역 초기 교회 현장을 찾아서』(서울: 동연, 2014), 151-184, 김경희, "고린도전서 11:2-16에 나타난 바울의 성차별주의와 초창기 기독교 여성들의 성평등 의식", 「한국여성신학」 45 (2001), 7-49, 김경희, "갈라디아 3장 27-28절을 통해 본 원시 기독교의 평등의 비전,"「신약논단」 7 (2000), 48-82.

교회 여성들의 입에 재갈을 물리는 근거로 사용되었으며 제도적으로는 여성의 목회나 안수가 불가능하다고 주장하는 근거로 쓰이기도 했다.

다수의 학자들은 이 구절을 과연 바울이 쓴 것일까 하고 의심한다. 그 이유는 먼저 34절에서 "율법에서도 말한 대로"라고 운을 떼고서 구약성서를 인용하지 않고 자신의 주장만을 말하는 것이 바울의 어법에 맞지 않다는 데 있다. 또한 여러 사본에서 14:34-35는 14장의 마지막절인 40절 다음에 붙어 있는데, 이 점을 근거로 학자들은 이 구절이 처음에는 난외주, 즉 후대의 독자가 사본의 여백에 첨가한 메모였을 것이라고 추정한다. 그리고 구절의 위치가 달라진 것은 필사자가 이것의 기원을 모르는 채 관행에 따라 본문 안으로 통합해서 서로 다른 위치에 끼워넣었기 때문이라고 본다. 무엇보다 결정적인 이유는 같은 서신의 몇 장 앞에서는 바울이 기도와 예언을 비롯하여 교회 안에서 이루어지는 모든 은사에 여성들이 동등하게 참여하는 것을 당연하게 전제하고 훈계하는데(11:2-16), 이는 이 본문과 모순되기 때문이다.

이런 점들을 고려하여 대다수의 학자들은 이 본문이 후대에 부연된 구절로써, 바울이 쓴 것이라고 하기 어렵다고 보는 한편, 이 구절을 부연한 인물은 목회서신의 저자일 가능성이 높다고 주장한다.[2] 목회서신의 대표적인 성차별적 본문으로 알려진 디모데전서 2:11-12를 읽어보자.

> 여자는 조용히, 언제나 순종하는 가운데 배워야 합니다. 여자가 가르치거나 남자를 지배하는 것을 나는 허락하지 않습니다. 여자는 조용해야 합니다.(딤전 2:11-12)

이 구절이 포함된 디모데전서는 바울의 이름으로 쓰였기 때문에 넓은

2) 조안나 듀이, 이화여성신학연구소 옮김, "디모데전서,"『여성들을 위한 성서주석: 신약편』, 캐롤 A. 뉴섬·샤론 H. 린지 엮음 (서울: 대한기독교서회, 2012), 309.

의미에서 바울서신에 포함되지만 디모데후서, 디도서와 함께 목회서신으로 따로 분류되기도 한다. 다수의 학자들은 이 목회서신을 바울이 직접 저술한 '친서'로 보지 않는다. 그리고 당시 문화에서 존경하는 스승의 이름으로 글을 쓰는 것은 오늘날과는 달리 이상하게 여겨지지 않았다. 이 목회서신은 바울에 대한 최초의 '주석서'로서 바울 전통이 어떻게 변화되는지를 보여주는데, 두드러지는 것은 노예제와 가부장제 질서와 관련하여 바울에게서 후퇴하여 더 보수적이고 완고한 태도를 보인다는 것이다. 그래서 크로산과 보그는 목회서신을 바울 친서에서 발견되는 '급진적' 바울과 대조하여 '반동적' 바울로 분류하기도 한다.[3)]

이처럼 여성들의 자유로운 발언권을 제한하려는 반동적 시도를 보여주는 본문들은 저자 당시인 그리스-로마 세계의 가부장적 윤리 기준을 교회 버전으로 변환한 것이라고 할 수 있다. 이런 기준에 따르면 여성들은 사회적 활동을 삼가고 사람들 앞에 나서지 않으며 조신해야 한다. 예를 들어 플루타르코스의 "신랑 신부에게 주는 충고"의 한 구절을 보면 유사한 가르침을 하고 있다.

> 덕스러운 여자는 그녀의 팔뿐만 아니라 언어까지도 대중 앞에 노출되어서는 안 된다. 덕스러운 여자는 얌전해야 하며 외간 남자들의 말을 듣지 않을 뿐만 아니라 남에게 말을 할 때에도 조심해야 한다. 여자가 그녀의 말을 통해서 그녀의 감정과 성격과 기질을 외부에 나타낼 수 있으므로 외부에 자기 자신을 노출하는 것을 삼가야 한다.[4)]

---

3) 마커스 J. 보그·존 도미닉 크로산, 김준우 옮김, 『첫 번째 바울의 복음』(고양: 한국기독교연구소, 2010) 참조.
4) 빅터 폴 퍼니쉬, 이희숙 옮김, 『바울의 네 가지 윤리적 교훈』(서울: 종로서적, 1994), 125에서 재인용.

이렇듯 당시 문화의 윤리적 기준을 교회 여성들에게 그대로 강요하는 후대의 구절들은 바울이 내린 명령이 아닐 뿐더러 당시의 보수적 관점을 반영하며 특정 저자 또는 집단의 견해를 대변한다. 역설적이게도 여성신학자들은 이런 구절들 배후에서 오히려 교회에서 적극적으로 활동하며 지도력을 발휘한 여성들의 모습을 발견한다. 그리고 이런 여성들을 억누르려는 시도를 보여주는 이런 본문들이 교회의 가부장주의화 과정을 보여준다고 해석한다.

역사적으로 디모데전서의 구절은 여성의 성직 진출을 금지하는 전거로 사용되었다. 불행히도 한국교회의 최대 교단인 대한예수교장로회 합동측은 현재까지도 여성 목사안수를 허용하지 않으면서 그 근거로 디모데전서 2장의 본문을 들고 있다. 그러나 합동교단의 이러한 행태는 성서에 대한 충실성 때문이기라기보다는 교단의 정치적 편견과 가부장적 선입견의 렌즈로 성서를 해석해낸 결과이다. 목회서신의 저자는 사회의 안정과 질서를 해치지 않으면서 가부장적 질서가 교회 안에서도 유지되기를 바라는 바울 이후 제3세대 그리스도인들의 모습을 보여준다. 그리고 남성들이 독점하는 성직과 교단의 특권적 구조를 바꾸고 싶지 않은 한국의 대표적 보수 교단의 모습은 이들과 놀랍도록 닮아 있다.

2. 문제는 머리 스타일이지, 여성의 종속적 위치가 아니다

> 여러분이 나를 모든 면으로 기억하며, 또 내가 여러분에게 전해준 대로 전통을 지키고 있으니, 나는 여러분을 칭찬합니다. 그런데 각 남자의 머리는 그리스도요, 여자의 머리는 남자요, 그리스도의 머리는 하나님이신 것을, 여러분이 알기를 바랍니다. 남자가 머리에 무엇을 쓰고 기도하거나 예언하는 것은 자기 머리를 부끄럽게 하는 것입니다. 그러나 여자가 머리에 무엇을 쓰지 않은 채로 기도

하거나 예언하는 것은, 자기 머리를 부끄럽게 하는 것입니다. 그것은 머리를 밀어 버린 것과 꼭 마찬가지입니다. 여자가 머리에 아무것도 쓰지 않으려면, 머리를 깎아야 합니다. 그러나 머리를 깎거나 미는 것이 여자에게 부끄러운 일이면, 머리를 가려야 합니다. 그러나 남자는 하나님의 형상이요, 하나님의 영광이니, 머리를 가려서는 안 됩니다. 그러나 여자는 남자의 영광입니다. 남자가 여자에게서 난 것이 아니라, 여자가 남자에게서 났습니다. 또 남자가 여자를 위하여 지으심을 받은 것이 아니라, 여자가 남자를 위하여 지으심을 받았습니다. 그러므로 여자는 천사들 때문에 그 머리에 권위의 표를 지니고 있어야 합니다. 그러나 주님 안에서는, 남자 없이 여자가 있지 않고, 여자 없이 남자가 있지 않습니다. 여자가 남자에게서 난 것과 마찬가지로, 남자도 여자의 몸에서 났습니다. 그리고 모든 것은 다 하나님에게서 났습니다. 여러분은 스스로 판단하여 보십시오. 여자가 머리에 아무것도 쓰지 않은 채로 하나님께 기도하는 것이 마땅한 일이겠습니까? 자연 그 자체가 여러분에게 가르쳐 주지 않습니까? 남자가 머리를 길게 하는 것은 그에게 불명예가 되지만, 여자가 머리를 길게 하는 것은 그에게 영광이 되지 않습니까? 긴 머리카락은 그의 머리를 가려 주는 구실을 하는 것입니다. 이 문제를 두고 논쟁을 벌이려고 생각하는 사람이 있을지는 모르나, 그런 풍습은 우리에게도 없고, 하나님의 교회에도 없습니다. (고전 11:2-16)

사실 앞에서 살펴본 고린도전서 14:34-35의 '잠잠하라'의 여운이 너무나도 강렬해서 여성에 대한 바울의 다른 진술들도 영향을 받는다. 이 점에서 이 14:34-35와 11:2-16 바울서신의 본문 안에 포함된 것은 어느 여성신학자의 말처럼 정말로 '불행한 일'일지도 모른다.[5] 그래서인지 언뜻 읽어보면 고린도전서 11:2-16도 14:34-35와 비슷하게 느껴진다. 그런 불편함 때문일까, 이 본문도 후대의 삽입으로 보려는 주석가들이 없지 않다. 아닌 게 아니라 3-16절을 생략하면 2절에서 17절로 자연스럽게 이어진다. 그러나 유감스럽게도 이 본문은 더 보수적인 후대의 저자가 삽입한 구절이라고 주장할 수 있는 사본상의 근거가 없다.

이 본문을 바울의 것이라고 여기고 읽다 보면 여기에 나타나는 성차별적 언사에 당혹감을 느끼지 않을 수 없다. 3절에서 바울은 "각 남자의 머리는 그리스도요, 여자의 머리는 남자요, 그리스도의 머리는 하나님"이라면서 하나님-그리스도-남자-여자의 순서로 위계를 설정한다. 7절에서도 남자는 하나님의 형상이고 하나님의 영광이지만, 여자는 남자의 영광이라고 앞의 위계를 다시 한 번 강조한다. 8-9절에서 바울은 남자와 여자 사이의 위계만 다시 설정하는데 창조 때에 남자가 여자에게서 났고 남자를 위해서 여자가 지음을 받은 것이지 거꾸로는 아니라고 못을 박는다. 이처럼 여성을 최하위 서열에 놓는 바울의 논리는 그리스도인의 가정과 교회에서 여성의 종속성을 지지하는 근거로 활용되어 왔다.

먼저 바울이 이런 논리를 전개해야 하는 목적과 그 상황이 무엇이었는지를 살펴볼 필요가 있다. 문제가 되고 있는 것이 여자들의 머리 스타일인 것은 분명해 보인다. 본문이 머리 스타일에 대해 자세하게 그리고 구체적으로 묘사하고 있지 않기 때문에 바울의 요구가 무엇인지 분명하게 결정하기는 쉽지 않다. 전통적인 해석을 따라서 본문에 나오는 그리스어 단어 'ἀκατακάλυπτος'와 'κατακαλύπτω'를 '머리를 덮지 않은 채'(5, 13절) 기도와 예언을 행하는 여자들에게 바울이 '머리를 덮을 것'(6, 7절)을 요구하고 있다고 해석하면 문제는 단순해진다. 고린도 교회의 여성들이 현재 가톨릭 교회에서 사용하는 미사보와 같은 머리덮개(히마티온)를 쓰지 않고 기도와 예언을 한 것이다.

---

5) 주엣 M. 배슬러, 이화여성신학연구소 옮김, "고린도전서,"『여성들의 성서주석: 신약편』, 246.

한편 피오렌자를 위시하여 그녀를 따르는 여러 학자들은 이 본문을 헬레니즘 시대 당시에 널리 유행하던 밀의종교와 관련하여 읽어낸다.[6] 여성들이 디오니소스, 이시스 제의 등에 자유롭게 머리를 풀어헤치고 참여할 때처럼 황홀경에 빠져 광기어린 모습으로 공동체의 예배에 참여했다는 것이다. 그렇다면 사도는 머리핀 같은 것으로 머리를 정리하든지, 아니면 끈으로 묶든지 해서 단정히 하라고 권면하는 것으로 볼 수 있다. 여기서 머리에 너울을 쓰는 문제인지, 풀어헤친 머리를 단정히 하는 문제인지를 결정할 수는 없지만 문제의 핵심이 여성들이 기도하거나 예언할 때에 하는 머리 스타일인 것만은 분명하다. 그렇다면 바울이 하고 싶은 말은 "제발 머리를 좀 덮으시오." 또는 "단정히 하시오."라는 아주 간단한 요구이다.

팔레스타인이든 디아스포라든 당시 유대 전통에 따르면, 가정에서나 공적 공간에서 여성들은 머리를 덮었다고 한다. 헬레니즘 전통은 유대 전통에 비해서 여성들의 머리와 관련된 규제가 자유로웠던 것 같다. 그러한 맥락에서 보면 바울은 유대 전통을 거슬러 행동하지 말 것을 다수의 이방인들로 구성된 공동체의 여성들에게 강요하는 것 같기도 하다. 이 본문에서 "부끄러움"(4, 5, 6절)과 "불명예"(14절)와 같은 단어들이 나타나는 것을 보면, 바울은 지중해 세계의 '명예와 수치'의 관점에서 여성들에게 체면을 생각해서 타인이 눈살을 찌푸릴 만한 일을 하지 말라고 조언하는 것일 수도 있다.

자주 간과되는 사실인데 무엇보다 중요한 것은 바울이 예언과 기도를 행할 때 남성과 여성에게 차이를 두지 않고, 동등한 권한을 인정하고 있다는 점이다. 그러나 고린도 교회에 자신이 지시하는 대로 따르지 않을 만한 여성들이 있어서 그들을 의식하기라도 한 듯 바울의 수사는 문제가

---

6) E. S. 피오렌자, 김애영 옮김, 『크리스찬 기원의 여성 신학적 재건』 (서울: 태초, 1993), 278-283.

된 상황에 비해 과도하게 느껴진다. 머리 스타일의 문제로 남성과 여성 사이에 엄연히 서열이 있다는 이야기까지 들을 필요는 없기 때문이다. 그런데 이러한 위계설정이 문제가 될 수 있음을 바울 자신도 인식하고 있다는 점은 11-12절에서 바울이 앞서 한 주장을 번복하면서 다음과 같이 말하는 것을 통해 알 수 있다.

> 그러나 주님 안에서는, 남자 없이 여자가 있지 않고, 여자 없이 남자가 있지 않습니다. 여자가 남자에게서 난 것과 마찬가지로, 남자도 여자의 몸에서 났습니다. 그리고 모든 것은 다 하나님에게서 났습니다.

접속부사 "그러나"로 이전까지 자신이 전개한 논리를 뒤집으면서 바울은 "주님 안에서는" 남자와 여자가 서로 없이는 존재할 수 없는 상호적 존재임을 선언한다. "주님 안에서는"이라는 구절에 의해서 바로 앞에서 전개한 남자-여자의 위계적 서열을 상대화해 버린다. 머리 스타일 문제는 "주님 안에서" 그리스도인이 어떤 모습이어야 하는지의 문제가 아니라는 것을 바울 스스로가 말해준 셈이다.

이어서 바울은 상대에게 '스스로' 판단해보라고 요구한다.(13절) 14-15절에서는 남자는 머리가 짧고, 여자는 머리가 긴 것이 '자연스러운' 것처럼 자신이 지시한 대로 그냥 따라주었으면 하고 바라는 바울의 내심이 읽힌다. 그리고 그럼에도 여성들 가운데 이에 대해 따져 물을 사람이 있다고 의식한 것처럼 바울은 마지막에 "이 문제를 두고 논쟁을 벌이려고 생각하는 사람이 있을지는 모르나"라며 단서를 단 다음 "그런 풍습은 우리에게도 없고, 하나님의 교회에도 없습니다."라고 일축하며 말문을 막아버린다. 이런 것을 보면 고린도 교회의 여성들은 하라는 대로 고분고분 따르지 않는 주도적인 여성들이었을 것 같다. 바울은 그들에게 한마디로 '묻지도 따지지도 말고 그냥 하라면 하시오.'라고 우격다짐으로 자신의 논리를 밀어붙인다.[7] 그러나 바울의 논리는 일관적이지 않았고, 보그와 크로산이 말했듯 이 본문은 '수사학적 낭패'에 가깝다.[8]

많은 학자들은 11-12절에서 드러났듯이 주님 안에서 남성과 여성이 평등함을 바울이 부인하지 않았고, 여성을 남성에게 종속시키려고 시도한 것도 아니라고 본다. 다만 바울은 교회의 질서를 유지하고 싶었을 뿐이다. 이것은 이 단락이 속한 고린도전서 전후의 흐름과 관련하면 이해하기 쉽다. 이 단락을 시작으로 14장까지 바울은 여러 가지 성령의 은사들의 수행에 대해서 이야기하는데, 14장 끝에서 당부한 것처럼 "모든 일을 적절하게 하고 질서 있게 해야 합니다."(40절) 무엇보다 바울은 11장 전까지 8-10장에 걸쳐 그리스도인에게 허락된 자유를 온전하게 인정하면서도 그것이 공동체에 유익과 덕을 끼치기 위하여 '사랑'으로 행해져야 한다고 강조한다.

분명한 것은 바울이 여기서 주장하고 있는 것이 구원의 복음과 신앙의 본질적인 차원이 아니라 여자들의 머리 스타일, 즉 당시 관습과 전통의 문제라는 것이다. 이 본문을 읽는 우리의 입장에서 보면 여자들이 교회에서 어떤 머리를 하든 바울이 쿨하게 관용할 수 있었다면 참 좋았겠지만, 바울은 그럴 수 없었고 교회의 '아버지'(고전 4:15)로서 조언을 해야 하는 위치에 있었다. 그런데 후대에 많은 이들은 이 본문에서 바울이 정말로 하려고 하는 말보다는 자신이 듣고 싶은 말을 들었다. 놀랍게도 개신교 전통은 가톨릭과 달리 머리덮개에 대한 바울의 훈육은 가볍게 뛰어넘으면서 그 근거로 든 위계 본문은 금과옥조처럼 여겼다. 대개의 여성비하적 성서해석이 그렇듯, 이 본문에서 특정 구절만 부각된 것 역시 편의주의적인 성서 오용의 예이다.

---

7) 김판임, 『바울과 고린도교회』, 181.

8) 보그·크로산, 『첫 번째 바울의 복음』, 71. 여성신학적 관점, 수사학적 비평의 관점으로 고린도전서 11: 2-16에서 바울이 전개하는 논리의 일관성을 비판한 논의를 보려면 박경미, "수사학적 비평," 『성서를 읽는 11가지 방법: 초보자를 위한 성서 연구 방법의 실제』 (광주: 생활성서사, 2001), 151-165를 참조하라.

이 본문에 대해서 제기해야 할 문제가 남아 있다. 하나는 바울이 이렇듯 머리 스타일과 관련해서 단순한 훈육을 하는데도 복잡하게 말해야 할 만큼 고린도 교회의 여성들이 주도적이고, 자유로울 수 있었던 근거가 있다면 그것이 무엇인가 하는 것이다. 그리고 다른 하나는 바울이 논리 전개를 하면서 이토록 긴장감을 느끼는 무슨 이유가 있는가 하는 것이다. 바로 이 지점이 반동적이거나 보수적인 바울이 아닌, 다른 바울의 모습을 찾아볼 수 있는 실마리가 되지는 않을까? 여기에 대한 답변은 갈라디아서 3:26-28에 대한 논의에서 제시할 것이다.

3. 여성들의 동역자 바울, 로마서 16장의 여성 사역자들

이상에서 바울이 성차별주의자였다는 혐의를 받게 만든 일부 본문을 살펴보았다. 이것을 반박할 다른 본문을 살펴보기 전에 바울이 실제로 자신의 사역에서 여성들과 얼마나 함께했느냐를 살펴보는 것은 의미가 있다. 어쩌면 이것이 그가 한 발언보다 더 많은 것을 알려줄 지도 모른다.

바울이 사역한 교회에서 여성들이 주도적으로 활동한 것은 바울의 선교를 이야기해주는 사도행전의 여러 본문에서도 드러나지만, 바울 자신의 서신에서도 잘 드러난다. 로마서 16장이 대표적인 본문이다. 여기서 바울은 편지를 끝맺으면서 여러 동역자들을 하나하나 언급하며 인사한다. 가장 먼저 언급되는 인물이 바로 뵈뵈이다. 고린도의 항구도시인 겐그레아 교회의 일꾼인 뵈뵈는 바울 자신을 비롯해 많은 이들이 신세를 진 인물이다.(1-2절) 곧이어 나오는 동역자 브리스가(브리스길라)는 남편인 아굴라보다 더 먼저 호명된다. 이 부부는 바울의 목숨을 구해주었다.(3-4절)

계속해서 7절에서는 자신과 함께 옥에 갇히기도 한 유니아에게 안부를 전하는데, 바울은 그녀를 '뛰어난' 자로 높이면서 자신과 같은 '사도'로

칭한다. 그녀는 초기 교회에서 바울과 동급이었다고 할 수 있다. 그런데 이런 극찬 때문이었는지 남성 해석자들은 유니아의 존재를 불편해 했다. 이들은 그리스어 단어의 강세를 바꾸어 남성형 '유니아스'의 목적격으로 바꾸거나, 아니면 철자를 추가해 '유니아누스'로 만들면서까지 어떻게든 그녀를 남자로 바꾸어 보려고 했다.[9] 유니아 외에도 바울은 마리아(6절), 쌍둥이인 듯한 드루배나와 드루보사 그리고 버시(12절)와 같이 "주님 안에서 수고를 많이 한" 자매들을 기억하고 문안하여 주기를 부탁한다. 로마서 16장에서는 이 외에도 율리아와 이름을 밝히지 않은 '어머니' 그리고 한 '자매'가 언급된다.

이처럼 여러 여성 선교사들은 바울의 동역자였다. 아니, 여성 선교사들의 입장에서 말하면 바울이 이 뛰어난 여성들의 동역자였다. 피오렌자는 초기 기독교 선교운동에 얼마나 여성들이 참여했는가를 말해주는 역사적 정보가 너무나 적다는 것을 우리에게 상기시킨다. 다시 말해 이 여성들은 '빙산의 일각'일 뿐이며, 소수의 "예외들이 아니라 남성 중심적 편집과 역사적 침묵에도 불구하고 살아남아—우리에게 알려진—초기 기독교 여성들의 대표자들"이다.[10]

4. 초기 기독교 공동체의 평등 비전과 바울의 급진적 정치신학

앞에서 고린도전서 14:34-35와 디모데전서 2:11-12가 '급진적'인 바울에서 후퇴했음을 비판했지만, 그와 대조될 만한 급진적인 바울의 모습을 제시하지는 않았다. 바울이 정말로 성차별주의자였는가에 답하기 위해서는 앞서 살펴본 것처럼 바울의 선교적 실천이 어떠했는가와 함께 꼭

---

9) 게리 윌스, 김창락 옮김, 『바울은 그렇게 가르치지 않았다』 (서울: 돋을새김, 2012), 140; 보그·크로산, 『바울의 첫 번째 복음』, 73-75.
10) 피오렌자, 『크리스찬 기원의 여성 신학적 재건』, 211.

살펴봐야 하는 본문이 있는데, 그것은 갈라디아서 3:26-28이다.

> 여러분은 모두 그 믿음으로 말미암아 그리스도 예수 안에서 하나님의 자녀들입니다. 여러분은 모두 세례를 받아 그리스도와 하나가 되고, 그리스도를 옷으로 입은 사람들이기 때문입니다. 유대 사람도 그리스 사람도 없으며, 종도 자유인도 없으며, 남자와 여자가 없습니다. 여러분 모두가 그리스도 예수 안에서 하나이기 때문입니다. (갈 3:26-28)

알려진 바와 같이 이 구절은 바울이 처음 한 말이 아니라 바울 이전부터 초기 교회들이 세례 때 쓰던 공식 예전문을 바울이 확장한 것이다. (롬 10:12, 고전 12:13, 골 3:11 참조) 26절에서 바울은 수신자들을 향하여 그들 모두가 그리스도 예수 안에서 하나님의 자녀라고 선포한다. 그리고 그들이 하나님의 자녀가 된 것은 "예수 그리스도를 믿는 믿음"으로 말미암은 것인데, '율법'이 아니라 바로 이 믿음이 의롭게 한다(2:16)는 사실을 바울은 갈라디아서 전체에서 강조하고 있다.

믿음으로 하나님의 자녀가 된 모든 사람은 '그리스도와 하나가 되고, 그리스도를 옷으로 입는다.'(27절) 이것은 세례를 표현하는 이미지이다. 그리스도인이 되었음을 인정받는 의식인 세례는 '옷 입는다'는 표현에서 알 수 있듯 신분의 변화를 수반한다. 그것은 '내가 아니라 그리스도가 내 안에 사는 것'(2:20)이고, 로마서 6:4에 따르면 예수의 죽으심과 연합하여 그와 함께 묻혔다가 "그리스도께서… 죽은 사람들 가운데서 살아나신 것과 같이 우리도 또한 새 생명 안에서 살아가"는 것이다.

부활한 그리스도와 함께 살아가는 그리스도인의 '새 생명'은 새로운 삶의 질서로의 전향을 의미한다. 28절에서 바울은 이 세례를 기점으로 당시 그리스-로마 세계의 대표적인 차이(정체성)가 지양되고 극복된다고 선언한다. 바울이 제시하는 세 쌍의 대립 가운데 첫 번째는 유대인과 그리스인의 차이이다. 이 차이는 민족적·인종적 차원을 넘어서 할례와 무할례로 대변되는 종교적 차원 그리고 '선택'으로 하나님의 백성이 된다고 믿는 특수주의와 지혜와 철학을 최고로 삼는 보편주의의 문화적 차이까지 광범위하게 포괄한다. 두 번째, 종과 자유인은 신분과 계급에 관한 사회적 차이로 쉽게 이해된다. 마지막으로, 남자와 여자는 양성 간의 생물학적 차이는 물론, 그로 인한 사회적·종교적 차원의 차별까지 포괄한다.

무엇보다 이 새로운 인간 이해는 세례받은 자들의 연합체인 그리스도인 공동체의 자기규정이라고 할 수 있다. 그런데 여기서 질문이 제기될 수 있다. 그리스도인들이 모이는 교회공동체 안에서만 이 세 가지 구별이 없어지는 것은 아닐까? 교회는 종말론적 일치의 장으로서 이러한 구별이 폐지되는 현실을 경험하는 곳이라 하더라도, 이것을 교회 바깥 세상까지 적용할 수 없는 것은 아닐까. 이 지점에서 바울의 '교회론'이 가지는 정치적 함의를 생각할 필요가 있다. 바울은 자신이 개입하거나 세운 공동체를 로마제국의 지배적 질서에 맞서는 일종의 대안 사회로 생각했다. 그리스도인 공동체는 그들이 사는 더 큰 사회의 질서를 객관적으로 변화시킬 수 있는 공간이다. 피오렌자는 다음과 같이 말한다.

> 그리스도인 공동체는 당시 철학 학파나 소종파들과 달리 사회로부터 은거하지 않고 그리스-로마 도시의 한복판에서 대안적 공동체의 경험을 공동체와 접촉하는 사람들에게 제공했다. 여성들과 노예들에게도 평등한 지위와 역할을 부여한 대안적 연합체로서 그리스도인들의 선교운동은 노예제와 가부장적 가족제도와의 긴장 속에 있었다. 그리고 이 갈등은 공동체 내부뿐 아니라 더 큰 사회에서도 일어날 수 있었다.[11]

---

11) 앞의 책, 267-268.

무엇보다 세례식에서 '없다'고 선포되는 이 차이들은 그냥 '다름'이 아니다. 차이는 사회를 지탱하는 위계와 질서의 근거이다. 유대인-그리스인, 종-자유인, 남성-여성은 교회 안에서뿐만 아니라 그리스도인들이 세상살이에서 겪게 되는 모든 차별에 근거를 제공하는 대표적인 차이이다. 그리스인의 입장에서 타민족들은 야만인이며 경멸의 대상이었다. 유대인들은 선택받은 하나님의 백성이기 때문에 이방인들을 자기들보다 아래로 보았다. 종과 자유인은 말할 것도 없고, 성별 역시 가부장제 사회에서 차별의 근거가 되었다. 차별의 조건이 된다는 점에서 이 차이는 관용된다고 해서 극복될 수 있는 것이 아니다. 그래서 초기 기독교는 '그리스도 안에서' 그런 차이는 '없다'고 무효화 선언을 하는 것이다.

차이의 의미가 이렇게 이해된다면, 28절의 차별폐지선언 역시 지배 이데올로기에 맞서는 하나의 '대항 이데올로기'(counter-ideology)로 이해될 수 있다. 한편으로, 이전에 사회구조 안에서 지배와 억압의 대상이었던 약자들은 대항-이데올로기를 자기들에게 선포된 '평등의 복음'으로 받아들였고, 실제로 평등한 주체로서 행동했다. 이 점에서 이 평등선언은 당시로서는 혁명적인 선언이 아닐 수 없었다. 그리고 당시의 가부장적 사회구조 속에서 누구보다 인간 평등의 선언을 반긴 것은 다름 아닌 여성들이었다.

다른 한편으로, 사회의 기득권자들에게 이 대항-이데올로기는 급진적인 윤리의 요청이었다. 왜냐하면 이 선언은 그들에게 사회에서 그들이 누리는 우월성을 스스로 성찰하게 하고, 배제되고 차별받는 자들의 입장에 서 보기를 그리고 나아가 실제적으로 자신들이 가진 특권을 내려놓기를 요청하기 때문이다. 특히 그 급진성은 바울 한 세대 후의 한 유대 랍비의 말과 비교해보면 더욱더 두드러진다. 그 랍비가 남긴 말은 "사람은 매일 세 가지 찬양기도를 외워야 한다. '나를 이방인으로 만드시지 않은 데 대해 하나님께 찬양드릴지어다. 나를 여자로 만드시지 않은 데 대해 하나님께 찬양드릴지어다. 나를 미개인으로 만드시지 않은 데 대해 찬양드릴지어다.'" 이다. 초기 기독교 신앙과 바울의 입장에서는 이처럼 '감사' 라는 허울을 뒤집어쓴 우월감과 특권의식은 절대로 용납되지 않았을 것이다.

28절 후반부는 이러한 차별의 폐지가 하나 됨과 일치의 목표를 위한 것임을 나타낸다. 여기서 그리스도와 연합한 그리스도인들의 자기규정은 타자들과의 일치와 연대를 가능하게 하는 평등성의 토대가 된다. 바로 이 측면에 주목하여 사도 바울의 현대적 의미를 탐구한 학자가 프랑스의 좌파 철학자가 알랭 바디우이다. 바디우는 그의 저서 『사도 바울』에서 바울을 '제국'에 맞서는 보편주의 윤리의 선포자로 자리매김한다. 그에 따르면, 바울을 이처럼 보편적 진리를 위한 투사로 변모시킨 결정적 사건은 그리스도의 '부활'이며 이 사건이야말로 철저한(근본적인) 보편성을 위해 차이를 기각, 폐지시킨다.[12] 『바울의 정치신학』의 저자 야콥 타우베스의 표현을 빌려 다시 표현하면, 바울의 보편주의는 "십자가에 못박히신 분이라는 바늘귀를 통과함으로써 도달한 보편주의"이다.[13] 이 점에서 바디우를 비판하면서 차이-철학의 계보에서 바울의 정치신학을 논하는 조르주 아감벤과는 대조적으로, 바디우는 그리스도 안에서 일어나는 차별의 폐지가 약자들의 특수성을 옹호하는 차원을 넘어서는 것이라고 말한다. 바디우가 발견한 바울은 타자성의 선포자가 아니라 차이를 가로질러 화합과 연대를 가능하게 만드는 "급진적인 정치적 주체의 선포자" 이다.[14]

앞서 언급했듯이, 28절의 평등선언은 바울 이전부터 세례 공식문으로 이미 있었던 것이기 때문에 바울이 만든 것은 아니다. 그러나 바울이 이

12) 알랭 바디우, 현성환 옮김, 『사도 바울: 제국에 맞서는 보편주의 윤리를 찾아서』 (서울: 새물결, 2008), 143-144.

13) 야콥 타우베스, 조효원 옮김, 『바울의 정치신학』 (서울: 그린비, 2012), 64. 번역의 일부는 수정하였다.

14) 도미니크 핀켈데, 오진석 옮김, 『바울의 정치적 종말론: 바디우/아감벤/지젝/샌트너』 (서울: 도서출판b, 2015), 15.

평등의 복음을 대안 사회인 교회 안에서 철저하게 관철시키고 구현하려고 한 핵심 인물이었다는 점은 의심의 여지가 없다. 이는 세 가지 차이의 쌍과 관련해서 모두 드러난다.

첫째로, 유대인과 이방인 사이의 차이를 폐지하는 것은 바울의 사역 전체가 지향한 바였다고 해도 과언이 아니다. 먼저 바울 자신은 유대인이었다. 그것도 '동족인 겨레를 위하는 일이면, 저주를 받아서 그리스도에게서 끊어질지라도 달게 받겠다.'(롬 9:3)고 말할 정도였다. 그러나 동시에 그는 '이방인의 사도'였다.(롬 11:13) 다마스쿠스로 가는 길 위에서 부활한 그리스도를 만나 극적으로 회심한 그는 이방인들을 그리스도의 구원으로 이끄는 데 전력을 다한다. 유대인이면서 '이방인의 사도'인 이 두 가지 정체성은 바울에게서 모순을 일으키지 않고 그리스도 신앙 안에서 일치되었다. 그러나 갈라디아서에 따르면 바울의 생애에서 이와 관련해서 결정적인 사건이 일어난다. 그것은 일군의 사람들이 유대인 정체성의 표지인 할례를 그리스도인 공동체에 다시 도입하려고 한 일이었다. 이들에 맞서서 바울은 유대인과 비유대인 사이의 평등을 재차 외쳐야 했는데, 3:26-28에서 이미 있던 세례 공식문을 다시 상기시킨 이유가 바로 이 때문이었을 것이다.

둘째로, 종과 자유인 사이의 차별에 대해서 바울은 어떤 태도를 취했는가? 바울만큼 '자유'를 강조한 인물은 없을 것이다. 갈라디아서만 보아도 5:1에서 바울은 "그리스도께서 우리를 해방시켜 주셔서, 자유를 누리게 하셨습니다. 그러므로 굳게 서서, 다시는 종살이의 멍에를 메지 마십시오."라고 명령한다. 갈라디아 사람들에게 보내는 서신에서 이 명령은 노예제라는 사회제도를 넘어서 여러 가지 차원으로 확장되지만, 바울이 말하는 해방과 자유를 실질적인 차원이 아닌 '내면적'이고 '영적'인 것으로 제한해서는 안 될 것이다. 이것을 우리는 빌레몬서를 통해서도 알고 있다. 바울은 빌레몬에게 노예주로서의 특권을 포기하고, 그의 종인 오네시모를 해방하여 그리스도 안에서 그의 진정한 '형제'가 되어줄 것을

요구한 바 있다.[15)]

마지막으로, 여성과 남성 사이의 차별에 대해 바울은 어떤 입장을 취했는가? 고린도전서 11:2-16을 살펴볼 때 남겨둔 질문을 함께 생각해보려고 한다. 피오렌자는—세례 공식문에 잘 드러나 있는—초대 기독교 선교운동의 평등적 에토스와 여성들에게 허락된 동등한 제자직이 바울에 와서 일부 수정되고 있다고 판단한다. 그녀의 말에 따르면, 앞서 살펴본 고린도전서 11:2-16의 본문에서 바울이 여성들의 자유분방함을 통제하려고 한 것이 "그리스도인 공동체를 보호"하기 위해 결과적으로 여성들의 자유를 희생시킨 것으로 볼 수 있기 때문이다. 바울은 "공적 질서와 품위를 파괴한 주신제의, 밀의제의, 동방제의 중 하나로 오인되는 것을 방지"하기 위해 그리스도인 공동체 내부를 단속하고 있다는 것이다.[16)]

필자는 초대 기독교 공동체의 급진적인 평등성을 조금의 타협도 없이 끝까지 고수하려는 피오렌자의 단호함에 동감한다. 그러면서도 바울이 정말로 의식하고 있는 것이 무엇인가에 대해서는 다르게 생각한다. 먼저 피오렌자는 밀의종교 여성들처럼 고린도 교회 여성들이 질서를 어지럽히는 모습으로 비춰질까봐 질서유지 차원에서 머리 문제에 대해서 바울이 권고하고 있다고 보는데 필자는 바울이 관심하고 있는 것이 외부의 시선이기보다는 공동체적 일치의 문제일 것이라고 생각한다.

이것은 고린도전서 안에서 바울이 고심하며 조언하고 있는 문제에서도 드러난다. 바울은 '그리스도 안에서' 자유를 온전히 누리는 '영적인' 엘리트들, 곧 바울의 언어로 말하자면 '강한' 자들에게 '약한' 자들을 배려할 것을 요청한다. 예를 들어 8장에서 신은 하나님 한 분뿐이시며 우상이라는 것이 아예 없기 때문에 우상에게 바친 고기를 먹는 일에도 거리낄 게 없다고 생각하는 이들에게 바울은 이렇게 충고한다. "여러분에게 있는

15) 보그·크로산, 『바울의 첫 번째 복음』, 46-64 참조.
16) 피오렌자, 『크리스찬 기원의 여성 신학적 재건』, 285.

이 자유가 약한 사람들에게 걸림돌이 되지 않도록 조심하십시오."(9절) 바울은 약한 자들을 생각하면서 '지식'보다는 '덕을 세우는' '사랑'을 앞세운다.(1절)

이와 유사하게 기도와 예언을 할 때, 어떤 사회적 관습에도 구애를 받지 않고 자유를 마음껏 펼친 여성들도 바울의 입장에서는 '강한' 자들이었을 것이다. 바울은 이 '강한' 여성들의 '자유'가 그 자체로는 잘못이 아니더라도, 공동체의 일부 구성원들에게 위화감을 조성하지는 않을까 걱정하고 있는 것 같다. 고린도전서 11:2-16의 본문에서 그 근거를 구체적으로 찾을 수 없어서 확언할 수 없지만, 같은 서신의 14장에서 방언을 두고 하는 충고는 유사한 상황을 짐작할 수 있게 한다. 거기서 바울은 교회에서 모두가 방언으로 말하고 있는 모습이 갓 믿기 시작한 사람에게 어떻게 보일지 생각해보라고 권하기 때문이다.(23-25절)

이런 상황에서 머리를 단정히 하거나 덮으라고 조언하면서 그 근거를 제시하려는 바울의 논리가 일관적이지 못한 이유는 바울 자신이 여성들이 자유를 누리는 근거가 되는 해방의 선언을 무너뜨릴 수 없다는 것을 스스로 알기 때문이다. 무엇보다 이 여성들은 그리스도 신앙이 허락한 평등의 복음에 근거하여 자유를 누리고 있었기 때문에 확실한 근거 위에 서 있었다. 그리고 그 복음은 바울 자신도 선포하고 있는 것이며, 더욱이 고린도 교회 여성들도 바울이 자신들과 같은 복음의 기반 위에 서 있다는 사실을 알고 있다. 그러다 보니 자신의 논리가 평등의 대원칙에 위배되는 것으로 해석되는 것을 바울 자신도 용납할 수 없는 것이다. 이는 11:11-12의 "그러나 주님 안에서는"으로 시작하는 진술에서 바울이 논리를 뒤집을 때 잘 드러난다. 그러나 바울이 남녀 위계를 설정하는 발언을 한 것은 부인할 수 없는 일이고, 이 점에서 바울이 초기 기독교의 평등정신에서 후퇴했다는 비판을 피할 수 없다.

하지만 바울이 모든 상황에서 평등정신을 유보한 것은 아니라는 사실은 갈라디아서에서 바울이 보여준 모습에서 알 수 있다. 갈라디아서 전체에 걸쳐 바울이 논의하고 있는 것이 할례-무할례의 문제인데 이것은 앞서 말했듯이 일차적으로 이방인과 유대인의 차이 폐지를 위한 것이다. 그러나 유대인의 특권을 인정하는 문제를 넘어서서 할례는 남성-여성의 관계에서도 중요했다. 입회의 의식을 세례로 규정하는 것이 그리스도 안에서 만민이 평등할 수 있는 근거인데 바울의 적대자들처럼 할례를 주장하면 할례라는 의식의 주체가 될 수 없는 여성은 당연히 배제될 것이기 때문이다.[17] 이 점에서 바울은 '남자와 여자'의 차별폐지선언을 견지했다고 해석할 수 있다.

작은 이견이 있었음에도 피오렌자가 갈라디아서 3:28의 급진적 선언을 권력 비판과 연결시키는 점은 깊이 동감하지 않을 수 없다. 피오렌자는 이런 관점에서 '주인지배'(Kyriarchy)라는 조어를 만들기도 했는데, 간단히 말해 주인지배란 '지배'의 총칭이라 할 수 있다.

> (내가)… 제안한 것은 다음의 둘 사이에 일어나는 대립과 투쟁에 대한 하나의 이론적 재구성 모델이었다. 하나는 헤게모니적 정치적-문화적 주인지배(즉 엘리트이며 재산이 있고, 교육받은 그리스-로마의 남성의 지배, 또는 가족의 수장으로서 주인, 상급자, 아버지의 다스림)이고, 다른 하나는 교회공동체(ekklesia)의 실천과 비전이다. 여기서 에클레시아란 이등시민, 종교-문화적으로 열등한 자, 사회적으로 종속된 자들로 여겨졌던 사람들을 교회의 온전한 구성원으로 인정하는 민주적인 조직을 말한다. 여기에는 노예 여성-남성, 자유인 여성-남성, 거류 외국인, 야만인들이 모두 포함되었다. 이렇게 재구성된 틀에서 볼 때, 세례 공식문은 모든 지위-차이가 그리스도 안에서, 곧 메시아적 조직체 안에서 폐지되었음을 강조하는 것으로 이해될 수 있다. 이것은 엘리트 남성들, 곧 주

17) 위의 책, 261.

인(lords), 상급자(masters), 아버지, 남편들에게는 평등을 위해서 그들이 가진 사회문화적, 종교적 특권을 포기하는 것을 의미했다.[18)]

여기서 피오렌자가 강조하려는 것은 교회공동체가 지향하는 윤리가 권력과의 관계에서 얼마나 철저하게 비타협적이며, 급진적인 것인가 하는 점이다. 그리고 그 핵심에는 사회의 질서를 근거 짓는 지위와 차이를 뿌리로부터 폐지하는 그리스도 신앙이 놓여 있다.

이 그리스도 신앙의 핵심에 오늘날 우리 교회의 모습을 비추어볼 때, 무엇보다 오늘날 권력이 자행하는 차별의 근거가 되는 차이가 나날이 세분화되면서 새롭게 명명되고 있다는 점을 강조해서 지적하고 싶다. 바울이 제시한 유대인-이방인, 종-자유인, 남성-여성의 세 가지 쌍은 당시로서는 사회 문화의 전 영역에서 일어나는 차별을 포괄하는 의미에서 대표적으로 제시된 것이었다. 한편 2,000년이 흐른 오늘날 인종적·문화적 다양성과 경제적 격차와 계급은 말할 것도 없고, 성평등과 관련해서도 차이의 끊임없는 '분할'을 우리는 목도하고 있다. 이러한 맥락에서 교회의 성평등 담론은 양성평등에 머물 수 없고, 성소수자 담론을 차별폐지선언에 근거하여 포용할 수 있어야 한다. 왜냐하면 피오렌자가 명확하게 지적했듯이 "남자와 여자가 없다."라는 갈라디아서의 선언은 단순히 양성평등을 넘어서 근본적으로 "성 분화에 기초한 지배의 폐기"를 의미하기 때문이다.[19)] 즉 이 선언은 그 어떤 성적 정체성의 차이도 차별과 배제의 근거가 될 수 없다고 선포한다.

유감스럽게도 한국 개신교의 주류가 보여온 가부장적 태도와 성소수자에 대한 혐오를 볼 때, 우리의 교회는 초기 기독교의 차별폐지선언의

---

18) E. S. Fiorenza, *Rhetoric and Ethic: The Politics of Biblical Studies* (Minneapolis: Fortress Press, 1999), 169.
19) 피오렌자, 『크리스찬 기원의 여성 신학적 재건』, 264.

급진성을 선포하는 주체이기는커녕, 이 선언을 통해 혁신되어야 할 대상이다. 지금의 주류 기독교가 왜 성소수자 차별, 나아가 혐오의 논리를 필요로 하는가는 별도의 분석이 필요할 것이다.[20] 그러나 무엇보다 먼저 기억해야 할 것은 초기 기독교운동은 차별과 배제를 경험하는 약자와 소수자들을 받아들여주는 '시혜'의 수준을 넘어서, 차별과 배제의 근거가 되는 모든 차이를 부활 신앙으로 뛰어넘어, 평등과 일치의 공동체를 만들어 가는 적극적인 실천에 앞장서는 대안 사회였다는 것이다. 바로 이 초기 기독교공동체 전통에 비추어 특정 정체성–남성이든, 이성애자이든–을 특권으로 삼는 지배의 논리를 교회가 무비판적으로 수용하고, 나아가 앞장서서 그것을 재생산하고 있는 현실에 대해서 그리스도인들은 깊은 성찰을 해야 할 시점이다. '제2의 성'인 여성들이 축적한 경험과 그들이 쌓아온 질문 그리고 그리스도 신앙을 통해 여성들이 맞게 된 해방의 경험으로부터 성서를 다시 읽어보는 시도는 이러한 성찰을 시작하는 좋은 출발점이 되줄 것이다.

맺는말: 차별과 지배의 질서에 맞서는 작은교회운동

한국 여성신학의 성서 해석 흐름에서 교회의 성차별의 근거가 된 성서 구절들을 당시 역사적 배경에 비추어 간략하게나마 살펴보았다. 바울 전통에 속하는 일부 본문만 읽었지만, 여성에 대해서 초기 그리스도인들이 한 가지 관점만 가지고 있지 않았음을 알 수 있었다. 고린도전서 14:34-35와 디모데전서 2:11-12는 당시의 보수적이고 가부장적이던 문화를 뚫고 나오지 못하고 그 안에 주저앉아 버린 바울 이후 그리스도인들의 일면을 보여주었다. 반면 갈라디아서 3:26-28은 그리스-로마의 지배 질서

20) 한채윤, "왜 한국 개신교는 '동성애 혐오'를 필요로 하는가?" 『양성평등에 반대한다』 (서울: 교양인, 2017), 153-191 참조.

를 뒷받침하는 차별구조에 맞서 대안적 평등성과 일치를 교회공동체 내에서 과감하게 실험한 바울과 초기 교회의 모습을 보여주었다. 한편 고린도전서 11:2-16에서는 소소하고 구체적인 문제가 발생했을 때 그리스도인 정체성의 보편성과 평등성을 고수하면서 적절한 해결책을 제시하는 것이 쉽지 않아 당황하는 바울의 인간적인 면모를 발견하기도 했다. 그리고 이 모든 본문에서 그들의 목소리가 들리지는 않지만, 갈라디아서 3:26-28이 선포하는 평등의 복음을 적극적으로 받아들인 여성들의 존재를 느낄 수 있었다.

이렇게 성서는 복잡다단하고 역동적인 다양성을 보여준다. 이런 성서를 한두 가지 원칙으로 단순화해 버리고 각자 구미에 맞는 구절만을 보려는 것은 성서의 독자인 우리의 한계이지 성서의 한계는 아니다. 오히려 성서는 우리 자신보다 성서를 읽고 듣는 독자/청중을 더 높이 평가하며, 그 복합적이고 역동적인 세계 안에 들어와 다양한 관점을 가진 인물들과 대화하기를 초청하고 있다. 이것이야말로 신약성서를 통해 교회와 여성에 대해서 서로 다른 반응을 보여주는 본문들이 우리에게 전해지는 이유일 것이다. 만일 지금 성서에서 만나는 바울의 모습이 우리의 기준에 미흡해 보인다면, 우리는 거기서 한 걸음 더 나아가면 된다. 게다가 우리의 현실은 로마제국 그리고 유대 당국의 삼엄한 통제하에 살았던 바울의 시대와 비할 수 없이 발언과 실천의 자유가 보장되어 있지 않은가?

무엇보다 작은교회운동과 그것을 뒷침할 신학으로서 우리에게 도전을 주는 것은 초기 교회의 평등적 에토스를 보여주는 갈라디아서 3:28의 차별폐지선언일 것이다. 무엇보다 이 선언은 기득권과 특권, 차별에 저항하는 그리스도 신앙의 핵심을 보여준다. 바울을 통해 모든 것을 가로지르는 평등을 선언하는 기독교가 탄생했다는 것은 기독교, 특히 바울에 대한 집요한 비판자였던 사상가 니체도 다음과 같이 인식한 바이다. "모두가 동등한 권리를 갖고 있다는 교설(만인평등설)의 독소, 기독교는 이것을 철저히 전파시켰다."(『안티크리스트』, 43) 물론 니체는 이 말을 기독교를 비판하고 냉소하려고 한 것이지만, 이렇게 기독교의 핵심을 파악한 것은 니체의 통찰이 아닐 수 없다.

교회공동체를 대안 사회로 만들어 가려고 한 바울의 노력은 이 책에서 박득훈이 강조하고 있는 '저항하는 교회'의 초기 기독교적 모델이다. 초기 교회를 모델로 하여 우리가 함께 모색하고 있는 한국적 작은교회는 시대를 지배하는 권력의 논리에 먹혀버린 이 시대 주류 기독교에 대한 안티테제로 존재한다. 그래서 우리가 만드는 '작은교회'는 힘과 기득권, 무엇보다 차별의 논리를 지양하여 차이를 근거로 배제당하거나 차별을 받는 일이 없는 공동체여야 한다. 그래야만 복음의 철저성을 지키면서 세상의 질서가 역전되리라는 희망을 보여주는 세상 속의 종말론적 공동체가 될 것이다.

참고문헌

김경희. "고린도전서 11:2-16에 나타난 바울의 성차별주의와 초창기 기독교 여성들의 성평등 의식." 「한국여성신학」 45 (2001): 7-49.

_______. "갈라디아 3장 27-28절을 통해 본 원시 기독교의 평등의 비전." 「신약논단」 7 (2000): 48-82.

김판임. 『바울과 고린도교회: 1세기 지중해지역 초기 교회 현장을 찾아서』. 서울: 동연, 2014.

박경미. 『새 하늘 새 땅 새 여성』. 광주: 생활성서사, 1993.

게리 윌스. 김창락 옮김. 『바울은 그렇게 가르치지 않았다』. 서울: 돋을새김, 2012.

마커스 J. 보그·존 도미닉 크로산. 김준우 옮김. 『첫 번째 바울의 복음』. 고양: 한국기독교연구소, 2010.

빅터 폴 퍼니쉬. 이희숙 옮김. 『바울의 네 가지 윤리적 교훈』. 서울: 종로서적, 1994.

알랭 바디우. 현성환 옮김. 『사도 바울: '제국'에 맞서는 보편주의 윤리를 찾아서』. 서울: 새물결, 2008.

야콥 타우베스. 조효원 옮김. 『바울의 정치신학』. 서울: 그린비, 2012.

엘리자베스 S. 피오렌자. 김애영 옮김. 『크리스찬 기원의 여성 신학적 재건』. 서울: 태초, 1993.

캐롤 A. 뉴섬·샤론 H. 린지 편. 이화여성신학연구소 옮김. 『여성들을 위한 성서주석: 신약편』. 서울: 대한기독교서회, 2012.

Fiorenza, E. S. *Rhetoric and Ethic: The Politics of Biblical Studies*. Minneapolis: Fortress Press, 1999.

정혜진

이화여자대학교 국어국문학과와 기독교학과 대학원(석사), 동대학원 성서신학 박사과정을 수료하였다. 이화여성신학연구소 연구원을 역임했으며, 현재는 기독여민회 연구위원장으로 활동하고 있다. 공역으로는 『여성들을 위한 성서주석(신약편)』과 『여성들을 위한 성서주석(구약편)』(대한기독교서회)이 있다.

3장

性, 몸의 진실된 새 이름과 탈성별

_ 한국적 여성기독론과 작은교회운동

시작하는 말

"작은교회가 희망이다." 이 말은 생명평화마당이 2010년 출발한 이래로 2013년부터 '작은교회 박람회'를 열어오면서 한국교회와 사회의 개혁을 위해서 내놓고 씨름하는 표제어이다. 오늘이 있기까지 생명평화마당은 먼저 2011년 여름부터 '한국적 정의론'에 입각해서 한국적 생명과 평화의 담론을 구성해내고자 노력했고, 그 결과를 2013년 WCC 부산총회를 기해서 『생명과 평화를 여는 정의의 신학』이라는 제목으로 엮어낸 바 있다.[1)] 그해 작은교회 박람회를 시작하면서부터 신학적 탐색으로서 '한국적 교회론' 구성을 위한 심포지엄을 꾸준히 이어왔고, 작년 한 해는 2017년 종교개혁 500주년을 기념하는 한국적 교회론의 저술을 위해서 '생명평화마당 한국적 교회론 정립을 위한 세미나'를 격주로 열었다. 이러한 모든 노력은 오늘날 심각한 위기 상황에 처한 한국교회를 위한 일일뿐만 아니라 세계 교회에 그동안 비서구적 전통 속에서 자라난 한국교회가 21세기 세계 교회의 한 구성원으로서 새로운 교회론적 대안을 제시하려는 일이었다.

---

1) 생명평화마당 엮음, 『생명과 평화를 여는 정의의 신학』 (서울: 동연, 2013).

그러나 작은교회가 과연 진정으로 우리의 희망인가? 일찌감치 어린 시절부터 주로 작은교회에서 지내온 필자로서는 그것이 얼마나 초라하고, 쉽게 흔들리고, 가난한 삶인지를 잘 알기 때문에 그렇게 간단히 이야기할 일이 아니라는 것을 안다. 더군다나 여기에 더해서 오늘 우리가 진행하는 '작은교회운동'이 단순히 양적으로 작은 것만이 아니라 결국 기존 기독교의 신론과 기독론, 성령론 등의 신학과 신앙체계를 크게 흔드는 일이고, 이와 더불어 기존 교파나 교단에의 소속 문제와도 갈등을 일으키는 일이 될 것이므로 그렇게 쉽지 않다는 것을 예상할 수 있다.

오늘 우리 시대의 시대사적 어려움(난제)을 크게 두 가지로 요약할 수 있다. 첫째는 사실과 현실, 몸과 세계의 탈각이고, 둘째는 자아절대주의와 세계소외의 폐단이라고 여긴다. 우리 시대는 우연하게도 삶의 어느 한 영역에서 절대화된 개별적 자아에 의해서 주변에 남아나는 것이 없도록 되는 상황이 점점 더 가중되고 있다. 종교의 영역에서는 말할 것도 없고, 정치, 경제, 교육, 가정과 문화에서도 이 상황이 점점 더 심화되고 있는데, 예를 들어 하나의 메가처치(mega church)가 주위의 모든 군소교회들을 회오리바람처럼 집어삼키고 있고, 그 교회의 자아는 자신의 사실적 한계를 인정할 줄 모르며 무한대로 뻗어나가고자 한다. 거기서 주역은 주로 남성 성직자이고, 그 일을 떠받치고 있는 것이 한국교회의 폐쇄적이고 절대화된 신론과 기독론 등이다. 특히 기독론은 2,000년 전의 유대인 청년 예수를 '그리스도'로 그리는 초상화인데 오래전에 주로 서구 남성들에 의해서 그려진 초상화가 그대로 절대화되고 실체화되어서 근대 이후 특히 '성'(性, gender)의 차이에 대한 자각뿐만 아니라 여러 차원에서의 다원성과 다양성이 구가되는 상황에서 많은 문제를 일으키고 있다.

"작은교회가 희망이다."라는 말을 하려면 이러한 상황에 대한 답을 줄 수 있어야 할 것이다. 그래서 먼저 오늘의 탈종교와 탈교회의 시대에도 왜 여전히 종교를 거론하고 신앙과 영원을 말하는지를 답해야 할 것이고, 거기서 한국교회를 말한다면 또한 그중에서도 '다른'(other) 교회를 말한다면 그 대안이 무엇인지를 밝혀야 할 것이다. 여기에 대해서 〈생명평화마당〉이 주창해온 '탈성장, 탈성직, 탈성별'의 세 모토가 있는데 본 성찰은 이중에서도 특히 '탈성별'의 가치에 중점을 두고서 어떻게 종교개혁 500년 이후의 '한국적 작은교회론'이 가능한지를 살피고자 한다.[2] 요즈음 모두가 알다시피 한국교회와 사회의 처지가 한국교회 여성들이 다시 '교회 내의 성폭력 실태와 문제점'에 대한 토론회를 열어야 할 정도로 심각해진 것을 언급하지 않을 수 없다. 1980년대 이래로 한국에서 여성신학이 담론화되면서 제일 많이 다룬 주제 중 하나가 성폭력, 교회 내의 성범죄 문제였다. 하지만 그럼에도 불구하고 다시 그것이 더 심각해진 모습으로 교회 안에서 만연하고 있는 것은 그동안의 여성신학적 제안이 너무 미약했거나, 아니면 한국교회가 그러한 소리를 듣지 않고 더욱 가속도로 파국으로 내달린 것이 아닌지 묻게 된다. 이러한 상황에서 한국적 작은 교회를 지향하면서 여성신학적으로 전래의 기독론을 재검토하는 일은 특히 중요하고, 어쩌면 이 일은 기존 신학과 교회에 대한 가장 강력하고 근본적인 비판과 해체 요구가 될 것이다.

1. 오직 예수 이름으로만?

1980년대에 변선환 선생이 번역한 책 『오직 예수 이름으로만?』은 '역사적 예수' 연구가 한국 신학계에 본격적으로 소개되기 이전부터 어떻게 예수의 유일회성에 대한 문제를 성실하게 물을 수 있겠는가를 잘 밝혀주었다. 저자는 당시 서구 사회도 본격적으로 의식하기 시작한 인류 삶의 종교다원적 상황을 목도하면서 서구 전통의 오래된 예수 유일회성의 긴장

2) '작은교회 박람회', '작은교회운동'을 벌여오는 생명평화마당은 이 운동과 사고에 대한 성찰을 더해가면서 '작은'이라는 단어가 단지 수와 양의 문제가 아니라는 데 동의하며 '작은교회'를 하나의 고유명사로 쓰기로 했다. 그래서 보통의 형용사로 쓸 때는 '작은 교회'라고 띄어쓰기를 하지만 생명평화마당 운동으로서의 작은교회를 말할 때는 붙여 쓰기로 합의했다.

된 물음을 풀어가기 위해서 어떻게 서구 일반적 역사·문화 의식뿐만 아니라 20세기 신학사가 타종교들에 대한 의식을 전개해왔는지를 먼저 살펴본다. 그러면서 당시 상황에서의 서구 기독론 이해는 칼 라너 등이 '익명의 그리스도인'을 말하는 포괄주의 수준까지는 왔지만 그것도 이전까지 대부분의 다른 기독론과 마찬가지로 '마지막 지점'을 넘지 못한 것이라고 지적했다. 즉 그 마지막 지점, '이 지점 이상 넘어가지 못함'이란 "그들에게도 역시 예수는 여전히 다른 종교와의 관계에서 다른 모든 종교를 판단해야 하는 규범, 즉 신의 궁극적이고도 유일한 계시로 남는다."라는 것을 말한다. 여기에 대안으로 제시된 방식이 '신 중심적 모델'이다. 그것은 '기독교의 정체성을 잃지 않으면서도 다른 종교들과 참된 대화를 시도하는, 즉 그리스도의 보편타당성을 약화하지 않으면서 그의 상대성을 이야기하려는 새로운 시도'였다.

이러한 언급이 있은 뒤, 30여 년이 지난 오늘날 서구 사회와 그곳 사람들의 의식은 종교다원적 현실을 많이 받아들인 모습이다. 올해 종교개혁 500주년을 맞이하여 지난 5월 24-28일에 열린 '독일교회의 날'(Deutscher Evangelisher Kirchentag, 2017) 행사에 참석하였다. 그 행사의 표제어를 창세기 16장에 나오는 하갈의 기도, '당신이 나를 돌보시는군요.'(Du siehst mich)에서 따온 것에서 서구 교회가 점점 더 '다른 것'에 대한 자각과 개방을 체화해나가고 있는 것을 알 수 있었다. 물론 이러한 개방과 변화가 여전히 유대교와 이슬람까지의 자신들 유대·기독교적 문명의 반경 안에서 이루어지고 있는 것이긴 하지만, 그래도 각 종류와 분야의 '다름'을 적극적으로 받아들이는 모습이다. 그리고 여기에 더해서 오늘날 세계의 각종 실천적 삶의 문제, 난민 문제나 국제 테러, 기후 문제나 핵에너지 등 교회 밖 세상의 여러 실천적·윤리적 물음 앞에서는 더 이상 서로의 이념상의 차이와 다름이 크게 문제시되지 않는 것 같았다. 대신 어떻게 하면 그러한 문제로부터 인류 사회와 시민 사회를 보호하고, 교회공동체와 빼앗기고 억눌린 자들을 구체적으로 해방하고 구원해내는가의 물음으로 모으고, 하나가 되어가는 모습을 보여주고 있었다. 즉 전통적 기독론의 물음이 점점 더 '실천기독론'의 모습으로 전개되어 가는 것이고, 이것은 예수 그리스도에 대한 전통적 배타의 언어가 사실의 말이 아닌 시적 진실과 사랑의 고백적 언어로 이해해 가는 모습을 보여주는 것이라고 생각한다.

그러나 여기에 반해서 한국교회와 그리스도인들의 모습을 보면 그로부터 요원함을 알 수 있다. 포괄론적 기독론은 차치하고라도 거의 대부분 한국교회의 언어와 신학은 처음 예수 초상화를 우리에게 전해준 서구의 것보다 더 견고하게 절대주의화해서 그 신앙이 매우 보수적이고 근본주의적이다. 그러나 그에 대한 대안도 찾기 어려워 점점 더 많은 사람들이 교회를 떠나고 있고, 특히 젊은이들의 이탈이 두드러지면서 한국교회의 가나안 성도는 늘어만 간다.

탈성직과 탈성장, 탈성별의 작은교회를 지향하는 한국적 작은교회론과 여성기독론은 이에 대한 대안을 찾으려는 노력이다. 여기서 한국적 작은교회의 여성기독론이 지향하는 모델은 앞에서 말한 '신 중심적'이고 '관계적 유일회성'의 실천기독론과 유사한 구조와 논리 속에서 탐색되는 것이지만, 어쩌면 서구 백인 남성의 그것보다 훨씬 더 급진적으로 나가는 것일 수 있다. 왜냐하면 그것은 서구적 유대·기독교 문명과는 다른 '동아시아' 문명권에서 나온 것이고, 이에 더해서 또 하나의 핵심적인 실천적 차이로서 남성의 몸이 아닌 '여성'의 몸으로 시도하는 것이기 때문이다.

이러한 상황에서 요사이 경북 성주에서의 사드배치와 관련해서 자주 회자되는 가장 한국적인 종교인 원불교의 창시자 소태산(少太山 朴重彬, 1891-1943) 평전을 읽을 기회가 있었다. 또한 그가 태어나서 각고의 구도 끝에 26세 때 깨달음을 얻고, 당시 일제 치하의 사회 현실과 인류의 미래를 직관하면서 '물질이 개벽하니 정신을 개벽하자.'는 이상으로 저축조합을 만들고 간척사업을 하면서 교단 창립과 사회개혁의 기초를 다진 전라

남도 영광을 순례하게 되었다. 그는 동학 봉기가 실패하고, 그 잔류 그룹들이 도적처럼 횡횡하던 시기에 전라도 영광 법성포 칠산 바다 앞에서 마름의 아들로 태어나서 영육쌍전(靈肉雙全)과 무아봉공(無我奉公)의 이념을 구현하며 1924년에는 전북 익산으로 옮겨가서 '불법연구회'라는 교명으로 종교 교화활동을 전개하였다. 그의 호도 '시루가 아닌 솥단지(귀하게 쓰던 떡이 아닌 일용의 밥을 짓는 솥)에서 살던 사람'이라 하여 '솥에 산'을 그대로 한자로 음사한 호 '소태산(少太山)'을 쓴 것이라고 한다. 그는 1937년에 자신이 크게 깨달은 진리를 '일원상'(一圓相)의 진리로 상징하면서 '일원종지'(一圓宗旨)를 신앙과 수행의 모형으로 삼을 것을 전하였고, 그의 수제자 원불교 2대 종법사 정산(宋奎 鼎山, 1900-62)에 의해서 '원불교'로 개칭된 한국 원불교는 창시자가 서거한 뒤 100년이 채 되지 않은 오늘날 세계 20여 개가 넘는 곳에 전파되었다. 그런데 무엇보다도 필자가 여기서 의미 있게 생각하는 것은 원불교에서 '구주'(그리스도)로 불리는 소태산의 말과 정신이다.

> 공자님도 나실 때 이가 나 있었다고 하고, 부처님도 옆구리로 나셨다 하여 (그렇지 못한 사람이 공자가 되거나 부처님이 될 수 있는) 길을 막았어. 위대한 분들이 모두 기적을 일으켜 옆구리로 낳고 동정녀가 낳고 하였다 하여 다음 성자가 못 나오도록 길을 막으셨다.[3)]

소태산은 이러한 정신으로 자신의 출생을 결코 신비스럽게 만들지 못하도록 제자들에게 거듭 못 박았다고 한다. 그것은 볼품없는 탄생 설화를 가진 범인도 얼마든지 훌륭한 생애를 살 수 있음을 보여주려고 한 것이었다고 평전 저자는 밝힌다. 필자는 원불교의 이러한 이야기가 한국적 작은교회론과 기독론을 새롭게 구상하려는 우리에게 시사하는 바가 크다고 생각한다. 그것은 지금으로부터 2,000년 전 시작된 예수 그리스도화의 과정을 우리로 하여금 의미 있게 상상해볼 수 있도록 하기 때문이다. 즉 그것은 예수의 경우 너무 오래전의 일이어서 우리가 잘 그려볼 수 없지만, 바로 100여 년 전의 원불교의 경우와 견주어 본다면 서구의 많은 대안적 기독론자들이 강력하게 이야기하듯이 자기 스스로를 메시아나 신의 아들로 지칭하지 않았던 예수의 상이 어떻게 초대공동체가 그리스-로마 문화권으로 이동해감에 따라서 '신의 아들'에서 '아들이신 신', 다시 '삼위일체의 제2격'으로 중대한 전이가 일어났는지를 상상해볼 수 있도록 하는 것을 말한다. 한국적 여성기독론이 이 상상과 비유로부터 배타적이고 실체론으로 굳어진 전통적 기독론을 해체하고 재구성할 수 있는 가능성을 얻을 수 있지 않을까 생각한다.[3)]

2. 어떻게 예수가 '그리스도'가 되었을까

이상에서 살펴본 대로 한국 원불교의 구주론으로부터 얻을 수 있는 그리스도화의 과정에 대한 유사한 상상을 우리는 기독교 전통 안에서도 만난다. 그 한 예로 18-19세기 미국 쉐이커 교도들(the Shakers, the United Society of Believers in Christ's Second Appearing)의 재림신앙을 들고자 한다.[4)] 쉐이커들은 18세기 영국에서 시작된 신앙개혁운동의 하나로 긴박한 그리스도의 재림을 믿는 그룹이었는데 앤 리(Ann Lee, 1736-84)라는 여성 창시자에 대한 사고에서 자신들의 독특한 기독론을 전개한 경우이다. 이 그룹은 초기 지도자 앤 리에 의해서 영국에서 미국으로 건너왔고, 쉐이커 교도들은 미국에서 자신들의 교회를 세우기 위해서 엄청난 고난과 핍박을 견디다가 그녀가 세상을 떠나자 바로 그녀를 '재림한 그리스도'

3) 김형수, 『소태산평전-솥에서 난 성자』 (서울: 문학동네, 2016), 56-59.

4) 이은선, "종교문화적 다원성과 한국 여성신학," 한국여성신학회 엮음, 『다문화와 여성신학-여성신학사상』 제8집 (서울: 대한기독교서회, 2008). 같은 글이 『한국 생물生物여성영성의 신학』 (서울: 도서출판 모시는사람들, 2011), 38 이하에 있다.

(the Second Coming of Christ), '여성 그리스도'(the Female Christ)로 의미지으면서 자신들의 신앙개혁운동을 계속해나갔다. 이들의 종교 활동을 연구한 종교학자 티자 웬저(Tisa J. Wenger)에 따르면, 쉐이커들이 앤 리를 재림한 그리스도로 그리게 된 것은 그 신앙 그룹의 "계속된 해석과 역사적 재창조의 결과"(the products of ongoing interpretation and historical reinvention)라고 한다. 온갖 고생과 수고, 강력한 영적 카리스마로 자신들을 이끌던 앤 리가 숨지자 그녀와 함께하던 초창기 멤버들은 그 공동체를 지속하기 위해서 그들 믿음의 핵심이었던 성령의 직접적인 계시 대신에 점점 더 질서를 중시하고 권위를 필요로 하게 되었다. 그 권위와 함께 자신들도 그녀의 계승자로서 권위를 가지게 되었고, 그러한 가운데 당시 사회는 여성의 지위가 남성보다 열등했기 때문에 만약 그리스도가 재림한다면 반드시 여성의 몸으로 오셔야 한다는 것을 믿으면서 앤 리를 '재림한 여성 그리스도'로 그리게 되었다는 것이다.[5)]

하지만 시간이 지나면서 이 권위는 타락하기 시작했고, 미신적으로 변해갔다. 이 타락은 원래 쉐이커 운동의 역동력이었던 '모든 신자에게 신적 계시가 직접적으로 가능하다.'고 하는 믿음이 타락한 것을 말한다. 그래서 그들은 다시 자신들의 오류를 수정하면서 앤 리를 더 이상 '그리스도'로 부르기보다는 '그리스도 정신으로 세례 받은 자', 또는 '하나님의 선별된 종'으로 부르기 시작했다고 한다. 즉 이는 '그리스도 정신의 인침은 예수나 또는 앤 리에게만 유일하게 가능한 것이 아니라 모든 인간 존재에게, 모든 시간과 공간에서 가능한 일'이라는 것을 다시 받아들이는 것을 말한다. 그리고 이 변혁과 재해석으로 '계속되는 그리고 열려 있는 계시'를 허용하고, 창시자의 권위와 그것을 상속받은 후계자 장로들의 권위를 더 이상 절대화하지 않게 된 것을 의미하는 일이었다. 19세기를 지나

---

5) Tisa J. Wenger, "Female Christ and Feminist Foremother-The Many Lives of Ann Lee," *Journal of Feminist Stdies in Religion,* Vol. 18 No. 2, Fall 2002, 5-32.

고 20세기로 오면서 쉐이커 교도들은 크게 줄어들었고, 앤 리의 역할은 당시 새롭게 시작된 여권운동과 여성해방운동과 관련해서 페미니즘의 선구자와 강력한 사회 개혁의 지지대로 파악되기 시작했다고 한다.

이처럼 쉐이커 교회의 기독론 전개과정을 살펴보면서 원래 기독교 초기 공동체에서의 예수의 그리스도화 과정도 유사하게 유추해볼 수 있다. 그것은 유대교의 강력한 개혁자로서 모든 사람의 조건 없는 하나님의 자녀 됨을 주창하던 '영'의 사람 예수가 죽자 그의 영적 활동과 그를 통한 계시가 점점 더 주목을 받게 되면서 '그리스도'로 선포되었고, 그에 관한 '증언서'들이 쓰이게 되었으며, 그와 함께한 사람들이 '권위자'로 등장하게 된 과정을 말한다. 하지만 그 권위는 시간이 지나면서 점점 더 굳어지고 독점적인 신화의 이론이 되면서 형이상학적으로 배타적인 기독론으로 변해갔다. 오늘날 서구 기독교 문명의 우월주의나 절대주의, 성직자 중심주의, 남성 우월주의가 모두 그 토대 위에 서게 된 것으로 생각할 수 있다. 그러나 21세기인 오늘날은 그러한 독점적 기독론이 잘못되었음을 깨닫고, 과거 쉐이커 교도들이 앤 리를 더 이상 그리스도로 부르지 않으면서 하나님 계시의 계속됨과 그리스도로의 인침이 모두에게 허락되는 것으로 받아들였듯이, 한국교회도 그러한 일을 허용해 나가는 방향으로 전개되어 가는 것을 기대한다. 우리는 결국 '복수'(複數)와 '다수'(多數)의 기독론을 받아들일 수밖에 없고, 특히 한국적 작은교회론의 여성기독론은 이 방향으로 나아가지 않을 수 없다는 것이 필자의 입장이다. 이와 더불어 한국적 작은교회론의 탈성별 기독론은 그리스도의 재림이 계속되는 것을 열어놓는 '영(靈)기독론'이나 '비유기독론'(metaphorical christology)을 말할 수밖에 없다고 생각한다. 이는 일련의 서구 페미니스트 신학자들 중에서도 유사한 입장을 들을 수 있다.

'영기독론'은 매우 혁신적으로 삶의 다원성을 인정하고, 특히 유대교와의 대화를 중시 여기는 피오렌자와 같은 급진적인 서구 페미니스트들이 펼치는 '지혜기독론'과 밀접하게 연결되어 있다. '지혜'와 '(하나님의) 영'은 이미 구약의 지혜 전통으로부터 서로 긴밀히 연결되어 표현되었다. 즉 영은 신적인 지혜와 예언의 원천이고, 지혜는 하나님의 영에 의해 사로잡힌 사람의 현명함을 나타내는 것이었다. 오늘날 자신의 여성성과 특히 몸성을 자각한 여성들에게 예수의 존재가 주는 어려움은 그 남성 예수가 너무 형이상학적이고 실체론적으로 굳어져서 그의 그리스도성이 절대적이고 화석화한 모양이 되었고, 그와는 다른 성(性)과 몸인 여성들을 소외해왔다는 것이다. 그러므로 이미 지난 20세기 말부터 '역사적 예수' 연구팀들에게서 많이 들었듯이 이제 예수에 '관한' 전승보다는 예수 자신에 '의한' 초기 전승에 주목하고, 그가 어떻게 스스로 신 중심적으로, 역사적으로 살았는가에 주목해야 한다. 그렇게 하다 보면 우리는 의외로 그가 어떻게 참된 인간과 남성이 되어서 인간 환경의 한복판에서 여성들과 함께 살았으며, 일상과 자연과 관계하면서 살았는지를 알게 된다. 그렇게 해서 그는 다시 참으로 인간이 되고, 남성이 되어서 전통 기독론에서처럼 남성 예수가 곧바로 형이상학적으로(실체론적으로) 그리스도가 되는 일을 막을 수 있다. 즉 영의 사람으로서 그 삶의 행태를 통해서 그가 우리에게 그리스도가 되는 것이지, 어떤 형이상학적인 본성이나 여성과 다른 남성이기 때문이 아니라는 것을 밝혀준다. 이처럼 이해한 영기독론은 여성들을 소외시키고 자연과 세계를 소외시키는 것을 막을 수 있다.

일찍이 세계 포스트모던 상황에서 삶의 다원성에 크게 주목한 존 힉(john Hick) 같은 남성 신학자도 다원성에 대한 깊은 자각으로 예수가 우리에게 그리스도가 되는 방식을 말하면서 "예수의 삶에서의 하나님의 성육신 이념은 예수가 두 자연을 지녔다고 하는 데 대한 형이상학적 주장이 아니라 하나님이 그것을 통해서 세상에 활동하신 삶의 의미에 대한 '은유적 언표'라는 것이다."라고 지적하였다. 서구 신학의 기독론 논의에서는 결국 우리 삶에서 점점 더 부각되는 다방면의 다원성과 역사성을 인식하면 할수록 전통의 기독론이 하나의 '비유'와 '은유'의 기독론으로 나아갈 수밖에 없다는 것을 지시한다. 이는 여성들에게 매우 고무적인 일이다. 이미 셀리 멕페이그 같은 여성신학자도 비유기독론에 대해서 크게 주목한 바 있다. 비유란 우리 사고와 상상의 방식으로서 '그렇지만 또한 그렇지 않다.'의 방식을 말하는 것인데, 그런 의미에서 예수는 하나님의 한 비유로서 '하나님이면서 동시에 아니다.'(It is and it is not)가 된다. 이것은 우리의 사고에서 그 대상의 유사성에도 불구하고 차이점과 구별됨을 드러내는 방식이기 때문에 이 사고방식에 의해 인도되는 신학은 '결론적이지 않고, 시험적이며, 간접적이고, 우상타파적이며, 변혁적'이다. 그런 의미에서 어떠한 인간적 사유물이나 피조물도 하나님과 실체론적으로 동일시될 수 없고, 오히려 '비유'와 우리 사고의 '모델'로서 이해될 뿐이기 때문에 전통적 실체화한 남성 예수 기독론을 해체하기 원하는 여성 기독론을 위해서 좋은 대안이 되는 것을 부인할 수 없다.

3. 영육 불이적(靈肉不二的) 몸 이해와 한국적 여성 기독론

지난 시간 서구에서 전개된 여러 대안적 여성기독론을 살펴본 바처럼 여성을 소외시키지 않고, 거룩을 독점하거나 화석화하지 않는 탈성별의 기독론을 얻기 위해서는 결국 이 세상적 '몸'과 어떠한 관계를 맺고, 그 몸을 어떻게 이해하는가가 관건이라는 것이 드러났다. 전통적인 기독론의 세계관은 세상적 몸을 한없이 비하하고, 어떻게든 거기에서 벗어나고자 했으며, 그래서 신적 실재가 그 몸을 통해 존재한다는 것을 받아들일 수 없었다. 따라서 온갖 논리와 생각을 가져와서 예수의 성육신을 말해도 그것은 결국 또 하나의 '가현설'(pseudo-epiphany)로 빠지고 만다는 것이 지금까지 거의 모든 서구적 기독론이 맞닥뜨린 비판이었다.

그리하여 이 문제에 대한 새로운 돌파구를 찾기 위해서는 서구 기독교적 세계관 안에 머물러서는 안 되고, 그것을 넘어서 밖으로 나가는 일이 중요하다고 보고, 특히 한국적 신유교 전통의 몸 이해와 적극적으로 대화하는 일을 모색하고자 한다.

영육 불이적(靈肉 不二的) 몸[性] 이해

사실 유교 전통에서는 우리 몸과 매우 관련 있는 성(性)이라는 단어를, 오늘 서구 근대적 물질주의 문명에서 통상적으로 '섹슈얼리티'나 '섹스'의 의미로 쓰면서 주로 부정적인 톤에서 이해하고 있는 것과는 아주 다르게 말하고 있다. 오히려 반대의 의미라고도 할 수 있다. 특히 신유교 전통에서 그 신유교를 '성리학'(性理學)이라고 하는 데서도 드러나듯이 여기서 '성'(性)이란 마음 '심'(心) 자의 변인 '忄'과 낳고 살리는 의미의 '생'(生)이 결합된 언어로서 하늘의 도인 '리'(理)와 마찬가지로 '거룩'이고 '초월'이며, 인간 속에 내재한 하늘[天]의 현현을 지시하는 언어이다. 그것은 먼저 깊은 인간적 '공감력'[仁]이고 감수성이며, 사고와 지성으로 전개되기 이전의 인간 마음의 선한 감정(사단칠정)으로 이해되기도 하면서 인간성의 핵심을 지시하는 말로 파악된다. 이러한 맥락에서 본다면 서구 근대과학의 영향으로 우리 몸을 단지 물질덩어리로 여기고, 그 물질[物]을 그저 죽어 있는 무생명으로, 이와 더불어 인간의 성적(性的) 관계를 단지 물질인 몸이 나누는 물질적인 일이라고 생각하는 것은 매우 잘못된 이해라는 사실을 말할 수 있다. 즉 그것은 '영육불이'의 진실을 보지 못하는 것을 말한다.

신유교 전통 중에서도 이렇게 우리 몸[身]과 성(性, 섹슈얼리티), 물(物)에 대한 이해를 아주 다르게 하는 경우가 특히 조선의 성리학자 하곡 정제두(霞谷 鄭齊斗, 1649-1736)에게서 잘 나타난다. 그는 우리 내면의 하늘의 도[天理]인 성(性)을 다시 '생리'(生理), 즉 '살아 있고, 살리는 이치'로 표현하였다.[6] 그런데 이 생리라는 단어가 오늘 우리의 일상 언어생활에서

---

6) 이은선, "다른 유교, 다른 기독교, 한국 생물(生物)여성정치의 여성신학적 근거-한나 아렌트의 탄생성(Natality)과 정하곡의 생리(生理)를 중심으로," 한국여성신학회 엮음, 『위험사회와 여성신학』(서울: 동연, 2016).

여성들의 '달거리'(menstruation)를 표현하는 말로도 똑같이 쓰이고 있다. 그러고 보면 여성의 몸과 성을 속되고 비천한 것으로 보면서 그것을 오직 정신 없는 물질로 보거나 힘과 권력으로 쉽게 쾌락의 대상으로 삼는 일은 한없는 오류이고 폭력이라는 것을 알 수 있다. 또한 하늘의 도인 생리가 여성 몸의 생리인 것은 몸이 우리이고, 우리가 몸인 것을 지시하는 말이기도 하다. 따라서 한국 유교의 영육 불이적 전통과 대화하면서 새로운 한국적 교회론을 세우고자 하는 한국 여성기독론은 교회가 여성의 몸과 성, 우리의 성생활과 가족생활에 대한 이해를 크게 변화시킬 것을 요청한다. 그런 의미에서 한국교회가 동성애 문제를 그렇게 터부시하고, 부모에 대한 효(孝)와 하나님과 교회의 일을 이분하여 특히 전통적 제사를 경원시하며, 오늘 한없이 위기 가운데 놓여 있는 한국 사회의 가족적 삶과 출산, 육아 등의 일에 한국교회가 적극적으로 관심하지 않는 것, 미혼모나 입양의 문제 등에서도 여전히 소극적인 모습을 보이고 자신의 일과는 무관한 것으로 보는 것 모두 지금까지의 남성 가치 위주적이고 영육 이원론적인 신론과 기독론 등과 밀접히 관련되어 있는 것임을 알 수 있다.

생명평화 교회론 첫 번째 심포지엄에서 홍인규 교수는 "바울과 가정교회"를 발표하면서 기독교의 초대교회가 모두 하나같이 '가정교회'였으며 거기에는 따로 구별되는 성직자도 없었고, 성찬도 같이 식사를 나누는 애찬 중에 포함되던 "종교 같지도 않은 모임"이었다고 상기한다. 그럼에도 거기에 무엇이 결핍되었다고 생각하지 않았고, 어떤 신전이나 신상, 신성한 장소도 가지지 않으면서 "성도의 모임이 바로 성전이었고, 성도가 모두가 제사장들"이었으며 교회 건물과 제도화한 성직자 계급이 없었다고 한다. 그러나 그 가정교회가 150년까지 기독교 신앙을 로마제국 전역에 확산시키는 데 결정적인 역할을 했다고 밝힌다.[7] 필자는 오늘날 작은교회운동의 확산을 위해서 한국적 작은교회론을 구성하려는 우리에게

---

7) 홍인규, 「바울과 가정교회」, 2013 생명평화 교회론 심포지엄 자료집, 2013. 9. 24.

도 무교회주의자 김교신이나 함석헌 선생 등이 일종의 서당의 아카데미처럼 실험한 초대교회 같은 가정교회가 큰 의미를 지닐 수 있다고 생각한다.

모성기독론

이러한 맥락에서 '모성'(motherhood)과 관련한 최근의 논의를 살펴보면 예를 들어 북구의 여성신학자 크리스티나 그렌홀름(Cristina Grenholm)이 모성의 주제를 전통 기독교 신학의 핵심 주제인 죄론과 구속론과 연결시켜서 기독교 신학의 궁극지향인 '사랑'을 알기 위해서는 이 주제에 대한 천착이 필수적이라고 강조한 것에 주목해본다.[8] 그녀는 "모성에 대한 성찰은-신학에서-근본적인 문제이다."(Reflection on motherhood is a radical business)라고 주창하면서[9] 지금까지 페미니즘과 여성신학자들이 혐오해온 '타율성'이나 '연약함/취약함'에 대해서도 다르게 재해석한다. 예를 들어 임신한 여성들이 자신의 '몸' 안에 살고 있는 태아의 존재에 끊임없이 주목하면서 거기에 종속된 삶을 사는 것과 같이, 그리고 그녀는 언제든지 상처받을 수 있는 '취약함'의 상태에 있다는 것을 받아들이지 않을 수 없는 것처럼, 그렇게 '종속성'이란 우리 삶에서 "보편적인 삶의 조건이고 피할 수 없는 현상"(a general life condition and an unavoidable phenomenon)임을 숙고해야 한다고 밝힌다. 그녀는 모성은 우리 인간 주체의 개념에 도전해오고, 그것은 우리가 무엇인가 조정하고 조절할 수 없는 부분의 한 존재임을 포괄적으로 지시해준다고 지적하며, 그래서 "기독교 신앙의 중

---

8) 이은선, "한국 천지생물지심(天地生物之心)의 영성과 생명, 정의, 평화," 『생명과 평화를 여는 정의의 신학』, 381이하; 같은 글이 이은선, 『한국 생물生物여성영성의 신학』 199 이하에 "한국 천지생물지심(天地生物之心)의 영성과 기독교 영성의 미래"로 나왔다.

9) Crista Grenholm, *Motherhood and Love-beyond the Gendered Stereotypes of Theology,* trans. by Marie Taqvist (Michigan: Cambridge, UK: William B. Eerdmans Publishing Company, 2011), 60.

심 개념"(a central concept in Christian faith)이 됨을 선언한다.

이와 유사한 맥락에서 여성심리학자 브렌 브라운(Brene Brown)의 취약성 연구도 의미를 준다. 브라운은 우리가 보통 매우 부정적으로 생각하는 취약성이라는 인격의 특징도 아주 다르게 해석해낸다. 그녀는 한 사람의 취약성이란 그렇게 비난받아야 하는 '약점'이 아니고, 그것을 약점이나 약함과 동일시하는 일은 매우 위험한 일이라고 지적한다. 특히 여성들에게 많이 나타나는 취약성이란 대부분 사람들이 생각하듯이 비난받아야 하는 부정적인 약점이 아니라 오히려 '정직'의 소산이고, 자신을 '드러내기'의 '용기'를 가늠할 수 있는 바로미터이며, "감정적 리스크"와 "불확실성"이지만 그것을 통해서 새로운 "창조"가 일어나고, "혁신과 변화"가 가능해지는 창조적 고통이라고 해석해낸다. 그녀는 오늘 우리 시대에 모두가 진정으로 원하는 서로에게 돌아갈 수 있는 길을 찾고자 한다면 그것은 바로 자신의 약함을 정직하게 드러내는 취약함이라는 경로이고, 우리가 서로 함께 있고 교류하기를 원한다면, 그것은 "나도 그래." (me too)라고 하는 함께 있어줌의 '공감'이라고 역설한다.[10)]

한국적 '사기종인'(捨己從人, 자아를 버리고 보편을 따르기)의 여성기독론

이상에서처럼 우리가 보통 여성적 취약함이나 종속성이라고 부정적으로 생각하는 취약성에 대한 새로운 연구나 기독교 실천의 핵심을 위해서 모성을 재천착한 연구가 "21세기 교회를 위해서 긴급하게 요청되는 획기적 신학 작업"(a landmark theological work urgently needed by the twenty-first-century church)이라고 평가받는 것을 본다. 그러면서 필자는 인류의 여러 문명 가운데서 이 모성과 연약함의 도를 어느 다른 경우보다도 진

10) Brine Brown, *Studies vulnerability, courage, authenticity, and shame*, TEDxHouston, 2010년 6월.

정성 있게 실천하고 살았으며 그것을 삶에서 여러 지극한 예들로 승화시켜 온 한국 여성들의 삶을 생각했다. 그러한 삶의 방식은 오늘 21세기 세계화 시대의 척박한 인간 조건에서도 "보이지 않는 가슴"으로서 이 사회 공공적 삶을 떠받치고 있는데, 한국교회의 실질적 삶이 바로 그 여성들의 헌신과 희생으로 유지되고 있는 것을 부인할 수 없다. 따라서 필자는 지금까지 인류의 모든 핵심 종교 전통을 두루 체화하면서 자신들의 몸으로 이 연약함과 자기희생(捨己從人, 나를 버리고 남을 따르라.)의 덕을 깊게 실현하고 살아온 한국 여성들의 삶이야말로 세계 기독교와 인류 문화가 주목해야 하는 주제이고, 여기서 앞으로 인류를 위한 새로운 기독론의 모형이 나올 것이라고 생각한다.

물론 20세기 페미니즘의 등장이 여성들의 주체성과 자의식의 강조와 더불어 시작되었다고 한다면 한국 전통문화, 특히 유교적 사기종인(자기를 버리고 남을 따르라.)의 가르침은 자칫 여성들을 다시 비주체와 수동적 삶과 자아 없음의 게토로 몰고가는 것이라고 비판받을 수 있다. 특히 오랜 기간의 존양억음의 논리 속에서 여성들을 자기 목소리 없음의 삶에 가두었던 한국 사회에서 유교가 다시 전통의 이야기를 들어서 이 이야기를 한다면 심한 의심의 눈총을 받을 수 있다. 그리고 사실 이런 모습이 지금까지 한국교회에서 여성들이 겪어온 불의와 억압의 상황이기도 했다. 그런 의미에서 매우 조심스럽게 말해야 하는 것도 사실이지만, 우리가 지금 다시 그리스도의 참 모습과 새로운 '십자가'의 의미를 찾고자 한다면 전통 기독론의 형이상학적 실체론에서 벗어나기 위한 대안으로 필자는 이러한 한국 전통의 사기종인의 '덕'이 의미를 줄 수 있다고 여긴다. 그것은 예수의 십자가의 고난과 희생처럼 한국 여성들로 하여금 삶의 온갖 어려움과 자기희생, 큰 고난에도 불구하고 여전히 삶에 남아있도록 한 근거로서, 어머니로서, 자식으로서 또는 아내로서, 아니면 자기 밖의 타자가 그들에게 부과한 삶의 역할을 지도록 한 것이기 때문이다. 즉 그 사기종인의 역할 완수의 덕이 그들로 하여금 바로 그들이 되게 한 초월

적 근거였다는 것이다.[11]

그런 의미에서 본다면 그들에게 궁극은 전통적 기독교 신앙에서처럼 하늘 위의 초월자이거나(기독교) 또는 불교에서처럼 자기 안의 내면적 신 등의 모습이 아니라 바로 내 눈앞에서 구체적인 타자로서, 자식이거나 남편이거나, 조상이거나, 손님이거나, 가난한 이웃이거나 자연, 민족이거나 하는 모습으로 현존해 있는 '타자'였다. 또한 그녀들의 입장에서도 그 타자가 다수로서 거기 있음으로 인해서 세상에 대한 소망과 믿음을 잃지 않을 수 있었다고 할 수 있다. 그렇게 그들에게 초월은 바로 자신들 앞에 적나라하게 현존해서 그들의 도움과 배려와 사랑을 요청하는 생명이었다고 할 수 있으며 그 생명의 외침을 섬세하고 듣고, 그 음성에 화답하면서 자기를 버리는 수많은 날을 지내오면서 한국 여성들의 생명을 낳고 살리고 보살피는 '생물(生物) 여성 영성'이 다듬어져 왔음을 알 수 있다. 이제 오늘날 세계 교회가 새로운 탈성별적 그리스도의 상으로서 돌봄과 배려, 관계성과 연약함의 모성적 그리스도를 찾고자 한다면 이와 같은 한국 전통 여성들의 경험에 귀 기울일 수 있다고 생각하고, 오늘날 한국교회의 공동체 삶과 한국 사회의 문화 속에 여러 모양으로 녹아 있는 이러한 정신에 주목하는 것이 요청된다고 생각한다.[12]

4. 명멸(明滅)하는 부활과 산 자의 하나님

우리 모두가 알다시피 2,000년 전의 예수가 그리스도가 되어서 오늘날의 모든 거룩의 독점과 인류 공동체적 삶에서의 절대주의적 파행을 일으키는 궁극적 근거는 예수가 '부활'했다는 '사실'이라고 주장된다. 인간의

11) 이은선, 『잃어버린 초월을 찾아서』(서울: 도서출판 모시는사람들, 2009), 194 이하. Hannah Arendt, *Love and Saint Augustine*(ed.) (The University of Chicago Press, 1996), John D. Caputo, *On Religion(Thingking in Action)* (Routldege, 2001).

12) 이은선, "한국 유교의 종교적 성찰-조선후기 여성성리학자 강정일당을 중심으로," 『한국 생물生物여성영성의 신학』, 47 이하.

몸으로 태어나서 이제까지 어느 누구도 다시 부활한 경우는 없었고, 모든 종교가 몸의 끝이 모든 것의 끝이 아니라고 하지만 구체적으로 그 '몸'으로 다시 산 경우는 없고, 그래서 예수의 '부활'이야말로 기독교가 진정으로 참되다고 하는 '신의 보증'이라는 것이다. 이러한 상황은 20세기 후반의 역사적 예수 탐구에서도 그대로 이어져서 가장 많은 논란을 불러일으킨 '부활 담론'이었고, 그래서 "부활 장벽"이 이야기되고, "부활절 장벽을 깨뜨리는 일"에 대해서 말해진다.[13)]

하지만 앞에서 밝힌 대로 '신 중심적'이고, 영의 사람 예수의 실천과 행태에 집중하는 영기독론과 비유기독론 등을 받아들이는 한국 여성기독론은 부활에 대해서도 매우 복수론적 입장을 취하고자 한다. 하나님의 영과 비유로서의 체현이 예수의 삶과 죽음이었다면 그의 부활도 결코 실체론적으로 유일회적이었다고 할 수 없고, 오히려 '부활은–끊임없이–명멸한다'는 것을 받아들일 수밖에 없다는 입장이다. 즉 설사 그의 몸의 부활에 대한 이야기가 2,000여 년 전 당시의 시간과 공간에서 쓰인 문자 그대로 주장된다 해도 그러한 일이 오직 예수에게만 일어난 일로 볼 수 없다는 것이다. 그것은 우리가 이제 돌아보고자만 한다면 얼마든지 바로 곁에서 만날 수 있는 이웃 종교에서도 유사한 이야기를 들을 수 있기 때문이다.[14)] 이와 더불어 동아시아의 유교 전통과 대화하면서 영육 불이적 기독론을 말하고자 하는 필자는 유교 전통에서 특히 강조하는 효를 통한 세대의 전달도 얼마든지 기독교적 부활의 언어로 이해할 수 있다고 본다. 그래서 '예수는 모름지기 효자이다.'라고 선언한 해천 윤성범 선생(海天, 1916–1981)의 '효기독론'도 그 안에 다시 유교 가부장주의로 등장하는 반(反) 여/성적 요소를 걸어낸다면 지금까지의 기독교의 편협한 부활 담론을 넘어설 수 있는 좋은 대안이 된다고 생각한다. 유교 『중용』은 하늘

---

13) 로버트 펑크, 김준우 옮김, 『예수에게 솔직히』 (서울: 한국기독교연구소, 1999).
14) 류승국 외, 『삶의 신학 콜로키움 생로병사 관혼상제』 (서울: 대화문화아카데미, 2007).

의 뜻을 잇는 일을 '대효'(大孝)라고 명명했고, 예수와 다르지 않게 그 일을 이루는 성인(聖人)을 '큰효자'(大孝者)라고 했다.[15]

이러한 이야기와 함께 기독교 신학 내에서도 현대신학으로 올수록 예수의 부활에 대한 실천 중심적(正論이 아닌 正行), 실존론적 해석이 많이 나오는 것을 들 수 있다. 예수의 죽음과 부활을 여기 지금의 현존적 삶에서의 그것보다도 이 세상적 삶 이후의 저 세상적인 것으로 밀어버리는 일을 지양하고 바로 우리 실존적 책임의 '매순간의 일'로 받아들이거나 예수의 삶에 대한 이해처럼 죽음과 부활도 매번의 '동시성'의 일로 알아서 우리도 바로 그 '동시성의 인격의 일'로 이해하는 것 등을 말한다. 또한 예수의 부활이 '실제'가 된 것은 예수 한 분만의 역할로는 '충분'하지 않았고, 그 부활을 보고, 경험하고, 나눈 주변과 제자들의 증언과 전함과 행실의 '필요조건'이 채워졌기 때문이라는 이야기 등은 부활이 결코 한 '개인'의 일이 아니라 다수의 '공동체'의 일이라는 것도 지시해준다.

이렇게 보았을 때 한국 여성기독론이 신 중심적으로 복수론적 기독론과 실천기독론, 비유기독론, 영기독론 등을 취하는 일은 타당해 보인다. 또한 그의 부활 이해도 복수론적일 수밖에 없는 이유도 드러났다고 본다. 나는 이러한 한국적 여성기독론의 부활 담론이 최근 한국 사회에서 가장 잘 적용되어 그 진실성을 드러낼 수 있는 일로 4·16 세월호 참사의 일을 들 수 있다고 생각한다. 바로 우리 눈앞에서 생생하게 벌어진 그 사건에서의 죽음과 죽임, 그 죽임을 넘어서 실제로서 일어난 부활과 제2의 그리스도의 도래 등이 모두 지금까지의 폐쇄되어 있었고, 여러 차원에서 절대주의적으로 경직되어 있었으며, 특히 우리의 탈성별의 노력과 관련해서 지독히 여/성차별적이고, 비하적이고 폭력적이던 성 이해의 감옥에서 나와야 한다는 것을 가르쳐준다.

우리는 이번 세월호 참사의 사건을 함께 넘으면서 세월호 가족들의 이

---

15) 이은선·이정배 외, 『21세기 보편영성으로서의 誠과 孝』(서울: 동연, 2016).

야기에서 참으로 특별한 것을 발견했다. 그것은 그들의 '죽음'에 관한 생각인데, 이들은 모두 자신들의 자녀들이 그냥 죽었다고 생각하지 않는다는 것이다. 비록 몸은 죽었지만 그들은 아이들을 여전히 대화의 상대, 자신들의 가족과 함께하는 존재, 하늘에서 친구들과 선생님들과 잘 지내면서 다시 만날 날을 기약하고 있는 존재, 이 땅의 가족들이 이 슬픔을 잘 견디며 그럼에도 불구하고 꿋꿋하게 살아갈 것을 바라고 도와주는 존재로 보고 있다는 것이다. 즉 이들에게서 몸의 마지막은 모든 것의 마지막이 아니고, 그들의 육체적 죽음이 모든 것의 끝이 아니며, 삶과 생명과 가족과 인간다움은 여전히 지속되는 것으로 알고 살아간다는 것이다. 그런 의미에서 그들은 좁은 종교의 삶과 죽음에 대한 이야기보다도 더 구체적이고 현실적으로 삶과 죽음을 넘어서 있는 것을 보여준다. 죽음이 그들에게 궁극적인 가로막힘이 아니고, 사멸성은 인간의 또 다른 조건이지만 그러나 탄생성과 사멸성, 죽음과 부활은 여전히 같이 간다는 것을 그들은 알고 있고 그것을 살아내었다고 생각한다. 그들이 말하는 방식과 생각의 형식은 다르지만 하나 같이 몸의 죽음이 마지막 언어가 아니고 다시 만날 수 있다고, 꿈에 놀러 오라고, 다음 생에서 다시 보자고, 잘 기다리고 있으라는 이야기를 하면서 그 죽음까지도 받아들인다. 필자는 이렇게 참으로 평범한 인생에서 지금까지 잘 드러나지 않는 관객들이지만 그들은 삶과 죽음 모두를 초탈하고, 아니 기꺼이 껴안으면서 길고 짧게 사는 것에 연연해하지 않고 자신들의 진정한 인간성과 참된 믿음, 부활의 증거로서 제2의 그리스도의 모습을 보여준다고 믿는다.[16]

---

16) 이은선, "명멸하는 부활, 4·16 세월호의 진실을 통과하는 우리들," 「한국여성신학」, 2016 여름 제83호, 한국여신학자협의회, 66-94.

맺는말: 산 자의 하나님과 한국적 '성인지도'(聖人之道, To Become a Sage)의 길

필자는 한국교회 타락과 부패의 가장 주요한 요인으로 신(神)과 거룩의 독점을 들고자 한다. 한국교회는 자신들(교회)만이-신에 의해-선택을 받았고, 구원을 받았으며, 거룩하다고 여기면서 그렇게 스스로 갈라놓고 자신들의 영역과 범주에 들지 못하는 것들을 점점 더 그 배제의 강도와 영역을 넓히면서 속되고, 가치 없고, '세상적인' 것이라고 배제시키고 있다. 거기에는 교회 밖이 있고, 인간 외의 자연이 있으며, 여성이 있고, 평신도가 있으며, '신앙' 대신에 '인간 지성'이 들어갈 수 있다. 우리가 오늘 한국교회의 현실에서 보듯이 이러한 연유에서 한국 기독교의 배타주의는 하늘을 찌르고, 남성 지도자들의 공동체 독점과 타락은 날로 증가하며, 교회 내에서의 반지성(反知性)은 점점 더 심해져서 오늘날 세계에서 대학 진학률이 가장 높은 나라인 한국에서 그 신앙과 믿음의 행태는 그와 정반대로 과거 서구 중세보다 더 미신적이고 타율적인 모습을 보이고 있다. 그리하여 필자는 한국교회가 이 세상 전체를, 모든 사람을, 여자·남자 모두와 교회 밖 전체를 무조건적으로 '거룩'(聖/神)의 영역으로 선포하고 발견하는 일을 우선적으로 수행해야 한다고 본다. 그것은 또 하나의 종교개혁이 될 것이고, 제2의 종교개혁으로 자리 잡을 수 있다.

쉽게 주지하듯이 오늘날 전 지구적으로 과격한 자아중심주의와 개인주의 시대에 제일 어려운 일이 사람들을 모이게 하고, 그것도 지속적으로 그렇게 하는 일일 것이다. 그런데 한국교회는 이미 그 일을 이루고 있고, 많은 문제점이 있음에도 불구하고 오늘도 여전히 그 공동체를 유지하고 있다. 그러므로 만약 한국교회가 그 숨통을 옥죄고 있는 반지성주의의 한없이 왜곡된 독점과 패행을 걷어낸다면 놀라운 가능성으로서 다시 설 수 있을 것이라고 본다. 그것은 한국 사회를 위해서뿐만 아니라 세계 인류공동체를 위해서 좋은 역할을 할 수 있을 것이라고 믿는다. 그래서 바로 그 생각하는 힘, 하늘이 우리에게 주신 '거룩'[聖]으로서의 신성을 누구나에게 인정하는 "성(聖)의 평범성의 확대"를 주장해오고 있는 것이다.

그 거룩의 또 다른 이름은 성실성과 진실성, 지속성이다. 이 진실성과 성실성을 키워서 지속적인 인간적 힘으로 키워내는 일이 바로 한국교회가 할 일이라고 본다. 필자는 그것이 성서가 말하는 '성령'의 일과 다름없음을 본다.[17] 그것은 몸과 영이 오묘하게 하나로 관계되는 모양이다. 한없이 약해 보이지만 결코 끊어지지 않고 다시 살아나고 태어난다. 또한 죽음이 우리의 마지막 말이 아니라는 것을 다시 증거하면서 온 세상과 우주가 연결되어 있음을 드러내며 널리 퍼져 나간다. 우리 사회와 개인의 삶과 온 우주공동체가 함께 나아가야 할 길은 그 영의 거룩한 체화[聖人之道], 즉 몸의 '예화'(禮化)이고 '영화'(靈化)이며, 그것은 생명의 길인 성실성과 진실성의 길이다. 생명평화마당의 작은교회운동과 한국적 여성기독론의 교회는 오늘 우리 시대에, 종교개혁 500주년을 맞으며 이 길을 더욱 성실히 그리고 겸허히 갈 것을 다짐해야 할 것이다.

이제 마지막으로 필자는 이 위기의 시대에 예수에 대한 이해를 어떻게 할까라는 고민에 대해 예전에 잡지에 썼던 글을 다시 가져오고자 한다. 그때 필자는 "요사이 나에게 다시 제일 큰 신비로 다가오는 예수 이야기는 그의 국가 세금에 대한 이야기와 사두개파와의 부활 논쟁 이야기이다."라고 썼다.[18] 이 두 이야기는 마태, 마가, 누가의 세 복음서에 모두 들어 있는 이야기로서(마 22:15-33, 막 12:13-27, 눅 20:20-40) 예수 지혜의 신비와 믿음을 유감없이 드러내고 있다. 예수는-유대인으로서-과연 황제에게 세금을 바치는 것이 옳은가라는, 자신을 넘어뜨리려는 질문에 대

---

17) 『중용』 21장은 그 관계를 다음과 같이 밝혀주고 있다. "성(誠)으로 말미암아 밝히는 것은 성(性)이고, 그 밝아짐으로 말미암아 더 성실해지는 것이 교육[教]이니, 성실하면 밝아지고, 밝아지면 성실해진다."(自誠明 謂之性, 自明誠 謂之教, 誠則明矣 明則誠矣)

18) 이 글의 원출처는 「샘」 제37호(2013, 10월)이고, 「한국여성신학」(2014, 봄호)에 실렸다.

해서 황제의 얼굴상과 글자가 새겨져 있는 데나리온 동전 한 닢을 들고서 "황제의 것은 황제에 돌려주고, 하나님의 것은 하나님께 돌려드리라." 라고 대답했다. 또한 부활이 없다고 하는 사두개인의 간계에 대해서 구약성서 모세의 가시나무 떨기 이야기를 들어서 "하나님은 죽은 사람들의 하나님이 아니라 살아 있는 사람들의 하나님이시다. 모든 사람은 하나님과의 관계 속에서 살고 있다."라고 대답하면서 삶과 죽음에 대한 우리의 섣부른 구분을 물리치셨다. '황제의 것은 황제에게 돌려주고, 하나님의 것은 하나님께 돌리라.'는 대답도 우리의 인습적인 일반적인 이분법적 사고를 깨는 대답이다. 그렇게 삶과 죽음, 죽음과 부활은 그에게 우리의 일반적인 생각과는 달리 서로 긴밀히 연결되어 있다. 그의 십자가의 길은 바로 이러한 혜안과 보통의 인습적인 구분을 넘어 있는 하나님의 존재에 대한 믿음으로 가능해졌다고 생각한다.

오늘날 이 탈성별의 길은 예전처럼 생물학적인 여남 구분의 결정론에 갇혀 있지 않다. 오히려 모든 생명의, 겉으로 드러난 신체적 차이나 구분을 넘어서 각자의 '자기결정'(autopoiesis)의 일로 보고자 하는 것이다. 과거 유대교로부터의 예수 혁명은 자기결정의 신적인 힘이 오직 유대인, 그중에서도 유대인 남성들에게만 있다고 하는 시대의 왜곡을 바로잡으려는 것이었다. 그는 자신의 목숨을 내어놓으면서까지 하늘 아래의 모든 사람이 현실의 조건에 관계없이 본래적으로, 그래서 병든 자, 가난한 자, 여성이나 노예에게도 그 신적인 힘이 있다는 것을 밝혀주려고 하였다. 이것을 받아들일 수 없었던 당시의 기득권 세력은 그런 예수를 십자가에 못 박았다. 하지만 그는 부활하셔서 오늘도 우리에게 이 자기결정의 원리가 우주생명의 보편적인 창조와 진화의 원리라는 것을 가르쳐주신다. 그런 그가 오늘날은 바로 그 자신의 이름이 또 하나의 견고한 불통의 실체론이 된 것을 보시고 무엇이라고 하실까? 아마도 그는 오늘도 우리에게 동일하게 말씀하실 것이다. "하나님은 죽은 자의 하나님이 아니라 산 자의 하나님이시다."라고.

참고문헌

김형수. 『소태산평전-솥에서 난 성자』. 서울: 문학동네, 2016.
류승국 외. 『삶의 신학 콜로키움 생로병사 관혼상제』. 서울: 대화문화아카데미, 2007.
생명평화마당 엮음. 『생명과 평화를 여는 정의의 신학』. 서울: 동연, 2013.
윤성범. 『孝와 종교』 윤성범전집 3. 서울: 감리교신학대학교 출판부, 1998.
이은선 · 이정배 외. 『21세기 보편 영성으로서의 誠과 孝』. 서울: 동연, 2016.
이은선. 『다른 유교, 다른 기독교』. 서울: 도서출판 모시는사람들, 2016.
_______. 『한국 생물生物 여성 영성의 신학-종교聖 · 여성性 · 정치誠의 한몸짜기』. 서울: 도서출판 모시는사람들, 2011.
_______. 『잃어버린 초월을 찾아서』. 서울: 도서출판 모시는사람들, 2009.
_______. 『한국여성조직신학 탐구-聖性誠의 여성신학』. 서울: 대한기독교서회, 2004.
한국여성신학회 엮음. 『다문화 사회와 여성신학-여성신학사상 제8집』. 서울: 동연, 2008.
_______. 『위험사회와 여성신학-여성신학사상 제11집』. 서울: 동연, 2016.
한길사 편집부 엮음. 『함석헌 저작집 14』. 서울: 한길사, 2009.

Grenholm, Cristina. *Motherhood and Love-beyond the Gendered Stereotypes of The-ology*. trans. by Marie Taqvist. Michigan: Cambridge, UK: William B. Eerdmans Publishing Company, 2011.

이은선

세종대학교 교육학과 교수로 학생들을 가르치면서 동시에 한국기독교교회협의회 화해와통일위원회 위원, 문화체육관광부 공직자종교차별위원회 위원, 한국양명학회 고문. 한국여신학자협의회 실행위원 등으로 활동하고 있다. 한국교회의 회복을 위해 힘쓰고 있다. 또한 한국여성신학회, 한나아렌트학회 회장을 역임했다. 그동안 많은 책을 출간하고, 글을 썼지만 최근 저서로는 『다른 유교, 다른 기독교』, 『21세기 보편 영성으로서의 誠과 孝』(공저), *Korean Religions in Relation, SUNY series in Korean Studies*(공저) 등이 있다.

4장
여성의 교회, 모두의 교회

시작하는 말

이 글은 한국적 상황에서 작은교회를 섬겨온 한 여성 목사의 경험적 성찰의 기록이다. 구체적으로 새터교회라는 작은교회를 섬기면서, 아니 그 작은교회의 가족들로부터 보살펴지고 길러지면서 얻은 고백이라고 할 수 있다.

새터교회는 1987년 '예수·여성·민중'의 깃발을 든 기독여민회에서 세운 교회이다. 당시 구로공단의 여성 노동자들에게 새 하늘과 새 땅을 열어준다는 뜻으로 새터교회라고 이름 짓고 어린이집, 지역아동센터, 녹색가게, 가족상담센터를 운영하였고, 현재에도 '돌봄살림치유공간자리'라는 비영리 단체를 통해 동네 청소년들과 함께하고 있다. 또 한 새터교회는 지속적인 여성목회의 현장이기도 하다. 처음부터 지금까지 목회자가 줄곧 여성이었고, 교회나 지역사회 선교기관의 지도력도 대부분 여성으로 짜여져 있다. 따라서 교회 운영에서 상당 부분 여성적인 원리가 내면화되어 있다고 볼 수 있다.

작은교회이면서 여성 목회의 현장이기도 한 교회에서의 경험을 성찰적으로 전할 수 있어서 무척 기쁘고 설렌다. 작은교회의 가치와 여성 목회의 원리를 현실 속에서 실현하려고 부단히 애써온 흔적을 곳곳에 간직하고 있는 교회이기 때문이다. 모쪼록 이 글이 한국적 상황에서 여성적인 작은교회를 실험하고 실현하려는 열정과 영감을 불러일으킬 수 있기를 바란다. 분명히 이야기할 수 있는 것은 새터교회가 여성적인 원리를 먼저 살아내고 공동체 속에서 살려내려는 노력의 과정 중에 있다는 것, 그리고 그 과정에서 여성적인 원리라고 생각하던 가치들이 사실은 복음 자체의 원리와 놀랍게도 일치한다는 것을 발견하고 있는 중이라는 사실이다.

1. 여성의 교회-섬김: 권위에 대한 재인식

"목사님, 사실 저 조금 충격받았어요. 지난번에 다른 분들은 다 차 타고 가고 목사님이랑 전도사님만 지하철 타고 가셨잖아요. 보통 교회에서는 상상도 할 수 없는 일이거든요."

"어떻게 이 교회에서는 목사님이 다 해요? 운전도 하고 예배도 준비하고…. 다음에는 제가 꼭 제 차로 모실게요."

교회에 처음 오는 분들이 나에게 많이 들려주는 이야기이다. 우리 교회에서는 보통 다른 교회에서와 같은 목회자에 대한 섬김이 거의 안 보인다는 것이다. 그러면 나는 "우리 교회가 좀 그래요." 하고는 아무렇지 않게 웃는다. 사실 이런 이야기들이 불편하지 않게 된 건 얼마 되지 않았다.

처음 새터교회에서 담임 목회를 시작할 무렵 커피를 타고 있는 나에게 누군가 말했다. "목사님, 이제야 목사님 되신 것 같네요." 그랬다. 새터교회에서는 커피를 타고 청소를 하고 식사 준비를 하는 목사님의 모습이 낯설지 않았다. 평신도로 목사님의 모습을 지켜보고 있을 때는 그 모습이 그렇게 은혜로웠다. 가부장적인 수직 구조의 꼭대기에 군림하듯 존재하는 남성 목회자들을 보다가, 가장 낮은 곳에서 자기를 낮추고 섬기는 여성 목회자의 모습을 보는 것은 그야말로 은총이었다. 마치 시대를 향한 구원의 메시지를 보는 것만 같았다. 모름지기 목회란 저래야 하는 것이며 역시 여성목회가 희망이라는 생각이 절로 들었다.

그런데 막상 그 일이 내 일이 되고 보니 사정은 달라졌다. 수직적인 구조에 거의 강박적인 거부감이 있던 나였지만, 나만 늘 허드렛일을 하게 되는 것 같아 은근히 부아가 났다. 섬김을 받으러 온 것이 아니라 섬기러 왔다는 예수의 말씀, 여성의 지도력은 군림하는 지도력이 아니라 섬기는 지도력, 수평적인 지도력이라는 여성성의 원리는 아름다운 구호였지만 현실의 나에게는 불편하기 짝이 없는 소식일 뿐이었다. 처음으로 말씀은 나에게 불편함으로 다가왔다.

불편함 한가운데에서 나는 일종의 선택을 해야 했다. 가슴속에 펄럭이던 아름다운 구호의 깃발을 버리거나 아니면 그 불편한 깃발을 소화해서 삶으로 살아내거나 둘 중 하나였다. 결론부터 말하자면 나는 쉽게 깃발을 버리지 못했다. 그리고 불편함을 기꺼이 껴안고 살아보는 쪽으로 마음을 다잡았다.

사실 교회에서 목회자가 이른바 허드렛일이라 불리는 일들을 통해 교인들을 섬기는 현상은 남성 목회자들보다는 여성 목회자들에게 뚜렷하게 나타난다. 아무리 개척교회 목회를 해도 남성 목회자가 직접 교인들을 위해 식사를 준비하는 일은 흔치 않다. 그들에게는 대체로 이러한 역할을 감당해줄 여성 동역자가 있거나, 없다 하더라도 직접 팔을 걷어부치지 않는 경향이 있다. 여성들은 다르다. 교회 식사를 맡아줄 사람이 없을 때, 예배당 청소나 꽃꽂이가 필요할 때, 온 동네 골목에 눈을 치워야할 때도 말없이 먼저 팔을 걷어 부친다. 여성들에게는 이러한 일들이 익숙하고 가까운 일들이기 때문이다. 섬기는 일에 관한 한 여성들의 경험이 남성들의 그것보다 훨씬 더 가깝다는 말이다. 섬기는 일은 오랫동안 여성들이 하던 일이었다. 다른 사람들은 마다하는 궂은일을 통해 자기를 기꺼이 내어주는 일은 오랫동안 여성들의 몫이었기 때문이다.

여성은 필연적으로 자기 자신을 상실하지 않고서도 자신의 일부분을 상실할 수 있는 그런 '사람'으로 형성되었다. 그러나 은밀하게, 소리 없이 그녀의 깊은 내면에서 여성은 스스로를 확장하고, 스스로를 복수화(複數化) 한다. …여성은 익명성 속에 남성처럼 벌벌 떨지 않고서도 위험을 무릅 쓰고 모험한다. 여성은 자신은 사라지지 않으면서 익명성에 녹아들 줄 안다. 왜냐하면 여성은 주는 자이기 때문이다. …여성에게 고유한 점이 있다면, 그것은 역설적으로 계산 없이 자신의 것을 탈-소유화 할 수 있는 능력이다.(엘렌 식수)[1)]

아이를 맡긴 엄마들이 공장에서 열심히 일하며 자신의 권리를 찾고 당당하게 자신을 찾을 수 있게 하기 위해 나는 하루 종일 아이들과 함께 놀고, 밥하고 설거지하고, 밥 먹이고 재우고, 걸레질을 한다. 이러한 일들을 기꺼이 내 운동의 영역으로 만들어야 한다는 생각에 남들이 볼 때 하찮다고 생각되는 이 일을, 나는 저버릴 수 없는 시대의 요구로 생각하고 있다.(남미영)[2)]

놀랍게도 이러한 섬김은 복음에 의해서 강력하게 지지된다. 예수는 '인자는 섬김을 받으러 온 것이 아니라 섬기러 왔다.', '주는 것이 받는 것보다 복되다.'라는 말씀으로 섬김과 내어줌에 대한 전혀 새로운 시각을 제시한다. 그리고 복음을 제대로 경험한 사람들은 예수처럼 말한다.

여러분 가운데 참으로 행복한 삶을 살아갈 사람은 남 섬기는 방법을 찾아낸 바로 그 사람입니다.(알베르트 슈바이처)[3)]

---

1) 엘렌 식수, 박혜영 역, 『메두사의 웃음·출구』(서울: 동문선, 1997), 181, 이은선, 『한국 생물 여성영성의 신학』(서울: 모시는사람들, 2011), 171에서 재인용.
2) 남미영, "나를 있게 한 어머니들," 『바닥을 일구어가는 여성들』(서울: 기독여민회, 2001), 31.
3) 로저 월쉬, 광옥 옮김, 『영성 수련의 기본』, (서울: 드림, 2011), 311.

> 나는 깨어났고 보았다. 인생이 섬김임을.
>
> 나는 행동했고 알았다. 섬김이 기쁨임을.(라빈나르드 타고르)[4]

섬김이야말로 복음이 가르치고자 하는 삶의 진수이다. 그리고 아직까지 섬김은 남성들보다 여성들에게 훨씬 더 근접한 경험이다. 그렇다고 무조건 섬기는 일을 미화하기만 할 수는 없다. 특히 섬김의 경험에 쉽게 노출되는 여성들에게는 더 그렇다. 왜냐하면 여성들에게 자주 드러나는 섬김은 전통적인 성별 분업을 아무 저항 없이 받아들인 결과이거나, 자기 사랑의 부족으로 인해 자기를 홀대하는 경향으로 나타나기도 하기 때문이다. 결론부터 말하자면 복음과 여성목회가 지지하는 섬김의 원리는 전통적인 성별 분업이나 자기 사랑의 부족에서 비롯된 섬김이 아니다. "왜 허드렛일은 여성들만 하게 되는 거지요? 정말 더 이상 설거지는 하고 싶지 않아요."라는 말을 차마 하지 못해서, 억울하게, 마지못해 하는 섬김을 말하는 것이 아니라는 것이다. 오히려 복음적인, 여성적인 섬김은 깊은 자기 수용과 건강한 자기 사랑으로부터 자라나는 것이다.

> 우리가 남에게 베푸는 것들이 시간이든 재물이든 사랑이든 그 무엇이든 원리는 동일하다. 참된 베풂은 우리 가슴이 열릴 때, 속사람이 건강할 때, 거기에 발맞추어 자란다.…참된 관용과 베풂은 건강하고 온전한 사람에게서 저절로 우러나는 것이다.(잭 콘필드)[5]

---

4) 위의 책, 310-311.
5) 위의 책, 309.

2. 여성의 교회-다름을 받아들임: 차별에 대한 감수성

이웃 종교와 만나보기

지난해 자신을 그리스도인이라고 밝힌 60대 남성이 성당과 사찰에 들어가 기물을 훼손하는 등 난동을 부린 사건이 있었다. 해당 남성은 성당의 성모상 목을 부러뜨리고 사찰에 들어가 불상을 내팽개치는 등의 행위를 한 것으로 알려졌다. 불상을 파괴하고 성모상의 목을 부러뜨리다니 생각할수록 놀라운 발상과 행위이다. 그런데 이 놀라운 발상과 행위가 한국 개신교회 안에서는 비일비재하다. 대학 축제에서 지내는 고사를 목숨 걸고 반대하기도 했고, 학교나 마을에 세워진 장승을 부러뜨리는 일이 있는가 하면, 지나가는 스님에게 "사탄아, 물러가라."를 외치는 일도 많다. 도대체 왜 이웃 사랑을 외치는 기독교에서 이웃 종교에 대한 사랑은 눈곱만큼도 찾아볼 수 없게 된 걸까?

예나 지금이나 나는 성격이 유순한 편이지만 어떤 부분에서는 고집이 세다. 아마 고등학교 때쯤일 것이다. 친구들이 나에게 말했다. "너는 다른 부분에서는 이야기도 잘 통하고 잘 들어주는데 종교 문제만 가면 절대로 양보도 없고 타협도 없더라." 나는 짐짓 속으로 기뻐하면서 대답했다. "진리잖아. 진리는 원래 타협이 없는 거야." 이제 막 한국교회 안에서 신앙의 진리를 배워가던 나에게 진리는 하나였고 이웃 종교는 있을 수 없는 존재였다. 이웃 종교는 다만 아직 진리를 알지 못하는 불쌍한 군상들이거나 척결해야 할 우상 세력일 뿐이었다.

세월이 지나 신앙에 대해서, 교회와 하나님에 대해서도 새롭게 알아갈 무렵 이웃 종교를 만날 수 있는 기회가 생겼다. 직접 이웃 종교의 예식에 참여해보고 수련의 방법을 경험하고 함께 대화를 나누면서 생경하기만 하던 이웃 종교를 가깝게 만났다. 사람마다 다르겠지만 나의 경우에는 이웃 종교를 만나기 전에는 이웃 종교인과 만나는 일이 무척 기대되었다. 뭔가 좀 품위 있고 열린 신앙의 행위를 하는 것 같아서였다. 막상 이웃 종교를 만나보니 생각보다 혼란스러웠다. 이웃 종교가 내가 보기에 좀 많이 훌륭했기 때문이었다. 만남이 거듭되어 가면서 이웃 종교 안의 어려움이나 문제들도 보게 되었지만 처음에는 그저 좋은 면들만 눈에 들어왔다. 이웃 종교의 존재를 전혀 인정하지 않았던 한국교회에서 자라난 나에게는 정리되지 않는 질문들이 우후죽순 튀어나왔다. '그러니까 나는 대화를 하는 거야. 대화를 하는데 나한테는 이미 답이 있어. 예수만이 답이니까. 나는 옳고 당신은 틀렸어. 그런데 과연 이걸 대화라고 할 수는 있는 거야?' '그렇다면 인정을 한다고 쳐. 당신도 옳을 수 있다고 말이야. 그럼 어떻게 되는 거지? 내가 믿는 신앙은 이미 이율배반이 되어버리잖아. 오직 예수 이름으로만 구원을 받는 건데 말이야.' 머릿속에서는 해결되지 않는 독백이 계속되었고, 이웃 종교와의 만남은 그야말로 내 신앙에서 지진과도 같은 것이었다.

그런데 이 지진 속에서 뭔가 새로운 것이 태어났다. 그동안 본 적도 만난 적도 없는 신비한 것이었다. 여전히 옳고 그름의 잣대 속에 내 신앙을 맞추고 하나님을, 진리를 끼워 맞추고 있을 때 내 속의 누군가가 내게 말을 걸어왔다. 어느 날 문득 그런 생각이 들었다. '내게도 어머니가 계시듯이 다른 사람들에게도 어머니가 계시다. 다른 사람의 어머니가 훌륭한 어머니임을 인정하는 것이 내 어머니의 위대함을 부정하는 것은 아니지 않은가? 여전히 내게는 하나뿐인 어머니가 아닌가? 과연 무엇이 문제인가?' '하늘과 바람과 별과 풀잎과 나무와 강물을 보아라. 아무도 누가 옳고 누가 그른가 다투지 않는다. 아무것도 잘못되지 않았다. 그래도 괜찮다. 아니, 그래서 더 괜찮다.' 그날 이후로 하나님은, 교회는 전혀 다른 의미로 내 어머니가 되었다. 이제 교회는, 하나님은, 특별하지 않아도, 세상에서 제일 예쁘고 존경스럽지 않아도, 당신 홀로만 진리로 우뚝 솟지 않아도, 여전히 사랑하는 내 어머니가 되었다.

> 예수의 명령은 '옳아라.'가 아니라 '서로 사랑해라.'입니다. 물론 어떤 일에 옳지 않아도 되는 건 아니지요. 문제는 우리가 언제 어디서나 옳아야 한다는 내면의 강박에서 비롯됩니다. 누구든지 이 문제에 너무 매달리면 스스로 만든 자아-상(像)에 사로잡히게 되고 바로 그런 사람들이 예수를 죽인 사람들이거든요. 이것은 영원한 패턴입니다.(리처드 로어)[6]

이웃 종교와의 만남에서 처음 발각된 '공고하고 옳은 나의 나라'는 일상 곳곳에서도 툭툭 튀어나왔다. 그동안 제법 사랑 꽤나 하고 있는 줄 알았던 내 착각은 산산이 부서져 나갔다. 하도 빽빽하게 자기 옳음이 가득 차 있어서 다른 사람이 들어올 공간이라고는 하나도 없는 참담한 나의 나라가 거기 있었다. 나는 옳고 너는 그르다는 인식이 무너지는 자리에, 신앙과 사랑의 신비가 있다. 나의 옳음이 죽어서 그대가 활짝 피어나는 것, 그것이 사랑이다. 그리고 하나님은 사랑이시다.

감히 말하자면 한국교회의 독선적이고 배타적인 성격은 자기를 죽여서 다른 이를 살리는 복음의 가르침과 정면으로 위배된다. 독선이란 자기 홀로 옳고 선하다는 것인데 오직 예수 그리스도로만 구원을 받는다는 기독론과 맞물려 한국교회는 오랫동안 배타와 독선의 문화를 당연하게 여겨왔다. 이러한 태도는 교회 바깥의 이웃 종교를 만나는 데 결정적인 걸림돌이 되었을 뿐 아니라 교회 안에서도 오래된 차별을 지속시키는 든든한 배경이 되어왔다. 여전히 여성 목사 안수가 통과되지 못하는 교단이 있고, 어찌어찌 여성 목사 안수는 가능했지만 여성할당제와 같은 제법 보편적인 문화를 도입조차 못하는 교단도 있다. 성소수자에 대한 혐오와 분노는 신앙과 거의 동일시되고 있고, 정치적인 이데올로기마저 신

6) http://cafe.daum.net/pg-sori/Eh6m/8에서 인용. 리처드 로어, "크리스천의 정치행동," 『단순함』.

앙과 동급으로 받아들여져 반공 우익 성향의 집회에 한국교회가 앞장서는 일도 많다. 이쯤 되면 다른 것을 잘 못 받아들이는 정도가 아니다. 한국교회는 다른 것을 무찌르고 척결해야 할 대상으로 본다. 대단히 공격적인 배타와 독선의 문화가 한국교회 안에 여전히 팽배하다.

여성들의 목소리 듣기

지난 해 예장통합 총회에서 여성 총대 수는 24명이었다. 역대 가장 많은 숫자라고 하지만 전체의 1.6%밖에 되지 않는다. 이에 여성위원회는 각 노회별로 여성 총대 1명을 파송해 줄 것을 요청하는 여성총대할당제를 헌의했다. 그대로 통과된다고 하더라도 여성 총대의 숫자는 66명, 1,500명에 달하는 전체 총대 숫자의 4.4%에 그치는 다소 미미한 개혁안이었다. 그렇지만 헌의안이 발의되는 순간 곧장 장내는 "아니오", "아니오"의 물결로 술렁였다. 결국 이날 총회에서는 고작 66명의 여성 총대를 세울 수 있는 미미한 여성총대할당제가 압도적인 남성들의 '아니오' 속에서 무산되고 말았다.

이 일을 기사로 접하면서 처음 들었던 느낌은 창피함이었다. 상식 수준에서도 매우 낮춰져 있는 헌의안을 그대로 받지 못하는 한국교회의 수준이, 이런 집단에 내가 속해 있다는 것이 정말 한없이 부끄러웠다. 그리고는 오래도록 이 일을 기억하지 않았다. 아니, 기억하고 싶지 않았다는 표현이 더 적절할 것 같다. 글을 쓰느라 다시 이 기억을 소환해놓고 어이없게도 나는 한참을 펑펑 울었다. 입에서는 저절로 욕이 튀어나왔다. "아니오라니? 이 ××들아. 66명이라고! 660명도 아니고! 니네들 잘난 교회를 누가 다 부양하는데 어떻게 아니오라는 말이 그렇게 쉽게 술술 나와?!"

한국 사회에서 여성으로 살아오면서, 한국교회에서 여성 목사로 살아오면서 차별당한 경험은 이제 나에게 무척이나 소중하다. 여자라서 특별한 취급을 당하고, 여자라서 열등한 조건에 놓이고, 여자라서 더 많은 위험에 노출되면서도, 더 많은 비난을 감수했던 경험이 다행히 나에게는 있다. 참 고마운 일이다. 이 경험이 나로 하여금 다른 사람들의 차별에 민감하게 열려 있도록 돕는다. 성소수자들에 대한 반대에 온 교회가 골몰할 때, 아이를 잃은 세월호 가족들에게 이제 그만하라고 교회가 앞장서서 외칠 때 같이 눈물 흘릴 수 있도록, 같이 분노할 수 있도록 여성으로서의 내 경험이 나를 돕는다.

한국교회가 독선과 배타의 길이 아니라 다르다는 이유로 배척했던 사람들과 함께 '사랑'의 길을 걷게 되기를 바란다. 아마 그 사랑의 여정에, 여성들의 차별에 대한 앞선 경험이 같은 처지에 있는 사람들을 이해하는 민감한 감수성의 통로로 사용될 것이다.

3. 여성의 교회, 약하고 상처받은 사람들의 교회

여성성에 대해서 정의를 내리기는 참 어렵다. 여성성은 무엇이라고 정의하는 순간 다시 고정된 선입견이나 편견이 되어버리기 때문이다. 그래서 대체로 나는 '여성성은 무엇이다'라는 정의를 피하는 편이다. 그래도 피할 수 없을 때는 보다 생물학적인 차이에 초점을 맞춘 정의를 사용한다. 그 정의가 바로 '생명을 낳아 기르는 데 용이함' 정도이다. 여성은 새로운 생명을 받아들이고 낳고 기르는 데 보다 쉽게 설계되어 있다. 아이를 낳고 기르면서 새롭게 경험하는 것이 아이, 그러니까 아주 작고 연약한 것에 대한 사랑이다. 그런데 이게 꼭 자기 아이한테만 해당되는 것 같지가 않다. 강아지 키우는 사람들이 동네 개들만 보면 괜히 찾아가서 말을 거는 것처럼 아줌마들도 주책 맞게 남의 집 아기들을 보면 말을 걸고야 만다. 작고 연약한 것이 눈길을 끌고 마음을 잡아당긴다. 누군가 아플 때 그 마음에 저절로 공감이 가고 약한 것이 쓰러져갈 때 뭐라도 하나 덧대어주고 싶은 마음이 저절로 일어나는 것이다. 아무 일 아닌 것 같은 이 일이 실은 매우 놀라운 차이이다. 그리고 오늘 우리 사회에 참 필요한 덕목이기도 하다. 저절로 일어나는 작고 약한 것에 대한 관심과 공감의 능력이 놀라울 정도로 사라져가고 있기 때문이다.

약하고 작은 것들에 대한 관심, 상처받기 쉬운 것들에 대한 연민은 교회가, 또 여성 목회가 놓치지 말아야 할 덕목이라고 나는 믿는다. 새터교회는 구로공단 여성노동자들과 함께하려는 마음으로 처음 교회를 세웠다. 아니 교회보다 먼저 새터 탁아방을 만들었다. 마땅히 아이들을 맡길 만한 어린이집이 전혀 없던 시절이었다. 아이들만 방에 남겨둔 채 열쇠를 밖에서 걸어두고 엄마들이 불안한 마음으로 일하러 가던 시절이었다. 새터교회는 일하는 엄마들이 아이들을 믿고 맡길 수 있는 탁아방을 만들고, 오로지 일만 하던 엄마들과 함께 야유회를 가고, 새로운 삶을 선물하는 일을 교회의 첫 출발로 삼았다. 탁아방 꼬맹이들이 자라감에 따라 같은 마음으로 공부방이 만들어지고 또 그 녀석들을 함께 키우다 보니 가족 전체를 지원해야겠다는 마음으로 가족상담센터도 만들게 되었다. 그러는 동안 여성 노동자들이나 아이들뿐만 아니라 자연이 신음하는 소리도 듣게 되었고, 녹색가게를 열고 벼룩시장을 열고 환경살림도 해나갔다.

여전히 새터교회는 약하고 상처받기 쉬운 사람들과 함께하는 일에 중심을 두고 있다. 세월호 가족 기도회에 1년에 몇 번이라도 참여하고, 다른 사회적 약자들의 시위, 집회 현장에도 함께하려고 애쓰고, 평상시에는 희망없이 살아가는 동네 청소년들에게 관심을 갖고 끊임없이 소통하려고 노력하고 있다. 청소년들에게 공간을 내어주고 새로운 배움의 과정을 설계하고, 돌보고 치유하고 살리는 상담을 함께 한다.

약하고 상처받기 쉬운 것들에게 눈길을 주고 돕는 일이란 여성들에게 자연스러운 일이다. 동시에 복음이 가장 가치롭게 여기는 일이기도 하다.

> 내 아버지께 복을 받은 이들아, 와서 세상 창조 때부터 너희를 위하여 준비된 나라를 차지하여라. 너희는 내가 굶주렸을 때에 먹

> 을 것을 주었고, 내가 목말랐을 때에 마실 것을 주었으며, 내가 나그네였을 때에 따뜻이 맞아들였다. 너희가 이 가장 작은 이들 가운데 한 사람에게 해준 것이 바로 나에게 해준 것이다.(마 25:34-35, 40, 이하 사역)

복음에 따르면 약하고 상처받기 쉬운 사람들을 돕는 일은 곧 구원에 이르는 길이다. 그리고 실제로 약하고 상처받은 사람들을 돕는 일처럼 행복한 일은 없다. 그런데 막상 일을 하다 보면 돕는다고 생각했던 그 사람들에게서 정말 많이 받고 있다는 걸 알게 된다. 그리고 나 역시도 약하고 상처받기 쉬운 사람이라는 사실을 알게 된다. 가장 낮은 자리에서 우리는 서로를 향해 마음을 열고 가슴으로 만나며 비로소 서로의 손을 따뜻하게 잡게 된다.

돌이켜보면 내 인생에서 가장 빛나던 시절은 상처가 깊은 아이들이 많았던 지역아동센터에서 생활지도교사로 일할 때였다. 참 많이도 웃고 울고 화내던 시간들이었다. 상처가 많은 아이들은 참 많이도 싸웠다. 하루에도 몇 번씩 사고가 났다. 교사랍시고 그런 아이들을 가르친다고 하면서 내가 먼저 더 화내는 경우도 많았다. 지금 생각하면 참 아수라장이었다. 그중에서도 가장 기억에 남는 때는 우습게도 일을 그만두고 난 뒤의 어느 저녁이었다. 평소와 다름 없는 생활이 계속되었지만 이상하게 헛헛한 시간을 보내고 있던 어느 날 저녁, 나는 문득 알게 됐다. 아이들과 함께 지지고 볶던 시절, 내가 정말 너희 때문에 못 살겠다고 화내고 울던 그 시절, 사실은 아이들에게 참 귀하고 많은 사랑을 받았다는 걸 그냥 저절로 알게 됐다. 지금은 어떻게들 지내고 있을까? 지금도 눈에 선한 아이들의 얼굴, 마냥 그립고 보고 싶다. 그날 이후 나는 믿는다. 약하고 상처받은 사람들이 딱딱하고 굳어진 사람들의 마음문을 여는 힘을 지니고 있다는 것을. 그래서 약한 것이 결코 약한 것이 아니라는 것, 참된 힘이란 어쩌면 약하고 상처받기 쉬움에서 온다는 것을 아주 굳게 믿는다.

하지만 안타깝게도 여전히 약하고 상처받은 사람들에게 가까이 가는 것을 꺼리는 나를 자주 발견한다. 그리고 약하고 상처받기 쉬운 나를 드러내는 일도 여전히 부끄럽고 속상하다. 약하고 작은 것이 아니라 크고 강한 것을 숭배하는 마음이 아직도 내게 위력을 떨치고 있는 까닭이다. 좀 비약하자면 나는 이게 바로 사탄의 힘인 것 같다. 크고 강한 것을 숭배하고 작고 약한 것을 멸시하는 그런 마음 말이다. 남성적인 힘, 가부장제의 힘, 자본주의의 힘은 전통적으로 크고 강하고 많은 것에 최고의 가치를 부여해왔다. 그 속에서는 약하고 상처받기 쉬운 여성과 아이들, 자연은 늘 열등한 존재, 정복하거나 다스려야 할 대상에 불과했다. 정말 그러한가? 또한 작고 가난한 것 역시 언제나 극복해야 할 대상이었다. 정말 그러한가?

> 가난한 사람들아, 너희는 행복하다. (눅 6:20)

가슴에서 종이 울리듯 말씀이 깊이 울린다. 내가 약한 사람이어서, 상처받기 쉬운 사람이어서 나는 참 행복하다. 게다가 약하고 상처받은 사람들과 함께 살아가고 있어서 더욱 행복하다. 더군다나 우리가 어울려 작은 공동체를 가꾸고 있어서 정말 행복하다. 약함은, 상처받기 쉬움은, 작음은, 가난함은 우리를 복음의 세계로 연결하는 참된 힘이다.

맺는말: 여성의 교회, 모두의 교회

가부장제와 자본주의는 오늘을 살아가는 우리의 삶을 지배하는 중요한 바탕이다. 놀라운 것은 복음이 가부장제와 자본주의가 지지하는 가치들을 거의 전혀 지지하지 않는다는 사실이다. 오히려 복음은 여성성의 원리들과 놀라운 유사성을 보이고 있다. 복음은 섬김이라는 새로운 권위를 드러내고, '옳아라'가 아니라 '사랑하라'고 말하고, 약하고 상처받은 것들이 도리어 행복하다고 증언한다. 이러한 가치는 남성 중심의 가부장제 사회에서 여성들에게 부여된 역할 혹은 정체성으로, 하나같이 정당하게 인정받지 못하던 가치들이었다. 여성들의 헌신적인 섬김은 늘 헌신짝처럼 취급되었고, 약한 것과 상처받기 쉬운 것은 열등한 것으로 비하되었으며, 독선과도 같은 정의의 추구가 영웅시되어 왔다. 여성의 권익이 많이 신장되었다고는 하지만 지금도 역시 남성과 남성적인 가치들이 우위를 점하고 있는 가부장제 사회이다. 그런데 지금보다 더 혹독했을 가부장제 사회 안에서 복음은 다른 목소리를 속삭이고 있는 것이다. 크고 강한 것을 숭상하며 부와 권력을 최고의 가치로 삼았던 사회에서 복음은 고요하게, 그러나 힘 있게 말하고 있다. '그러니까 뭐라고 해야 할까? 부자가 하늘나라에 들어가는 건 낙타가 바늘귀를 통과하는 것처럼 어려워. 내가 진짜를 말해주는 건데 말야. 세상은 부자가 되면 행복해진다고 말하지만 사실은 가난한 사람들이 행복해. 너희가 이 비밀을 알게 되길 바라. 그리고 네가 높아지고 싶다면 스스로 낮아지면 돼. 어딜 가든 군림하려고 하지 말고 낮은 자리를 찾아서 섬겨. 그러면 저절로 높아질 거야.'

가부장제 사회 속에서 오래도록 자신을 열등하게 여겨왔던 여성들이 이제야 말하기 시작했다. 연약함의 힘에 대해서, 돌봄과 섬김과 살림의 가치에 대해서, 다른 것을 수용하는 여성의 지혜에 대해서. 정말 참 신기하다. 어쩌면 이렇게 닮아 있을까? 복음이 전하려던 비밀과 여성들이 드러내려는 여성성의 원리가 놀라울 정도로 비슷하다. 아마도 진실한 삶의 원리이기 때문 아닐까? 아까부터 찬송가 하나가 입안을 맴돈다. '이러한 도가 진리로다.'

아마 눈치챘겠지만 여성의 교회는 여성만을 위한 교회가 아니다. 여성과 남성이 여성성의 원리, 즉 복음의 원리 속에서 서로 진실되게 어울리며 살아가는 교회이다.

몇 해 전에 운 좋게도 중국의 모소족 마을을 방문할 기회가 있었다. 모소족 마을은 아직도 모계사회를 이루어 살아가는 조금 특별한 마을이었다. 여성들이 집안의 가장이 되는 이른바 '가모장제'의 사회이다. 대대로 이어온 농사를 지으며 최근 늘어난 관광객을 대상으로 관광사업을 하고 있는 작고 평화로운 마을에서 우리 일행은 궁금한 게 참 많았다. 누군가 물었다. "여기서는 오히려 남성들이 차별을 당하고 억압을 느끼지 않나요?" 당황스럽게도 그들은 '차별'이라든가 '억압'이라든가 하는 말들을 낯설어하며 수차례 다시 물었다. 아예 그런 말의 존재를 모르는 사람들처럼 굴었다. 당연히 우리는 그 질문에 대한 답을 듣지 못했다.

요즘 여성들의 목소리가 점차 들리고 여성들의 사회진출이 활발해지기 시작하자 곳곳에서 역차별이니 여성혐오니 하는 말이 오가는 것을 듣게 된다. 그동안 당연하게 누려오던 권리를 빼앗기는 것에 대한 남성들의 당연한 반응이라고 생각한다.

여성의 교회는 여성들이 군림하는 교회를 만들자는 것이 아니다. 오히려 여성의 교회는 남성과 여성 모두 본래의 자리로 돌아가자는 제안이다. 자연으로 돌아가자는 것이다. 복음으로 돌아가자는 것이다. 자연처럼, 복음처럼, 다른 것을 나쁘다고 폄하하지 않고, 약한 것을 오히려 귀하게 여기며, 서로서로 잘 섬기는 그런 교회를 만들어보자는 것이다.

그래서 여성의 교회는 모두의 교회이다. 아이들이 행복한 사회는 결국 어른들을 행복하게 하고, 가난한 사람들을 풍요롭게 살도록 하면 모두가 풍요로운 사회가 되듯이, 여성들이 행복한 교회에서는 남성들도 함께 행복해질 수밖에 없기 때문이다. 약한 것을 돌보고 북돋우어주면 결국 모두가 다 이롭게 된다. 우리는 분리된 존재가 아니라 연결된 그리스도의 몸이기 때문이다.

우리 안에 이미 들어와 있는 여성의 원리를 삶에서, 교회에서 실현해가며, 복음이 우리에게 전하고자 했던 은밀하지만 생생한 기쁨을 한국교회의 남성과 여성이 함께 누릴 수 있기를 바란다.

참고문헌

기독여민회 출판위원회 편. 『바닥을 일구어가는 여성들』. 서울: 기독여민회, 2001.
이은선. 『한국 생물 여성영성의 신학』. 서울: 모시는사람들, 2011.

로저 월쉬. 관옥 옮김 『영성 수련의 기본』. 서울: 드림, 2011.
리처드 로어. 『단순함』. http://cafe.daum.net/pg-sori/Eh6m/

안지성

이화여자대학교 특수교육과를 졸업한 후, 장로회신학대학교 신학대학원(M. Div.)을 졸업하였다. 현재는 새터교회 담임목사로 섬기고 있고, 금천구 마을공동체지원센터장, 기독여민회 교육훈련위원장, 예장녹색교회협의회 총무로도 일하고 있다.

좌담회

한국교회의 희망, 작은교회운동

이 좌담회에서는 종교개혁 500주년을 맞아 출판되는 『한국적 작은교회론』에서 충분히 다루지 못한 내용을 중심으로 토론하였다. 좌담회는 2017년 6월 21일 부암동 현장아카데미에서 이은선 교수(세종대학교, 생명평화마당 신학위원장)의 사회로 김성희 목사(독립문교회), 방인성 목사(함께여는교회, 생명평화마당 공동대표), 송병구 목사(색동교회), 이정배 교수(전 감리교신학대학교, 현장아카데미), 정경일 원장(새길기독사회문화원), 현창환 목사(생명평화마당 사무국장)가 참석한 가운데 진행되었다.

이은선: 먼저 종교개혁 500주년을 맞이하는 오늘 시점의 한국 사회에서 왜 대안적 작은교회가 많이 등장하고 있는지, 현실적 이유와 현상에 대해서 이야기해 보면 좋겠다.

송병구: 먼저 나의 작은교회 경험을 말씀드리는 것이 좋겠다. 지극히 현실적인 이야기임을 감안해주길 바란다. 나는 지금껏 두 번 교회를 개척했다. 첫 번째는 스물다섯 살에, 두 번째는 쉰 살에. 둘 다 세상의 눈으로 볼 때 작은교회임에 틀림없다. 첫 번째 개척할 땐 그 시대에 저항교회적 의미가 있었다. 농촌에 있었지만 큰 테두리로 보아 노동교회, 빈민교회와 함께 민중교회로 불렸다. 1985년이다. 당시 민중교회운동에 소수 농촌 지역의 교회가 농목이라는 이름으로 함께하였는데, 물론 지금은 그

련 성격의 교회가 대부분 없어졌다. 없어진 이유는 저항교회가 가진 한계, 즉 각성된 목회자를 중심으로 하는 구조이다. 평신도들이 함께하지 못하기 때문인 것 같다. 작다고 해서 더 발전적이고 대안적이라고 볼 수는 없는 것 같다. 어쩌면 그간 한국교회가 지향해온 성장의 꿈이 산산이 깨져서일 것이다. 작은교회운동의 경우 대안이라는 그림을 그리고 이를 모색해서가 아니라 결과적으로 이것이 대안일 수밖에 없었던 것이다. 결과론적 측면이 강하다. 지금도 대부분의 교회는 여전히 성장의 꿈을 꾸고 있다. 작은교회도 애초에 뜻을 세우고 선택한 사례도 있지만, 자포자기한 측면도 큰데, 얼마 전부터 기성교회를 떠나려는 신자들과 함께 부분적으로 결합해서 지금의 모양이 형성된 것도 있다고 본다. 솔직히 말해 내 경우에도 개혁운동으로 작은교회를 시작했던가? 현재의 형태가 개혁의 산물일까? 여기엔 의문이 있다. 그럼에도 올해로 박람회가 다섯 번째인데 어느 정도 전형이 마련되고 있다고 본다. 계속 펼쳐보자. 다양한 교회 중에 거기서 어떤 전형이 나오지 않을까? 긍정성을 본다. 전망은 앞으로 기성교회들이 더 많이 산개할 것이고, 더 많이 흩어지면서, 더 다양한 형태를 갖게 될 것으로 본다. 대형교회 중심, 교파 중심의 교회가 많이 약해질 것이고, 그렇게 새로운 존재를 찾는 가운데 작은교회운동도 전형을 갖추어 나갈 것이라고 기대한다.

이은선: 지금까지 우리가 많이 들어온 것과는 다른 시각과 의미에서의 작은교회운동에 대해서 들었다. 그 안에는 그렇게 낙관적이지 않은 시각이 들어 있는 것 같다.

송병구: 덧붙이자면, 처음 농촌에서 교회를 시작할 때는 젊은 목회자로서 사회변혁에 대한 소명이 강했다. 그런데 쉰 살에는 생존적인 측면이 더 크더라. 내 나이에, 나같이 기성교회의 시각에서 볼 때 불량한 인식을 주는 목회자가 기존의 교회를 차지하긴 어렵고, 내가 부대끼지 않는 목회를 하려면 차라리 개척을 하자, 이런 동기가 있었다. 마침 마음이 맞고 뜻

있는 분들이 모였고 내가 하고 싶은 교회를 하자고 한 것이 2010년 색동교회의 시작이다. 목회자로서 생활은 또 지극히 현실적이다. 나이가 들고 아이들도 성장하니 먹고사는 문제에 부딪치더라. 여기에서 자유로운 사람은 없으니, 작은교회운동도 명분과 함께 현실에 대해서도 더 많은 얘기가 필요하다고 생각한다. 아무리 대안적 교회라도 먹고 살 틀이 마련되어야 한다. 그게 가능해야 더 많은 사람들이 개혁적인 과정에 참여할 것이다.

이은선: 지금 말씀하신 이야기에는 중요한 포인트가 많이 들어 있는데 여기에 대해서 조금 더 이야기를 나누면 좋겠다.

방인성: 나는 작은교회운동은 교회개혁운동의 연장선에 있다고 본다. 한국에서의 목회를 교회개혁의 방향으로 설정하고 영국에서 돌아왔다. 영국으로 갈 때는 3대째 목사로서 이른바 성공하는 목회자의 꿈을 가지고 있었지만, 공부하고 존경하는 선후배, 동료 목회자를 만나고 개인적인 경험을 통해 목회관이 변하게 되었다. 밖에서 바라보는 한국교회에 대해서 학문을 통해서도 봤고 좋은 목회자 선배, 동료와 함께 고민하면서 한국에 가면 교회개혁운동을 하기로 했다.

교회개혁운동에는 탈성직, 탈성장, 탈성별이 나오는데 교회의 머리, 즉 주인이 누구인가에서부터 한국교회는 일그러져 있다. 한국교회는 성장만능주의에 빠져 대형교회가 모든 것을 잠식하고 있고, 복음의 본질도, 교권도, 신학도 대형교회 때문에 다 흐려지고 성장 위주로 가게 되었다. 생명평화마당이 주장하는 탈성직, 탈성장, 탈성별에는 대형화 속에 고스란히 존재하고 있는 것을 보게 되는 것이다. 전체 한국교회 중에서 5-10%가 대형교회, 중형교회까지 많이 잡아야 15% 정도이다. 나머지 70% 이상이 작은교회이다. 그런데 이 교회들은 대부분 대형교회가 되기를 희망한다. 예수 그리스도가 교회의 머리이시라면 이렇게 지교회가 대형화될 수 없다. 복음의 본질에서 너무 멀리가버려 진정한 교회를 찾을 수 없게 되었다. 그래서 나는 한국교회의 대부분을 차지하는 작은교회들이 복음의 본질로 돌아간다면 진정한 교회의 의미를 새롭게 찾을 수 있을 뿐만 아니라 대형교회가 가진 신학과 교권, 복음의 왜곡과 각종 차별을 해결할 수 있다고 믿는다. 그래서 작은교회가 답이고 이것이야말로 교회가 살 길이라고 생각한다. 현재 70~80%의 작은교회가 생각을 바꾸면 대형교회가 할 수 없는 일을 할 수 있다. 이 작은교회야말로 희망이 될 수 있다. 대형교회가 되려고 하는 대신, 성장하려는 대신, 작음의 의미와 복음의 의미를 찾는 작은교회로서 생명과 평화의 존엄을 찾아간다면 작은교회는 우리 한국교회의 답이 될 것이라고 생각한다.

이은선: 먼저 말씀하신 송 목사님과는 다른 입장에서 '작다'라는 것을 의도적으로 선택하신 것 같다. 작다라는 말이 지닌 함의에 대한 성찰과 자연스럽게 연결된다. 송 목사님의 경우 작은교회가 일종의 피할 수 없는 의도적 선택(경제적·사회구조적)의 작은교회운동이었다면, 방 목사님은 적극적으로 작은교회를 선택하신 것 같다. 실제로 김성희 목사님은 작은교회를 맡고 계시지만 경제적인 문제에 있어서는 조금 다른 상황인데, 두 분의 이야기를 들으시면서 어떤 생각이 드셨는지 궁금하다.

김성희: 나는 중간인 것 같다. 1988년 인천해인교회에 준목으로 부임해서 1989년에 목사안수를 받았다. 해인은 인천 해방, 인간 해방이라는 뜻을 담고 있었다. 사회변혁기에 지역과 함께 열심히 일한 작은교회였다. 거기서 6여 년 동안 신앙공동체를 세우기 위해 노력했는데, 노동자 교우들은 노동운동에 우선순위를 두고 있어서 어려움이 있었다. 교회가 신앙고백적으로 사회개혁에 참여해야 한다는 입장과 사회변혁운동 자체가 신앙이요, 교회라는 입장의 갈등이었다. 넓은 의미로 보면 흩어지는 교회로서의 역할이기에 별 차이가 없을 것 같은데 현실적으로는 우선순위와 관련해 자주 갈등이 생겼다. 목회가 하나의 분과 파트와 같아서 목회적 리더십을 갖기도 어려웠다. 탈성직 관점으로 보면 합리적인 결정이

무엇인지, 그 결정을 어떻게 도출해갈 것인지, 리더십을 어떻게 세울지는 여전히 고민되는 문제이다. 되돌아보면 교회의 정체성에 대한 생각이 서로 달랐기 때문이었던 것 같다. 민중 개념, 교회의 역할에 대한 생각이 달랐다. 그때는 순수한 열정으로 작은교회운동, 민중교회운동에 참여했는데, 비전과 리더십이 필요했다.

그 후 일반교회 부교역자로 사역하다가 2011년 11월에 독립문교회에 담임목사로 부임했다. 여긴 나름의 전형적인 교회의 특색이 있다. 우리 교회는 산동네에 민중교회라는 이름으로 개척되어 지역선교를 감당해오다가 독립문교회로 개명하고 일반 목회를 해왔다. 나의 개인적인 목회 과정과 역사적으로 비슷했다. 민중교회 10년을 거쳐 일반 교회로 다시 돌아온 것이다. 처음에는 출석이 12명이었는데 교인들은 자신들의 교회가 300명까지 성장하여 큰 교회로 자라나기를 원했다. 그러나 교우들은 한국교회가 저성장, 정체구조이기에 현실적으로 성장이 어렵고, 단지 교인 숫자가 많다는 것이 별 의미가 없다는 것을 알게 되었다. 산동네 어려운 사람들일 경우, 교우가 늘어날수록 돌볼 사람이 더 많아져서 건강한 소수의 교인들이 경제적·육체적·정신적으로 돌봄을 실천하다가 소진되는 경험을 하였다.

나는 자기정체성과 자긍심이 있어야 교우들이 행복하게 신앙생활을 할 수 있다고 보았다. 그래서 2013년 '작은교회 박람회'에 참여했다. 교우들은 이상하고 다양한 교회들을 보면서 놀라고 충격을 받았다. 그 후 2년 동안은 참석하지 않았다. 그동안 마을목회로 방향을 잡고 작은교회로서의 자부심과 한국교회의 비전에 대해 많이 나누었다. 지금은 마을목회를 실천 중이다. 교우들이 주민들과 어울려서 도시농업을 하고 있다. 양봉장과 상자텃밭, 육묘장, 도시농업 탐방 코스 등 도시농업을 통해 공동생산, 자립경제, 마을공동체 만들기에 앞장서고 있다. 작은교회는 어느 정도 자비량 목회를 각오하지 않으면 지속하기 어렵다. 여전히 자립구조는 아니지만 개인적으로 진로 코칭, 독서토론 등 강의도 하고, 교우들은 도시농업을 통한 경제적 기반을 만들어 가고 있다.

젊은 시절 해인교회에서 목회할 때는 몸으로 하는 새벽기도라고 생각하며 세차를 했다. 지금은 양봉을 하면서 그런 마음을 갖고 있다. 도시농업은 영성훈련 같기도 하여 재미있다. 자비량목회를 각오하지 않으면 작은교회는 쉽지 않다. 목회자는 하나하나 이런 준비를 해가야 한다. 또한 개교회 차원에서만이 아닌 노회, 교단, 작은교회 연대 등의 구조적 틀을 유연하게 하여 공교회 의식을 확산하고, 개교회들의 자립구조를 함께 만들어 가야 한다.

이은선: 김 목사님의 경우는 특별하다. 독립문교회는 한국기독교장로회는 교단에 속해있으면서 교회 건물도 가지고 있다. 그런데 김 목사님이 새롭게 부임하셔서 작은교회라는 가치에 대한 목표와 지향으로 교인들을 인도하고 갔다. 그러면서 기성교회와 작은교회운동이 결합되는 새로운 측면을 보여주신 것 같다.

김성희: 현실을 진단했을 때 교회를 키운다는 것에 큰 의미를 느끼지 못했다. 작은교회로서의 정체성을 확립하기도 힘들고 성장도 한계가 있었다. 우리 상황은 산 위의 가난한 사람들이 모인 교회였다. 우리가 잘할 수 있는 것은 무엇일까 고민하면서 교인 한 명 한 명을 설득했고, 교우들이 마을활동에 참여하기 시작했다. 지금은 주민센터 내의 북카페 리더, 주민자치회활동, 인왕마을 네트워크, 도시농업 임원 등 마을 활동가들로 자리매김해가고 있다. 교우들도 보람을 느끼며 마을목회에 동참하고 있어 기쁘다.

이은선: 지금까지의 이야기를 들으시고 정경일 원장님은 어떻게 생각하시는지 궁금하다.

정경일: 최근에 다양한 관심과 지향의 작은교회들이 많이 나타나고 있는 원인은 '창조적 소수자'로 살아가려는 목회자들의 용기 있는 노력 덕분이기도 하지만, 그보다는 새로운 대안교회를 열망하며 제도교회를 떠

나는 평신도들이 늘어나고 있기 때문이라고 생각한다. 이처럼 제도교회에서 이탈하여 대안적 작은교회를 향해 이동하는 평신도가 점차 많아지고 있는 현상은 성장주의의 뿌리인 물질주의에 더 이상 시달리며 살고 싶지 않다는 바람 때문인 것 같다.

물론 한국 사회와 교회 전반은 아직도 물질주의에 사로잡혀 있는 것이 사실이다. 세계 탈물질주의 연구자들이 흥미로워하는 나라가 바로 한국이다. 한국은 경제성장과 여러 가지 사회적 지표를 보면 이미 민주주의, 인권, 환경, 다양성 등의 가치를 중시하는 탈물질주의 단계에 진입해있어야 하는데 여전히 물질주의에 지배되고 있기 때문이다. 연구자들은 그 원인을 분단과 전쟁, 경제위기를 겪으며 생겨난 불안, 국가와 사회적 안전망에 대한 불신 등에서 찾고 있다.

그럼에도 불구하고 우리 사회는 '양질전화의 법칙'처럼 탈물질주의를 향해 나아갈 수밖에 없다. 무엇보다도 물질주의가 초래하고 강제한 황폐한 삶이 개인과 공동체가 견딜 수 있는 임계치를 훨씬 넘어섰기 때문이다. 물질주의의 격류를 거슬러가며 사회적으로든 교회적으로든 탈물질주의적 가치를 열망하는 사람들이 늘어나고 있다는 사실에서 작은교회의 희망과 가능성을 보게 된다.

이른바 '가나안 성도'가 100만 명에 이른다는 주장도 있고 그보다 배에 가까운 약 190만 명이라는 주장도 있다. 중요한 것은 신앙과 삶에서 대안적 가치를 추구하는 평신도들이 제도교회의 익숙한 울타리를 벗어나 대안적 교회를 찾아 돌아다니는 모험에 나섰다는 사실이다. 영적 모험가인 그들에게 교회의 공간적 위치나 거리는 선택의 고려 조건일 수는 있어도 결정적 조건은 아니다. 자신이 추구하는 가치와 맞는 교회라면 멀고 가까움을 따지지 않고 찾아가더라. 그러니 작은교회는 멀리서도 잘 보일 수 있도록 자신의 대안적 가치와 색깔을 더욱 선명하게 드러내야 한다.

이은선: 이렇게 자연스럽게 작다는 것의 의미가 각기 다르게 이해된다. 이 작다는 의미를 어떻게 생각하시는지 그리고 작은교회운동이 왜 중요하다고 생각하는지 더 이야기를 나누어보자.

이정배: 내 생각으로는 이런 운동들이 어쩔 수 없이 생겨나기도 했고 어떤 당위적이나 가치론적으로 생겨나기도 했겠지만, 어떤 입장이든 간에 문명 전환적 차원이 문제의식에 깔려 있던 것이 아닌가 싶다. '더 이상 이런 식으로 놔두면 안 되겠다.', '1960년대부터 서서히 우리 문명의 한계가 보이기 시작했다.', '자본주의적 성장의 한계가 가시화 되었다.', '더 이상 과거와 같은 방식으로는 안 된다.'는 등의 생각이 팽배해 있었던 것이다. 그런 가운데 노자 『도덕경』의 '반자도지동'(反者道之動, 어떤 생각이 극에 이르면 그 극에 이른 생각이 다시 다른 방향으로 전환)이라는 글귀를 떠올렸다. 이것은 도(道)의 운동력으로서 양적이고 물질적이며 지나치게 자기 확산적인 욕망에 대해서 생각의 흐름을 새로운 방향으로 이끌고 있음을 적시한다. 그런 흐름이 서서히 우리를 자극하며 추동하고 있었던 것이다. 그래서 작은교회의 출현 역시 이런 맥락에서 생각할 여지가 많다. 자생적으로 여기저기서 돌출한 운동으로서 우발적으로 발견하게 된 것이다. 인위적으로 만든 추세가 아니라는 말이다. 그런 커다란 방향의 전환을 우리 교회가 수용하고 있다고 말해도 좋겠다. 그래서 자신의 기득권을 지켜줄 교단을 이탈하여 스스로 초교파로 정체성을 옮기는 흐름도 생겼고, 그 흐름의 특색이 획일성을 넘어 고유한 색조를 띠고 있는 것이다. 교회의 새로운 본질을 찾는 운동들이 생겨난 것은 이런 대전환의 추세 속의 한 양상일 것이라고 생각한다. 거듭 강조하지만 지금은 방향 전환이 이루어지는 추세이다. 그런 의미에서 작은교회운동의 '작다'는 의미가 갖는 의미가 참으로 중요하다. 우리는 이미 세 개의 탈(脫)을 가지고 작음의 의미를 얘기해왔다. 단지 숫자적 의미에서가 아니라 복음의 가치이자 문명전환의 차원에서 본 것이다. 이의 본뜻을 더욱 숙고하려면 경제적인 측면뿐만 아니라 생태적인 측면, 교리적인 측면 그리고 우리

삶의 구체적인 스타일, 그 외에도 더 많은 관점에서 '작음'이 지닌 함의가 드러나야 한다고 본다. 몇년 전 가톨릭교회 교종이 와서 "벌어먹지 말고 빌어먹어야 한다."라는 말을 남겼는데 귀담아 들을 필요가 있다. 이에 앞서 본회퍼 역시 "교회 건물을 팔아서 가난한 사람에게 나눠주라."라고 했다. 이것이 '작음'의 시작이고 거기서부터 복음의 힘이 생겨난다. 그 다음 생태적인 차원이 있다. 형식적으로 작은교회 일지라도 살아가는 삶의 스타일이 변하지 않을 경우, 즉 쉽게 사고 쉽게 버리며 욕망에 휘둘린다면 결코 '작음'의 가치를 실현했다고 말할 수 없다. 삶의 양식의 문제인 것이다. 또한 교회가 여전히 배타적 우월성에 가득 차있다면 그런 작은교회를 생명 평화적 차원에서 '작다'라고 말할 수 없을 것이다. 크고 절대적인 것을 강조하기보다 자기 자신이 스스로 작은 그릇이 되어야 옳다. 이렇듯 '작음' 안에는 남녀 문제, 생태 문제, 종교 문제, 경제 문제 등 삶의 전환을 요구하는 뭇 가치가 함의되었다. 여하튼 문명의 대전환 속에서, 작은교회들은 '작음'의 함의를 현장 속에서 실천하는 모습을 보이고 있고 그것이 운동차원으로 번지고 있는 시점이라고 생각한다. 미약하지만 도도하게 흐를 날이 멀지 않을 것이다.

이은선: 작다는 것을 여러 측면에서 설명해주셨다. 그 말에 동의하는 분들도 있지만, 또 현실에서 그대로 적용하기에는 어려움이 있는 것도 사실이다. 예를 들면 얼마 전에 테드(TED) 강의를 하나 들었는데, 항상 자신의 회사를 '작다'라는 수식어로 소개하면서 고객과 상대하다 보니 회사가 그 고객을 위해서 일하는 만큼의 충분한 대가도 받지 못하고, 오너 스스로의 가치도 낮추는 것이 되니 그러한 언어를 쓰지 말라는 내용이었다. '작다'라는 수식어를 쓰지 않은 이후 그 회사의 수입이 달라졌다고 한다. 작은대학 교수, 작은교회 목사 등 '작다'라는 말을 쓰면 듣는 사람이 그 말을 좋은 의미로 듣지 않고, 그래서 참뜻이 잘 확산되지 않는 경우가 많다. 그런 점을 생각해봐야 한다.

송병구: 교회 앞에 '작다'를 붙이기에는 부적절하다는 생각을 늘 해왔

다. 마땅한 개념을 선택하기가 어려워 계속 고수하고는 있지만, 더 고민할 필요가 있다. 그렇다고 의미 자체를 부정하는 것은 아니다. 규모의 논리로만 교회의 진실성을 따지기는 어렵기 때문이다. 이를 테면 30명이 모여도 목회자가 재벌회장 의식을 갖고 교인들 위에 군림한다면 그건 작은교회가 아니다. 반대로 행여 교회 규모가 커도 목사가, 교회가 겸손히 작은교회의 스타일을 지향하는 경우도 있을 것이다. 덩치가 크고 작은 것을 기준으로 작은교회를 정의할 수 있을까? 지나치게 규모의 논리에 치우치지 말자는 뜻이다. 교회가 공동체적이고, 가치 지향적이고, 모두 동그란 밥상에 둘러앉은 식구 같은 의식이 있다면 그런 의미에서 '작다'라고 본다. 그런 점에서 탈성직, 탈성장, 탈성별이 의미 있게 느껴진다. 작은 규모보다는 정신의 문제이다. 개혁적인 측면에서라도 작다는 것을 독점할 필요는 없다고 본다. 큰 교회도 작은 정신을 지향하도록 끌어내야 하고 문화도 바꾸어가야 한다.

김성희: 그렇다. 가치로서의 작은교회에 대한 인식이 필요하다. 규모로서 작은교회는 난쟁이 의식을 벗어나야 한다. 작으니까 항상 자라나야 한다고 생각한다. 사고 자체가 난쟁이로 고착화되어 크기 위해 노력할 뿐 다른 것을 위해 노력하지 않는다. 이럴 경우 크기 위한 과정으로서의 작은교회에 불과하다. 작은교회들이 연합을 통해 콤플렉스에서 벗어나야 한다. 작은교회 박람회에 가 보니 우리 교회는 작은교회가 아니었다. '우리는 건물이 있잖아요.' 교우들이 '우리 교회가 아주 작지는 않구나.'라는 생각을 하기 시작했다. 작은교회운동의 가치를 통해 난쟁이 의식, 열등감에서 벗어나 자긍심을 갖게 된 것이 중요한 성과이다. 물론 출발 자체가 작은 가치를 지향하면서 생겨난 교회들도 있다. 하지만 태생적으로 작은 것과 맞물려있다. 큰 교회도 낮아지려고 하며 섬기고 나누면 가치면에서 작은교회이다. 그러나 작은교회를 지향하면 계속 분가선교 등 작은 공동체로 나누어지기에 대형교회가 될 수 없다.

정경일: 이은선 선생님이 말씀하신 대로 사회에서 일반적으로 두루 쓰는 '작은, 작다'라는 표현에는 '약함'의 부정적 의미가 들어 있는 것이 사실이다. 그러나 기독교 공동체는 사회에서 통용되는 일반적 의미를 전복시켰다. 바울이 자신의 '약한 것'을 자랑하겠다고 한 것처럼, 약함은 교회의 자랑이 될 수도 있다. 실제로 작은교회는 연약한 공동체다. 그래서 홀로 생존하기 어렵다. 작은교회는 약하기 때문에 더불어 살아가야만 하는 존재이다. 그런 약함의 존재에서 크기보다 깊이, 성장보다 성숙, 경쟁보다 협력, 효율성보다 관계성 같은 삶의 방식이 생겨난다. 그렇기 때문에 대안적 생태계로서의 작은교회의 연대가 더욱 중요하다.

이은선: 자연스럽게 작은교회 한마당 이야기로 넘어가보자. 작년까지 작은교회 '박람회'라고 했는데 올해부터는 이름을 바꾸어 작은교회 '한마당'이라고 한다. 그것의 연장선에서 한국적 작은교회론을 쓰는 일까지 이어졌다. 지금 작다는 얘기 속에 '함께'라는 연대를 의미하는 작음, 작은교회 한마당의 의미 등 앞으로 이 운동을 어떻게 전개해 나가면 좋을지 방향성 등에 대해서 이야기를 나누면 좋겠다.

방인성: 인위적으로 네트워크를 만들어서 되는 것은 아니라고 생각한다. 제도를 통해 연대하는 것은 교회의 본질, 즉 유기적 생명체를 훼손하는 것이다. 작음은 복음의 본질이고, 복음의 본질은 생명과 평화이다. 생명은 절대로 커질 수 없다는 결단이 필요하다. 생명은 무한대로 커질 수 없다는 것이다. 공룡이 생태계에서 사라진 것은 함께 공존할 수 없었기 때문일 것이다. 송 목사님의 규모의 크기는 고래 정도(고래도 아니다. 참치 정도)인 것 같다. 지금 한국에서 초대형교회는 교회라고 보기는 어렵다. 초대형화된 교회는 더 이상 교회가 아니라는 선언이 필요한 때이다. 복음이신 예수는 생명과 평화를 주시기 위해 작은 자, 낮은 자로 오셨다. 화려하고 우월적인 예루살렘 성전에서 하나님 나라 사역을 하지 않으셨다. 오히려 예수는 작은 생명체로 이 땅에 오셨고 권력과 힘의 상징인 로마시대에 낮은 자리에서 평화를 이루셨다. 십자가의 평화이다. 지금 한

국교회는 복음의 본질 선언을 해야 한다. 그것은 작음의 의미를 깨닫고 귀하게 여기는 것에서부터 출발한다는 것이다. 그것이 개혁의 선언이라고 생각한다. 교회의 크기는 본질과도 함께 가기에 그 규모가 무한대로 커질 수 없다. 그래서 300명 이상 가지 말자. 예를 들어 1,000명이 넘어가고 5,000명, 1만 명이 가능하지 않은 것이다. 교회에서의 문제, 권위주의, 배타적 태도, 미신적 신앙은 큰 것이 제일이라는 세속적 가치관 때문이다. 목회자의 타락, 신앙의 변질, 교회가 사회적 역할을 하지 못하는 것은 개교회 성장에 매몰되어 있기 때문이다. 그래서 작은교회의 결단이 필요하고 작은교회의 유기적 연대를 통해 지역과 사회를 섬기는 그 길이 한국교회가 사는 길이다.

송병구: 나는 방 목사님 말씀에 동의한다. 사실 작다라는 것에 자꾸 의문을 던질수록 규모의 논리에 빠질 수밖에 없다. 작은 것이 어느 정도가 작은 것이냐라는 질문에는 함정이 있다. 더 이상 작은 게 무엇이냐라는 질문은 하지 말아야 한다. 다만 예수의 제자가 되고 예수가 원하시는 삶을 살고자 한다면 존재의 양태가 그럴 수밖에 없는 것이다. 그래서 이제는 작음을, 그 의미를 당당히 선언해야 한다.

이정배: 마가복음에는 예루살렘 입성을 앞둔 예수의 마지막 일주일 중 수요일에 이르러 그의 제자들 간에 누가 높은가를 두고 싸우는 모습이 그려져 있다. 아마도 예수의 입장에서는 기막힌 일이었을 것이다. 3년을 함께 지냈는데 마지막 일주일에 이르러 자신의 본뜻 십자가의 삶을 헤아리지 못하고 있으니 말이다. 그렇기에 "주는 그리스도시요 살아 계신 하느님 아들"이라는 고백도 믿기 어려운 말이 되었다. 이런 정황에서 예수는 재차 "나는 너희들 중에 섬기는 자로 왔다." 즉 작은 자로서 이 세상에 왔다고 제자들에게 말한다. 이렇게 본다면 스스로 작은 자가 되어 세상을 섬기는 것이 우리가 생각하는 복음의 본질이자 '작음'의 의미일 것이

다. 이런 그리스도인의 삶의 양식이 교회 존재의 양태라면 교회는 지금 처럼 커질 수 없다. 자기 유지를 위해 존재하는 대형교회에 대해 의미 거역적이어야 옳다. 문명전환시대에 교회가 여전히 대안이 되려면 말이다.

방인성: 작은교회 선언이 한국교회의 살 길임을 다시 한 번 강조 하고 싶다. 작은교회의 목회자는 현실적으로 생존 문제가 걸림돌이다. 다양한 형태의 작은교회들 안에서 성서 해석과 치열한 삶을 사는 목회자의 위치는 매우 중요하다. 역으로 작은교회운동을 제대로 하면 나는 존엄을 지키는 생존의 길이 있다고 믿는다. 생존 따로, 작은교회 따로 있지 않다고 본다. 정 박사님의 작은교회의 연대는 인위적으로 될 것이 아니고 작은 교회로의 선언과 실천을 하면 생명은 유기체이기 때문에 자연스럽게 연합하여 풍성한 생명력을 보여주게 된다는 것이다. 교회가 제4차산업시대에 이걸 보여 주지 않으면 아무것도 사회에 줄 것이 없다.

김성희: 한국교회의 70-80%가 미자립교회, 작은교회이다. 이런 교회가 보편적인 한국교회이고, 100명 이상의 교회가 특수한 교회이다. 작은교회라는 열등감을 넘어 보통 교회, 일반 교회로서의 자긍심을 만들어내고 오늘 우리가 할 수 있는 일을 찾아서 실천해가야 한다. 생각보다 할 수 있는 일이 많다. 성령의 역사와 기적을 체험하며 한 생명의 소중함을 절감하게 된다. 그런 의미에서 작은교회에는 눈물이 많고 은혜가 넘친다.

송병구: 평소에 작기 때문에 자신의 존엄감을 잘 느끼지 못해서 그렇지, 사람들이 교회에 와보니 작은 것이 서로에게 격려가 되고, 작은 것이 좋다고 고백을 하더라. 복음서에 따르면 작은 건 그 자체로 예수를 따르고 섬기는 것이고 밀알이 되는 것이다. 작은교회들일수록 먼저 자존감, 자긍심을 가져야 한다. 그리고 민주적인지, 하나님의 정의를 위해 일하는지, 성차별적이진 않은지 스스로 돌아볼 수 있어야 한다.

이은선: 지금까지 작다는 것의 의미를 담아 박람회(한마당)를 5회째 이어가면서 끊임없이 논의한 작음의 의미에 대해서 잘 말씀해주셨는데, 그것과 더불어 이제 '한국적'이라는 것에 대해서 논의해야 할 것 같다. '한국적 작은교회'라고 하는데 '한국적'이란 말을 또 붙이려고 하는 이유가 무엇일까를 말해보자.

정경일: 방인성 목사님이 "작음은 복음의 본질"이라고 하신 말씀이 가슴에 깊이 와 닿는다. 전에 어느 대화 모임에서 "진보적 대형교회, 가능한가? 필요한가?"라는 제목으로 미국 리버사이드 교회의 사례를 발표하고 토론한 적이 있다. 실제로 리버사이드 교회 같은 모델이 있으니 진보적 대형교회도 충분히 가능하겠지만, 그것이 정말 필요한가에 대해서는 의문이 많다. 우선 진보적 가치를 추구하더라도 규모가 크면 공동체의 인격적 소통과 관계가 어려워지고, 조직의 기본적 유지를 위해서라도 제도를 만들고 강화할 수밖에 없다. 그런 의미에서 생각해보면, 만 명이 모이는 진보적 대형교회 하나보다 100명이 모이는 진보적 작은교회 100개가 더 필요한 것 같다. 작음은 가치만이 아니라 실제 규모에 있어서도 실천되어야 한다. 그러니 작은교회 한마당은 커지고 싶어하지만 능력과 조건이 되지 않아 작을 뿐인 교회들의 홍보 마당이 아니라 커지는 것을 자발적으로 거부하는 작은교회들이 서로 만나면서 힘과 용기를 얻는 연대의 기회로 삼아야 할것 같다.

이은선: 나는 스위스에 유학하면서 페스탈로치를 연구했다. 스위스는 우리나라 경상남북도를 합친 크기에 인구도 800만 정도이다. 그런데 자기들이 작다고 열등감을 느끼지 않는다. 오히려 세계에서 제일 잘 살고, 메이드 인 스위스에 대한 자부심도 크다. 국어로 쓰는 언어가 네 개나 된다. 유럽연합의 한복판에서 화폐도 스위스 프랑을 따로 쓰고 있다. 어떻게 이렇게 국민들 하나하나가 나름의 자부심을 가지게 되었을까를 생각하면서 나는 작은교회의 경우도 비슷할 수 있다고 생각한다. 즉 질의 문제인 것이다. 스위스 국민들은 자기 나라에서 생산된 꿀이나 시계 등을

다른 나라의 그것보다 더 비싼 가격에 팔고 산다. 그만큼 질이 좋기 때문이다. 나는 스위스가 그렇게 된 이유로 세계 어느 나라에서보다도 더 잘 지켜지고 있는 질 좋은 지방자치제도의 직접민주주의 전통, 계속해서 새로운 것을 받아들여 그것을 자신들의 것으로 만들어 가는 개방성, 예를 들어 오늘날 스위스의 시계산업도 바로 종교개혁기에 종교의 자유를 찾아 넘어온 난민들을 받아들여 그들에 의해서 육성된 것이다. 또한 그들은 가족적 삶과 가정의 가치를 매우 소중하게 여기면서 삶의 지속성을 동시에 중시한다. 작은교회운동도 이런 맥락에서 전개시켜 작음에 대해서 열등감을 가질 필요가 없도록 할 수 있다. 작다는 것과 더불어 그것의 이점을 살려서 어떻게 질을 좋게 해나갈 수 있을까가 가장 중요한 문제이다.

이정배: '작다'라는 것을 성서가 어떻게 이해하며 고백하는지를 살펴볼 필요가 있다. 성서는 삶이 어떻게 달라질 수 있는가를 보여주는 책이다. 성서가 말하는 방식의 변화된 삶이 곧 작음의 가치의 실현이라고 할 것이다. 교회공동체의 활동이 성장 일변도의 여타 단체들과 필히 변별될 때 작은 것의 의미가 각인될 것이고 이를 복음의 실현이라고 여길 것이다. 세상과 다를 수 없다면 그것은 '작음'의 가치인 복음의 실종을 뜻한다. 배타적 교회중심주의도 이 점에서 작음의 가치와 한없이 멀다. 이웃 종교들에 대해 열려진 사고가 없다면 작다고 말할 수 없을 것이다. 자신을 큰 그릇으로 여길 때 결코 작은 그릇 속에 들어갈 수 없는 탓이다. 살림살이가 일어난 가정 역시 얼마든지 교회가 될 수 있다. 오히려 교회보다 가정에 우선성을 둘 때 한국적이라는 형용사가 가능할 것이다. 이처럼 '작은교회'의 형태는 다양해야 옳다. 총체적으로 작음은 단순성의 시각에서 이해할 일이다. 자본주의 이후의 삶의 양식에 대한 물음 때문이다. 향후 작은교회는 섬기는 자로 오신 예수만 놓아두고 모든 것을 일체 변경시키는 작업을 감당해야 할 것이다.

방인성: 지금의 한국교회와 사회에서는 새로운 교회운동과 새로운 기독교가 필요하다. 그동안 이 땅에서의 교회는 우리가 처한 상황을 외면하거나 문화를 말살하고, 역사를 왜곡시키고 또는 변질시키는 역할을 서슴지 않았다. 그것은 교회의 존재 의미를 망각하고 세속에 물든 종교가 되어 성장에 몰입하고, 교권을 이용한 권위주의에 매몰되고, 배타주의로 각종 차별을 만들었기 때문이다. 서구 사회에서 전수해온 기독교에서 벗어난 새로운 예수의 하나님 나라 운동이 필요하다. 그것이 한국적 작은 교회운동이라고 생각한다. 작음은 본질이며 생명이다. 작음은 또한 다양성과 독특성을 존중하고 유지해야 한다. 그런 면에서 이 땅에서의 작은 교회는 한국적이어야 한다는 것이다. 작은교회라면 이 땅에서 문화, 정신, 소명을 고스란히 담는 교회가 되어야 한다. 작음과 한국적인 것은 뗄 수 없다. 작음을 지향하는 것은 존재 자체를 긍정하고 존엄성을 가지고 있기 때문에 '작음'을 사랑한다. 나와 우리는 작지만 귀한 존재들이라는 깨달음으로 한국적 작은교회는 시작되고 성숙해간다. 작은 한 사람 안에 하나님 나라의 복음이 들어와 작은 공동체를 이루고 그 공동체는 서로 연대하며 세상을 구원할 동력을 일으키는 존재가 되어간다는 것이다. 우리의 역사와 문화와 상황을 있는 그대로 존중할 것은 존중하고 진보해야 할 것은 진보하는 것이다. 국가주의를 벗어나 온 세상을 향한 선교적 사명을 위해서도 한국적 작은교회는 매우 소중하다. 한국적인 것과 작음은 동떨어질 수 없다는 것이다. 존재의 존엄성을 회귀한다면 당연히….

이은선: 우리가 맨 처음 저자 간담회를 열었을 때 당시 '한국적'이라는 말이 특히 젊은 사람들에게 부정적인 의미를 주는 것을 지적받았다. 그래서 한국적 작은 교회를 이야기할 때, 한국적이라는 말을 어떤 의미로 쓸 수 있을까를 더욱 고민해야 한다. 먼저는 우리 땅과 전통에 발을 충실히 딛는 의미로서 어떤 근본적이고 본질적인 것의 가치를 말할 수 있지만, 동시에 근대 산업문명의 문제, 남북 이데올로기 문제, 세대 간 갈등과 종교적 다양성의 문제 등 21세기 인류 문명이 맞닥

뜨리고 있는 모든 문제가 사실 한반도에서 중첩되어 있는 것으로의 한국적이라는 것의 의미로도 생각해볼 수 있다. 한국적 작은교회는 그 문제를 풀어나가려는 것이다. 이 두 입장을 같이 생각해보자.

이정배: 우리는 이 두 가지 관점 모두를 다룰 수밖에 없다. 어느 하나의 관점만으로 모든 것을 설명하기 어렵다. 균형 있게 이 두 관점을 포섭해야 옳다. 부정할 수 없는 것은 우리 민족의 자기 정체성 속에 여타 민족과 구별되는 어떤 능력이 있다는 점이다. 이를 일컬어 혼종성, 곧 접(接)의 문화라고 한다. 혼종성의 우리 문화는 낯선 문화를 수용하는 과정에서 배타하지 않고 서로 살리는 역할[相生]을 했다. 하지만 이 땅에 들어온 복음은 우리 문화의 종교적 선험성 자체를 부정하고 거부했다. 그럴수록 우리 문화와 상생할 수 있는 복음의 능력을 기대하였다. 우리 문화를 더욱 풍성하게 하는 복음, 복음의 지평 확대를 위한 역할을 하는 문화가 되길 바라는 것이다. 이런 점에서 '작은교회' 앞에 한국적이라는 한정적인 단어를 붙이는 의미가 무엇인지를 진지하게 숙고할 필요가 있다. 한국이라고 하는 정신적·문화적 풍토가 작은교회를 활성화하는 동력이 되어야 할 것이다. 또 다른 의미로 '한국적' 상황을 말하고 싶다. 주지하듯이 1990년 JPIC(정의, 평화, 창조세계의 보전)대회가 한국에서 열렸다. 한국이 정의, 평화. 생태계가 위협받는 나라라는 세계 교회적 판단 때문이었다. 빠르게 성장한 한국이 이렇게 변질된 것이다. 경제협력개발기구(OECD) 가입국가 중에서 욕망지수가 가장 높은 나라가 되었다는 것이 이에 대한 반증이다. 이것이 현실이라면 작은교회운동은 이를 수정, 치유, 해결할 과제를 지닌다. JPIC 대회를 개최한 공로로 명예 신학박사를 수여받는 자리에서 바이제커 박사가 한 말을 기억해야 할 것이다. "JPIC 문제가 해결되지 않는 한 기독교의 구원은 아직 실현되지 않았다." 이러한 심각한 상황에 대해 이 땅의 작은교회들이 그 답을 주어야 한다. 대형교회, 성장지향적인 교회는 실상 이 답을 더욱 어렵게 하고 있다.

김성희: 최진석은 "사유를 수입하는 것은 모든 것을 수입하는 것"이라고 한다. 수입하는 나라는 중진국까지는 가지만 늘 뒤따라 하기에 선진국으로 나아가기는 힘들다는 것이다. 우리의 것을 만들어 가기 위해서는 한국적 생각, 새로운 사유를 해야 한다. 여기서 우리 한국인의 정서와의 만남, 우리나라 고유 문화와의 대화를 모색할 수 있다.

방인성: 나는 한국적이라는 단어를 복잡하게 생각하기보다는 우리의 것이 무엇인가를 찾는 것에 기대가 있었다. 옥스퍼드에서 공부할 때 성령의 은사를 분석하는 스터디 모임이 있었는데 각국의 성령 은사의 형태를 살펴보면서 사람들은 의외로 한국교회의 샤머니즘에 많은 관심을 보였다. 그들은 샤머니즘을 긍정적으로 보면서 한국인의 한과 흥을 들여다보았다. 그때 나는 부정적으로만 생각하던 한국인의 종교성에 대해 깊이 생각하게 되었다. 우리만의 특이한 역사와 문화가 어우러진 한과 흥을 어떻게 작은교회가 한을 풀어내고 흥이 있는 교회공동체로 자리매김 할 것인가? 한은 무엇이고, 흥은 어떤 것인가? 한국적 교회론에서 이론적으로 정립해야 한다고 생각하고 있었다.

이정배: 한(恨), 흥(興), 정(情)이라는 한국적 미학의 세 개념의 빛에서 한국적 교회론을 생각해본 적이 있다. 한류를 신학적 차원으로 연구한 결과물의 하나였다. 한류, 곧 한국적 미학에 접한 기독교를 우리는 'K-Christianity'라고 명명했다. 한국적 작은교회론을 이런 K-Christianity의 열매라고 생각해도 좋겠다.

정경일: 작은교회운동에 참여하는 그리스도인들이 '작음'의 의미를 이야기할 때는 큰 이견 없이 합의에 이르는데, '한국적인 것'에 대해 말할 때는 약간의 긴장과 차이가 있어 보인다. 사람마다 한국적인 것의 경험과 기억이 다르기 때문인데, 예를 들면 1980년대에 청년기를 보낸 세대는

대부분 민족주의적 기풍을 생각한다. 그러나 오늘의 젊은 세대는 생각과 느낌이 다양한데, 한편으로는 '한류'와 같은 문화적 자긍심을 갖기도 하지만 다른 한편으로는 헬조선과 같은 자괴감을 느끼기도 한다. 그러니 세대를 아우르며 공유할 수 있는 대안적 의미의 한국적인 것을 함께 탐구해야 할 것 같다. 어쩌면 한국적인 것은 한국인이 가장 많이 잃어버린 것을 통해 알 수 있지 않을까 생각한다. 그것은 더불어 사는 공동체적인 삶이다. 산업화, 세계화, 신자유주의화 과정에서 공동체가 가장 많이 그리고 가장 철저하게 파괴되었기 때문이다. 그렇게 보면 공동체적인 것의 회복이 곧 한국적인 것의 회복일 것이다. 이런 회복은 세대를 넘어 공감되고 실천될 수 있다. 몇 년 전에 〈응답하라 1988〉이라는 드라마가 인기를 끌었는데, 그것을 본 청소년들이 드라마 속의 청소년과 같은 세대였던 부모 세대에게 물었다고 한다. "엄마, 저때는 정말 저렇게 살았어? 남의 집에 불쑥 가서 밥도 같이 먹고 그랬어?" 서로 정겹게 돌보던 그때의 '골목 이웃'을 보고 오늘의 '아파트 세대'인 아이들이 느끼는 것은 희한함이 아니라 부러움이다. 작은교회가 추구하는 한국적인 것은 서로 이웃이 되는 전통 문화, 종교, 삶의 방식을 되찾는 것이라고 생각한다.

송병구: 한국적이라는 것은 우리의 특수성을 말한다. 대표적으로 분단 상황이다. 한국 사회의 갈등은 대부분 분단 현실을 배경으로 한다. 보수와 진보로 대표되는 교회의 분열이든, 세대 간의 갈등이든 분단 문제 없이 설명할 수 없다. 분단의 악영향이 얼마나 큰지, 웬만한 규모의 교회는 대체로 분단의식의 지배를 받는다. 평화와 통일, 민주화와 사회변혁을 이슈로 하는 발언을 쉽게 하지 못한다. 교회 구성원의 이념 스펙트럼이 다양하기 때문에 목회자 역시 신중할 수밖에 없다. 진보적인 교회조차 사안에 따라 몸조심, 입조심 하는 것이 현실이다. 이념적 대립이 한국교회의 선교적 지형을 복잡하게 한다. 그러나 작은교회는 비교적 믿음의 지향에 대한 공통분모가 크므로 이를 지혜롭게 극복할 수 있다. 그러기

에 작은교회일수록 평화와 통일에 대해 긴밀히, 적극적으로 자기 고백을 선언하고 행동할 수 있다. 작은교회가 평화적 교회로서 지향을 선명하게 내세울 수 있는 것만으로도 작은교회의 존재 이유는 충분하다.

이은선: 나는 한국적이라는 말을 한국 샤머니즘과만 연결시켜서 이해하는 것은 한계가 있다고 본다. 예를 들어 한 인간의 삶과 연결해서 살펴보았을 때, 삶의 지속성이라는 측면에서 한과 흥만으로는 되지 않는다고 생각한다. 또한 지속성은 한 개인의 문제가 아니라 전체 사회의 문제이기도 한데, 가정에서 아이가 태어나서 성장하고 살아가려면 그것이 가능해지도록 누군가는 그에 대한 책임과 일을 해야 하는데, 그 일을 한과 흥만으로 감당할 수 없다. 그래서 한국적 샤머니즘과 더불어 유교적 전통도 필요한 것이다. 예전에 래디컬하게 여신을 추구하는 여신적 신학, 여신학을 추구하는 샤머니즘적 여성신학자 그룹과 토론한 적이 있는데, 나는 여신을 추구하는 여신학은 여성을 또 하나의 여성들만의 게토에 가두는 일이라고 보았고, 오늘날의 세속화 시대에서는 현실성이 없다고 지적하였다. 그들이 강조하는 한과 흥의 차원을 부정하진 않지만 삶에서 그것만이 다가 아니라는 것을 말하고자 했다. 그래서 오히려 내가 많이 쓰는 언어로서 성.성.성(聖.性.誠)의 통합적 시각을 요구했는데, 그것은 삶의 여러 차원에서의 통합과 종합하는 시각을 갖자는 것이다. 예를 들어 종교와 정치를 통합하고, 철학과 교육을 통합하며 정신과 몸, 이성과 감성, 현실과 이상 등 그런 것을 둘로 나누지 않고 함께 이끌어내는 것이 진정한 의미에서 한국적인 것이라고 생각한다.

이정배: '작은교회' 앞에 한국적이라는 말을 붙일 경우, 다음과 같은 두 차원의 의미를 지닌다고 생각한다. 첫 번째는, 작은교회론 자체가 문명비판적이고 대안적 흐름을 가지기 때문에 '한국적'이라는 말이 이를 위해 어떤 긍정적인 역할을 할 수 있겠는가 하는 것이다. 두 번째는, 한국이라

는 나라가 분단을 포함하여 세계 내 고질적인 문제의 집산지라는 점에서 작은교회운동이 한국의 현실을 어떻게 치유하고 고쳐나갈 수 있겠는가 하는 것이다. 이렇게 생각하면 한국적인 것과 교회가 가치 충돌 없이 공존하는 상생의 개념이 될 것이다.

이은선: 세 가지 '탈'(脫)하고 연결이 되는데 나는 복음의 본질과 작은 것의 가치를 이야기할 때 여성으로서 가장 관건이 되는 가치가 탈성별과 탈성직의 가치라고 본다. 작은교회운동이 잘 이루어지지 않고 장애를 겪는 것은 성직의 독점 때문이라고 생긴한다. 사람들은 탈성장에 대해서는 좋게 이야기하지만 탈성직, 탈성별의 문제를 꼭 건드려야 하느냐고 한다. 그것에 대해서는 나중에 하자고 하는데, 나는 그렇게 생각하지 않는다.

김성희: 평신도 교회에 대한 관심은 있지만, 그래도 내게는 동의 가치 중 탈성직이 가장 걸림돌이다. 개인적으로는 민주적인 교회공동체를 지향하며 실천해야 한다고 생각하지만, 은연중에 성직에 대한 자리매김이 있다. 단순히 권위적인 것을 넘어 소명의식 같은 강한 의식도 있다.

방인성: 작은교회는 공동체 안에서 각자의 은사를 어떻게 사용할 것인가가 중요하다. 탈성직이라는 말은 종교개혁의 산물이기도 하지만 성직주의, 즉 특별한 사람, 특정한 직책에 성스러움이 부여된 것처럼 보는 것에서 벗어나야 한다는 것이다. 이런 것은 종교개혁 정신이나 성서의 관점에도 맞지 않다. 목회자에 대한 특별한 권위 부여는 교회 안에서 구조적인 문제로 보아야 한다. 누구나 교회공동체 안의 역할을 나누어 맡을 수 있어야 한다. 교회공동체의 구조 문제와 탈성직의 문제는 조금 다를 수 있다. 자칫 탈성직이 교회 안에서 목회자가 필요 없는 것으로 여긴다면 작은교회의 목회자는 생존 문제가 심각해진다. 우리는 다 같은 성직자들이기에 은사에 따라 운영, 재정, 행정, 목회 등을 서로 나누어서 섬기는 것이다. 풀타임 사역자(목회자)는 주로 성서를 설교하고 가르치는 일

을 맡아 삶으로 모본을 보이는 것이다. 성서를 뿌리로 하는 교회공동체는 성서 해석과 적용이 중요할 수밖에 없다. 독점 아니고 맡겨둔 것이다. 다른 교우들과 똑같은 직업의식(성직)을 가져야 한다.

정경일: 방인성 목사님의 말씀에 동의하면서도, 평신도로서 조금 강조점을 달리해서 생각하게 된다. 종교개혁의 '만인사제사상' 관점에서 보면 성직자가 따로 있는 것이 아니라 모두가 성직자이다. 그런 의미에서 탈성직은 성직을 부정하는 것이 아니라 모든 것을 성직으로 긍정하는 것이다. 문제는 '성직 사이의' 차별이다. 차별의 원인은 역할 분담이 아니라 역할 고정에 있다. 진보적 교회에서는 교회의 운영이나 활동에 평신도가 민주적으로 참여할 수 있지만, 여전히 설교와 성례전만큼은 신학교를 졸업하고 교단에서 정식 안수를 받은 목회자만 할 수 있다는 생각이 바뀌지 않고 있다. 그러니 탈성직적 평등은 단지 역할을 나누고 서로 존중하며 차별하지 않는다는 것이 아니라 모든 성직의 역할을 '누구나' 할 수 있다는 것을 의미해야 하지 않을까 생각한다.

방인성: 그래서 작은교회가 필요하다. 초대교회 말씀 증거자는 공동체 안에서 태어났다. 종교 제도권이나 학교에서 태어나지 않고 공동체 안에서 인격과 삶, 가르침의 능력을 경험한 교우들이 말씀 증거자를 세웠다.

이은선: 그러한 전문가주의를 넘기 위해서는 일찍이 이반 일리치가 제창한 '학교로부터의 해방'(deschooling society)이 좋은 제안이 된다고 생각한다. 일리치는 앞으로 서구 사회가 맞을 제2의 종교개혁은 자격증을 파는 학교, 가치를 독점하고 제도화하는 학교로부터의 해방이 될 것이라고 했다. 오늘 우리의 탐색과 잘 연결된다.

이정배: 물론 교회 안에서 불편한 부분이 없지 않을 것이다. 하지만 종교개혁 신학 안에–도중에서 왜곡되었으나–탈성직이 분명히 존재했다.

목사, 평신도 간에 존재론적 위계(차이)를 없애고 모두를 역할의 문제로 이해하여 회중공동체로서 교회를 이해했고, 바로 그것이 종교개혁의 본질에 속했다. 루터는 가톨릭교회가 실행하던 여덟 개 의례를 성찬과 세례, 단 두 개로 축소시켰다. 왜 두 개만 남겼을지에 대해 학자들 간에 이견이 많다. 신앙의 길이 이 의식을 통해 발생하기에 그랬다는 것이 정설이다. 하지만 성직자 의식이 성직자 고유의 권한으로 존재하는 한, 의식은 반드시 권력구조와 연계된다는 반론에 주목할 필요가 있다. 루터가 두 가지 의식을 남겨둔 것은 여전히 그가 중세적 틀을 벗어나지 못했다는 증거이다. 처음 생각대로 만인사제직을 발전시키지 못하고 오히려 권력자(영주), 교육받은 이들로 만인제사직의 의미를 축소시킨 것도 루터의 한계라고 하겠다. 정 박사님 말씀대로 위계가 없다지만, 하는 역할 때문에 위계가 생겨날 수밖에 없다. 성직 인정이 아니라 전체 구조가 어떻게 바뀌느냐는 방 목사님의 말씀에 공감한다. 그렇게 하려면 의례를 실행하는 데서도 목사, 평신도의 구분이 없어지면 좋겠다. 물론 서로의 역할이 다를 수 있으나 허용/금지의 차원에서 논의될 문제는 아니라고 생각한다. 금번 독일 베를린에서 열린–종교개혁 500년을 축하하는–교회의 날 행사에서 달라이 라마, 간디 텍스트가 설교 본문으로 사용되는 것을 보았다. 탈성직 구조로 가려면 적어도 이런 식의 흐름이 전제되어야 한다. 한국에서도 성서와 함께 동양의 고전들이 함께 해석하고 푸는 일들이 유영모, 함석헌 그리고 김흥호 선생들을 통해 존재했다. 종교개혁 500년을 맞아 독일교회가 이 추세를 뒤따르고 있으니 기쁜 일이다. 한국교회에서도 평신도들에게 설교를 허용하는 사례가 늘어나고 있다. 하지만 아직도 의례는 축도권과 함께 성직자 고유의 권한으로 여겨진다. 이런 상황에서는 권력, 종교권력의 문제가 상쇄될 수 없다. 섬기는 자로 오신 예수의 길과 거리가 있다. 예수 이후 전통이 아무리 소중한들 흙탕물처럼 되어버린 기독교에 누구도 목말라 하지 않기에 샘솟는 원류에 대한 향수가 강하게 일어나야 살 길이 있다.

이은선: 그런데 우리의 예배예식에서 세례와 성만찬을 해체하고 나면 무엇이 남을까라는 문제도 대두된다. 그래서 최소한 이 두 가지 의식은 남겨둬야 하는 것이 아닐까 하는 물음이 생긴다. 그리고 누가 그 일을 집행하느냐도 긴요한 물음이다. 이에 더해서 일 년에 몇 번 행해야 하는가, 예배마다 해야 하는가 등의 문제도 제기된다. 요즘에는 성만찬을 매주 행하는 교회도 심심찮게 볼 수 있다. 왜 작은교회운동을 하면서 성만찬을 매주 행하게 되었을까? 작은교회운동 속에서 단순히 그것을 목사가 집전하는가, 아니면 평신도도 가능한가라는 물음이 핵심 관건이 아니라 신앙공동체로서 모였을 때 그 모임이 지속적으로 유지되고, 신앙이라는 것을 몸에 체화하고 습관화하기 위해서는 바로 의식에 대한 요구가 더 관건일 것이다. 작은교회일수록 그것이 더욱 중요하다.

송병구: 성례전은 가장 교회다운 표식이다. 새신자 전도가 어려우니만큼 세례의식은 연중 가장 특별한 예식이 될 것이다. 그러니 더욱 신앙고백과 의미 있는 의식이 강조되어야 한다.

색동교회는 일 년에 아홉 차례 성찬식을 한다. 교회력을 시작하는 첫 주일에 하는데, 대림절부터 창조절까지 일곱 번이다. 성찬식을 통해 교회력의 취지를 살리고 하나님의 달력에 따라 살도록 권면한다. 10월에는 세계성찬주일 성찬식을 하면서 세계 교회의 일원으로서 우리 교회의 삶의 자리를 고백한다. 그리고 마지막으로 송구영신예배 중 가족별로 성찬식을 한다. 작은교회이니까 가능하다. 목회자와 교회식구가 함께 상 위에 둘러앉아 한 해를 돌아보고 미리 작성한 새해 계획을 나누면서 가족성찬을 하는 것이다. 사실 성찬을 매주 하는 것은 불편한 측면이 많다. 또 자주 하다 보면 그 취지가 소홀히 여겨지기도 한다. 그래서 선택과 집중을 하는 셈이다. 개신교회의 성찬식 예식은 산만하고, 목회자가 말을 독점하는 경향이 크다. 성찬식은 빈도의 문제가 아니라 상차림의 준비부터 고백, 떡과 포도주를 나누고 받는 동작 등 모든 것을 경건하게 하고, 의식을 상징화함으로써 성찬식답게 해야 한다. 사실 첫 성찬은 십자가를 앞에 둔 예수와 제자들의 공동결사를 다짐하는 의식이었다. 성찬식에서 그런 다짐과 긴장을 불러일으켜야 한다.

방인성: 탈, 탈, 탈을 주장하는 중에 조심스러운 것이 하나 있다. 설명할 수 없는 교회공동체의 신비가 있다는 것인데, 그것이 소홀해지는 것이 아닌가 하는 점이다. 종교의 제도나 예배예식으로의 표현을 넘어서는 비밀스러움이 교회 안에 있음을 경험한다. 스님들을 만나보면 신기하게도 개신교가 일주일에 한 번 이상 모여 열심히 사랑하고 교제하는 것을 부러워한다. 모이기를 힘쓰는 교회공동체의 신비성이 있는 것 같다. 나는 '교회는 이론으로 배우기보다는 몸으로 배운다.'고 생각한다. 교회는 유기적 생명체이기에 몸을 이루기 위한 만남과 교제는 자연스러운 것이다. 이런 교회공동체의 비밀스러움이 잘 드러나야 할 텐데 탈을 주장하다 신비성도 해체가 되는 것은 아닌지 질문을 갖게 된다. 말로 설명하기 힘든 것이 그리스도의 몸을 이룬다는 것이다. 그리스도의 생명으로 하나가 된다는 비밀이다. 이 놀라움을 지역의 작은교회들로부터 경험하고 맛보는 것 같은데 그런 신비성을 어떻게 조화시킬지 잘 모르겠다.

정경일: 역설적으로 가장 전통적인 것이 가장 급진적인 것일 수도 있는 것 같다. 성직은 '은사'인데, 은사(gifts)는 자기가 만들어 남에게 주는 것이 아니라 남에게서 받는 것이다. 성직은 당연히 성령으로부터 받는 은사이고, 더 직접적으로는 공동체로부터 받는 은사이다. 그것이 설교이든, 의례이든, 돌봄의 은사이든 초대교회에서는 각자 받은 은사를 공동체가 발견해주고 발현하도록 북돋워주었다. 예를 들면 어떤 사람이 '내가 설교자가 되고 싶다.'고 해서 설교자가 되는 것이 아니라 공동체가 그 사람의 설교자로서의 은사를 알아차리고 역할을 맡긴 것이다. 이런 복음의 전통에서는 성직의 독점이 아니라 성직의 공동체적 발견과 발현이 은사의 작동 방식이었다. 이런 전통의 회복이 탈성직의 길이 아닐까 생각한다.

이은선: 그것이 세 가지 '탈'을 철저히 적용할 때 나타나는 난제들이다. 오늘날 서구 유럽 사회에서 좁은 의미의 교회가 거의 사라지고 사회와 정치로 흡수되어 정치적 가치나 복지의 일로 드러나는 것을 본다. 결국은 교회라는 것이 사회 속으로 들어가 해체되는 것을 말한다. 우리의 경우도 세 가지 '탈'을 주장하면서 그것의 결론은 교회가 해체되는 방향이 되지 않을까 하는 것이다. 일종의 두려움이기도 하다. 하지만 그래도 여전히 교회로 하여금 교회로 남게 하는 것은 무엇일까? 이 두 가지 측면을 동시에 고려하는 것, 나는 그것이 바로 '한국적'인 것이고, 이를 한국교회가 이뤄내야 한다고 생각한다. 이 두 측면 모두를 가지고 해체와 동시에 계속해서 거룩과 신비를 유지하는 것, 이 두 가지를 어떻게 가지고 갈까, 또는 어떻게 서로 연결시킬 수 있을까 하는 것이 한국적 작은교회론의 특징이라고 여긴다. 어린 시절 목사인 아버지가 선택한 한국그리스도의교회에서는 모든 의식을 해체해도 세례만큼은 침례를 고집하고, 매주 예배 때마다 성찬식을 올렸다.

이정배: 우리는 흔히 초대교회로 돌아가자는 말을 많이 한다. 정말 그때로 돌아가려면 지금 누리던 많은 것을 포기해야 함에도 말이다. 초대교회로 돌아가자는 말이, 그래서 허언일 경우가 많다. 돌아갈 마음이 없으면서 입으로만 하는 빈 소리가 되는 것이다. 기독교가 로마화하기 이전까지를 초대교회라고 하는데, 여기에는 두 가지 특색이 있다. 우선 콘스탄티누스 이전의 교회들은 해석의 공동체라 불릴 정도로 해석의 다양성이 허락되었다. 정경화 이전의 상태였기에 이단/정통의 시비도 빈번하지 않았다. 이에 반해 지금의 교회들은 너무 획일적이다. 초대교회가 해석의 다양성을 인정했듯이 작은교회의 존재방식 역시 그 다양성이 인정되어야만 한다. 두 번째로 복음의 정치학이라는 것이 초대교회의 특징이다. 다양성만 있었던 것이 아니라 이들을 묶어주는 공통적 토대가 있었는데 이를 복음의 정치학이라고 한다. 로마지배체제 아래에서 이들 교회는 로마의 가치관으로부터 자유롭기를 원했다. 그리스도 안의 존재(Sein in Christo)가 되었기에 로마 식으로 사는 것을 스스로 허용하지 않은 것이다. 오늘 우리 식으로 말하자면 자본주의, 성장주의에 대한 거부와 내

용적으로 일치한다. 다양함에도 불구하고 함께하는 삶의 방식이 있었다는 것이다. 이처럼 교회는 초기에 있어 저항 공동체였다. 작은교회운동이 세 개의 탈(脫)을 앞세워 기존질서로부터의 해방을 목적으로 하듯이 말이다. 이런 교회가 바로 그리스도의 신비를 드러낼 수 있다. 이처럼 해석의 공동체, 복음의 정치학이라는 초대교회의 두 특징은 오늘에 적용해도 손색없다. 누차 말했듯이 우리의 '작음'은 다양성과 저항성, 이 두 축을 통해 설명할 수 있다. 이를 위해 '한국적'이라는 말은 더 크고 넓은 지평을 고민해야 옳다.

방인성: 작은교회 존립의 문제를 해결하기 위해서는 분명한 멤버십이 중요한 주제라고 본다. 그리스도의 공동체에 들어오려는 사람들이 정확한 교회공동체의 일원으로서의 책임과 의무를 실천하는 것이다. 그리스도의 몸을 이루고 있다는 분명한 멤버십이 있어야 서로의 은사를 존중하며 사역할 수 있다고 본다. 작은교회가 주장하는 규모와 탈성직이 목회자에 대한 생존의 문제와 연결되기는 하지만, 그리스도를 만난 사람들이 모이는 모임의 공동체이기 때문에 서로가 책임을 지는 멤버십이라면 가능하다고 본다.

이은선: '그리스도를 만났다.' 이것이 과연 무엇을 말하는 것이냐 하는 것이다. 그래서 다시 의식의 문제로 돌아가서 세례를 받은 사람 등을 말하는 것이 아닌가?

방인성: 서로 책임져주는 공동체적 관계의 멤버십이 있어야 한다는 것이다. 그러면 그 멤버십을 정해주는 과정 때문에 성직주의가 다시 나온다는 말인가? 나는 우리 교회가 크진 않지만 참 고맙다. 예를 들어 비정규직을 쓸 수 있고 교우들끼리 공동체를 운영할 수 있는데, 나 같은 사람을 풀타임 사역자로 받아서 교회를 이루며 생활을 책임져주었다. 목회를 은퇴해도 나는 이 공동체의 사랑을 잊을 수 없다. 목회자만이 아닌 서로를 돌보며 책임을 져주는 공동체가 교회공동체 아니겠는가. 이런 공동체

적인 의식이 우리 안에 있다면 규모와 탈성직을 넘어 작은교회의 생존 문제를 해결할 수 있을 것으로 본다. 다양한 방법으로 작은교회를 이루어가도록 도전해야겠다.

김성희: 그렇다. 비전이 제시되고, 그것을 실천하는 집단이 있어야 작은교회운동이 확산될 수 있다. 그런 희망이 보여야 후배들이 뛰어들 것이다.

이은선: 작은교회운동의 지향과 문제점들을 담아내려고 한국적 작은교회론 책을 내는데, 이후 작은교회운동이 어떤 방향으로 나아가야 할 것인가라는 문제에 대해서 생각해보면 좋겠다. 마지막으로 현창환 사무국장께서는 사무국 일을 하면서 다양한 분들을 만나는데, 앞으로의 방향이나 현재의 난제들을 좀 더 사실적으로 보실 것 같다.

현창환: 2015년 7월부터 이 일을 시작했으니 2년을 채웠다. 실제로 많은 작은교회들을 만났고 목회자와 교회의 이야기를 들었다. 내 생각에는 구조적인 문제가 현실을 철저히 지배하는 것 같다. 한국이라는 특수적인 문화 상황과 (단점만이 나타나는) 자본주의체제가 맞물려 어려움을 겪는 작은교회의 현실을 본다. 나는 개인적으로 교회를 수평적 은사 중심이라고 생각하는데, 여전히 교회는 기능과 역할을 수직적인 관념으로 생각하고 구조를 갖추는 것 같다. 이와 같은 자본주의 사회구조 체제에서 성장에 대한 욕구는 생존의 문제와 직결된다.

이 문제를 작은교회운동을 해나가는 실무자로서 어떤 식으로 풀어나가야 할 것인지. 그 대안에 대해서는 여전히 고민이 많다. 예를 들어 종교인 과세(실제로는 대부분 소득세 신고) 문제만 어느 정도 교단에서 해결되면 복지 사각지대에 있는 목회자들이 쉽게 제도권 안으로 편입될 수 있다. 그런데 가장 기초적인 이런 부분이 해결되지 않고 있으니 작은교회 목회자들의 자녀 교육, 노후 문제에 손을 전혀 못 대고 있는 상황이다. 이런 부분을 어떻게 풀어갈지에 대해 여전히 고민이 많다. 매년 작은교회 한마당 이후 문의자(교회 추천/소개)의 연령대가 계속해서 낮아져 청년들도 연락이 온다. 다음으로는 신학생이다. 그들이 요구하고 요청하는 것은 작은교회가 된다는 것을 보여달라는 것이다. 작은교회의 샘플링이 필요한 시점이다. 어느 분이 말씀하시더라. 지금은 홈런이 아니라 안타가 필요하다고.

방인성: 대안운동을 지속하려면 생명평화마당의 작은교회운동과 관련하여 이른바 영성훈련원(학교) 같은 것이 생겨야 할 것 같다. 작은교회를 이루려는 리더들의 영성과 은사를 격려하고 성숙하게 하는 장이 필요하다. 목회자와 교우들이 배우고 훈련하는 아카데미와 영성수련원이 작은교회운동에 필요하다. 특히 신학생들이 졸업해서 작은교회운동을 하려면 공동체 안에서 확인받고 검증받을 의지도 있어야 하는데, 이런 것을 뒷받침할 새롭고 창조적인 배움의 장이 절실하다.

이정배: 의외로 작은교회운동을 접할 수 있는 기회가 기성 목회자들에게 거의 없는 듯하다. 이런 소식을 접할 기회가 너무 없었던 것이다. 본 과제와 더불어서 얘기한다면, 이런 생각을 나눌 수 있고 사고를 깊고 넓게 확장할 수 있는 교육기관이 있어야겠지만, 당장 서두를 일은 아닌 것 같다. 점차적으로 형태를 갖춰가는 느슨한 과정이 우선 필요할 것이다. 2년에 걸쳐 준비한 한국적 교회론을 텍스트로 하여 3박 4일, 4박 5일 프로그램을 만드는 것이 작은교회운동을 확산하는 데 도움이 될 것이다. 아마도 많은 토론거리가 생겨날 수 있겠다. 허점도 보일 것이고 구체성에 있어 반론도 제기되지 않겠는가. 우리와 생각을 전혀 달리하는 이들과도 만날 수 있을 터이나, 반드시 이 책을 활용하여 작은교회운동의 질적·양적 확산을 모색해야 할 것이다.

송병구: 작은교회운동은 벽을 깨뜨리는 일이다. 교단의 벽, 전통의 벽, 보수와 진보의 벽, 세대의 벽 등 재편할 일이 많다. 물론 서로의 입장을 배려하자는 뜻이지만 종종 진영논리를 앞세우는 경우를 보았다. 작은교회는 공동체성이 가장 핵심인데, 작은교회들이 함께하는 운동체에서도 여전히 주의 몸을 이념에 따라 나누고 있는 것은 아닌가 싶다. 입장을 배려하며 진심으로 할 일이지, 복음주의권이니 에큐메니칼권이니 하는 배타적인 언어를 쓰면서 할 일은 아니다. 그러기에 공통의 전통은 함께 고백하고, 각자의 전통은 서로 존중하는 분위기를 만들어야 한다. 또한 작은교회운동은 하나 된 몸이 명실상부한 대표성을 갖추어 시민사회와 연결하고, 한국교회를 개혁하려는 견인차가 되어야 한다. 그러기에 대중성과 함께 결사 성격의 모임으로 발전해야 할 것이다.

김성희: 작은교회운동, 인격적이고 공동체적이고 다 좋다. 그런데 일반 성도들은 큰교회 목사들은 매우 열심히 일한다고 생각하는 반면에, 작은교회 목회자들은 그렇지 않다고 본다. 우리의 열정과 헌신성도 돌아보아야 한다. 후배들은 의미에 있어서는 작은교회를 하고 싶지만 자녀교육 등 삶의 문제를 생각하면 이 길에 들어서기 어렵다고 한다. 최소한의 생활 문제가 해결되지 않으면 힘들다. 자비량 목회라도 할 각오를 하고, 연대를 통해 최소한의 자립구조 틀을 만들어가야 한다. 항상 도움받는 교회로만 남는다면 작은교회로서 소신껏 일하기가 어렵다.

이은선: 한국 원불교의 창시자 소태산은 원불교운동을 확산하기 위해 물질적인 기반이 필요했다. 그래서 전라남도 영광에서 자신이 가진 것을 내놓아 종잣돈을 마련하고 신실한 제자들을 뽑아 간척지 개간노동을 하면서 자원을 마련했다. 동시에 철저하게 금주, 금연, 절약운동을 벌였고, 그러한 공동 노동을 통해서 공동 터전을 만들어가면서도 제자들을 교육하는 일에도 게을리하지 않았다. 학습과 운동도 철저히 같이 해나갔다. 작은교회운동도 이와 유사한 과정을 생각해보고자

한다. 작은교회운동을 확산시키기 위해서는 교회들의 연합체를 만들어서 각 교회가 부담금을 내어 기본 자금을 마련하고 그걸 가지고 계속적으로 구성원들이 함께 교육받을 수 있는 장과 프로그램을 마련하고, 이 연합체에 들어온 사람은 최소한도로 기본 생활이 가능하게 해주는 일 등을 상상해본다. 뜻있는 사람들의 자발적인 희생이 많이 요구되는 일이지만 한 운동이 한 사람에게서 확산되는 과정을 우리 작은교회운동에서도 상상해볼 수 있다. 그런 헌신을 할 수 있는 구체적인 맴버들을 찾아 함께해야 한다.

김성희: 그렇다. 그런 것이 있어야 후배들이 뛰어들 것이다. 내용과 실천적인 집단이 있어야 확산될 수 있다.

정경일: 그리스도인의 교회는 '조직'이 아니라 '운동'이라고 생각한다. 현재의 질서에 맞서는 운동을 하는 사람들은 같은 입장과 세계관을 가져야 한다. 그래서 작은교회운동도 세미나를 하고 책을 내고 한마당을 하는 것이다. 그런데 그런 실천적 활동을 하려면 헌신적으로 참여하는 사람들이 필요하다. 하나님 나라 공동체를 회복하거나 형성하는 운동도 공동체가 해야 한다는 것이다. 생명평화마당과 작은교회 한마당이 지금까지는 깨어 있는 목회자 중심으로 이루어져 왔다면, 이제는 작은교회 구성원들이 더 주체적으로, 더 공동체적으로 참여할 수 있는 내용과 형식을 찾아봐야 할 것 같다.

이정배: 이제 말을 정리할 시점인데 이 말만은 꼭 하고 싶다. 작은교회운동이 항구적인 일이라면 이 일을 'one of them'으로 하지 말고 전심전력하는 사람들 몇 명은 필요하다. 생명평화마당에 소속한 분들이 여러 일을 동시적으로 감당하다 보니 작은교회운동이 '운동'이 아니라 '행사'로 전락할 것 같아 걱정이 크다. 우리 중에도 작은교회운동에 한계를 느끼는 이도 없지 않다. 작은교회운동의 구체성, 미래성도 충분히 논의되지 않은 상태이다. 사명과 과제로만 인식한 탓에 작은교회운동의 구석구석

을 살피지 못한 점이 많다. 이 일을 조사할 좋은 일꾼을 키우는 일도 우리들 몫으로 남아 있다. 우리가 만든 책이 얼마나 미흡한지도 집필자 모두는 잘 안다. 이 책을 바탕으로 지속적으로 생각을 키우고 정리해나가야 할 것이다. 부족한 대로 이 책을 가지고 목회자들과 대면할 수 있는 기회를 만드는 일이 다음 단계로 나아가는 발판이 될 것이다. 현실적 어려움만을 이야기해서는 작은교회운동은 한 걸음도 내딛지 못할 것이다. 하늘의 별은 손에 넣으라고 있지 않고 쳐다보기 위해 존재한다는 함석헌 선생의 말씀을 떠올리며 우리는 한국적 교회론을 썼고 작은교회운동을 지속해나갈 것이다. 종교개혁 500주년을 축하하며 열린 독일교회의 날에서 배운 바가 크다. 이번 5회째 한마당에서는 여기서 배운 비전을 우리식으로 체화하여 작은교회 한마당이 한국교회와 사회에 주는 의미를 가시화했으면 한다. 이웃종교 지도자들도 작은교회운동에 주목하고 있는 상황이다.

김성희: 이 책은 기대하는 만큼의 내용을 담기는 힘들 것 같다. 우리는 계속 참여해서 작은교회운동의 의미를 알고 있지만, 그렇지 못한 사람들은 아직도 회의적이다. 오히려 이런 좌담회나 작은교회들이 실천해온 이야기나 그동안의 심포지엄 자료 등을 부록으로 넣는다면 더 현실적으로 다가올 것이다.

이은선: 초고가 나온 이후 저자들과 많은 이야기를 주고받았다. 그러면서 책 전체를 통괄하는 흐름을 더 분명하게 잡을 수 있었다. 지금까지 네 차례에 걸쳐서 열린 작은교회론 심포지엄 자료들도 있는데 그런 것들을 묶어서 2권 부록으로 넣는다든가 하는 방법도 고려해볼 만하다.

이정배: 어려운 과제가 남았다. 하여간 작은교회를 지향하며 그 뜻을 맘껏 펼치는 교회들의 이야기를 우리 책 속에 많이 담았으면 좋겠다.

현창환: 실무를 담당하고 전반적인 안을 마련하는 내가 더 열심히 해야겠다는 다짐을 한다. 실제로 찾아보면 정말 좋은 교회를 모르는 교회들이 많다. 개인적으로 작은교회운동을 위한 다음 단계를 어떻게 할 것인가를 염두에 두고 있다. 교회를 네트워크 하고 지역 모임을 만들어 인위적이지 않으면서 유기적인 관계(조직)를 만드는 것이 목표이다. 원하는 것이 아니라 유기적으로 모이는 것. 용인의 경우 내가 그 지역에 있으니 20명 정도는 가능할 것 같다. 실제로 참여 의지를 보여주는 목회자들이 많다. 함께하고 싶다고 한다. 지역마다 주도적인 두세 분을 찾는 것이 필요하다. 그 분들이 조직 위에 적극적으로 들어와 공감해주시면 좋겠다. 이와 함께 내년엔 아카데미를 하여 심화하는 일도 염두에 두고 있다.

김성희: 하는 일이 많지만 조직화가 필요하다. 주체들을 어떻게 세워갈지 고민해야 한다. 지역마다 그룹을 만든다든지, 거점 교회들을 엮는다는지 하는 방안을 모색해야 한다.

이은선: 지금까지 토론에 임해주셔서 감사하다. 오늘 많은 사람이 이야기하듯이 종교개혁 500주년을 맞는 한국교회는 새로운 교회운동을 요청한다. 사회적으로는 교회가 세상을 향한 사명을 감당하지 못하고 오히려 지탄의 대상이 되었기에 더욱더 그러한 요청이 크게 들린다. 우리가 벌이고 있는 한국적 작은교회운동이 이 요구와 기대에 부응할 수 있기를 간절히 바라며 더욱 힘을 모아서 갈 길을 모색해나가자.

2013 생명과 평화를 일구는 작은교회 박람회 취지문

작은교회가 희망이다!

▶ 현 한국교회의 상황은 "목사의 크기는 교회의 크기에 좌우된다."라는 말이 통용되는 가슴 아픈 현실에 직면해있다. 더러는 평신도들 역시 목회자를 답습하여 권위적이며, 소통하는 힘을 잃어가는 중이다.

▶ 이에 "이념과 신화"로 전락해버린, 기독교 자체에 대한 회의와 비판이 한국 사회 전반에 걸쳐 제기되고, 더 이상 교회가 예수의 생명 평화 정의의 길을 따르는 참 제자의 모임(Sanctorum Communio)으로서 그 역할을 감당하지 못하는 지경에 이르렀다.

▶ 따라서 교회의 성장지상주의와 물질만능주의의 현실 앞에서 여전히 고투하고 있는 이들의 노력을 알리고 그들이 갖는 대안적 가치를 공유하는 것은 현 한국교회의 과제 가운데 가장 시급한 사안이 아닐 수 없다.

▶ 이러한 문제의식 가운데, 생명평화마당은 올해 10월 열릴 WCC 부산총회와 2017년으로 다가온 종교개혁 500주년을 앞두고 "작은교회가 희망이다"라는 화두를 내걸고 대안적 가치를 추구하는 작은교회들의 박람회를 개최하기로 결의하였다.

▶ 본 박람회를 기획함에 있어 무엇보다도 대형교회를 비판하는 이념적 투쟁의 형태는 지양되어야 하며, 오히려 그동안의 고투로 지쳐 있는 제자의 삶을 추구하는 교회와 목회자 그리고 평신도가 함께 연대하

여 서로의 힘이 되어주고 관계망을 형성하는 계기가 되어야 한다.

▸ 이번 박람회가 계기가 되어, 그동안 감추어졌던 대안적 작은교회운동을 알리고, 바로 여기에 한국교회의 희망이 있다는 것을 드러내는 귀중한 시간이 되길 바란다.

목사의 크기는 교회의 크기에 좌우된다는 말이 회자된 지 이미 오래이다. 이 말에 저항하고 싶으나, 그리 할 수 없는 것이 가슴 아픈 현실이다. 어느 교단이건 70-80%에 이르는 교회들이 미자립 상태이니, 그들을 지원하는 대형교회의 위상은 날로 커졌으며, 목회자들의 권위 역시 하늘 높은 줄 모르고 치솟고 있다. 최근 WCC 관계자마저 차기 대회를 위해 한국의 초대형교회의 면전을 기웃거렸다 하니, 그 위세를 충분히 가늠할 만하다. 상황이 이렇다 보니 목회를 꿈꾸는 이들이 저마다 대형교회를 일구기 원하며 그들처럼 되고자 한다. 신학대학조차 이렇듯 성장을 위한 목회기술을 가르치는 곳으로 서서히 변질되는 중이라 하니 더더욱 걱정스럽다.

하지만 지난 몇 년 간 경험하고 있듯이, 다수 초대형교회들의 도덕적 타락과 지향성의 왜곡으로 인해 전체 기독교가 한국 사회로부터 뭇매를 맞고 있다. 하나님 신앙보다 돈에 대한 신뢰가 교회의 근간을 이루면서, 저마다 최고가 되려는 욕망에 사로잡혀 하나님 교회가 아닌 바벨탑을 쌓아왔던 탓이다. 하여 세습으로 야기된 종교권력에 대한 사회와 언론으로부터의 비난이 극에 이르고 있다. 작으나 건강한 교회들조차 이들로 인해 선교 자체를 할 수 없는 지경에 이르게 되었다. 주위를 살펴보면 교회를 등졌거나 혹은 원치 않게 유배당한 교우들의 숫자도 적지 않은 상황이다. 자본의 힘에 굴복한 한국교회는 교회를 따르는 수많은 무리를 양산했으나 예수의 제자들을 키울 수 없었다. 제자의 길을 가르치나 누구도 제자가 되기를 원치 않았던 것도 사실이다. 일찍이 제자가 부재한 교회를 향해 본회퍼 목사는 기독교를 이념과 신화로 만든 것이라고 일갈한

바 있다. 이념과 신화로 전락한 기독교로는 세상을 섬길 수도, 구원할 수도 없을 것이다.

하지만 언제부터인가 이런 현실을 아파하되 실망하지 않고 제자의 삶을 살기로 작정한 건강한 목회자들과 평신도들이 생겨났고, 그런 교회들이 이곳저곳에서 눈에 띈다. 이미 권력이 된 기성교회, 정작 생명을 주지 못하면서 구원기관, 제도로 전락한 안정된 교회를 지향하기보다, 예수의 삶을 좇아 소외된 이들과 함께하며 세상과 소통하고 현장의 소리를 청취하는 예수살이 공동체를 소망한 것이다. 이는 제도와 조직으로서의 교회에 만족하지 않고 교우들 간의 인격적인 만남을 중시하며, 교리가 아닌 삶을 나누고 세상 안에 있되 세상 밖을 사는 대안적 신앙 양식을 창출하기 위해서이다. 이처럼 대형교회 목회가 아니라 예수의 제자직을 감당하려는 교회들이 적지 않건만, 이들 대다수는 기성교회에 묻혀 알려지지 않았고 오히려 현실 교회로부터 곱지 않게 평가되었다. 처음부터 인습화된 교회관을 따르지 않았기에 교우들 역시 선뜻 마음을 주기 어려웠고, 오늘의 모습에 이르기까지 참으로 지난한 과정을 거쳐야만 했다. 세상을 사랑하되 우환의식을 갖고 그것을 바라보았기에, 세상적 가치에 동화되는 것이야말로 이들이 가장 크게 염려해야 할 사안이었던 까닭이다.

이처럼 작은교회, 대안적 가치를 지향하는 소수의 교회와 목회자 그리고 평신도가 금번 WCC 부산총회를 앞두고, 더 멀리는 종교개혁 500주년이 되는 2017년의 시점을 염두에 두면서 '작은교회가 희망이다'라는 화두를 내걸고 대안적 가치를 추구하는 작은교회들의 박람회를 개최하기로 결의하였다. 한국 사회가 초대형교회들의 존재 양식을 거부하는 상황에서 예수정신에 입각한 작은교회들이 모여 기독교의 존재 이유를 한국 사회에 새로운 방식으로 천명할 목적에서이다. 거듭 말하지만 여기서 작다는 것은 숫자적 의미보다 대안적 삶의 물음과 더욱 직결된 사안이자 주제이다. 이것은 성장이 아니라 성숙이 한국교회가 직면한 최대의 과제가 되었음을 적시한다. 목사로서 그리고 그리스도인으로서의 자신의 정체성, 자존감을 교회의 크기에서 찾기보다 예수정신의 유무, 즉 사회 및 자연에 대한 우환의식에서 보려는 첫 시도인 것이다.

물론 이들 교회도 아직은 부족하고 더욱 달라져야 할 과제를 안고 있을 터이다. 그렇기에 행여나 작은교회 박람회가 대형교회를 비판하는 이념적 투쟁의 형태로 비치지 않기를 소망한다. 단지 공통된 고민을 갖고 자신의 공간에서 새로움을 창조했던 교회들로부터 상호 배움과 자극을 얻기 위함일 뿐이다. 오랜 세월 남달리 특색 있는 카리스마공동체를 일구어 왔을 터, 그들 삶의 흔적들이 유배당한 그리스도인들에게 한 줄기 희망의 빛이 되기를 바라는 마음도 없지 않다. 무엇보다 금번 기회를 통해 힘겨웠을지라도 제자의 삶을 살고자 했던 이들 교회와 목회자 그리고 평신도가 함께 만나 힘을 주고받으며 관계망을 형성할 수 있으면 좋겠다. 이를 통해 한국 기독교의 미래를 달리 만들 수 있는 계기가 마련된다면 이보다 기쁘고 감사한 일이 어디 있을 것인가?

이번 박람회가 첫 모임이니만큼 부족한 부분이 많을 것이라 생각된다. 하지만 이런 취지에 공감하는 교회와 목회자 그리고 평신도들의 헌신적인 참여로 난관이 극복될 것이란 확신도 없지 않다. 하여 본 취지에 마음을 합할 수 있는 교회들, 혹은 이런 교회들을 지원하고 뒷배경이 되어줄 교회와 평신도, 목회자들이 많이 생겼으면 좋겠다. 참으로 미약한 시작이지만 이런 시도가 작은 날갯짓이 되어 교회와 세상을 변화시킬 수 있는 동력이 될 수 있다는 것이 본 대회를 추진하는 이들의 믿음이자 확신이다. 이번 기회를 통해 감추어졌던 작은교회들이 세상에 널리 알려져, '작은교회가 희망'이라는 메시지를 한국교회와 사회에 각인시키는 계기가 되기를 바라며 작은교회 박람회 취지를 전한다. 이 일에 하나님이 함께하실 것임을 의심하지 않으며 한 번 더 동참을 호소한다.

2014 생명과 평화를 여는 작은교회 박람회 취지문

예언과 환상, 미래를 빼앗긴 한국교회, 작은교회운동으로 새 날을 열자!

(미 3:1-4:1)

지난해에 이어 두 번째 작은교회 박람회가 열리게 되었다. 세 개의 '탈'(脫)로 상징되는 새로운 가치에 터한 작은교회운동에 대해 첫 번째 행사에서 보여준 열기와 관심은 기대 이상이었다. 교단 내 선교부 총무, 신학대학 총장들, 심지어 이웃 종교인들조차 본 행사에 관심했고, 이곳 저곳 신대원에서는 이를 자체 프로그램화하여 논의를 구체화시키고 있다. 기독교 방송들 역시도 마음을 다해 홍보해주었다. 이에 우리는 본 행사를 종교개혁 500주년(2017)을 앞둔 정황에서 한국교회에 주신 하나님의 은총이자 과제라 여겨 더욱 심혈을 기울여 준비할 생각이다.

더욱이 올해는 새로운 상황이 무기력한 한국교회를 더욱 힘겹게 했다. 세월호 참사를 통해 우리는 한국 사회의 총체적 부실을 여실히 보았고, 뭇 생명을 수장시킨 국가의 무능함에 분노를 넘어 절망하였다. 하지만 우리를 더욱 애통케 한 것은 이를 바라보고 대처하는 교회들의 안이한 인식, 공감능력 부재이며, 신앙이란 이름하에 마구 외쳐지는 상식 이하의 발언들로 한국교회가 또다시 뭇매를 맞고 있는 현실이다. 하나님 뜻 논쟁으로 비화된 역사관 문제 역시 대형교회들의 무례함, 무지함 그리고 몰상식을 만천하에 드러낸 것으로서, 이후 한국교회의 미래는 이들로 인해 실종될 위기에 처해 있다. 이 모두는 국가와 교회가 성공, 성장이라 가르쳤던 것이 실상은 실패로 치닫는 첩경인 것을 반증할 뿐이다.

자체 속 무수한 비리를 감추려 정부의 눈치를 살폈고 권력의 도움으로 교회의 존속을 도모하려는 대형교회들의 정의롭지 못한 행태를 목도하며 우리는 감히 그 배에 승선한 승객들을 향해 가만있지 말고 뛰어내릴 것을 금번 모임을 통해 요청할 것이다. 이미 우리는 첫 모임을 통해 탈(脫)성장, 탈(脫)성직, 탈(脫)성별의 가치를 갖고 생명과 평화를 위해 일하는 교회들의 현존을 확인했다. 영적·인문학적으로 더욱 성숙해지려 했고, 지역 내에서 평신도와 함께 민주적 공동체를 꿈꾸었으며, 여성들의 능력을 중히 여기는 방식으로 곳곳에서 여러 형태로 자리매김한 작은 공동체의 건강함에 매료되었던 까닭이다. 그렇기에 성장의 욕망을 버리지 못한 채, 여전히 교회 유지에 급급한 대형교회 성직자들의 '가만히 있으라'는 소리에 저항하기를 바라는 것이다. 민족과 교회의 앞날에 생명의 떡이 아닌 무거운 돌덩이를 안기는 이들에 대한 거룩한 분노, 그들 존재양식과의 철저한 단절과 단념이 세월호 이후 이 땅의 목회자, 평신도 모두가 품어야 될 그리스도의 마음이라 믿는 탓이다. 예수와의 동시성을 살아내는 그리스도의 제자를 만들지 못할 경우 그것은 그리스도를 한갓 신화나 이념으로 만들 뿐이라는 한 신학자의 말을 정말 긴급하게 수용할 때가 된 것이다.

첫 행사를 통해 우리는 부족한 부분과 개선할 점을 충분히 발견하였다. 첫 모임에서 생명과 평화의 가치를 실현하는 교회 및 교우들 간의 만남, 배움 그리고 상호 격려를 목적했다면, 이번에는 좀 더 치열하게 대안공동체로서 교회 모습을 일궜거나 일구려 하는 모습을 세상에 드러내고자 노력할 것이다. 여전히 우리 모두 부족하겠으나 작더라도 쌓아놓은 자신들만의 족적을 갖고 그것이 부족하다면 새로운 의지를 표명하는 방식으로 두 번째 박람회에 자신들 모습을 드러내줄 것을 간절히 소망한다. 두 번째 작은교회 박람회에서는 관심사가 비슷한 공동체 상호 간의 대화와 협력을 위해 배려할 것이며 관심하는 주제를 더욱 구체화하여 충분한 지식과 경험을 나눌 수 있도록 최선을 다할 것이다. 이를 위해 첫 모임과 달리 여러 교회와 단체가 본 행사를 공동주관하는 방식을 택했다. 함께 본 대회를 이끌 주관 단체로 참여할 의사가 있는 교회가 많아지기를 기도할 것이다. 아울러 기독교의 미래를 책임질 신학생, 신대원생들의 참여 역시 더욱 독려할 생각이다. 그들에게 자신들 미래를 바라볼 수 있는 정직한 눈을 갖게 하는 것이 우리의 책무라 믿기 때문이다. 미가서는 우리 종교인들을 향해 이렇게 말하고 있다. "너희들이 내 백성을 곁길로 이끌었으니 너희가 다시는 환상을 못 볼 것이고 다시는 예언을 하지 못할 것이다."(미 3:6, 새번역) 그리스도의 몸 된 교회가 죄악으로 터 닦진 예루살렘 성전처럼 되지 않도록 이제 우리는 시대가 요구하는 대로 두 번째 작은교회 박람회를 열 것이다. 하나님이 함께하시는 기독교운동이 될 것이라 믿고 감사하며 함께하기를 제안한다.

2015 작은교회 박람회 취지문

생명과 평화의 힘으로 민족과 교회를 새롭게 꿈꾸다

'작은교회가 희망'임을 선포하며 뜻 모아 시작했던 본 박람회가 어느덧 3회 차에 이르렀다. 2017년 종교개혁 500주년을 앞둔 정황에서 작은교회 운동은 500이란 숫자가 주는 무게감에 더해 세속에 묻혀버린 교회, 기독교의 급속한 몰락에 대한 염려이자 극복하려는 몸짓이었다. 성장에 눈어두워 자본주의에 영혼을 빼앗긴 교회, 회칠한 무덤처럼 변질된 계급적 성직제도 그리고 양성평등에 눈감은 고질적 가부장제의 폐해가 이 땅 교회들의 실상이 되어버린 탓이다. 한마디로 성서 속 예수가 염려했듯 이 땅의 교회는 사람들, 뭇 약자들을 위한 공동체이기를 포기했다. 이에 우리는 이번 모임에서도 성숙 없는 성장에 저항하며 평신도의 역할에 주목할 것이고 여성적 가치의 소중함을 일깨우고자 한다. 지역에서 뿌리 뽑혀져 섬처럼 고립된 대형교회들의 실상을 아프게 지적할 수도 있겠다. 점차 그 비중을 더해가는 예외자들과 예수살기의 비전을 품고 대안을 꿈꾸는 이들과 함께 새로운 공동체를 세워나갈 것이다.

주지하듯 첫 박람회를 통해 우리는 곳곳에서 저마다의 방식으로 세상을 거슬러, 세상 속에서 그와 다른 공동체를 만들고자 힘써온 수많은 목사, 평신도를 만났다. 하나님께서는 당신의 미래를 위해 새 포도주를 만드는 이들을 곳곳에 숨겨두셨고 서로를 통해 힘을 얻게 하셨다. 교회가 주는 물에 전혀 목말라 않던 이들, 교회를 등졌던 사람들도 새로운 공동체를 만났고 작은 규모에 주눅 들었던 교우들도 생명 평화 가치를 추구하는 자기 교회를 더욱 존중할 수 있게 된 것이다. 이렇듯 방향전환을 꾀하는 작은교회운동에 기독교 언론이 관심했고 이웃 종교인들조차 이런 변화를 주목했다. 이런 열매가 다시 밑거름되어 두 번째 박람회가 열렸고 특별히 세월호 참사를 겪으며 그를 주제로 삼았다. 세월호 비극이 인간 존엄성을 하찮게 여긴 반생명적인 자본에 맹종한 결과인 것을 함께 토론한 것이다. 더욱이 세월호 참사를 이해하고 대응하는 주류 교회들의 반사회적 실상을 보며 박람회 참석자들은 작은교회운동이 지향하는 생명 평화의 가치만이 교회를 구원하고 세상을 치유하는 회복의 힘인 것을 확신하였다.

두 번째 박람회 이후 우리는 작은교회운동에 대한 교파를 막론한 신학대학원 원우들의 관심도가 높아졌음을 실감할 수 있었다. 성장 신화를 포기하고 예수 정신으로 돌아와 교회를 옳게 섬기려는 의지가 곳곳에서 표출된 것이다. 성장을 위해 존재하는 대형교회의 실상과 달리 젊은 목회자들이 이 운동을 통해 복음의 본질과 자존감을 지킬 수 있다고 믿은 것이다. 이는 본래 작은교회 박람회가 목적한 것 중 하나였다. 도처에서 생명과 평화의 가치를 실현하는 작은교회들을 발견하고, 이른바 '가나안' 교우들이 이들 교회에 접붙여지기를 바랐으며, 미래의 목회자들에게 이런 '작은교회가 희망'일 수 있는 이유를 전하고 싶었던 것이다. 이렇듯 자신의 목회에 작은교회운동의 가치를 접목시키려는 신대원 원우들의 의식 변화는 한국교회의 앞날에 희망이라 하겠다.

그렇기에 2015년에 맞는 세 번째 박람회가 더욱 중요해졌다. 더욱이 올해는 광복 70년이자 분단 70년이라는 민족의 역사와 맞물리는 중요한 시점인 탓이다. 민족공동체와 이질적 존재로 살아가는 배타적 그리스도인의 삶이 아니라, 민족의 운명과 맥을 같이하며 성찰하는 열린 신앙적 삶의 양식들이 본 박람회를 통해 드러나기를 소망한다. 민족 분단을 극복하여 하나 된 조국을 이루는 일을 우리는 하나님께서 맡기신 최대의 신앙적 과제라 믿기 때문이다. 이를 방해하는 열강 세력들의 움직임을 살피며 남북 간 화합을 위해 이념이 만든 장벽 일체를 허무는 것이 우리들 작은교회의 몫이 되기를 바란다. 이데올로기를 확대, 재생산하는 대형교회들과 달리 생명과 평화의 가치를 실현하는 작은교회들을 통해 광복과 분단 70년의 민족사가 다시 쓰여져야 할 것이다. 올해의 경험 역시 다음 박람회의 밑거름이 되기를 희망하며 이 운동이 더욱 진화, 확산되었으면 좋겠다. 향후 지역과 소통하며 마을 생태계를 달리할 수 있는 교회가 많아질 것을 기대한다. 이 역시 우리 작은교회들에게 맡겨진 사명일 것이다. 2017년, 그 시점에 이를 때까지 생명과 평화의 가치를 담은 한국적 교회론도 준비될 것이다. 종교개혁 500년이라는 역사 앞에 부끄럽지 않은 기독교가 되기 위해 우리 모두 2015년 세 번째 작은교회 박람회에 마음을 다해보자. 지금껏 함께해준 귀 교회를 마음을 다해 재차 초대한다. 우리에게 힘이 될 새로운 공동체의 참여도 힘껏 독려할 생각이다. 서로를 경험하며 함께 달라지는 축제의 장으로 금번 박람회를 만들어 보자. 개최 장소도 달라졌고 프로그램도 많이 달라졌으니 더욱 좋은 결과를 기대할 수 있을 것이다. 하나님께서 함께하는 자리가 될 것을 믿으며 이렇듯 역사를 이으시는 그분의 경륜에 깊이 감사한다.

2016 작은교회 박람회, 그 네 번째 장을 열며

작은교회, 세상의 희망

걱정 반, 기대 반으로 시작한 작은교회 박람회가 올해로 네 번째가 되었다. 오로지 종교개혁 500년 역사를 부끄럽지 않게 하고자 뜻 모았던 목회자들, 성도들 덕택이다. 웰빙 센터처럼 변한 대형교회들에 가려졌을 뿐, 주변에는 고유한 카리스마를 갖고 교회의 본질을 지키려는 올곧은 목회자들이 적지 않았다. '작음'을 은사로 알고 교회를 섬겨온 이들로 인해 '다른' 교회도 있다는 사실이 세상에 알려졌고, 이곳을 세상의 소망이라 믿고 찾는 이들의 발주도 잦아졌다. 올해까지의 경험을 토대로 우리는 2017년 종교개혁 500주년을 정직하게 맞을 생각이다. 성서가 말하듯 생명과 평화의 가치를 실현하는 500개의 '작은교회'가 세상에 드러낼 것이다.

올해 박람회를 준비하며 우리는 지난 한 해 동안 함께 공부했다. 급변하는 세상 사조를 알아야 했고 교회의 미래를 염려하며 대안을 제시했던 국내외 신학자들의 생각을 비판적으로 수용했다. 작은교회운동을 하는 우리의 사고를 경직시키지 않기 위함이었다. 매 모임마다 20여 명의 목회자, 신학자, 평신도가 함께 했고, 읽은 자료에 근거하여 '작은교회'를 거듭 생각했다. 여기서 우리는 '작은'이라는 단어가 '큰'에 반하는 형용사로서 교회를 수식하는 말이 결코 아니라 생각했다. 교회란 본래 작은교회여야 한다. 작은교회는 다양하되 유기적이며, 가난하되 모두를 품고 세상을 위해 세상에 저항한다. 이로써 우리는 작은교회가 세상의 희망인 것을 더욱 확신하며 네 번째 작은교회 박람회를 준비할 수 있었다.

금번에도 다양한 카리스마(은사)를 지닌 교회들이 함께하겠으나, 특별히 마을공동체로서 교회 위상과 협동조합 형태로 존재하는 교회상(像) 등이 제시될 것이다. 교회가 마을 안에서 평생 학습의 장으로서 역할을 하고 생활공동체의 중추가 된 실례들을 보고 배울 수 있겠다. 이와 함께 생태공동체로 발전된 교회들, 사회적 영성을 실험하는 교회들, 그리고 여성적 의식(Ritual)을 발전시킨 교회들의 면모가 드러날 것이다. 이들 모두는 작은교회운동의 골자로서 세 개의 탈(脫), 즉 오늘의 정치, 경제, 종교적 현실에 대한 저항 의식인 탈성장, 탈성직, 탈성별의 가치에 기초해 있다. 박람회에 앞서 준비된 작은교회 세미나를 통해 이렇듯 새 교회상에 대한 이론적 근거들이 충분히 제시될 것을 기대한다.

종교개혁 500주년이 이제 2017년, 바로 내년이 되었다. 민주주의의 후퇴, 불평등의 심화, 남북 갈등의 고조, 공동체 의식의 붕괴, 게다가 부패를 넘어 무능해진 교회의 실상을 접하며 사람들은 국가와 교회, 그것이 도대체 무엇인가를 묻고 있다. 당시 예수가 제국신학과 성전신학에 맞섰듯이 오늘 우리도 작은교회운동을 통해 부패한 정치와 경제 그리고 종교에 맞서 희망을 말해야 할 것이다. 그의 하나님 나라 선포가 '체제 밖 사유'였듯이 우리 또한 체제에 안주하려는 생각과 단절해야만 옳다. 눈을 들어 사방을 보니 현실에 맞서 올곧게 교회를 일궈온 목회자들과 평신도들 수가 적지 않았다. 2016년 10월 3일, 네 번째 박람회에서 힘겨웠으나 견뎌냈던 그간의 교회 이야기들이 힘껏 전해지길 소망한다. 함께 뜻을 나누고 꿈을 공유할 때 우리의 힘은 몇 배로 커질 수 있을 것이다.

2017년 종교개혁 500주년을 어떻게 맞을 것인가? 본 박람회에서는 이 물음에 대해 성심으로 답할 생각이다. 지난 1년간 생명평화마당은 여러 교회와 함께 이 답을 준비하고자 애썼다. 함께 격려하고 희망을 나누는 자리가 되기를 소망하며 이 자리에 여러분들을 초대한다. 기쁜 마음으로 응할 것을 믿으며 여러분을 맞을 때까지 최선을 다해 준비할 것이다.

2017 작은교회 한마당을 열며

작은교회여, 함께 평화를 노래하자!

4년 전 처음 작은교회 박람회를 시작할 때부터, 올해 종교개혁 500주년을 마음에 품고 있었다. 우리의 작지만 간절한 몸부림을 주님께서 불쌍히 여기셔서, 올해엔 꼭 한국교회 안에 개혁을 향한 실천이 불처럼 바람처럼 일어나길 바라는 간절한 염원에서다.

그렇게 기다렸던 5회째 작은교회 박람회가 올해는 '작은교회 한마당'이라는 이름으로 열리게 되었다. 뒤늦게나마 '한마당'이란 표현이 작은교회운동에 훨씬 잘 어울린다는 점을 발견해서이다. 박람회는 본디 눈으로 보기에 매력적인 것을 전시함으로써 사람들의 관심을 끄는 데 그 목적이 있다 할 것이다. 그러나 작은교회란 그렇게 매력적으로 보여줄 게 많은 교회가 아니다. 하나님이 귀하게 쓰시는 종일수록 '고운 모양'도, '훌륭한 풍채'도, 세상이 보기에 '흠모할 만한 아름다운 모습'도 없다 하지 않았는가?(사 53:2) 작은교회의 아름다움이란 이 땅의 작은 자들이 함께 모여 진실한 사랑으로 격의 없이 어우러지는 한마당에서 비로소 드러나는 법이다. 그러니 '보여줄 것이 별로 없는데요!' 했던 교회들이 가슴을 활짝 펴고 기쁜 마음으로 참여할 수 있으면 좋겠다.

그동안 걸어온 발걸음을 돌이켜보니, 눈물겹도록 감사한 일이 한두 가지가 아니다. 자기에게 돌아오는 게 별로 없는 줄 알면서도 헌신과 수고를 아끼지 않은 분들이 있었다. 어려운 형편에도 불구하고 정성껏 참여해준 교회와 단체들이 있었다. 작은교회들의 모습에서 실낱같은 희망이라도 찾아보기 위해 찾아준 수많은 발길들이 있었다. 언론과 신학교, 심지어는 이웃 종교들에서도 깊은 관심을 보여주었다. 막상 작은교회가 희망이라고 외쳤던 우리가 자신의 부족함 때문에 몸 둘 바를 모를 지경이 되었다.

이러한 기대에 조금이라도 부응하기 위해, 열여섯 분의 집필진이 지난 1년 여간 '한국적 작은교회론' 저술에 심혈을 기울여 왔다. 한국적 상황과 영성에 잘 어울리면서 탈성직, 탈성장, 탈성별을 추구하는 작은교회를 그려보기 위해서이다. 작은교회 한마당의 사전행사라 할 수 있는 작은교회 심포지엄에서 그 일부가 소개될 것이다. 출간기념 북콘서트는 10월로 예정돼 있다. 널리 읽혀지고 토론되고 실천되어서 작은교회가 이 땅에 뿌리내리는 데 일조하기를 고대한다. 이를 통해 작은교회가 세상의 소금과 빛임이 증명되었으면 좋겠다.

평화를 이번 작은교회 한마당의 전체 주제로 삼았다. 한국교회와 사회의 진보를 결정적으로 가로막아온 건 언제나 남북분단과 갈등에서 비롯된 깊은 트라우마였다. 지난 겨울과 올 초봄에 참된 민주주의를 향한 촛불시민혁명이 한참 뜨겁게 진행되고 있을 때, 그 흐름에 역행하는 이들은 태극기와 성조기를 들고 나왔다. 반공과 친미의 깃발을 높이 들었다. 분단과 전쟁에서 얻은 트라우마가 도진 것이다. 슬프게도 그 핵심에 한국의 주류 개신교회가 있었다. 북한 공산당 세력으로부터 받은 박해와 상처의 기억이 아직도 너무 깊다. 맘몬은 그를 간교하게 이용해왔다.

이를 치유하며 평화의 길을 활짝 열어갈 책임이 작은교회들에 있다. 남보다 크고 강하고자 하는 자는 결코 평화를 만들 수 없다. 로마제국의 평화는 억압적 폭력과 착취를 숨기는 가면에 불과했다. 예수님이 말구유에 작디작은 자로 오신 것은 이 땅에 평화를 실현하기 위해서였다. 작은교회는 그에게서 평화의 기운을 받아 평화를 만들어가는 신앙공동체이다. 작음을 사랑할 줄 알 때에야 비로소 원수까지 품어낼 수 있는 놀라운 힘을 발휘할 수 있는 법이다.

이번 작은교회 한마당에서는 이렇게 멋진 작은교회로 자라갈 수 있는 길을 함께 모색할 것이다. 선생과 학생으로 나뉘는 딱딱한 교실이 아니라, 서로 즐겁게 배우는 한마당을 마련하고자 한다. 여기서 평화의 힘으로 교회와 사회를 더불어 개혁해갈 길을 찾을 수 있다면 종교개혁 500주년을 뜻깊게 맞이할 수 있을 것이다. 작은교회여, 함께 평화를 노래하자!

생명평화마당은 한국교회의 갱신과 생명, 평화, 정의의 세상을 꿈꾸는 개신교운동이다. 올바른 신앙 정립(신학)과 성례전적 예수공동체 형성(교회), 그리고 이 땅에 이루어질 하나님의 나라(선교)를 지향한다. 예수 그리스도 안에서 기독교운동의 담론과 실천적 대안을 마련하는 열린 마당으로, "생명과 평화를 여는 2010년 한국 그리스도인 선언"으로 출범하여 생명평화 기독교운동을 전개하면서 특히 '한국적 작은교회운동'에 힘을 모으고 있다. '생명평화 신학'의 정립을 위해서 신학위원회, '생명평화 교회'를 세워나가기 위해서 교회위원회, '생명평화 선교'의 실천을 위해서 사회위원회를 두고 있다.